Max Hirschfeld

Jahrbücher der württembergischen Rechtspflege

Max Hirschfeld

Jahrbücher der württembergischen Rechtspflege

ISBN/EAN: 9783741170362

Hergestellt in Europa, USA, Kanada, Australien, Japan

Cover: Foto ©Lupo / pixelio.de

Manufactured and distributed by brebook publishing software
(www.brebook.com)

Max Hirschfeld

Jahrbücher der württembergischen Rechtspflege

Jahrbücher

der

Württembergischen Rechtspflege

herausgegeben

von den Mitgliedern

des

Oberlandesgerichts und des Verwaltungsgerichts- hofs zu Stuttgart

und des

Vorstandes der württembergischen Anwaltskammer.

———

Elfter Band.

Tübingen.
Verlag der H. Laupp'schen Buchhandlung.
1899.

Druck von H. Laupp jr in Tübingen.

Inhaltsübersicht des elften Bandes.

I. Entscheidungen des Oberlandesgerichts.

A. In Civilsachen.

IV. Abhandlungen.

V. Kleinere Mitteilungen aus der Praxis.

Von Landgerichts-Präsident a. D. Dr. von Tauz in Rottweil.

V. Litterarische Anzeigen.

I.

Entscheidungen des Oberlandesgerichts.

A. in Civilsachen.

1.

Klage eines Nachpfandgläubigers gegen den Schuldner auf Bezahlung von Zielern, die der Schuldner an Vorpfandgläubiger zu zahlen hätte?

Beklagter hat von der Witwe S. deren Haus um 220 000 Mark gekauft. Auf dem Anwesen haftete eine Reihe von Pfandschulden, die zum Teil in jährlichen Zielern zu bezahlen waren. Nach dem Kaufvertrag hatte Beklagter 30 000 M. Angeld zu bezahlen, die Pfandschulden zu übernehmen und einen restlichen Kaufschilling von 37 500 M. in 18 Jahreszielern von 1917 an zu bezahlen, wofür ein Nachpfandrecht bestellt wurde. Die in Zielern abzutragenden Vorpfandforderungen sind auf eine Hypothekenbank übergegangen, die mit dem Beklagten vereinbarte, daß die Zielerzahlungen in Betreff dieser Schuld wegfallen sollen. Die Rechtsnachfolger der Witwe S. erhoben nun gegen den Beklagten Klage mit dem Antrag: zu erkennen, daß Beklagter schuldig sei, auf die Vorpfandforderungen der Bank die ursprünglich festgesetzten Zielerzahlungen zu leisten oder in anderer Weise das Kaufsobjekt von den darauf ruhenden, den Ansprüchen der Kläger vorgehenden Pfandansprüchen zu befreien.

Die Klage ist im Berufungsverfahren abgewiesen worden.

Gründe:

Die erhobene Klage kann für schlüssig nicht erachtet werden.

Auch der Unterrichter geht — wie die Kläger selbst — davon aus, daß eine ausdrückliche gesetzliche Bestimmung, auf welche der Klaganspruch gestützt werden könnte, nicht besteht. Es ist aber auch von vornherein in hohem Grade bedenklich, einen so wichtigen, von einschneidenden praktischen Folgen begleiteten Rechtssatz, wie ihn die Klägerin für sich geltend macht, ohne weiteres aus dem Geiste und aus „allgemeinen Grundsätzen" der Gesetzgebung — hier der Pfandgesetzgebung — abzuleiten. Unbestreitbar ist ja die württembergische Pfandgesetzgebung bestrebt, die Nachpfandgläubiger in mehrfacher Hinsicht gegen die aus dem Bestehen von Vorpfandforderungen sich ergebenden Nachteile zu schützen (s. insbesondere Art. 105 und 106 des Pfandgesetzes). Auch kann im vorliegenden Fall dem Kläger ohne weiteres zugegeben werden, daß durch das vom Beklagten mit der deutschen Hypothekenbank in Meiningen getroffene Abkommen der Wert ihrer Zielerforderung gemindert worden ist. Allein die von den Klägern hienach in Anspruch genommene Konsequenz hat eben die Pfandgesetzgebung nicht gezogen, und aus der zweifellos vorhandenen Tendenz des Gesetzgebers, die Nachpfandgläubiger thunlichst sicher zu stellen, darf mangels anderer Anhaltspunkte nicht geschlossen werden, daß er den von den Klägern für sich in Anspruch genommenen Rechtssatz für selbstverständlich und deshalb eine besondere Vorschrift für überflüssig gehalten habe. Es kommt auch in Betracht, daß die Interessen der Vorpfandgläubiger, denen an sich derselbe Anspruch auf Berücksichtigung zukommt, durch das Bestehen eines solchen Rechtssatzes unter Umständen erheblich gefährdet würden und daß dadurch ihre Vertragsfreiheit in einem Maße eingeschränkt wäre, das sich keineswegs notwendig aus der auf die Nachpfandgläubiger zu nehmenden Rücksicht ergiebt. Die Auffassung der Kläger ist auch dem Rechtsverkehr entschieden nicht geläufig, und es ist dem erkennenden Senate kein Fall bekannt geworden, in welchem ein Anspruch wie der vorliegende im Rechtswege erhoben worden wäre, obgleich Abmachungen wie die in Frage stehenden zahllos vorkommen.

Auch aus der Entstehungsgeschichte des Art. 20 der Exekutionsnovelle vom 13. Novbr. 1855 kann nichts zu Gunsten
der klägerischen Auffassung gefolgert werden. Dem Unterrichter ist allerdings insofern beizupflichten, als aus dem Inhalt des citierten Art. 20 (bezw. des Art. 28 des Sub-
hastationsgesetzes vom 18. Aug. 1879) nicht geschlossen werden kann, daß der Gesetzgeber die dort festgesetzte Befugnis
des Nachpfandgläubigers beim Zwangsverkauf für den freihändigen Verkauf habe ausschließen wollen. Andererseits geht
aber auch aus den Verhandlungen der gesetzgebenden Faktoren
keineswegs hervor, daß sie den von den Klägern geltend gemachten Rechtssatz als im bestehenden Recht begründet erachtet haben. Vor allem ist hier hervorzuheben der große
Unterschied in der Stellung des Nachpfandgläubigers, dessen
Nachpfandrecht auf einem willkürlichen Rechtsgeschäft, auf einem Vertrag mit dem Pfandschuldner beruht,
und in der Stellung desjenigen Gläubigers, welcher in einem
Zwangsvollstreckungsverfahren kraft Ge-
setzes — unter Umständen gegen seinen Willen — auf eine
mit Nachpfand versicherte Zielerforderung angewiesen wird;
dieser letztere Gläubiger hatte an sich einen Anspruch auf sofortige bare Befriedigung aus dem Erlöse des Unterpfands,
und wenn diese Befriedigung in vielen Fällen thatsächlich nicht
thunlich ist und der Gläubiger gezwungen wird, sich auf
Zieler verweisen zu lassen, so lag für den Gesetzgeber aller
Grund vor, den Gläubiger gegen die Folgen dieses seine berechtigten Interessen beeinträchtigenden Verfahrens soviel als
möglich zu schützen. Aus den entsprechenden Erwägungen ist
die Bestimmung des citierten Art. 20 hervorgegangen. Diese
Erwägungen treffen aber, was einer weiteren Ausführung
nicht bedarf, nicht zu auf ein außerhalb des Zwangsvollstreckungsverfahrens durch Rechtsgeschäft zwischen dem Gläubiger und Schuldner begründetes Nachpfandrecht.

Eine nähere Prüfung der Kammerverhandlungen ergiebt
denn auch, daß die gesetzgebenden Faktoren bei Beratung der
Exekutionsnovelle keineswegs davon ausgegangen sind, daß

1*

der Nachpfandgläubiger a l l g e m e i n schon nach bestehenden Rechtsgrundsätzen ein Recht darauf habe, von dem Pfand= schuldner zu verlangen, daß er die verpfändete Liegenschaft von den verfallenen vorgehenden Pfandansprüchen befreie. Eine so weit gehende Meinung wurde von niemand aufge= stellt. Vielmehr wurde nur die Ansicht ausgesprochen, daß der im Z w a n g s v o l l s t r e c k u n g s v e r f a h r e n auf eine Nachpfandsforderung angewiesene Gläubiger jenes Recht schon nach den bestehenden Grundsätzen habe. Aber auch diese engere Auffassung wurde durchaus nicht allgemein geteilt. Der nach= herige Art. 20 der Novelle war im Regierungsentwurf nicht enthalten, wurde vielmehr (zunächst als Art. 11 c) von der Justizgesetzgebungskommission der Kammer der Standesherrn vorgeschlagen. In den Berichten der Kommission [1]) ist unter Bezugnahme auf die Vorschriften Art. 56 Abs. 2 und 3 des Exekutionsgesetzes von 1825 gesagt und näher begründet, daß das in Frage stehende Klagerecht schon nach dem bestehenden Rechte aus der rechtlichen Natur und Wirkung der Schuld= und Gantverweisung sich ableiten lasse. Beigefügt ist, daß die Aufnahme einer ausdrücklichen Bestimmung in das Gesetz rätlich sei, da sich nicht mit Sicherheit voraussetzen lasse, daß alle Gerichte die Ansicht der Kommission teilen werden.

Bei der Beratung des von der Kammer der Standes= herrn angenommene Art. 11 c (nachheriger Art. 20) des Ge= setzes äußerte der Justizminister, daß gerade in der letzten Zeit Anträge vom Obertribunal an das Justizministerium ge= langt seien, wonach in der fraglichen Beziehung etwas geschehen solle, um eine Lücke des bestehenden Rechts auszufüllen[2]).

Der Abgeordnete A. Seeger führte mit eingehender Be= gründung aus, daß in dem Art. 11 c eine wesentliche Verbesse= rung des bestehenden Rechtes liege, wenigstens würde es schwer sein zu beweisen, daß schon aus dem bestehenden Recht das abgeleitet werden könne, was der Art. 11 c einführen wolle, es sei in dem bestehenden Recht in dieser Hinsicht eine bedeutende

1) Kammerverhandl. von 1855 4. Beil.Bd. S. 1072—73.
2) Kammerverhandl. von 1855 3. Band S. 2059.

Lücke. Im gleichen Sinne äußerten sich, ohne auf Wider=
spruch zu stoßen, die Abgeordneten Wießt und Jßler¹).
Der Art. 11c (welcher mit Art. 20 der Novelle von 1835
wörtlich übereinstimmt), wurde sodann von der Kammer der
Abgeordneten angenommen.

Aus Vorstehendem ergiebt sich, daß der Klaganspruch
in pfandrechtlichen Grundsätzen keine genügende Stütze findet.

Weiter fragt sich nun aber, ob nicht die Auslegung
das von der Rechtsvorgängerin der Kläger mit dem Be=
klagten geschlossenen Kaufvertrags zur Annahme des von
den Klägern beanspruchten Rechtes führt. Auch diese Frage
ist zu verneinen.

Nach dem Kaufvertrag ging der Wille der Parteien zu=
nächst eben dahin, daß der Beklagte die in Frage stehenden
Vorpfandschulden übernehmen und an Stelle der Ver=
käuferin von den Gläubigern als Schuldner angenommen
werden solle. Dies ist geschehen.

Die Verkäuferin wurde von ihrer Schuld gegen die
Pfandgläubiger befreit und mit dieser Befreiung hat der Be=
klagte diesen Teil seiner Verpflichtungen aus dem Kaufver=
trag vollständig erfüllt. Die weitere Gestaltung des
Schuldverhältnisses zwischen dem Beklagten und den Vor=
pfandgläubigern war für die Verkäuferin an sich gleichgiltig,
insbesondere hatte sie an sich kein rechtliches Interesse daran,
ob und wann die vorgehenden Zielerschulden vom Käufer
bezahlt wurden. In derartigen Fällen wird in der Regel
nicht ohne weiteres unterstellt werden dürfen, daß der Käufer
auch dem Verkäufer gegenüber sich verpflichten wolle,
die vorgehenden Pfandschulden zu bezahlen; er wird
daher in der Regel durch Verabredung anderer Zahlungs=
fristen mit dem Vorpfandgläubiger und dementsprechende
Hinausschiebung der Zahlung der Vorpfandschulden kein aus
dem Kauf sich ergebendes Recht des Verkäufers verletzen.
Nun ist allerdings nicht zu verkennen, daß die Frau S. bezw.
ihre Rechtsnachfolger an der Abtragung der vorgehenden
_____
1) Seite 2000 ib.

Zielerforderungen ein erhebliches wirtschaftliches Interesse
haben und daß mit jeder einzelnen Abzahlung die Sicherheit
und damit wohl auch der Wert ihrer Nachpfandsforderung
sich erhöhen muß. Aus dem Bestehen dieses Interesses ergiebt sich aber nicht ohne weiteres, daß der Frau S. aus dem
Kaufvertrag ein förmlicher Rechtsanspruch auf Wahrung des
Interesses dem Beklagten gegenüber erwachsen sei. Der Wortlaut des Kaufvertrags nötigt keineswegs zu der Annahme,
daß die Uebernahme der Zielerschulden von den Parteien in
die von Klägern geltend gemachte enge Beziehung zu dem
Pfandrecht der Verkäuferin habe gebracht wollen wollen. Es
fragt sich daher, ob im übrigen die Auslegung des Vertrags
oder weitere Umstände die Annahme begründen, daß der
Beklagte der Frau S. den in Frage stehenden Anspruch einzuräumen beabsichtigt habe und daß die Frau S. bei der
Vertragsschließung hievon ausgegangen sei. Stellt man sich
zunächst auf den Standpunkt des Beklagten, so ist es von
vornherein innerlich unwahrscheinlich, daß er sich und seine
Nachfolger in so weitgehender Weise gegenüber der Frau S.
und ihrer Rechtsnachfolger habe binden wollen. Bei der
Höhe der Vorpfandschulden, der bedeutenden Zahl der Pfandgläubiger und der Verschiedenheit der Zahlungsfristen wäre
eine Vertragsbestimmung, die den Beklagten genötigt hätte,
zur Durchführung einer jeden möglicherweise den Wert des
Pfandrechts der S. mindernde Vereinbarung mit den Vor-
pfandgläubigern die Zustimmung der S. einzuholen, sehr
lästig gewesen und hätte die ohnehin verwickelten Rechtsverhältnisse nur noch mehr kompliziert. Es liegen keine Anhaltspunkte dafür vor, daß der Beklagte von sich aus eine so
weitgehende Verpflichtung habe übernehmen wollen. Mangels
näherer Anhaltspunkte kann aber auch nicht mit dem Unterrichter unterstellt werden, es sei für den Beklagten „erkennbar"
gewesen, daß Frau S. ihre Anborgung des Kaufschillings-
rechts nur in der Annahme erklärt habe, der Beklagte werde
die bestehenden Zahlungsmodalitäten für die Vorpfandschulden einhalten.

Der Annahme einer entsprechenden stillschweigend ver=
einbarten „Auflage" fehlt es an einer genügenden thatsäch=
lichen Grundlage. Es kann nicht einmal als feststehend be=
trachtet werden, daß auch nur die Frau S. bei der Vertrags=
schließung die Verbesserung ihrer Sicherheit als einen wesent=
lichen Umstand in Berücksichtigung gezogen habe. Wenn sie
später, nachdem sie von der Abmachung des Beklagten mit
der deutschen Hypothekenbank Kenntnis erhalten, dem Be=
klagten erklärt hat, sie lasse sich das nicht gefallen, so kann
daraus unter den vorliegenden Umständen ein Schluß auf
ihre Willensmeinung bei der Vertragsschließung nicht ge=
zogen werden.

Urteil des I. Civilsenats vom 20. Mai 1898 in Sachen
Kirchner gegen Pfizenmaier u. Gen.

2.

**Liegenschaftsgesetz; „namentliche Bezeichnung der Kon=
trahenten"; Bedeutung des Ausdrucks: „in Vertretung".**

Mit schriftlichem Kaufvertrag vom 25. November 1897
hat der Kläger sein Anwesen an den Beklagten, und zwar,
wie es in der Vertragsurkunde heißt, „mit dem Recht der
Uebertragung an seinen Mandanten" verkauft. Die Vertrags=
urkunde ist von den Parteien unterzeichnet; von dem Beklagten
in der Weise, daß er unter die Schlußworte „der Käufer"
die Worte beigesetzt hat: „In Vertretung: S. J.".

In der Folge hat sodann der Kläger auf Nichtiger=
klärung dieses Kaufvertrags Klage erhoben, weil derselbe
gegen die Art. 1 und 2 des Gesetzes vom 23. Juni 1853
verstoße. Die Klage ist im Berufungsverfahren abgewiesen
worden aus folgenden

Gründen:

Ju Art. 1 und 2 des Gesetzes vom 23. Juni 1853 ist
die Gültigkeit von Kauf= und Tausch=Verträgen über Liegen=
schaften u. A. davon abhängig gemacht, daß die Vertrags=
urkunde die Namen der Kontrahenten enthalte, und daß sie

von den Kontrahenten oder ihren Bevollmächtigten unterzeichnet sei.

Das Gesetz verlangt, daß der wesentliche Vertragsinhalt
in der schriftlich abzufassenden Vertragsurkunde zu vollständiger
und unzweideutiger Darstellung gelangen soll; und dieses
Erfordernis erstreckt sich, wie die genannten Bestimmungen
erweisen, insbesondere auch auf die Subjekte des Vertrags.
Wenn das Gesetz „die namentliche Bezeichnung der Kontrahenten" vorschreibt, so liegt darin ein doppeltes: zunächst,
daß die Personen der beim Vertragsschluß Beteiligten indi-
viduell erkenubar gemacht sein müssen; sobann aber auch das
Weitere, daß ersichtlich sein muß, wer als „Kontrahent", als
der durch den Vertrag Berechtigte und Verpflichtete, anzusehen ist. Ob eine der im Vertrag genannten Personen als
„Kontrahent" anzusehen sei, kann im einzelnen Fall namentlich dann zu Zweifeln Anlaß geben, wenn der Vertragsurkunde zu entnehmen ist, daß dieselbe nur als Mittelsmann
eines Dritten, der aber selbst im Vertrag nicht genannt ist,
thätig gewesen ist. Grundsätzlich ist auch in dieser Beziehung
an dem Erfordernis festzuhalten, daß die aus sich selbst aus-
zulegende Vertragsurkunde vollständige Klarheit darüber erbringen muß, wem eigentlich in solchem Falle die Vertragsrechte erworben sein sollen. Läßt die Urkunde auch nur
u n s i ch e r, ob die den Kauf abschließende Person im Namen
und als Stellvertreter eines Dritten, oder aber als Selbstkontrahent, wenn auch im Auftrag und für Rechnung eines
hinter ihr stehenden Dritten, abschließen wollte und abgeschlossen hat, so kann der Vertrag vor dem Gesetze nicht
Stand halten, da eben dann das Erfordernis unzweideutiger
Bezeichnung der Person des Kontrahenten nicht erfüllt ist.

Wendet man diesen Grundsatz auf den vorliegenden Fall
an, so ergibt sich Folgendes:

Im Eingang der Vertragsurkunde ist der Beklagte J.
ganz unzweideutig als Kaufskontrahent bezeichnet, indem dort
gesagt ist, daß Ch. Sch., der Kläger, sein Anwesen an G. J.,
den Beklagten, verkaufe. Ein Zweifel über die Eigenschaft,

in der Beklagter das Geschäft abgeschlossen hat, scheint sich
dagegen aus den am Schluß der Urkunde bei der Namens-
unterschrift des Beklagten beigefügten Worten „in Vertretung"
zu ergeben. Der Vorrichter glaubt, dieser Ausdruck könne
nach feststehendem Sprachgebrauch nicht anders als dahin
verstanden werden, daß Beklagter n i ch t als Selbstkontrahent,
sondern als Stellvertreter eines nicht genannten Dritten seine
Unterschrift abgegeben habe.

Dieser Auffassung kann nicht beigetreten werden. Von
vornherein wäre bei dieser Auffassung nicht zu verstehen,
wie der Beklagte, wenn er nur im Namen eines Dritten
handeln und für diesen Rechte erwerben wollte, in den Vertrag jede Andeutung über Name und Person dieses Dritten,
der doch das Vertragssubjekt sein sollte, unterlassen hat. Es
ist aber auch die Bedeutung, in welcher der Ausdruck „Vertreter" oder „in Vertretung" gebraucht wird, weder in der
Rechtssprache noch im allgemeinen Sprachgebrauch völlig abgeschlossen und konstant. Von „Vertretung" ist nicht bloß
im Sinne der ächten und eigentlichen Stellvertretung die Rede,
sondern auch da, wo Jemand im Auftrag und für Rechnung
eines Dritten, nach außen aber in eigenem Namen, rechts-
geschäftlich thätig wird. Im Sprachgebrauch werden diese
rechtlich ganz verschiedenartigen Verhältnisse häufig nicht unterschieden. Zuzugeben ist nun allerdings, daß der fragliche
Ausdruck, eben weil er verschiedener Auslegung fähig ist, an
sich nicht präzis genug wäre, um mit Sicherheit erkennen
zu lassen, w e r eigentlich als K o n t r a h e n t anzusehen sei:
ob der Beklagte selbst oder der durch ihn vertretene unge-
nannte Dritte.

Allein diese Unklarheit findet ihre Ergänzung und Berichtigung in dem sonstigen Inhalt des Gesamtvertrags, der
für die Auslegung einzelner, an sich mehrdeutiger Ausdrücke
in erster Linie maßgebend sein muß. Im vorliegenden Fall
ist der Sinn jenes Ausdrucks ganz unzweideutig gekennzeichnet
durch die im Kontext der Urkunde über die Stellung des
Beklagten zu dem Geschäfte gemachte nähere Angabe. Zwar

10 Entſcheidungen des Oberlandesgerichts.

ift auch an dieſer Stelle davon die Rede, daß Beklagter für
einen „Mandanten“, alſo wieder in Vertretung eines Dritten,
handle; in welchem Sinne dies aber gemeint iſt, iſt dadurch
erkennllich gemacht, daß der Beklagte nicht bloß im Allgemeinen als Käufer bezeichnet, ſondern daß ihm noch ſpeziell
vorbehalten iſt, ſeine Rechte als Käufer auf ſeinen Mandanten
zu übertragen. Der Vorbehalt künftiger Uebertragung
der Vertragsrechte ſetzt aber, wie ja der Kläger ſelbſt bemerkt
hat, notwendig voraus, daß nach der Vertragsabſicht der
Beklagte dieſe Rechte zunächſt in eigener Perſon erwerben
ſollte. Mit dieſer letzteren Beſtimmung iſt dem an ſich mehr-
deutigen Ausdruck „in Vertretung“ das entſcheidende Gepräge
aufgedrückt; damit iſt der Beklagte als der eigentliche Kaufskontrahent bezeichnet.
Urteil des 1. Civilſenats vom 24. Juni 1898 in Sachen
Jäckle gegen Schäfer.

3.

**Bierabnahmevertrag; geſetzliche Zuläſſigkeit eines
ſolchen.**

Laut Schuldſchein vom 23. April 1894 hat der Beklagte
von der Klägerin ein Anlehen erhalten von 2700 Mark zu
4% verzinslich und nach 3 Monaten gegen dreimonatige
Kündigung heimzahlbar; er hat hiebei verſprochen, „daß auf
ſeinem Anweſen vom 1. Mai 1894 an auf die Dauer von
fünf aufeinanderfolgenden Jahren nur das aus der klägeriſchen
Geſellſchaft ſtammende Bier zum Ausſchank gelange“. Nach
Ablauf von 3 Jahren hat der Beklagte das Anlehen ſamt
Zinſen zurückbezahlt und ſeit 1. Juni 1897 ſeinen Bierbedarf
nicht mehr von der Klägerin ſondern von einem andern
Brauer bezogen. Klägerin hat deshalb beantragt, daß der
Beklagte verurteilt werde: 1) auf ſeinem Anweſen den Aus-
ſchank anderen als von der Klägerin bezogenen Biers bei
Vermeidung einer Geldſtrafe für den Zuwiderhandlungsfall
zu unterlaſſen und 2) der Klägerin den durch die Nichtab-

nahme ihres Biers in den 4 Monaten Juni bis September
1897 entgangenen Verkaufsgewinn von 3 Mark für das hl
zu erſetzen.

Es wurde nach dem Klagantrag erkannt. Aus den

G r ü n d e n :

Die ſogenannten Bierabnahme-Verträge, vermöge welcher
ein Bierwirt einer Bierbrauerei gegenüber gewöhnlich auf
eine beſtimmte Anzahl von Jahren ſich verpflichtet, ſeinen
Bierbedarf nur von ihr zu beziehen, haben den wirtſchaftlichen Zweck und Erfolg, einerſeits dem Brauer den regelmäßigen Abſatz ſeines Erzeugniſſes zum laufenden Preis an
einen als zuverläſſig erkannten Abnehmer auf eine gewiſſe
Zeit hinaus — andererſeits dem Wirt den geregelten Bezug
ſeines Bierbedarfs aus einer von ihm als bewährt befundenen
Quelle für denſelben Zeitraum zu ſichern.

Daß hiebei der Abnehmer der Freiheit in der Auswahl
ſeiner Lieferer für dieſen Zeitraum ſich begiebt, kann nicht
als unſtatthafte Beſchränkung ſeiner gewerblichen Freiheit angeſehen werden, ſchon wegen der engen Begrenzung des in
Frage ſtehenden Zeitraums, aber auch deshalb, weil ſeine
Verpflichtung unter der — häufig im Vertrag ausgeſprochenen,
jedenfalls aber ſelbſtverſtändlichen — Bedingung der fort-
geſetzten Lieferung kaufmannsguten, preiswerten Biers ſteht[1]);
von einer durch ſolche Verträge bewirkten „Bierbrauerei-
Leibeigenſchaft" zu reden, iſt deshalb nicht angebracht.

Es kann aber der vorliegende Vertrag auch nicht aus
dem Grund als unſittlich oder wucheriſch gelten, weil die
vom Beklagten der Klägerin zugeſagten Vermögensvorteile
in auffälligem, das Maß des üblichen Zinsfußes erheblich
überſteigendem Mißverhältnis zu ihrer Leiſtung ſtunden. Wie
dem Gericht bekannt iſt, werden derartige Bierbezugsverträge
auf eine Reihe von Jahren, weil ſie in beiderſeitigem Intereſſe gelegen ſind, ſehr häufig abgeſchloſſen o h n e jede Beziehung auf ein dem Wirt zu verwilligendes (oder früher
verwilligtes) Darlehen.

---

1) Vergl. Jahrb. Bd. 6 S. 903 ff. — Anm. d. Red.

Wenn nun auch nicht zu bezweifeln sein mag, daß der
Beklagte ohne die Verwilligung des von ihm benötigten Dar=
lehens zu dem vorliegenden Bierabnahme=Vertrag mit der
Klägerin sich nicht herbeigelassen haben würde, so ist doch
andererseits auch nicht ausgeschlossen, daß unter Umständen
auch der Beklagte, gleich vielen seiner Berufsgenossen auch
ohne die Zusage eines Darlehens zum Abschluß eines solchen
Vertrags mit der Klägerin sich hätte bereit finden lassen
können, und steht schon diese Erwägung der Annahme ent=
gegen, daß der Beklagte den der Klägerin durch diesen Ver=
trag auf 5 Jahre garantierten Verkaufsgewinn (von 3 Mark
fürs hl) als seine Gegenleistung für die Anlehensbe=
willigung aufgefaßt habe. Dieser Verkaufsgewinn ist nach
dem Gutachten des Sachverständigen der hier beim Bierver=
kauf von Brauereien an ihre Abnehmer allgemein übliche,
den somit die Klägerin von jedem andern Abnehmer, a u c h
o h n e eine A n l e h e n s g e w ä h r u n g, erzielen konnte;
die Ausbedingung solchen regelmäßigen, ortsüblichen Rein=
gewinns aus dem Verkauf ihres Erzeugnisses kann also nicht
als eine für die Gewährung des D a r l e h e n s ausbedungene
Gegenleistung und jedenfalls nicht als ein auffälliger, zu ihrer
Leistung im Mißverhältnis stehender Vermögensvortheil an=
gesehen werden.

Damit erscheint aber auch d i e Behauptung als hinfällig,
daß der Vertrag gegen die guten Sitten verstoße.

Urteil des I. Civilsenats vom 12. April 1898 in Sachen
Bay gegen Stuttgarter Brauereigesellschaft.

4.

Bierabnahmevertrag; Auslegung unklarer Vertrags=
bestimmungen.

Beklagter hat im Juni 1896 von der Klägerin ein Dar=
lehen von 500 Mark erhalten und sich in § 3 der Vertrags=
urkunde verpflichtet, solange er sich im Genuß des Darlehens
befinde, „jedenfalls aber auch ohne Rücksicht hierauf", seinen

ganzen Bierbedarf auf die Dauer von mindestens 5 Jahren ausschließlich von der Klägerin zu den jeweiligen Tagespreisen zu beziehen. In Absatz 2 des § 3 ist gesagt: „Bei einem Verstoß gegen diese Verpflichtung, welcher auch bei Veräußerung oder dem Aufgeben des Wirtschaftsbetriebs als vorhanden angenommen wird, ist der Darlehensempfänger zur Bezahlung einer Konventionalstrafe von 3 Mark per Hektoliter verbunden, unbeschadet des Rechts — der Darlehensgeberin, Vertragserfüllung und einen etwa erweislich höheren Schaden zu verlangen". Nach drei Vierteljahren hat Beklagter seine Wirtschaft verkauft und betreibt seither keine Wirtschaft mehr. Der weitere Sachverhalt ergiebt sich aus den

Gründen
des Berufungsurteils:

Dem Anspruch der Klägerin auf Leistung der geforderten Vertragsstrafe liegt die Bestimmung in § 3 des Vertrags vom 12. Juni 1896 zu Grunde, welcher die Bierbezugspflicht des Beklagten als Besitzers der Hirschwirtschaft in E. und die Folgen einer Verletzung dieser Pflicht festsetzt. Der Sinn der Bestimmung des § 3 Abs. 1 bedarf keiner Erläuterung; der Beklagte soll für die Vertragsdauer gehalten sein, das bei seinem Wirtschaftsbetrieb zum Ausschank kommende Bier aus keiner anderen, als der klägerischen Brauerei zu beziehen und für das gelieferte Bier die jeweils geltenden Tagespreise zu bezahlen. Zur Sicherung dieses der Klägerin eingeräumten Lieferungsmonopols ist eine Vertragsstrafe in Absatz 2 bedungen, welcher, in seinem Hauptsatz besagt, daß „bei einem Verstoß gegen diese Verpflichtung" der Beklagte zur Bezahlung einer Konventionalstrafe von 3 Mark per Hektoliter verbunden sein solle. Der Ausschank fremden Biers ist hier mit der Maßgabe unter Strafe gestellt, daß dem Beklagten, falls er während der Sperrzeit dazu übergehen würde, vertragswidrig seinen Bierbedarf aus einer anderen Bezugsquelle zu entnehmen, eine Konventionalstrafe in Höhe von 3 Mark von jedem Hektoliter der auswärts bezogenen Bierlieferungen auferlegt ist. Damit ist zugleich der Verfall der

Konventionalstrafe grundsätzlich an die Voraussetzung der Fortbauer des eigenen Wirtschaftsbetriebs des Beklagten gebunden. Denn nur unter dieser Voraussetzung kann davon die Rede sein, daß der Beklagte „seinen Bierbedarf" ausschließlich von der Klägerin zu beziehen habe; und auch nur unter dieser Voraussetzung ist eine dem Vertrag entsprechende Bemessung der Konventionalstrafe möglich, da sich letztere ja nach der Höhe des vom Beklagten bei seinem Wirtschaftsbetrieb benötigten und durch Bezug aus einer anderen Brauerei gedeckten Bierbedarf bestimmen soll.

Es ist nun unbestritten, daß der Beklagte, solange er die Hirschwirtschaft selbst betrieben hat, die der Klägerin gegenüber in Abs. 1 des § 3 eingegangene Bierbezugspflicht thatsächlich erfüllt hat, indem er bis dahin seinen ganzen Bierbedarf für die von ihm betriebene Hirschwirtschaft aus der klägerischen Brauerei bezogen hat. Die Klägerin gründet denn auch ihre Ansprüche nicht auf Verletzung der in Abs. 1 des § 3 statuierten Verpflichtung des Beklagten, sie macht vielmehr geltend, daß durch den Verkauf der Wirtschaft und die damit zusammenhängende Einstellung des Wirtschaftsbetriebs des Beklagten die Folge eingetreten sei, daß der Bezug des Bierbedarfs für diese Wirtschaft aus der klägerischen Brauerei seither unterblieben sei und daß für die hieraus der Klägerin erwachsene Einbuße der Beklagte in gleicher Weise einzustehen habe, wie wenn er selbst im Weiterbetrieb der Hirschwirtschaft den Bezug seines Bierbedarfs der klägerischen Brauerei entzogen hätte.

Eine zureichende Stütze für diese Annahme glaubt die Klägerin aus dem — in den Absatz 2 des § 3 eingeschobenen — Zwischensatz entnehmen zu können, woselbst gesagt ist: daß ein Verstoß gegen diese Verpflichtung auch im Fall der Veräußerung oder des Aufgebens des Wirtschaftsbetriebs als vorhanden angenommen werde. Mit Bezug hierauf hat die Klägerin in der Berufungsbegründung ausgeführt: es sei hier unzweideutig zum Ausdruck gebracht, daß der Beklagte verpflichtet sei, seine Wirtschaft zum Hirsch

bis zum Ablauf der Vertragszeit selbst zu betreiben;
mindestens habe er der Klägerin gegenüber die Garantie
dafür übernommen, daß bis dahin das in der genannten
Wirtschaft zum Ausschank kommende Bier ausschließlich aus
der klägerischen Brauerei bezogen werde; er sei also verpflichtet
gewesen, im Falle der Veräußerung seinem Nachfolger die
Erfüllung der übernommenen Bierbezugspflicht anzubedingen,
und er habe mit der Zuwiderhandlung gegen diese Verpflichtung die Strafe verwirkt.

Dieser Vertragsauslegung stehen nun aber in mehrfacher
Richtung sehr erhebliche Bedenken entgegen. An sich schon
erscheint nämlich die Annahme, daß der Beklagte gegen eine
so geringfügige Gegenleistung, wie ihm solche in dem Vertrag durch Zusage eines kleinen und zudem verzinslichen
Darlehens von 500 Mark in Aussicht gestellt war, eine so
schwerwiegende Verpflichtung übernommen haben sollte, im
höchsten Grade befremdend, ja völlig unannehmbar.

Entscheidend kommt dazu, daß die fragliche Vertrags-
klausel in dem Zusammenhang, in den sie gestellt ist, überhaupt keinen verständlichen Sinn hat und weder die Voraussetzungen noch die Tragweite der damit übernommenen Verpflichtung mit Sicherheit erkennen läßt. Daß die Veräußerung
bezw. das Aufgeben des Wirtschaftsbetriebs schlechtweg und
unter allen Umständen den Vorfall der Konventionalstrafe
bezw. den Eintritt des Garantiefalls begründen solle, ist
unter Zugrundelegung der — bei Auslegung von Verträgen
maßgebenden — Grundsätze von Treue und Glauben von vorneherein ausgeschlossen. Wie nun aber im Einzelnen die Voraussetzungen, unter welchen die Haftpflicht des Beklagten im
Falle einer Veräußerung ꝛc. eintreten solle, zu bestimmen seien,
ist nicht ersichtlich. Der Vertrag enthält überhaupt kein un-
mittelbares Verbot der Veräußerung oder auch nur eine gegen
die Veräußerung gerichtete selbständige Strafbestimmung; er
beschränkt sich vielmehr darauf, mittelst Einschiebung eines
Relativsatzes den Fall der Veräußerung ꝛc. als einen Verstoß
gegen die in Abs. 1 übernommene Verpflichtung zu bezeichnen.

Wie das gemeint ſein ſoll, iſt nicht verſtändlich; logiſch iſt
ja die Einreihung des Falles der Veräußerung unter die
Rubrik der Zuwiderhandlungen gegen die in Abſatz 1 dem
Beklagten während des Selbſtbetriebs der Wirtſchaft auferlegte Verpflichtung ganz ſinnlos, da es ſich um einen durchaus anders gearteten Thatbeſtand handelt. Wie unklar überhaupt dieſe ganze Beſtimmung iſt, ergibt ſich ſodann auch
aus der Erwägung, wie eventuell die Konventionalſtrafe im
Fall der Veräußerung ꝛc. hinſichtlich ihrer Höhe zu bemeſſen
wäre. Der Vertrag beſtimmt die Vertragsſtrafe kurzweg auf
„3 Mark per Hektoliter“. In dem Zuſammenhang, in dem
dieſe Beſtimmung zum Abſ. 1 des § 3 ſteht, iſt ſie, wie ſchon
oben bemerkt, dahin zu verſtehen, daß regelmäßig für die
Höhe der Vertragsſtrafe dasjenige Quantum Bier maßgebend
ſein ſoll, deſſen der Beklagte beim Betrieb der Hirſchwirt-
ſchaft zum Ausſchank in derſelben bedurfte und das durch
ſeinen Uebergang zur Konkurrenz der klägeriſchen Brauerei
entzogen worden iſt. In dieſem Sinne verſtanden iſt aber
eine Feſtſetzung der Vertragsſtrafe für Fälle der Veräußerung
oder des Aufgebens des Wirtſchaftsbetriebs praktiſch gar
nicht durchführbar. Wird die Wirtſchaft vom Beklagten
ſchlechtweg aufgegeben, ſo beſteht ein „Bierbedarf“ für die
Wirtſchaft überhaupt nicht mehr, und fehlt es an jeder Grundlage für Feſtſetzung der Strafe, da es ſelbſtverſtändlich nicht
angeht, an Stelle des ſchwankenden, jeweiligen Bedarfs willkürlich eine andere, nach dem Durchſchnitt des bisherigen
Konſums in der Wirtſchaft berechnete Zahl zu Grunde zu
legen. Das Gleiche gilt aber auch in dem Fall, wenn, wie
dies vorliegend zutrifft, die Wirtſchaft durch Veräußerung
in andere Hände übergeht, da einerſeits der Bedarf an
Bier im Betrieb des neuen Beſitzers für die Berechnung
der Vertragsſtrafe nicht maßgebend, andererſeits aber der
Bedarf, den der Beklagte bei eigenem Betrieb der Wirtſchaft gehabt haben würde, nach der Natur der Sache nicht
zu beſtimmen iſt.

Bei dieſer Sachlage iſt die Anwendung der in § 3

Abſ. 2 ſtatuierten Vertragsklauſel auf den vorliegenden Fall
nicht gerechtfertigt, weshalb der Anſpruch der Klägerin auf
Leiſtung von verfallenen und künftig verfallenden Straf=
bezw. Garantie=Summen abzuweiſen iſt.

Ebenſowenig begründet aber iſt der Anſpruch der Klägerin,
der darauf gerichtet iſt, daß der Beklagte „dafür zu ſorgen
habe, daß bis zum 1. Juli 1901 für die Wirtſchaft zum
Hirſch der geſamte Bierbedarf ausſchließlich aus der Brauerei
der Klägerin zu den jeweiligen Tagespreiſen bezogen werde".
Eine vertragsmäßige Verpflichtung dieſes Inhalts hat der
Beklagte nirgends übernommen. Der Anſpruch wäre ſelbſt
dann nicht begründet, wenn man, was übrigens nach dem
Vorſtehenden nicht zutrifft, annehmen wollte, daß der Beklagte
durch die mehrerwähnte Vertragsklauſel eine Garantie für
unveränderten Fortbezug des Bierbezugs durch ſeinen Nach=
folger übernommen habe. Eine ſolche Garantieleiſtung ent=
hielte nur das Verſprechen eventueller Schadloshaltung
im Falle der Zuwiderhandlung des Nachfolgers; ſie würde
aber keineswegs die weitere Verpflichtung in ſich ſchließen,
auch aktiv für den Nichteintritt des Schadens Sorge
zu tragen.

Urteil des I. Civilſenats vom 20. Mai 1898 in Sachen
Weiß'ſche Brauerei gegen Nübling.

5.

**Bierabnahmevertrag; Fortdauer der Verpflichtung zur
Bierabnahme trotz Aufgabe des Wirtſchaftsbetriebs?**

Beklagter hat vom Kläger, einem Bierbrauer, zum An=
kauf eines Wirtſchaftsanweſens ein zu 4% verzinsliches Dar=
lehen von 11000 Mark erhalten und ſich verpflichtet, ſeinen
Bierbedarf vom Kläger zu beziehen, ſo lang das Darlehen
nicht heimbezahlt ſein würde.

Er hat bis zum Verkauf des Anweſens, 1. April 1897,
ſeinen Bierbedarf vom Kläger bezogen; mit dem 1. April
1897 hat er ſeinen Wirtſchaftsbetrieb und damit auch den

Bezug des klägerischen Biers eingestellt: das Darlehen hat
er teils am 1. Mai, teils am 12. Juni 1897 heimbezahlt.
Kläger hat vom Beklagten Schadensersatz dafür verlangt,
daß Beklagter nicht bis zur gänzlichen Heimzahlung des Darlehens Bier von ihm bezogen habe. Die Klage ist abgewiesen worden.

Die

Gründe

des Berufungsurteils besagen:

Die Entscheidung der Frage, ob der Kläger vom Beklagten den Ersatz des ihm durch Unterlassung des Bierbezugs in der Zeit vom 1. April bis 12. Juni 1897 entstandenen Schadens verlangen könne, hängt lediglich davon
ab, ob für den Beklagten eine Verpflichtung bestand, bis zur
Heimzahlung des Darlehens eine Wirtschaft zu betreiben und
das zum Betrieb erforderliche Bier vom Kläger zu beziehen,
oder ob der Beklagte zum Bierbezug nur insolange verbunden
war, als er eine Wirtschaft betrieb.

Der Unterrichter hat die in Frage stehende Verpflichtung
des Beklagten mit zutreffenden Gründen verneint. Er hat
insbesondere nachgewiesen, daß die Umstände, welche zu
Gunsten der klägerischen Auffassung sprechen, nicht durch-
schlagend sind, um angesichts des Mangels einer besonderen
Vertragsbestimmung eine Willenseinigung der Parteien im
Sinne der Klagbegründung annehmen zu können. Auch die
vom Kläger in zweiter Instanz vorgetragenen — in der
Hauptsache auf wirtschaftlichen Erwägungen beruhenden —
Ausführungen sind nicht geeignet, die Entscheidungsgründe
des Unterrichters zu entkräften und zu einer andern Auslegung der maßgebenden Vertragsbestimmung zu führen. Alle
Umstände, welche die Berufungsbegründung zu Gunsten der
klägerischen Auffassung zu verwerten sucht, hätten wohl für
den Kläger ein Motiv bilden können, die Aufnahme einer
entsprechenden ausdrücklichen Bestimmung in den Vertrag
herbeizuführen, aber sie sind bei der vorhandenen Sachlage
nicht geeignet, die Unterstellung zu begründen, daß der Be-

klagte die in Frage stehende Verpflichtung stillschweigend habe
auf sich nehmen wollen. Bestand aber diese Verpflichtung
nicht, so kann auch davon keine Rede sein, daß der Beklagte
die allerdings auf seinen Willen zurückzuführende Unmöglichkeit der Fortsetzung des Bierbezugs dem Kläger gegenüber
zu vertreten und ihm den durch Einstellung des Bezugs entgangenen Gewinn zu erstatten habe.

Daß der Kläger dem Beklagten das Darlehen nicht gegeben hat zu dem Zweck, dem Beklagten die baldige vorteilhafte Weiterveräußerung seiner Wirtschaft zu ermöglichen,
kann dem Kläger nach Lage der Sache unbedenklich zugegeben werden. Allein daraus folgt eben nicht, daß der Beklagte die vertragsmäßige Verpflichtung übernommen habe,
vor Heimzahlung des Darlehens seine Wirtschaft nicht zu
veräußern. Das Vorbringen des Beklagten ist auch nicht rechtlich dahin aufzufassen, daß er den Eintritt einer seiner Verpflichtung aufhebenden Resolutivbedingung geltend machen
will, vielmehr bestreitet er das Vorliegen der den Klaggrund
bildenden und vom Kläger zu beweisenden Verpflichtung, den
Bierbezug auch nach Aufgabe seiner Wirtschaft fortzusetzen.

Urteil des I. Civilsenats vom 1. Juli 1898 in Sachen
Widmaier gegen Widmann.

6.

**Bedeutung der Zusage eines Wirts, dafür zu sorgen,
daß im Fall des Verkaufs der Wirtschaft auch der
Käufer das Bier von einer bestimmten Brauerei beziehe?**

Der Sachverhalt ergiebt sich aus den

Gründen:

Indem die Beklagten durch den, am 21. Febr. v. J. mit
der Klägerin abgeschlossenen Vertrag (im Anschluß an die
Zusage, vom 1. März 1896 an fünf Jahre lang ihren gesamten Bedarf an nicht in München oder Pilsen gebrautem
Bier für die Wirtschaft zum Bahnhof um den Preis von
16½ Pfg. per Liter von der Klägerin zu beziehen) sich ver-

pflichteten, für den Fall des Verkaufs ihres damaligen An=
weſens dafür Sorge zu tragen, daß der Käufer bis zum
Ablauf der in dem Vertrag. vom 21. Februar beſtimmten
Zeit ſeinen Bierbedarf ausſchließlich von der Brauerei der
Klägerin entnehme, haben ſie die Handlung eines Dritten
verſprochen, welche, nachdem der geſetzte Fall mit der Ver=
äußerung der Wirtſchaft an rc. Sch. und der am 1. April
v. J. erfolgten Uebernahme derſelben durch dieſen eingetreten,
infolge der Weigerung des Sch., Bier von der Klägerin zu
beziehen, ausgeblieben iſt.

Ob das Verſprechen der Handlung eines Dritten nur
die Zuſage bedeutet, ſich nach Kräften um Herbeiführung
dieſer Handlung zu bemühen, oder aber die Uebernahme der
Garantie für den Erfolg des Verſprechens hängt von dem
Willen des Kontrahenten im einzelnen Falle ab ¹). Für letztere
Annahme ſpricht die, auf die regelmäßige Abſicht der Kon=
trahenten ſich ſtützende Vermutung und im vorliegenden Falle
auch der Vertragsinhalt ſelbſt.

Der Klägerin mußte an ſich ſchon daran gelegen ſein,
für längere Zeit eine feſte Abſatzſtelle für ihr Produkt zu ge=
winnen. Dazu kommt ferner: indem Klägerin von den Be=
klagten das Verſprechen erhielt, ihnen fünf Jahre lang das
in ihrem Gaſthaus auszuſchenkende Bier liefern zu dürfen,
verpflichtete ſie ſich — neben kleineren, den Beklagten zuge=
ſicherten Vorteilen —, im Wirtſchaftsgarten eine Trinkhalle zu
errichten, deren Herſtellungskoſten von den Beklagten auf
1000 Mark, von der Klägerin auf 5—600 Mark angeſchlagen
werden, und es muß als beabſichtigt angenommen werden,
daß dieſe, den Bierverbrauch zu ſteigern beſtimmte Einrichtung
alsbald mit Beginn des Bierbezugs auszuführen geweſen wäre.
Zu dem hiemit verbundenen erheblichen Aufwand konnte aber
die Klägerin vernünftigerweiſe ſich nur verpflichten, wenn ſie
die Gewißheit hatte, während der fünfjährigen Dauer des
Vertrags durch ihre Bierlieferungen einen entſprechenden Ge=

1) Windſcheid, Pand. § 317; Seuffert's Archiv Bd. 18
nr. 31; Mot. zu § 348 der 1. Leſung des Entw. des B.G.B.

winn zu erzielen. Da es nun an sich den Beklagten jederzeit freistand, ihr Anwesen zu veräußern, so bedurfte die Klägerin einer Garantie, daß auf diesem Wege ihren Bierlieferungen nicht ein vorzeitiges Ende bereitet werde. Um dies zu verhüten, konnte aber die bloße Zusage der Beklagten sich zu bemühen, ihren Käufer zum Eintritt in den Bierlieferungsvertrag zu bestimmen, nicht genügend erscheinen, sondern war das Versprechen nötig, unter allen Umständen hiefür einzustehen und im Notfall die Klägerin wenigstens schadlos zu halten. Daß hierauf der Wille der Klägerin gerichtet war, mußten auch die Beklagten erkennen, und in diesem Sinne ist daher ihre Vertragspflicht festzustellen.

Urteil des II. Civilsenats vom 22. April 1897 in Sachen Böttner und Wohlgemuth gegen Niedermayer.

7.

Ist ein Anspruch auf Teilung einer Liegenschaft durch Verkauf aus freier Hand zulässig, wenn das Zwangsvollstreckungsverfahren in den Anteil des Klägers eingeleitet ist?

Die Parteien stehen zu einander in dem Rechtsverhältnisse von Miteigentümern (je zur Hälfte) an dem Liegenschaftsanwesen, welches in früherer Zeit ganz dem Beklagten gehört hat, von demselben im Jahr 1893 je zur unabgeteilten Hälfte an den Kläger und dessen Schwiegersohn F. H. verkauft worden ist, im Jahre 1895 aber in das Miteigentum der Parteien dadurch gekommen ist, daß der Beklagte in dem Zwangsvollstreckungsverfahren gegen H. dessen hälftigen Anteil (zurück)erworben hat.

Zwischen den Parteien besteht aber zugleich das Rechtsverhältnis von Pfandgläubiger und Pfandschuldner, sofern dem Beklagten für seine restliche (hälftige) Kaufschillingsforderung aus dem Kaufvertrag vom 6. September 1893 das Unterpfandsrecht an dem Liegenschaftsanteil des Klägers zusteht.

Der Kläger verlangt als Miteigentümer Teilung des ge=
meinschaftlichen Anwesens im Weg der öffentlichen Versteige=
rung. Der Beklagte widersetzt sich dieser Gemeinschaftsteilung
und will, als Gläubiger, in dem gegen den Kläger ausge=
wirkten Zwangsvollstreckungsverfahren den Liegenschafts a n=
t e i l des letzteren zum Subhastationsverkauf bringen lassen.
In den

G r ü n d e n

des Berufungsurteils ist zunächst ausgeführt, daß das Urteil
der Civilkammer, das den Beklagten für schuldig erklärt hat,
in die Teilung des gemeinschaftlichen Anwesens im Weg der
öffentlichen Versteigerung zu willigen, vom Standpunkt der
Sachlage zur Zeit seiner Erlassung gerechtfertigt gewesen sei;
es frage sich nun aber, ob die Rechtslage inzwischen dadurch
eine andere geworden sei, daß nunmehr die Zwangsvoll=
streckung in den Liegenschaftsanteil des Klägers eingeleitet
worden sei.

Hierauf fahren die Gründe fort:

Wie unbestritten, ist zufolge amtsgerichtlicher Anordnung
des Zwangsvollstreckungsverfahrens in das unbewegliche Ver=
mögen des Klägers von der Vollstreckungsbehörde die dem
Kläger gehörige u n a b g e t e i l t e H ä l f t e an dem den Par=
teien gemeinschaftlichen Anwesen zum Verkauf bestimmt und
ein Grundstücksverwalter bestellt worden. Und es sind mit
dieser Vollstreckungsverfügung zufolge der Bestimmung in
Art. 8 Abs. 2 (vgl. Abs. 1 und Art. 7) des Subhastationsge=
setzes vom 18. August 1879 die Wirkungen des Immobiliar=
arrestes nach Maßgabe des Art. 27 des W. Ausführungs=
gesetzes zur Civilprozeßordnung eingetreten: dem Kläger ist
die Veräußerung, Belastung oder Verpfändung der zum
Verkauf bestimmten Liegenschaft untersagt.

Der Kläger hat gegen die (im Unterpfandsbuch vorge=
merkte) Vollstreckungsverfügung eine Einwendung nicht er=
hoben. Derselbe vermöchte auch gegen den Zwangsverkauf
seiner Eigentums h ä l f t e , welche nach unserem Recht in
Ansehung der Zwangsvollstreckung als unbewegliche körper=

liche Sache gilt¹), aus dem Grund seines Miteigentumsrechtes
bezw. der anhängigen Teilungsklage eine Einsprache (gemäß
§ 685 der C.P.O.) nicht zu erheben.

1) Die so eingetretene Sachlage kann nun gleichwohl
nicht ohne Weiteres dazu führen, daß der Teilungsanspruch
des Klägers überhaupt als unbegründet oder hinfällig zu
erklären wäre.

Der Kläger bleibt ungeachtet der Subhastation seines
Liegenschaftsanteils, insolange als sein Miteigentum fortbe-
steht, zur Geltendmachung der hieraus fließenden Rechte, insbesondere auch zur Verfolgung eines Teilungsanspruches gegen
den Miteigentümer berechtigt und aktiv legitimiert. Es ist
durch den Immobiliararrest, welchem sein Liegenschaftsanteil
zufolge der Vollstreckungsverfügung unterliegt dem Kläger
die Dispositionsfähigkeit weder im allgemeinen noch auch
insoweit entzogen, daß damit jede Verfügung über jenen
Anteil zum Zweck der Gemeinschaftsteilung rechtlich unmöglich gemacht wäre. Die Teilungsklage und ein derselben
stattgebendes richterliches Urteil müßten auch nicht notwendig mit dem in dem Arrest gelegenen Veräußerungsverbot in Konflikt kommen; es ließe sich ein Teilungsmodus
denken, welcher das eingeleitete Zwangsvollstreckungsverfahren
und das Veräußerungsverbot unberührt ließe, so, wenn —
was vorliegend freilich praktisch unthunlich ist — dem Kläger
gegen eine dem Beklagten zu zahlende Abfindung der Anteil des letzteren zugesprochen würde.

2) Nun ist aber der Wille des Klägers der, es solle —
bevor der Zwangsverkauf seines Liegenschaftsanteils durchgeführt wird, — im Wege der Gemeinschaftsteilung das
ganze Anwesen aus freier Hand verkauft werden und
nach den Umständen des Falles läßt sich die Teilung zwischen
den Parteien auch nur durch Versteigerung des Anwesens
bewerkstelligen. Ein Verkauf des ganzen Anwesens aber würde

<hr />

1) Pf.Ges. Art. 4. 9, Wächter, W. Privatrecht II § 37 S. 211;
Gaupp, Anhang zur Civilprozeßord. S. 67 Note 1; Jahrb. der
W. Rechtspflege VIII S. 321.

eine Veräußerung des ſubhaſtierten klägeriſchen Anteils
notwendig in ſich ſchließen. Es würde damit allerdings nicht
über den zum Zwangsverkauf beſtimmten ideellen Teil als
ſolchen verfügt, aber eine Veräußerung der ganzen Sache wäre
eben zugleich eine Veräußerung des Teils; der dem Arreſt
unterworfene Gegenſtand läßt ſich von dem im Weg der
Teilung zu veräußernden nicht trennen.

Die ſo von dem Kläger begehrte Veräußerung aber kann
bei der jetzt eingetretenen Sachlage thatſächlich und rechtlich
in Kolliſion kommen mit dem anhängigen Zwangsvollſtreckungs-
verfahren und dem beſtehenden Immobiliararreſt, inſofern
mit dieſem Arreſt ein Veräußerungsverbot verknüpft iſt.

Indes iſt dieſes Veräußerungsverbot kein abſolutes.
Der Schuldner iſt an ſich nicht gehindert, auch nach der Be-
ſchlagnahme noch über das Grundſtück zu verfügen; es iſt
ihm nur zur Sicherung des betreibenden Gläubigers und der
zum Beitritt im Vollſtreckungsverfahren zugelaſſenen Gläubiger
unterſagt, über die zum Verkauf beſtimmte Liegenſchaft durch
Veräußerung, Belaſtung, Verpfändung, zu verfügen und dieſe
Gläubiger ſind berechtigt, die entgegen dem Verbot vorgenommene Verfügung ſoweit ſie ihrem durch den Arreſt ſicher
geſtellten Anſpruch nachteilig iſt, als nichtig anzufechten.

Die Nichtigkeit tritt alſo nicht ipso jure ein, iſt nur
eine relative und es fällt auch für den Gläubiger das Anfechtungsrecht mit der Aufhebung des Arreſtes weg [1]).

Von dieſem Geſichtspunkte aus erſcheint ſonach eine zum
Zweck der Gemeinſchaftsteilung vorzunehmende Veräußerung
des Geſamtanweſens nicht als rechtlich unzuläſſig oder unmöglich.

---

1) Vgl. Gaupp, Anhang zur C.P.O. (Württ. Recht) zu § 811
S. 92, 93; Lang, S.R. II S. 980 Note 26 (Motive zu Art. 8 des
Subhaſt.Geſ.); Motive zu Art. 840 der W. CivilprozeßO. v. 1868;
Mandry, civilr. Inhalt § 21 Note 20; cf. B.G.B. § 135 Abſ. 1
Satz 1; Motive zum R.Geſetz über Zwangsvollſtreckung in das unbew.
Vermögen zu § 39 b. Entw. v. 1889 S. 140, R.Geſetz über die Zwangs-
verſteigerung vom 24. März 1897 §§ 23. 20.

3) Der Richter im Teilungsprozesse hat nun allerdings einen nicht bloß theoretisch und bedingungsweise möglichen sondern auch praktisch durchführbaren Teilungsmodus anzuwenden und hiernach durch sein — nach derzeit noch geltendem Recht konstitutives — Urteil die Teilung unter den Miteigentümern vorzunehmen [1]).

Auf dem vorliegend einzig gangbaren Weg müßte der Teilungsverkauf mittelst Versteigerung des Anwesens aus freier Hand vorgenommen werden; es kann zu diesem Behuf nicht (wie nach künftigem Recht: B.G.B. § 753, Gesetz vom 24. März 1897 §§ 180 ff.) eine Zwangsversteigerung angeordnet und es kann der Beklagte auch nicht verurteilt werden, seinen Anteil zusammen mit demjenigen des Klägers in dem anhängigen Subhaftationsverfahren der Zwangsversteigerung auszusetzen. Ein zufolge des teilungsrichterlichen Urteils demnächst vorzunehmender freihändiger Verkauf des ganzen Anwesens würde also möglicher Weise durch das inzwischen seinen Lauf nehmende Subhaftationsverfahren unausführbar gemacht.

In den Gang dieses Vollstreckungsverfahrens und in die aus demselben den beteiligten Gläubigern erwachsenen Rechte einzugreifen, steht nun freilich dem Teilungsrichter nicht zu. Darauf, daß das einmal eingeleitete Verfahren in den gesetzlichen Fristen und Formen durchgeführt werde, haben die beteiligten Gläubiger ein Recht und es kann, nachdem der ideelle Anteil des Klägers durch die Vollstreckungsverfügung zu Gunsten der Gläubiger vinkuliert ist, diese sequestrierte Liegenschaft nicht mittelst einer rechtsgeschäftlichen Verfügung des Schuldners oder einer derselben gleichstehenden Vollstreckung eines teilungsrichterlichen Urteils (vgl. B.G.B. § 135 Abs. Satz 1) dem Vollstreckungsverfahren ohne die erteilte oder etwa aus besonderem Grund erzwing-

1) Vgl. Windscheid, Pand. II § 449 nr. 9; Dernburg, Pand. I § 197 5. Aufl. S. 460. 470; Lang, E.R. I § 68 S. 388. 390; Motive zum B.G.B. I S. 882; cf. Württ. Archiv IX S. 489; XVIII S. 240; Entsch. des R.G. B. XII nr. 49 S. 105 f.

bare Zustimmung der Gläubiger e n t z o g e n werden.

Der betreibende Gläubiger ist zwar bei in dem gegen=
wärtigen Prozeß als Miteigentümer auf Teilung belangte
Beklagte und es könnte sich fragen, ob nicht diesem ein Wider=
spruchs= und eventuelles Anfechtungsrecht gegenüber einer
Veräußerung des Gesamtanwesens eben um deswillen über=
haupt abzusprechen sei, weil er als Miteigentümer verpflichtet
wäre, diese Veräußerung zum Zweck der Teilung vornehmen
zu lassen, ob nicht seiner Berufung auf den Immobiliararrest
die Replik des Dolus entgegensteht, oder auch, ob er berechtigt
gewesen sei, den Liegenschaftsanteil des Klägers im Wider=
spruch mit der schon zuvor anhängig gewesenen Teilungsklage
subhastieren zu lassen. Indes kann zunächst die letztere Be=
fugnis dem Beklagten keinenfalls versagt werden. Sein Unter=
pfandsrecht auf den Anteil des Klägers hat durch den späteren
Eintritt des Beklagten in das Miteigentum keine Schmälerung
erfahren, und er war in seinem R e c h t , wenn er wegen einer
fälligen Schuld des Klägers die Vollstreckung in den ideellen
Anteil des Beklagten an dem Anwesen — das zur Zeit allein
vorhandene Pfandobjekt — erwirkte[1]). Daran hinderte ihn
auch die zuvor rechtshängige Teilungsklage nicht.

Der Kläger hat bisher zwar einen durch die Gemein=
schaft begründeten Anspruch auf Teilung — Aufhebung der
Gemeinschaft —, nicht aber einen bereits existenten Anspruch
auf eine bestimmte Art der Teilung; die Parteien konnten
nicht einmal mit Sicherheit darauf rechnen, daß in dem
Teilungsprozesse auf Veräußerung des gesamten Anwesens
erkannt werden würde. Was im übrigen das Verfahren des
Beklagten anlangt, so ist in dem Bestreben desselben, dem
Ergebnis der Teilungsklage mit der Zwangsvollstreckung gegen
den Kläger zuvorzukommen, mag er dabei auch von der Ab=
sicht geleitet sein, den Anteil des Klägers im Vollstreckungs=
verfahren zu einem möglichst billigen Preis selbst zu erwerben,
kein r e c h t s w i d r i g e s — doloses — Verhalten zu erblicken.

Der Kläger mußte auch, nachdem er mit der Zahlung

<hr />

1) Vgl. S e u f f e r t 's Archiv Bd. 29 nr. 94.

des Kaufschillingszieles auf Martini 1896 in Verzug geraten war, sich darauf gefaßt halten, daß der Beklagte den klägerischen Anteil an der Liegenschaft zum Zwangsverkauf bringen lassen werde und er kann sich — mag die Klage wegen des Kaufschillingszieles gegen ihn schon vor oder erst nach Anhängigkeit der Teilungsklage erhoben worden sein, dagegen nicht beschweren, wenn der Beklagte während des Teilungsprozesses die längst drohende Zwangsvollstreckung ausgewirkt hat. Man kann endlich auch b e m Gesichtspunkt keine Berechtigung zuerkennen, daß durch die Rechtshängigkeit der Teilungsklage das zu teilende Objekt lediglich der Disposition des Teilungsrichters unterstellt und einer damit in Widerspruch tretenden Verwendung zur Zwangsvollstreckung entzogen sei. Insolange die Teilung noch nicht erfolgt ist, bleibt der ideelle Anteil des Klägers selbständiges Exekutionsobjekt für die Gläubiger (die Bestimmungen in §§ 236. 237 der C.P.O. leiden hier keine Anwendung).

Also auch der Beklagte ist als Vollstreckungsgläubiger berechtigt, sich auf die durch die Vollstreckungsverfügung eingetretenen Wirkungen gegenüber einer Veräußerung des Anwesens (eventuell) zu berufen.

In dem Zwangsvollstreckungsverfahren handelt es sich sodann nicht bloß um die Rechte des Beklagten als des betreibenden Gläubigers, sondern auch um die Rechte derjenigen anderen Gläubiger, deren Beitritt zu dem Verfahren zugelassen worden ist oder etwa noch zugelassen werden wird sowie der Realgläubiger (Gesetz vom 18. August 1879 Art. 10 Abs. 2; Art. 22). In diese Rechte, soweit sie durch das Subhastationsgesetz den Gläubigern gewährleistet sind, kann das teilungsrichterliche Urteil nicht durch Hemmung des Vollstreckungsverfahrens eingreifen.

4) Gleichwohl konnte die so eingetretene neue Sachlage nicht zu einer Abweisung der Teilungsklage führen. Hiezu wäre das Berufungsgericht — sofern für das zu erlassende Urteil allerdings die im jetzigen Zeitpunkt bestehenden Verhältnisse entscheidend sind — in dem Falle veranlaßt und

genötigt, wenn die begehrte Teilung wegen Umgangbarkeit
des nach den Umständen einzig möglichen Weges sich als
schlechthin unausführbar darstellen würde[1]). Dieser Fall
ist aber vorliegend nicht gegeben.

Eine Veräußerung des Anwesens könnte auf Grund
des Immobiliararrestes, wie schon erörtert, von den be=
teiligten Gläubigern angefochten werden, wenn und so=
weit ihre Befriedigung dadurch beeinträchtigt würde. Es
steht noch im Ungewissen, ob die Gläubiger durch eine Ver=
äußerung des ganzen Anwesens (abgesehen von der Ver=
zögerung) einen Nachteil erleiden würden. Der Kläger hofft
auf einen Erlös, welcher ihm ermöglichen würde, auch den
(mit zweitem Recht versicherten) Beklagten vollständig befrie=
digen zu können, und es ist demselben zuzugeben, daß er=
fahrungsgemäß von dem freihändigen Verkauf und einem
solchen des Gesamtanwesens ein höherer Erlös zu erwarten
ist als von einem Zwangsverkauf und einem solchen des
ideellen Anteils. Es läßt sich also zum Voraus nicht er=
messen, ob eine Veräußerung des Gesamtanwesens seitens
der Gläubiger angefochten werden könnte oder wollte. So=
dann ist es nicht ausgeschlossen, daß das anhängige Zwangs=
vollstreckungsverfahren auf andere Weise als durch Zwangs=
verkauf seine Erledigung fände, etwa mangels eines Angebots
(Art. 16 Abs. 5 des Ausf.Ges.) oder zufolge Verweigerung
des Zuschlags (Art. 21 des Gesetzes)[2]) oder durch vollständige
Befriedigung der betreibenden Gläubiger (Art. 20 des Gesetzes).
Auch ist es denkbar, daß der Schuldner eine Sistierung des
Vollstreckungsverfahrens, etwa im Wege der Fristerteilung
zum Selbstverkauf nach Art. 6 des Gesetzes (cf. § 7 der
Vollzugsverfügung hiezu vom 1. Oktober 1879), erwirken
könnte. Schon mit Rücksicht auf diese Eventualitäten hat
der Kläger ein rechtliches und begründetes Interesse daran,

---

1) Vgl. Jahrb. der W. Rechtspflege Bd. VI S. 269 f. 274;
Zimmermann, in Archiv für civil. Prax. Bd. 34 S. 215 f.; f. auch
Seuffert's Arch. Bd. 42 nr. 102.
2) Gaupp, Anhang S. 77 f.

ein gerichtliches Teilungsurteil zu erlangen, wodurch ihm ermöglicht wird, im Weg der Veräußerung des Gesamtanwesens
die Durchführung der Zwangsvollstreckung und den ihm hieraus
drohenden Verlust abzuwenden, und es wäre unbillig, ihn
mit der erhobenen Klage ab- und auf den Weg einer neuen
Klage zu verweisen, zumal der Anspruch des Klägers auf
Aufhebung der Gemeinschaft an sich als begründet feststeht,
von dem Beklagten aber grundlos bestritten worden ist.

Aus diesen Erwägungen ergab sich die Zurückweisung
der Berufung, und es verbleibt hiernach bei dem Ausspruch
des Urteils der Civilkammer, wonach der Beklagte schuldig
ist, in die Teilung der im Miteigentum der Parteien je zur
unabgeteilten Hälfte stehenden, ebendort näher bezeichneten
Liegenschaft auf dem Wege der öffentlichen Versteigerung einzuwilligen. Nach dem schon Ausgeführten erfolgt die Bestätigung dieser Verurteilung unbeschadet der Rechte der
Gläubiger in dem anhängigen Subhastationsverfahren. Es
muß dem Kläger überlassen bleiben, in welcher Weise er das
gegenwärtige Urteil zur Vollstreckung bringen wird.

Urteil des Feriensenats vom 14. September 1897 in
Sachen Staiger gegen Terlinger.

8.

Erfordernisse einer Schenkung.

Ein Gemeinschuldner hat mehrere Jahre vor Konkurs-
ausbruch eine ihm durch Testament eines Oheims angefallene
Erbschaft angetreten. Bei der Teilungsverhandlung wurde
von mehreren Personen bezeugt, daß der Erblasser sie in der
Nacht vor seinem Tod herbeigerufen und ihnen eröffnet habe:
es sei sein freier letzter Wille, daß sein Neffe (der nunmehrige
Gemeinschuldner) die ihm kraft Testaments anfallende Erbschaft sofort an seinen (des Neffen) Sohn herauszugeben
verpflichtet sei. Der Gemeinschuldner hat hierauf unterschrift-
lich diese letztwillige Verfügung des Erblassers anerkannt und
einen Spezialpfleger für seinen Sohn vorgeschlagen, der so-

dann die Annahme „des Universalvermächtnisses" erklärte.

Die klagende Masse macht nun geltend: in der angeb=
lichen Erklärung des Erblassers sei ein giltiges Oralfideikommiß
nicht zu finden; der Gemeinschuldner habe auch wohl gewußt,
daß ihm eine rechtliche Verbindlichkeit zur Erfüllung der Be=
stimmung des Erblassers nicht obliege. Wenn er trotzdem
der angeblichen Anweisung des Erblassers entsprochen habe,
so liege darin eine S ch e n k u n g an den Beklagten, die als
nicht gerichtlich insinuiert ungiltig sei, soweit sie den Betrag
von 342 Mark 86 Pfennig übersteige.

Aus den

Gründen

des Berufungsurteils:

Die Klagebehauptung: der Gemeinschuldner sei sich genau
bewußt gewesen, daß ihm eine rechtliche Verbindlichkeit zur
Erfüllung der Anordnung des Erblassers nicht obliege — ist
nicht schlüssig für die daraus abgeleitete Schlußfolgerung, daß
die Ueberlassung der fraglichen Erbschaft an den Beklagten
eine (soweit 200 fl. übersteigend) ungiltige Schenkung sei,
deren Ungiltigkeit ein Rückforderungsrecht des Gemeinschuldners
bezw. der Konkursmasse begründe. Denn zu einer Schenkung
ist nicht bloß erforderlich, daß der G e b e r die Ueberzeugung
(oder das Bewußtsein) hat, daß er ohne (rechtliche) Verbind=
lichkeit gebe, also schenke, sondern weiter auch, daß der N e h m e r
das Gegebene als etwas annimmt, worauf er keinen (rechtlichen)
Anspruch hat, das ihm geschenkt wird[1]). Wer z. B. auf eine
Forderung verzichtet, weil er einen Eid über die Nichtbezahlung
der Schuld nicht schwören will, dessen Zuschiebung ihm die
Erben des Schuldners für den Fall des Prozesses in Aussicht
gestellt haben, ist vielleicht vollkommen sicher darüber, daß die
Schuld n i ch t bezahlt worden ist, er also den Schuldbetrag
den Erben „schenkt"; sofern aber diese in dem guten Glauben
sind, der Erblasser habe die Schuld bezahlt, fassen sie den

---

1) Vgl. arg. l. 18 pr. D. 12, 1; W i n d s ch e i d, Pand. § 365
bei und in Note 5; R e g e l s b e r g e r, Pand. § 168 I, 6 und Note 12;
Motive zu §§ 437, 438 E.B.G.B. Bd. 2 S. 289; § 516 B.G.B.

Verzicht nicht als eine Freigebigkeit des Gläubigers auf und es liegt deshalb keine Schenkung im rechtlichen Sinn (kein Schenkungsvertrag) vor, die der Gläubiger mangels erfolgter Insinuation als ungiltig anfechten könnte. Daß nun aber im vorliegenden Fall der Pfleger des damals noch nicht zwei Jahre alten Beklagten bei Annahme des fraglichen Erbteils gewußt oder auch nur vermutet hat, es bestehe kein Anspruch des Beklagten auf diesen Erbteil und die Erklärung des Gemeinschuldners, womit er seine „Verpflichtung zur sofortigen und ungeschmälerten Herausgabe der ganzen Erbschaft" anerkannte, sei in Schenkungsabsicht und nicht behufs Erfüllung einer (wirklichen oder vermeintlichen) rechtlichen Verpflichtung erfolgt, — hat Klägerin nicht behauptet; es ist auch nicht ersichtlich, warum der Pfleger dem Anerkenntnis des jetzigen Gemeinschuldners nicht Glauben geschenkt und an der Rechtsgiltigkeit der Anordnung des Erblassers gezweifelt haben sollte, die von keinem Beteiligten beanstandet worden war. Ist hienach davon auszugehen, daß der angeblich Beschenkte die behauptete Freigebigkeit nicht als solche erkannt und angenommen hat, so liegt schon aus diesem Grund keine Schenkung vor.

Urteil des I. Civilsenats vom 11. März 1898 in Sachen Linden'schen Konkursmasse gegen Linden.

9.

Rechtsverbindlichkeit der Zusage eines Vaters gegenüber dem zukünftigen Bräutigam seiner Tochter, einen monatlichen Zuschuß in die Ehe zu geben?

Kläger hat sich am 10. Juni 1895 mit seiner jetzigen, damals 24 Jahre alten Ehefrau verlobt und am 8. Oktober 1896 die Ehe mit ihr geschlossen. Er hat behauptet: Beklagter habe am 10. Juni 1895 wörtlich zu ihm gesagt: Sie haben den Gehalt nicht, daß Sie meine Tochter verhalten können, wie ich es wünsche; ich gebe Ihnen einen Zuschuß von 50 Mark monatlich, Sie werden damit einverstanden sein."

Auf die zustimmende Erklärung des Klägers habe Beklagter beigefügt: „Es braucht nichts Schriftliches; mein Wort als Mann wird ihnen genügen“. Beklagter hat dem gegenüber behauptet, er habe dem Kläger den Zuschuß von 60 Mark nur in unverbindlicher Weise in Aussicht gestellt. Aus den

Gründen

des Berufungsurteils:

Mit Unrecht bezweifelt der vorige Richter, daß in der Erklärung des Beklagten vom 10. Juni 1895, wenn sie so gelautet hat, wie Kläger behauptet, ein Wille, sich rechtlich zu verpflichten, zum Ausdruck gelangt ist. Der Form nach stellt sich die behauptete Aeußerung als unzwei= deutige Erklärung eines Verpflichtungswillens dar insbesondere durch die Worte: „es braucht nichts Schriftliches; mein Wort als Mann wird Ihnen genügen“: es ist allgemein bekannt, daß auch mündliche Versprechungen bindend sind („ein Mann ein Wort“); die Ablehnung der schriftlichen Fixierung eines Versprechens enthielt also nicht die Ablehnung einer rechtlichen Bindung, sondern nur die der Schaffung einer Beweisurkunde. Daß Beklagter jene Worte, wenn er sie gebraucht hat, im Sinn einer Verpflichtungserklärung gemeint hat, ergiebt sich daher bei unbefangener Auslegung von selbst; den Gegen= beweis hätte Beklagter zu führen, er hat aber in dieser Richtung nichts vorgebracht.

Es kann sodann dem Unterrichter nicht Recht gegeben werden, wenn er meint: die Umstände sprechen gegen die Abgabe eines bindenden Versprechens. Es ist in Verhältnissen wie denen der Parteien innerlich nicht unwahrscheinlich, daß Kläger die Verlobung mit der Tochter des Beklagten davon ab= hängig gemacht hat, daß er einen gesicherten Zuschuß zu den Kosten der Haushaltung erhalte, und daß Beklagter diese Ab= sicht des Klägers kannte oder voraussetzte. Rechtsbegründende Zusagen über solche Punkte werden auch keineswegs, wie der vorige Richter meint, „in der Regel erst anläßlich der Ver= ehelichung“ (und nicht schon anläßlich der Verlobung) erteilt: es ist bekannt, daß z. B. in ländlichen Verhältnissen

die förmliche Verlobung häufig erst nach genauer Feststellung
der Beibringensverhältnisse erfolgt, und es ist, wenn für
den Heiratslustigen die Vermögensverhältnisse des Mädchens
entscheidend in Betracht kommen, unter allen Umständen klüger
und besser, vor der Verlobung klare Verhältnisse zu schaffen
als erst „anläßlich der Verehelichung“. Bespricht sich der
künftige Schwiegervater mit dem künftigen Schwiegersohn über
diese Dinge ernstlich vor der Verlobung (und um diese zu
befördern), so werden seine Zusagen im Zweifel als (für den
Fall der Heirat) bindende Verpflichtungen anzusehen sein.
Daß im vorliegenden Fall die Beteiligten, insbesondere die
klagenden Eheleute selbst, die Zusage des Beklagten als eine
rechtlich bindende nicht angesehen haben, dafür spricht der
Umstand keineswegs, daß das Beibringensinventar der klagenden Eheleute den Zuschuß nicht erwähnt: er war ein Beitrag
zu den laufenden Ausgaben, nicht ein Teil des Beibringens
der Ehefrau, den sie bei Auflösung der Ehe erstattet verlangen könnte; er gehörte deshalb gar nicht ins Beibringensinventar, zumal da eine Einwerfungspflicht der klagenden
Ehefrau (als des einzigen Kinds) nicht in Frage kommen
konnte.

Eine rechtliche Verpflichtung des Beklagten (falls er die
vom Kläger behauptete Erklärung abgegeben hat) läßt sich
auch nicht aus dem Grund verneinen, weil diejenige Person,
die aus der Verpflichtung ein Recht habe erwerben sollen,
nämlich die mitklagende Ehefrau, die verpflichtende Zusage
nicht angenommen habe.

Dem Wortlaut der behaupteten Aeußerung nach hat
Beklagter den Zuschuß dem klagenden Ehemann versprochen („ich gebe Ihnen einen Zuschuß von 50 Mark
monatlich“). Das läßt sich der Lage der Sache nach nur
dahin verstehen, daß der Beklagte sich dem Kläger als dem
künftigen Ehemann seiner Tochter oder den beiden künftigen
Eheleuten gegenüber, als deren Vertreter er schon jetzt den
künftigen Ehemann betrachtete, verpflichten wolle. Diesfalls
konnte aber der klagende Ehemann das Versprechen rechts-

wirksam annehmen und daß eine solche Annahme seinerseits stattgefunden hat, ist nicht bestritten und ergiebt sich aus den Umständen. (Daß, wenn nur der klagenden Ehefrau der Zuschuß hätte bewilligt werden wollen, ein giltiger Vertrag zu Gunsten eines Dritten vorläge, mag nebenbei bemerkt werden.)

Die Giltigkeit der behaupteten Zusage kann nicht etwa aus dem Grund beanstandet werden, weil sie eine insinuationspflichtige, aber nicht insinuierte Schenkung dargestellt habe. Denn der Zuschuß wurde versprochen als Beitrag zu den Lasten der Ehe („onera matrimonii"), es fehlt deshalb im vorliegenden Fall ebenso an der zum Begriff der „Schenkung" wesentlichen Bereicherung des Ehemanns, wie bei dem (gleichem Zweck dienenden) Geben einer dos[1]), die dem Ehemann gegenüber nicht als Schenkung, der Ehefrau gegenüber nicht als insinuationspflichtige Schenkung gilt. Sodann aber gilt gemeinrechtlich und — sei es gemäß L.R. II, 18 § 5, sei es zufolge der aushilfsweisen Geltung des gemeinen Rechts — auch in Württemberg der Satz, daß, wenn terminliche Leistungen schenkweise versprochen sind, Insinuation nur erforderlich ist, wenn entweder die einzelne Leistung das gesetzlich insinuationsfreie Maß übersteigt oder die Schenkung auf die Erben eines Teils (oder beider Teile) erstreckt ist[2]), diese Voraussetzungen treffen aber bei der in Rede stehenden Schenkung terminlicher Leistungen nicht zu.

Urteil des I. Civilsenats vom 14. Juli 1898 in Sachen Popp gegen Stern.

10.

Haftung eines Turnlehrers für die Folgen der Verletzung, die ein Turnschüler durch ein Turngerät erlitten hat?

Der Beklagte Sch. ist Turnlehrer in M.; als er sich

---

1) Vgl. hierüber Windscheid: Pand. § 492.
2) Vgl. über die einschlägige l. 34 § 4 C. 8, 53 [54]: Windsscheid, Pand. § 367 bei und in Note 6; Regelsberger, Pand. § 109 bei und in Note 10; R.G. 8 nr. 86.

am 27. März 1896 mit den Schülern der 2. und 3. Latein=
klaſſe von dem Schulgebäude in die nahe gelegene Turnhalle
begab, behändigte er mit dem Bemerken, daß er gleich nach=
komme, den Schlüſſel zur Turnhalle einem Schüler, der ſo=
dann die Turnhalle öffnete, in die nun die Schüler eintraten.
Hier machte ſich einer der Schüler, noch ehe der Beklagte Sch.
in die Turnhalle gekommen war, am Schwebebalken zu ſchaffen,
der in raſches Sinken geriet und den gerade darunter be=
findlichen Kläger (einen Lateinſchüler) mit ſolcher Gewalt an
den rechten Oberſchenkel traf, daß ein Knochenbruch erfolgte.
Die Schadenserſaßklage gegen den Beklagten Sch. iſt abge=
wieſen worden, vom Berufungsgericht aus folgenden

Gründen:

Anlangend den Beklagten Sch. behauptet die Klage ſelbſt
nicht, daß er — etwa aus dem Geſichtspunkt des Verab=
ſäumens der Aufſicht über einen Untergebenen — für die
Handlungen des Mitbeklagten St. oder des Schülers J. M.
unmittelbar einzuſtehen habe, und ein eigenes Verſchulden
liegt bei ihm nicht vor, obgleich zwiſchen ſeinem Verhalten
und der Beſchädigung des Kls. ein urſachlicher Zuſammen=
hang unverkennbar inſofern beſteht, als der Unfall vermieden
worden wäre, wenn der Beklagte Sch. den Schülern die
Turnhalle nicht zugänglich gemacht hätte. Die bloße Schaf=
fung der Möglichkeit, daß ein Schaden entſtehe, erzeugt aber
an ſich noch keine Erſaßpflicht; es bedarf dazu noch eines
beſonderen Verpflichtungsgrunds.

Als ſolchen macht der Kläger in erſter Linie Verletzung
der Amtspflicht geltend, indem er vorbringt, der Beklagte
Sch. ſei kraft beſtehender Dienſtvorſchrift als Turnlehrer ver=
bunden geweſen, ſeine Schüler in die Turnhalle zu geleiten
und dort vor Beginn des Unterrichts die tadelloſe Beſchaffen=
heit der Geräte feſtzuſtellen. Er vermag ſich aber hiefür mit
Erfolg weder auf eine allgemeine, noch auf eine einzelne, von
zuſtändiger Stelle getroffene Anordnung zu berufen. In
der Turnordnung vom 5. Februar 1863 und in der Voll=
zugsverfügung vom 16. April 1864 finden ſich einſchlägige

gebietende Bestimmungen überhaupt nicht und die städtische
Turnhalle-Ordnung von M. hat nicht den ihr vom Kläger
zugeschriebenen Inhalt. Sie besagt in § 9: „Den Schülern
ist verboten, die Turnhalle auch wenn dieselbe geöffnet ist,
vor Ankunft des Turnlehrers zu betreten". Das Verbot
wendet sich seinem klaren Wortlaut nach einzig und allein
an die Schüler, will offenbar nur Mißbrauch der Geräte
oder sonstigen Unfug verhindern und schließt nicht aus, daß
der Turnlehrer einmal ausnahmsweise den Schülern das
Betreten der Turnhalle ohne sein Beisein gestattet; warum
der Beklagte zivilrechtlich haftbar sein sollte, wenn auch die
Vorschrift nicht für den Lehrer gilt, ist von dem Kläger nicht
dargethan, vielmehr steht es zum Ermessen des Turnlehrers,
eine Abweichung von der Vorschrift eintreten zu lassen, und
die Folge einer solchen Verfügung ist nur, daß die Schüler
wegen Uebertretung des Verbots nicht verantwortlich sind.
In § 13 und § 15 wird — dort ausdrücklich „zur Verhütung von Gefahren" — eine alljährliche Untersuchung der
Gerätschaften durch eine eigene Abordnung sowie die Beaufsichtigung der Gerätschaften durch einen eigens dazu aufgestellten Diener vorgesehen, während § 5 dem Turnlehrer die
Anzeige jeder von ihm bemerkten Beschädigung und jedes
Abgangs an den Geräten zur Pflicht macht und nach § 6
alles Geräte am Schluß der Stunde wieder an den ihm bestimmten Platz zu schaffen ist. Kraft Dienstvorschrift liegt
folglich dem Turnlehrer mehr nicht ob, als die Anzeige von
Mängeln und die ordnungsmäßige Versorgung der Geräte
am Schluß der Stunde. Daneben muß er selbstverständlich
außer der Ausbildung seiner Schüler deren körperliche Gesundheit und ihre Bewahrung vor Unfällen im Auge behalten.
Aber die Verletzung dieser umfassenden, mit seinem Amt zusammenhängenden Verpflichtung steht in ihren rechtlichen
Wirkungen dem Verstoß gegen eine bestimmte einzelne Dienstvorschrift nicht gleich, vielmehr ist sie nach den vom Kläger
in zweiter Linie angerufenen allgemeinen Grundsätzen zu beurteilen.

Nach allgemeinen Grundfätzen fetzt die Haftbarkeit des Urhebers einer körperlichen Befchädigung voraus, daß er als Folge feines Verhaltens eine Gefährdung dritter Perfonen vorausgefehen ober aber nur infolge Unterlaffung der nach ben Umftänden gebotenen Aufmertfamteit ober Ueberlegung nicht vorausgefehen hat, und in letterer Hinficht giebt, ohne baß es äußerfter Vorficht und Aengftlichkeit bebürfte, bie Bebachtfamteit eines orbentlichen Mannes[1]) ben gegenüber einem Erwachfenen verwertbaren Maßftab. Wendet man benfelben auf ben Betlagten Sch. an, fo trifft ihn tein Vor- wurf um beswillen, weil er am 27. März 1896 ben Schülern bas Betreten ber Turnhalle ohne feine Begleitung geftattet hat. Nachbem er bamals über bie Schüler Aufficht und Führung übernommen, wäre es — einerlei, ob bie Ueber- nahme für ihn notwenbig fein mochte ober nicht — zweifel- los unbebachtfam gewefen, fich geraume Zeit von ihnen fern zu halten, weil erfahrungsgemäß Knaben im Alter von 12 bis 14 Jahren ftets mehr ober weniger zu Mutwillen neigen und bei längerem Zufammenfein, zumal in größerer Anzahl, fich gegenfeitig zu Verfehlungen gegen Zucht und Orbnung verleiten, wobei es mitunter zu ernften körperlichen Schäbi- gungen kommt. Inbeffen hat ber Betlagte Sch. bie Schüler nach feiner unwiberfprochen gebliebenen Verficherung höchftens 5—6 Minuten ohne perfönliche Aufficht gelaffen und in biefer turzen Spanne Zeit konnte fich auch ein vorfichtiger, be- bächtiger Mann bebenklicher Ausfchreitungen von ihnen um fo weniger verfehen, als fie nach ber glaubwürbigen, gleich- falls unbeanftanbeten Darftellung bes Zeugen K. an Dis- ziplin gewöhnt find, im allgemeinen auffallend wenig Tem- perament und Lebhaftigteit befitzen, ohne Gefahr unbeauffichtigt bleiben können und in ber That bei Mangel an Aufficht es noch nie bis zu Unzuträglichkeiten, Ausfchreitungen und Un- fällen getrieben haben. Daburch baß fie von bem Betlagten Sch. in bie Turnhalle gefchidt wurden, eröffnete fich ihnen wohl ausnehmend reichliche Gelegenheit zu Unfug aller Art,

1) Jur. Wochenfchrift 1896 S. 176.

besonders zum Mißbrauch der Turngeräte und in erster Linie
des Schwebebalkens samt seinem Getriebe und gerade die
Möglichkeit, daß einer oder mehrere der erwachsenen Knaben
sich mit dem Schwebebalken und dem Triebwerk zu schaffen
machen werden, mußte sich der Beklagte vom Standpunkt
eines ordentlichen Mannes aus unbedingt vergegenwärtigen.
Allein die Turnhallen dürfen keineswegs als Stätten gelten,
an denen unbeaufsichtigte Schüler ohne bringende Gefahr für
Leben oder Gesundheit nicht verweilen könnten, souhern sind
regelmäßig unter Verwendung der zuverlässigsten Mittel so
angelegt und ausgestattet, daß die Gefährdung von erwachsenen und jugendlichen Besuchern vermieden ist. Insbesondere
bildet ein über Lohboden aufgehängter Schwebebalken auch
für 12—14jährige mutwillige Knaben keine gefährliche Vorrichtung. Wenn er unbewegt bleibt, droht im wesentlichen
nur den darauf gehenden oder stehenden Knaben die Gefahr
eines Absturzes, dessen Folgen durch die weiche Lohe bis
zur Ungefährlichkeit abgeschwächt werden, und beim Gebrauch
des Triebwerkes findet, selbst wenn schwächere Schüler sich
damit befassen, im ungünstigsten Fall ein gemäßigt rasches
Sinken des Schwebebalkens und ein ruhiges Arbeiten der
ganzen Vorrichtung statt, wofern sie nur in allen Teilen
tadellos hergestellt und erhalten ist, daher handelte der Beklagte Sch. nicht unvorsichtig oder gar leichtfertig, indem er
— aus zwingenden Gründen oder ohne solche — die Schüler
in die Turnhalle vorausschickte und sie nicht, was übrigens
kaum beachtet worden wäre, zuvor noch vor dem Befassen
mit Schwebebalken und Triebwerk ausdrücklich verwarnte.

Nun macht ihm freilich der Kläger zum Vorwurf, daß
er eine Prüfung der Turngeräte vor dem Einlassen seiner
Schüler versäumt habe. Angesichts der städtischen Turn-
halleordnung § 5, § 6⁴ und der von K. bezeugten Gepflogen-
heit der Beteiligten, die Turnhalle-Ordnung einzuhalten, war
es aber von dem Beklagten Sch. nicht voreilig und unüber-
legt, zu unterstellen, daß die den Schülern zugänglichen Turngeräte in der gewöhnlichen Verfassung seien. Soweit aus

dem beiderseitigen Parteivorbringen und dem Ergebnis der
Beweiserhebungen zu entnehmen, hatte vor dem 27. März 1896
niemals ein ähnliches Vorkommnis, wie das der Klage zu
Grund liegende, sich ereignet, auch niemals die an das Ende
der Kurbelwelle gehörige Schraubenmutter gefehlt oder sich
herausgespielt, endlich niemals ein unbefugter Eindringling
die Turngeräte beschädigt. Demnach fehlte dem Beklagten
Sch. ein bewegender Anlaß, an eine Gefährdung seiner
Schüler durch den Schwebebalken oder dessen Triebwerk zu
denken. Er durfte anstandslos davon ausgehen, daß Anordnung und Einrichtung dieser Geräte zuverlässig einen
Unfall verhüten, und es wäre augenscheinlich übertrieben
ängstlich von ihm gewesen, wenn er — im Widerspruch mit
den eigenen, auf mehr als 1½ Jahre sich erstreckenden Erfahrungen — in den Kreis seines Erwägens gezogen hätte,
daß vielleicht das Triebwerk doch unzweckmäßig konstruiert
oder in einem wichtigen Teil sei es durch fortgesetzten Gebrauch, sei es durch einen Unberufenen beschädigt sein möchte.
Selbst der vorsichtigste Mann rechnet nicht mit allen nur
erdenklichen Möglichkeiten und faßt insbesondere pflicht- oder
rechtswidrige Handlungen Dritter bloß dann ins Auge, wenn
für ihr Zutreffen aus gewissen Gründen eine wenigstens ent-
fernte Wahrscheinlichkeit spricht. Niemand hat sein Thun
und Lassen so einzurichten, daß auch bei fremdem Verschulden
jede Gefahr vermieden wird[1]).

So erscheint die Verletzung des Klägers auch dem Beklagten Sch. gegenüber als ein Zufall, für den er nicht verantwortlich ist.

Urteil des II. Civilsenats vom 12. Mai 1898 in Sachen
Stockerl gegen Stützle und Gen.

11.

1. **Ein Eintritt in eine bestehende Handelsgesellschaft
liegt auch dann vor, wenn einer aus zwei Personen be-**

---

[1]) Jahrb. d. württ. Rechtspfl. 1, 140/141.

stehenden Gesellschaft an Stelle eines gleichzeitig ausscheidenden Gesellschafters ein neuer hinzutritt.

2. Auf die Haftung eines einer bestehenden Handelsgesellschaft beigetretenen Gesellschafters nach außen ist es ohne Einfluß, wenn er beträglich zur Eingehung des Gesellschaftsvertrags veranlaßt worden ist.

In Betreff der beiden in der Ueberschrift bezeichneten Punkte besagen die den Sachverhalt ergebenden

Gründe

eines Urteils folgendes:

Es kann dahingestellt bleiben, ob der Beklagte im Jahr 1888 sich als Schuldner der Klägerin infolge seines Eintritts als Gesellschafter in die Firma F. und F. bekannt hat. Denn es ist die Haftung des Beklagten für die seitherigen Schulden der offenen Handelsgesellschaft F. und F. und unter diesen auch für die Schuld derselben an die Klägerin auf Grund seines Eintritts in die Firma F. und F. als Gesellschafter aus einem andern Grunde gerechtfertigt.

In dem Zirkulär vom 1. August 1887, welches ausweislich seines Inhalts dazu bestimmt war, die bezüglich der Teilhaber der Firma F. und F. eintretenden Aenderungen zur Kenntnis dritter mit dieser Firma in geschäftlichen Beziehungen stehender Personen zu bringen, und welches, wie von dem Beklagten anerkannt wird, auch an Geschäftsgläubiger jener Firma versendet worden ist, hat die letztere die Mitteilung gemacht, daß der seitherige Teilhaber Herr Oskar F. mit dem heutigen Tage aus dem Geschäft der Firma scheide und diese den Beklagten an dessen Stelle als Teilhaber aufgenommen habe, und daß gebeten werde, von den am Fuß des Zirkulärs enthaltenen Handzeichnungen Vormerkung zu machen. Nach diesen Handzeichnungen hat Oskar F. mit der Unterschrift der Firma F. und F. erklärt, daß er aufhöre, diese Firma zu zeichnen und der Beklagte gleichfalls mit deren Unterschrift, daß er die Firma zeichnen werde. Hienach haben die seitherigen Teilhaber der genannten Firma

Oskar F. und Adolf F., sowie der Beklagte kundgegeben, daß sie im Verhältnis zu dritten Personen sich so behandeln lassen wollen, wie wenn die seither aus jenen Teilhabern bestehende offene Handelsgesellschaft trotz des Ausscheidens eines dieser Gesellschafter, Oskar F., aus der Gesellschaft in der Weise fortgesetzt worden wäre, daß an die Stelle des Teilhabers O. F. der Beklagte als Gesellschafter treten solle. Daß dies die Absicht der genannten Personen gewesen ist, ist sodann auch weiter durch den Eintrag vom 4. August 1887 in dem Handelsregister von Köln, welches nur auf Grund der übereinstimmenden Erklärungen der Beteiligten d. h. der beiden seitherigen Teilhaber O. F. und A. F. und des Beklagten erfolgt sein kann (Art. 89 H.G.B.), öffentlich zum Ausdruck gebracht worden, da in diesem Eintrag beurkundet ist, daß Oskar F. aus der Gesellschaft ausgeschieden, dagegen der Kaufmann Adolf T. zu Köln als Gesellschafter in die Gesellschaft d. h. also in die als fortbestehend anzusehende seitherige offene Handelsgesellschaft eingetreten sei. Angesichts dieser öffentlichen Kundgebung der Beteiligten erscheint es auch als unerheblich, wenn das erwähnte Zirkular nicht sämtlichen Geschäftsgläubigern der Firma oder wenigstens einer erheblichen Anzahl derselben und insbesondere der Klägerin zugesendet worden sein sollte. Es ist denn auch von dem Beklagten in der von ihm am 4./6. März 1888 bei dem Landgericht Köln gegen A. F. eingereichten Klage auf Auflösung der mit demselben eingegangenen Gesellschaft vorgetragen worden, daß er am 1. August 1887, an welchem Tag der Mitgesellschafter Oskar F. aus der Gesellschaft ausgetreten sei, in das Geschäft der Firma F. und F. eingetreten sei. Hienach stellt es sich als unerheblich dar, wenn in dem Notariatsakt vom 28. Juni 1887 beurkundet worden ist, daß Oskar F. und Adolf F. damals vor dem Notar die Erklärung abgegeben haben, daß der erstere bereits am 1. April 1887 aus der Gesellschaft ausgetreten sei. Denn diese Erklärung, welche nach Außen nicht zum Ausdruck gebracht worden ist, sollte eben das innere Verhältnis der Gesellschafter unter

einander regeln, während nach Außen Obigem zufolge das
Verhältnis der Gesellschaft dahin geordnet wurde, daß dieselbe
durch den Austritt des Teilhabers O. F. keine Aenderung
erleiden, sondern durch den Eintritt des Beklagten an der
Stelle des Teilhabers O. F., welcher als gleichzeitig mit diesem
Eintritt aus der Gesellschaft ausgetreten zu behandeln sei, fortgesetzt werden solle. Ist dies aber der Fall, so muß der Beklagte im Verhältnis zu Dritten sich so behandeln lassen, wie
wenn er in die noch bestehende offene Handelsgesellschaft F.
und F. als Teilhaber eingetreten wäre, und er haftet daher
nach Art. 113 H.G.B. für die vor seinem Eintritt entstandenen Verbindlichkeiten dieser Gesellschaft [1]).

Steht aber hienach fest, daß der Beklagte gemäß Art. 113
des H.G.B. auch für die Forderungen der Klägerin als Schulden
der offenen Handelsgesellschaft F. und F. infolge der oben
erwähnten Kundgebung der Beteiligten bei seinem Eintritt
in diese Gesellschaft zu haften hat, so wird diese Haftung
dadurch nicht berührt, daß auf die von dem Beklagten gegen
Adolf F. erhobene Klage auf Nichtigerklärung, bezw. Auflösung des mit diesem abgeschlossenen Gesellschaftsvertrags
der letztere durch Urteil des Landgerichts Köln vom 20. März
1898 für nichtig bezw. aufgelöst erklärt worden ist. Denn
dieses Urteil hat, da es in einem Rechtsstreit zwischen andern
Personen, als den Parteien des vorliegenden Rechtsstreits,
ergangen ist, und da die Klägerin zu keiner jener Personen
in einem solchen Verhältnis steht, daß sie das Urteil in dem
Rechtsstreit zwischen denselben gegen sich gelten lassen müßte,
für den vorliegenden Rechtsstreit keine verpflichtende Wirkung [2]).

Ebensowenig hat es auf die Haftung des Beklagten gemäß Art. 113 H.G.B. Einfluß, wenn er durch A. F. be-
trüglich zur Eingehung des Gesellschaftsvertrags veranlaßt
worden ist. Denn der Betrug wirkt sowohl nach gemeinem

---

1) Entsch. des R.O.H.G. XIV, 151, I, 66; Bolze, Praxis IX,
217 nr. 478; Staub, Komm. 3. A. S. 196. § 2 zu Art. 113.
2) Entsch. des R.G. XXIV, 149.

Recht¹), als nach französischem Recht²) (welch letzteres Recht
für die Verpflichtung des Beklagten aus seinem Eintritt in
die Firma F. und F. gegenüber deren Geschäftsgläubigern
zur Anwendung kommt, da diese Verpflichtung in Köln als
dem damaligen Ort der Handelsniederlassung zu erfüllen
gewesen ist), nur gegenüber demjenigen Kontrahenten, welcher
den Betrug verübt hat, nicht gegenüber der Gegenpartei,
welche an dem Betrug nicht beteiligt gewesen ist. In der
Entscheidung des Reichsgerichts vom 6. Dezember 1889 wurde
allerdings die Einrede der von dem Gläubiger einer Genossenschaft als Mitglieder derselben belangten Beklagten, daß sie
durch betrügliche Vorspiegelungen von Organen der Genossenschaft zum Beitritt zu derselben veranlaßt worden seien und
daher ihr Eintritt in die Genossenschaft rechtlich unwirksam
sei, für erheblich erklärt. Allein diese Entscheidung beruht
auf der Erwägung, daß die Organe der Genossenschaft, welche
für diese einen Vertrag mit Dritten abschließen, nicht zugleich
als Vertreter der Genossenschafter kontrahieren, daß vielmehr
die Haftung der letztern für die Verbindlichkeiten der Genossenschaft nur die auf dem Gesetz beruhende Folge der
Zugehörigkeit zur Genossenschaft sei, und daher der Gläubiger
der Genossenschaft, welcher eine Person unter der Behauptung
ihrer Zugehörigkeit zur Genossenschaft in Anspruch nehme,
sich entgegenhalten lassen müsse, es sei der Eintritt des Belangten in die Genossenschaft wegen solcher Vorgänge, welche
diesen Eintritt gegenüber der Genossenschaft unwirksam machen,
ungültig gewesen. Diese Grundsätze finden nun aber auf
die Teilhaber einer offenen Handelsgesellschaft im Fall der
Nichtigkeit des Gesellschaftsvertrags gegenüber Gesellschafts-
gläubigern keine Anwendung. Denn die Inhaber des für
die Zwecke der offenen Handelsgesellschaft abgesonderten Vermögens sind die einzelnen Gesellschafter und die von der
Gesellschaft kontrahierten Schulden sind zugleich Schulden

---

1) Wächter, württ. Privatrecht II, 760.
2) Zachariä-Dreyer, franz. Civ.R. (7. Aufl.) II, 544 Note 5;
cit. Entsch. des R.G. S. 150.

der einzelnen Gesellschafter[1]).

Auch ist nach Art. 110 H.G.B. die offene Handelsgesellschaft im Verhältnis zu Dritten mit dem Zeitpunkt wirksam, in welchem die Errichtung der Gesellschaft in das Handelsregister eingetragen ist oder die Gesellschaft auch nur ihre
Geschäfte begonnen hat. Die Haftung der offenen Handelsgesellschaft und der einzelnen Gesellschafter gegenüber denjenigen, welche mit der Gesellschaft kontrahiert haben, ist daher
unabhängig von der Gültigkeit des Gesellschaftsvertrags[2]).

Es wäre auch mit der Sicherheit des Verkehrs nicht
vereinbar, wenn diejenigen, welche nach Außen als Mitglieder
einer offenen Handelsgesellschaft aufgetreten sind und mit
Dritten kontrahiert haben, sich gegenüber den letztern auf
die Ungültigkeit des Gesellschaftsvertrags berufen könnten.

Endlich ist es auch unerheblich, wenn dem Beklagten
bei seinem Eintritt in die Firma F. und F. von A. F. die
Forderungen der Klägerin an diese Firma verschwiegen worden
sein sollten. Denn die Haftung gemäß Art. 113 H.G.B.
erstreckt sich auch auf diejenigen Schulden, welche der in die
Gesellschaft Eintretende zur Zeit seines Eintritts nicht gekannt hat.

Urteil des II. Civilsenats vom 28. Januar 1897 in
Sachen Fränkel gegen Traiser.

12.

**Zulässigkeit der Auslieferung von Frachtgut an einen
von zwei Adressaten des Frachtbriefs?**

Kläger hat mit der Eisenbahn einen Wagen Obst ver-
sandt; die Adresse des Frachtbriefs lautet „an Herrn Hirsch-
wirt B. und W." (letzterer — W. — ein vermögensloser
Unterhändler). B. erklärte der Bahn, er habe den Wagen
nicht bestellt und nehme ihn nicht an, W. erklärte sich zur
Annahme bereit und erhielt von der Bahn den Wagen aus-

1) H.G.B. Art. 112; Entsch. des R.G. XXXV, 389.
2) Laband, Zeitschr. f. H.R. XXX 620 ff.

gefolgt; er bezahlte nur etwa die Hälfte des Preiſes des Obſts. Auf die andere Hälfte klagte Kläger zunächſt gegen B. mit der Behauptung, B. und W. haben den Wagen ge= meinſchaftlich von ihm gekauft und das Geſchäft ſei auf ihrer Seite ein Handelsgeſchäft für gemeinſchaftliche Rechnung ge= weſen. Dieſe Klage wurde abgewieſen, weil nicht bewieſen wurde, daß B. an dem Obſtkauf Teil genommen hatte. Nun klagte Kläger gegen die Eiſenbahn auf Erſatz ſeines Schadens mit der Begründung: die Bahn habe durch Ablieferung an den unrichtigen Empfänger den Verluſt des Guts herbeige= führt. Es wurde nach der Klage erkannt.

Aus den

Gründen

des Berufungsurteils:

Die Eiſenbahn iſt verpflichtet, am Beſtimmungsort das Frachtgut dem im Frachtbrief bezeichneten Empfänger (gegen Bezahlung der Fracht) auszuhändigen: Art. 403 H.G.B., § 66[1] der Verkehrsordnung vom 15. November 1892. „Bei Ablieferungshinderniſſen hat die Empfangsſtation den Ab= ſender durch Vermittlung der Verſandſtation von der Urſache des Hinderniſſes unverweilt in Kenntnis zu ſetzen. — Dies gilt insbeſondere von Gütern, deren An= oder Abnahme ver= weigert wird": § 70[1] der Verkehrsordnung.

Im vorliegenden Fall waren im Frachtbrief als Em= pfänger bezeichnet: B. zum Hirſch und W. beide in St.; Namen und Wohnort der Empfänger waren alſo genau an= gegeben, von einer Unrichtigkeit oder Ungenauigkeit der Adreſſe (§ 53[1] der Verkehrsordnung) kann ſomit keine Rede ſein. Dagegen gab der Frachtbrief über das Rechtsverhältnis der Adreſſaten zu einander und zum Kläger keinen Aufſchluß, was auch nicht ſeine Aufgabe war. Wenn nun, wie geſchehen, der eine Adreſſat die Annahme des Guts verweigerte, während der andere ſich zur Annahme bereit erklärte, ſo entſtand der Zweifel, ob an dieſen letzteren Adreſſaten allein abgeliefert werden dürfe oder nicht. Dieſer Zweifel war aus dem In= halt des Frachtbriefs nicht zu löſen; denn wenn hienach auch möglich war, daß ein Rechtsverhältnis vorlag, das jeden der Adressaten berechtigte, die Ablieferung an ihn allein zu verlangen, oder daß eine solche Ablieferung dem Willen des Absenders entsprach, so war dies doch durchaus un= gewiß. Auch die vom Beklagten angeführten, außerhalb des Frachtbriefs gelegenen Umstände ließen keineswegs den sichern Schluß zu, daß an den zur Annahme bereiten Adressaten (W.) allein abgeliefert werden durfte. — (Dies wird näher ausgeführt; sodann fahren die Gründe fort:)

Mußte aber hienach der Stationsvorstand in E. im Zweifel darüber sein, ob er das Obst dem W. allein aus= folgen durfte, so war ihm nach Lage der Umstände nicht gestattet, nach seinem Ermessen zu verfahren, es war viel= mehr seine Pflicht, in Anwendung des dem § 70¹ der Ver= kehrsordnung zu Grund liegenden Gedankens von dem nahe= liegenden Ausweg Gebrauch zu machen, daß er den Sach= verhalt dem Absender mitteilte und dessen Weisungen einholte, was mittelst des Telegraphs geschehen konnte, diesfalls nur ganz wenig Zeit in Anspruch nahm und daher keine Gefahr des Verderbs für das Obst mit sich brachte.

Unrichtig ist es, wenn Beklagte meint, die Eisenbahn sei, falls W. allein die Auslieferung des Obsts habe bean= spruchen können (was sie nicht habe wissen können), ver= pflichtet gewesen, ihm das Gut auszufolgen; angesichts des Inhalts des Frachtbriefs hätte von einer solchen Verpflichtung der Eisenbahn nur etwa dann die Rede sein können, wenn W. ihr seine Berechtigung, allein das Obst in Empfang zu nehmen, nachgewiesen hätte: dies ist aber unstreitig nicht geschehen. Wenn nun auch dem Ausgeführten zufolge der Stationsvorstand dem klaren Sinn der bestehenden Vor= schriften zuwider gehandelt hat, indem er das Obst an einen der beiden Adressaten allein aushändigte, obwohl nach dem Inhalt des Frachtbriefs wie nach den sonstigen ihm bekannten Umständen es durchaus zweifelhaft erscheinen mußte, ob eine derartige Aushändigung erfolgen durfte, so könnte Kläger hierauf doch einen Schadensersatzanspruch dann nicht gründen,

wenn diese Ausfolge an W. allein seinem (damaligen) Willen
entsprach. Der Inhalt des Frachtbriefs ergiebt dies aber
keineswegs und die Sachlage und die feststehenden Thatsachen
sprechen gegen einen derartigen Willen des Klägers. Man
hat allerdings davon auszugehen, daß Kläger bei Absendung
des Obsts der Meinung war, er habe es an B. und W.
verkauft und er mag auch damals der — im Vorprozeß von
ihm vertretenen — Meinung gewesen sein, die beiden Käufer
haften ihm solidarisch. Daraus folgt aber augenscheinlich
nicht, daß er mit Ablieferung des Obsts an W. auch dann
einverstanden war, wenn B. seinerseits die Annahme des
Wagens verweigerte, weil er ihn nicht bestellt habe; erfuhr
Kläger diese Annahmeverweigerung, so ersah er daraus, daß
es zweifelhaft war, ob er seinen vermeintlichen Anspruch auf
Bezahlung des Obsts gegen B. werde durchsetzen können,
und dies hätte ihn mutmaßlich veranlaßt, die Ausfolge an
W. allein zu untersagen, da nichts dafür spricht, daß er diesem
ihm bis dahin nicht bekannten Unterhändler das gesamte Obst
auf Kredit überlassen hätte. Durch die gewählte Art der
Adressierung des Frachtbriefs an beide Empfänger hatte
aber — wie gezeigt — Kläger Anspruch darauf erlangt, im
Fall der Annahmeverweigerung seitens eines der Adressaten
um Weisung in Betreff der Ausfolge des Obsts an den andern
Adressaten allein angegangen zu werden. Dafür, daß Kläger
in Kenntnis der Annahmeverweigerung des B.
die Ausfolge des Wagens an W. allein gutgeheißen hätte, spricht
aber wie bemerkt nichts, vielmehr ist nach der ganzen Sachlage das Gegenteil zu unterstellen. Das inkorrekte Vorgehen des Stationsvorstands entsprach also dem Willen des
Klägers nicht.

Man kann ferner davon ausgehen, daß Kläger auch
dann aus diesem Verhalten der Eisenbahn keinen Anspruch
gegen den Beklagten ableiten könnte, wenn W. berechtigt
gewesen wäre, auch gegen den Willen des Klägers die Ausfolge des Obsts an sich allein zu fordern. Ein solches Verlangen hätte aber W. nur stellen können, wenn entweder er

allein das Obst vom Kläger gekauft gehabt hätte, oder aber
zwar gemeinschaftlich mit W., jedoch in der Weise, daß jeder
von beiden die Auslieferung des gesamten Obsts an ihn
allein beanspruchen konnte (vergl. Art. 269 Abs. 2 H.G.B.).
Diese Voraussetzungen trafen aber nicht zu (wie weiter ausgeführt wird. Sodann fahren die Gründe fort:) Nach all
dem Bisherigen ist als feststehend zu erachten, daß, wenn
die Güterstelle C., wie sie hätte thun sollen, den Kläger von
der Annahmeverweigerung des W. alsbald in Kenntnis gesetzt hätte, das Obst nicht (ohne Bezahlung) in die Hände
W.'s gelangt wäre. Kläger hätte somit diesfalls keinen
Schaden erlitten, wenigstens ist nicht behauptet und nicht
ersichtlich, daß er auch dann an dem Obst irgend welchen
Verlust erlitten hätte, wenn W. es nicht ausgefolgt erhalten
hätte. Der Schaden des Klägers ist also dadurch entstanden,
daß das Obst nicht an den richtigen Empfänger — nämlich
nur an V. und W. — abgeliefert worden ist. Die Ausfolge
von Frachtgut an eine andere Person als den Destinatär
muß aber mindestens dann als „Verlust" des Frachtguts im
Sinne des Art. 395 H.G.B. gelten, wenn infolge davon
der Absender außer Stand gesetzt ist, das Gut an den richtigen
Destinatär abzuliefern oder — was im gegenwärtigen Fall
allein in Frage kommen kann — wieder an sich zu ziehen.
(Es wird sodann ausgeführt, daß diese Voraussetzungen im
gegenwärtigen Fall zutreffen.)

Urteil des I. Civilsenats vom 10. Juni 1898 in Sachen
Abe gegen Fiskus.

13.

**Haftung des Frachtführers für den Schaden, der aus
der beim Ausladen eines Tiers diesem zugegangenen
Verletzung entstanden ist?**

Der Kläger hat der beklagten Bahnverwaltung ein Pferd
unter der Begleitung seines Knechts zur Beförderung nach
H. übergeben, welches nach Ankunft auf dem Bahnhof daselbst

bei dem Ausladen (das dem Empfänger oblag) dadurch zu
Schaden kam, daß die Verlabebrücke (welche eine Verbindung
zwischen dem Pferdewagen und dem Bahnsteig herstellte)
beim Uebergang des Pferds über sie einbrach, in die hiedurch
entstandene Lücke ein Hinterfuß des Pferds hinuntersank und
beim Herausziehen Verletzungen erlitt, welche eine bleibende
Wertsverminderung des Pferds zur Folge hatten. Diese hat
Kläger von der Beklagten ersetzt verlangt.

Die Klage ist abgewiesen worden, vom Berufungsgericht
aus folgenden

Gründen:

Nach Art. 395 H.G.B. kann der Frachtführer von seiner
Haftung für die Beschädigung des Frachtguts sich nur befreien durch den Nachweis, daß sie durch höhere Gewalt
oder durch die natürliche Beschaffenheit des Guts, oder durch
nicht erkennbare Verpackungsmängel entstanden sei; er haftet
also auch für solche Beschädigungen, welche nicht in seinem
und seiner Leute Verschulden und nicht in der ordnungs-
widrigen Beschaffenheit seiner Betriebsmittel ihren Grund
haben, sondern für ihn zufällige sind. Aber auf diesen Grundsatz kann sich der Kläger zur Rechtfertigung seines Ersatz-
Anspruchs hier nicht berufen, denn er gilt nur für Beschädigungen, welche entstanden sind „seit der Empfangnahme
bis zur Ablieferung"; die Ablieferung aber war im vorliegenden Fall bereits erfolgt, als das Pferd die Ladebrücke
überschritt und zu Schaden kam; denn obwohl das Ausladen
dem Empfänger oblag, dieses aber ohne Ladebrücke nicht
möglich und es deshalb, der Natur der Sache nach eine,
auch in der Verkehrsordnung § 6 Abf. 2 anerkannte, Obliegenheit der Beklagten ist, eine solche Brücke, und zwar in ordnungs-
mäßigem Zustand, bereit zu stellen und an dem betreffenden
Wagen anzubringen, war doch, nachdem dies letztere durch
Einhängen der Brücke geschehen und das losgebundene Pferd
dem Begleiter (mittels Ueberreichung des Halfters) übergeben
war, die „Auslieferung des Guts" (Verkehrsordnung § 46
Abf. 3, § 68 Z. 7) erfolgt, indem hiemit die Beklagte alles,

was ihr zur Ermöglichung des vom Empfänger vorzunehmenden Ausladens nach den Umſtänden des vorliegenden Falls
zu thun oblag, vorgenommen hatte, und das Weitere, nämlich das Herausführen des Pferds, als das „Ausladen"
ſelbſt, dem Empfänger zu überlaſſen hatte.

Mit der Auslieferung des Guts an den Empfänger
hört zwar die im Art. 395 H.G.B. beſtimmte ſtrenge oder
Garantiehaftung des Frachtführers auf, damit aber noch
keineswegs alle Haftung desſelben für Beſchädigungen, welche
erſt nach der Auslieferung entſtanden ſind, vielmehr hat er
auch für dieſe Beſchädigungen inſoweit zu haften, als ſie
verurſacht ſind durch ſchuldhafte Verſäumung der ihm nach
dem Frachtvertrag obliegenden Verbindlichkeiten, und es liegt,
bei nachgewieſener Beſchädigung, dem Frachtführer der Ent-
ſchuldigungsbeweis ob, daß er alles, was nach den Umſtänden von einem ſorgfältigen Frachtführer erwartet werden
kann, gethan habe, um den Schaden zu verhüten, oder vom
Gute abzuwenden.

Dieſen Nachweis hat aber die Beklagte hier erbracht.
Darin zwar iſt dem Kläger beizutreten, daß — wie ſchon
erwähnt — die Beklagte die Verlabebrücke beizuſtellen und
für deren gehörige Beſchaffenheit aufzukommen, insbeſondere
auch ihre Konſtruktion und die Tauglichkeit ihres Materials
zu vertreten hat; und da ſie mit Bereitſtellung dieſes Trans-
portmittels nicht etwa eine Gefälligkeit erweiſt oder eine
Gebrauchsleihe freiwillig vornimmt, ſondern ihre Pflicht aus
dem Frachtvertrag erfüllt, hat ſie auch ein geringes Verſehen
ihrer Leute hiebei zu vertreten, andrerſeits aber auch für
Mängel der Ladevorrichtung nicht unbedingt einzuſtehen,
ſondern nur inſoweit, als ſie dieſe erkannt hat oder bei gehöriger Sorgfalt, insbeſondere bei gehöriger Prüfung der
Geräte vor deren Gebrauch, erkennen oder verhüten konnte.

Daß nun die Konſtruktion der hier verwendeten Ladebrücke mangels Unterlegung einer ihre Tragkraft verſtärken-
den Eiſenſchiene ungenügend war, iſt durch das Gutachten
der Sachverſtändigen erwieſen; allein durch den — nicht be-

anstanbeten — Ausspruch des Sachverständigen N. ist festgestellt, daß dieser Mangel auf die vorliegende Beschädigung
des Pferds ohne Einfluß war, sofern der Sachverständige
seine Ueberzeugung dahin ausgesprochen hat, „daß die Brücke
ohne den Mangel des „„Verstocktseins des Holzes““ nicht
gebrochen wäre", daß sie also den (auch von ihm, wie vom
sachverständigen Zeugen Sch. unterstellten) schweren Schlag
des Pferds, trotz der mangelnden Eisenschiene, ausgehalten
hätte, wenn das Holz nicht an der fraglichen Stelle morsch
gewesen wäre.

Für diesen letzteren Mangel aber hat die Beklagte deshalb nicht aufzukommen, weil er nach den Umständen des
Falls für sie weder erkennbar noch zu vermeiden war.

Der Sachverständige N. hat erklärt, daß „dieser Mangel
erst nach dem Bruch bemerkt werden konnte, vorher deshalb
nicht, weil man unter das Eisenbeschläg nicht hinunter sehen
kann", und auch der sachverständige Zimmermann Sch. hat,
trotz der nach dem Bruch von ihm vorgenommenen Prüfung
der Brücke und ihrer Trümmer, diesen Mangel des Holzes
nicht entdeckt, ein deutlicher Beweis dafür, daß Spuren,
welche auf das Vorhandensein desselben hinweisen konnten
(wie veränderte Farbe oder sichtbare Feuchtigkeit einzelner
Stellen des Holzes) nicht wahrzunehmen waren.

Allerdings ist die Beklagte damit allein ihrer Verantwortung noch nicht enthoben. Wenn auch das Eindringen
von Wasser und Feuchtigkeit zwischen das Holz und das
Eisenbeschläg der Natur der Sache nach nicht zu vermeiden
und dies äußerlich auch nicht wahrzunehmen ist, so lehrt
doch die Erfahrung, daß dies vorzukommen und das Holz
allmählich zur Fäulnis zu bringen pflegt und hat deshalb
die Beklagte von Zeit zu Zeit durch eine Untersuchung, welche
nicht auf bloß äußere Besichtigung der Brücke sich beschränken
darf, von dem Nichtvorhandensein eines derartigen Mangels
vor dem Gebrauch der Brücke sich zu überzeugen, und würde
auch dann, wenn eine diesen Anforderungen entsprechende
„Revision" der Brücke ein Jahr vor dem Unfall vorge-

4*

nommen worden sein sollte, die Beklagte noch nicht frei
von Verantwortung sein, da während des Zeitraums von
einem Jahr leicht ein solcher Mangel neu entstehen oder zur
Erheblichkeit sich steigern konnte; aber die Beklagte hatte
kurz vor dem Unfall eine den Umständen nach genügende
Erprobung der Brücke vorgenommen durch deren ohne
Anstand verlaufenen Gebrauch, welcher unbestritten durch
längere Zeit vor dem Unfall und auch noch am nämlichen
Tag stattgefunden und beim Ausladen von 8 Pferden zu keinem
Anstand geführt hatte; unter diesen Umständen konnte man
von der Beklagten nicht verlangen, daß sie noch eine besondere Erprobung der Brücke (mittels Probebelastung
derselben) hätte vornehmen lassen sollen. Vergebens hat der
Kläger die Beklagte auch für die Entstehung dieses Mangels:
für das Eindringen von Feuchtigkeit in das Holz, verantwortlich zu machen gesucht. Daß diese Brücken jedenfalls
während ihres Gebrauchs, welcher an Wochenmärkten, für
das Ein- und Ausladen ganzer Heerden und größerer Pferde-
transporte von Händlern, Militär u. s. w. längere Zeit-
räume in Anspruch nimmt, im Freien sein und dem Einfluß
von Regen und feuchter Luft längere Zeit ausgesetzt bleiben
müssen, daß also das Eindringen von Feuchtigkeit in das
Holz gar nicht zu vermeiden ist, ist einleuchtend. Nun ist
zuzugeben, daß dies in höherem Maß der Fall und das Holz
der Brücke in kürzerer Zeit zur Fäulnis gebracht ist, wenn
die Brücken auch außer der Zeit ihres Gebrauchs, Tag und
Nacht, im Freien liegen; daß aber die hier fragliche Brücke
nicht morsch geworden und nicht gebrochen sein würde, wenn
sie jeweils nach gemachtem Gebrauch in einem bedeckten Raum
aufbewahrt worden wäre, läßt sich der Natur der Sache nach
nicht mit Sicherheit feststellen und ist deshalb der Beweisantritt dafür, daß die fragliche Brücke stets im Freien gelegen sei, unerheblich — zumal gar nicht festgestellt und jetzt
gleichfalls nicht mehr zu erheben ist, ob nicht schon zur Herstellung der Brücke von ihrem Verfertiger eine im Innern
morsch gewordene, aber äußerlich als solche nicht erkennbare

Diele verwendet und dieser Mangel auch von der Beklagten, bei einer nach deren Ablieferung vorgenommenen ordnungs= mäßigen Prüfung, nicht erkannt worden ist.

Auch wenn man davon ausgehen wollte, die Annahme des Sachverständigen N., daß die Brücke, trotz des Mangels einer Eisenschiene, auch den schweren Schlag des Pferds ausgehalten hätte, wenn nicht das Holz an der fraglichen Stelle morsch gewesen wäre, sei irrig, es sei vielmehr anzu= nehmen, daß die acht Pferde des Händlers F. die Brücke in ruhigem Gang überschritten haben und daß ebenso auch das Pferd des Klägers bei ruhigem Ueberschreiten der Brücke nicht zu Schaden gekommen wäre, weil die Brücke, trotz der morschen Stelle, den Druck des bloßen Gewichts des Pferds wohl ausgehalten hätte, daß also das Einbrechen des Holzes der Brücke und damit die Beschädigung des Pferds dadurch verursacht worden sei, daß das Pferd, aufgeregt durch den Transport, beim Ueberschreiten der Brücke einen Sprung gemacht oder ausgeschlagen habe, so würde auch dies dem Kläger nicht zu Statten kommen, weil die Möglichkeit, daß ein Pferd aus solchem Anlaß ausschlägt oder setzt, zweifellos zu den besonderen Gefahren zu rechnen ist, welche mit dem Transport von Pferden für diese verbunden sind oder deren Abwendung durch die Begleitung bezweckt wird, von deren Tragung also die Beklagte durch § 77 Z. 5. 6. ihrer Be= förderungsbedingungen sich befreit hat und nach H.G.B. Art. 424 Z. 5. 6. sich befreien durfte.

Der Vorwurf eines hiebei mitwirkenden und den Schaden verursachenden Verschuldens aber (Abs. 3 des H.G.B. Art. 424) kann nach dem Ergebnis des Beweiseinzugs viel= leicht dem Knecht des Klägers, nicht aber den Leuten der Beklagten gemacht werden.

Urteil des I. Civilsenats vom 17. Mai 1898 in Sachen Meier gegen Fiskus.

14.

Zur Auslegung des § 8 des Reichsgesetzes vom 27. Mai 1896 zur Bekämpfung des unlauteren Wettbewerbs.

a.

Kläger hat auf Grund einer ihm persönlich erteilten Konzession in den von ihm gemieteten Räumlichkeiten des Hauses Holzstraße nr. 20 in Stuttgart seit 1892 eine Wirtschaft betrieben, der er die Bezeichnung „zur Stadt Herrenberg" gab (angeblich weil seine Frau aus Nufringen O.A. Herrenberg gebürtig und er selbst in Herrenberg wohl bekannt ist). Diese Wirtschaft hat er bis 1. April 1897 fortbetrieben; an diesem Tag eröffnete er in dem von ihm gekauften Haus Sennefelderstraße nr. 40 in Stuttgart eine Schankwirtschaft unter der Bezeichnung „zur Stadt Herrenberg", nachdem er zuvor diese Bezeichnung an dem Haus Holzstraße nr. 20 entfernt hatte. Auf dem letzteren Haus betreibt seit 1. April 1897 auf Grund eines mit der Eigentümerin, der Stuttgarter Brauereigesellschaft, geschlossenen Mietvertrags über die „Restauration zur Stadt Herrenberg" der Beklagte — ebenfalls auf Grund persönlicher Konzession — eine Wirtschaft unter der Bezeichnung: „zur Stadt Herrenberg".

Kläger hat auf Grund des § 8 des R.Ges. vom 27. Mai 1896 zur Bekämpfung des unlautern Wettbewerbs Klage gegen den Beklagten erhoben mit dem Antrag, zu erkennen, daß Beklagter bei Strafe zu unterlassen habe, seiner Wirtschaft die Bezeichnung „zur Stadt Herrenberg" zu geben.

Die Klage ist im Berufungsverfahren abgewiesen worden.

Gründe:

Auch wenn man davon ausgeht, daß Kläger sich für seine Wirtschaft befugterweise der Bezeichnung „zur Stadt Herrenberg" bedient und daß die vom Beklagten für seine Wirtschaft gewählte Bezeichnung geeignet ist, Verwechslungen mit der vom Kläger benützten Bezeichnung herbeizuführen (b. h. daß es vorkommen kann, daß ein Wirtsgast des Beklagten in der Wirtschaft des Klägers zu sein glaubt und umgekehrt), so stellt sich doch die Klage nicht als begründet dar, weil nicht erwiesen und nicht erweislich ist, daß Beklagter die Bezeichnung „zur Stadt Herrenberg" in einer Weise benützt, die darauf berechnet ist, Verwechslungen mit der „besonderen Bezeichnung" der Wirtschaft des Klägers hervorzurufen.

In dieser Beziehung genügt es nicht, daß die Absicht darauf gerichtet ist, das Publikum in eine Täuschung, einen Irrtum zu versetzen, in ihm den irrigen Glauben zu erwecken, als habe man es mit dem Erwerbsgeschäft einer andern Person — in einem Fall wie dem vorliegenden: mit dem Erwerbsgeschäft dessen, der bisher in diesem Haus eine Wirtschaft unter dieser Bezeichnung betrieben hat — zu thun. Denn der § 8 des R.Ges. zur Bekämpfung des unlautern Wettbewerbs bezweckt nicht den Schutz des Publikums gegen derartige Irreführungen: wer eine Wirtschaft übernimmt, die bisher ein Anderer unter einer gewissen Bezeichnung betrieben hat, ist gesetzlich nicht gehindert, diese Bezeichnung beizubehalten, wenn der Andere einwilligt oder seinerseits kein Erwerbsgeschäft mehr unter dieser Bezeichnung betreibt. Ja selbst dann darf die bisherige Bezeichnung der Wirtschaft unter Umständen beibehalten werden, wenn der bisherige Inhaber ein Erwerbsgeschäft — und sogar wenn er eine Wirtschaft unter der bisherigen Bezeichnung (befugterweise) betreibt: wenn z. B. Kläger seit 1. April 1897 einen Warenbazar in Stuttgart oder eine Wirtschaft in Ulm oder auch nur in dem nahe bei Stuttgart gelegenen Cannstatt unter der Bezeichnung „zur Stadt Herrenberg" betreiben würde, so wäre ohne Frage Beklagter dadurch nicht gehindert, seiner Wirtschaft in der Holzstraße in Stuttgart den Namen „zur Stadt Herrenberg" zu geben, obwohl er dadurch möglicher Weise den Glauben erweckt, es sei mit dieser Wirtschaft keine Veränderung vorgegangen, sie werde nach wie vor vom Kläger betrieben.

Aus dem Bisherigen ergiebt sich, daß der angeführte
§ 8 ebensowenig, als er den Schutz des Publikums gegen
Irreführung bezweckt, dem, der sich befugterweise einer besonderen Bezeichnung für ein von ihm betriebenes Erwerbsgeschäft bedient, ein Alleinrecht auf Benützung dieser Bezeichnung — sei es auch nur in Beschränkung auf die Ort-
schaft seiner bisherigen Niederlassung — verleihen will. Der
Zweck des § 8 ist vielmehr lediglich der einer Wahrung der
berechtigten Interessen dessen, der befugterweise ein Erwerbsgeschäft unter einer besonderen Bezeichnung betreibt, dahin,
daß dessen Kundschaft nicht von einem Dritten dadurch an
sich gezogen wird, daß dieser Dritte ein Erwerbsgeschäft unter
gleicher oder ähnlicher Bezeichnung zu betreiben beginnt: nur
insoweit als die Annahme einer besonderen Bezeichnung, die
der befugterweise von einem Andern benützten gleich oder
ähnlich ist, darauf berechnet ist, eine Kundschaft zu
gewinnen, die sonst mutmaßlich dem Andern zufallen würde, nur insoweit läßt sich sagen, daß die
Bezeichnung in einer Weise benützt wird, die darauf berechnet
ist, Verwechslungen im Sinn des angeführten Gesetzespara-
graphen hervorzurufen. Ob die Annahme der Bezeichnung
hierauf berechnet ist, muß regelmäßig aus den Umständen
des einzelnen Falls entnommen werden; hiebei wird es vielfach — je nach der Natur der in Rede stehenden Erwerbs-
geschäfte — darauf ankommen, ob das Erwerbsgeschäft dessen,
der eine schon bestehende Bezeichnung nun auch seinerseits
benützen will, sich in der Nähe oder in großer Entfernung von dem bisher unter dieser Bezeichnung betriebenen Erwerbsgeschäft befindet[1]).

Es ist nun schon oben bemerkt worden, daß der Umstand, daß jemand in einer Stadt eine Wirtschaft unter

1) Vergl. Müller, Kommentar zum Ges. zur Bekämpfung des
unlautern Wettbewerbs S. 118 (letzter Absatz), S. 117 unten, S. 119;
Hauß, das Ges. zur Bekämpfung u. s. w. S. 81 Z. 4 Abs. 2;
D. Mayer in Goldschmidts Zeitschrift Bd. 26 S. 896;
Kohler, Recht des Markenschutzes S. 92, 93 (unten).

einer gewissen Bezeichnung betreibt, in der Regel einen Andern
nicht verhindern wird, in einer a n d e r n — wenn auch nahe
gelegenen — Stadt eine Wirtschaft unter der gleichen Bezeichnung zu eröffnen; denn es ist in einem solchen Fall
regelmäßig ausgeschlossen, daß hieburch der Letztere dem
Ersteren Gäste entzieht. Das Gleiche kann aber auch in einer
und berselben Stadt zutreffen, wenn die räumliche Entfernung der beiden Wirtschaften eine große ist und es sich um
kleinere Betriebe, wie die in Rede stehenden, handelt. Es
kann dem Kläger zugegeben werden, daß Beklagter mutmaßlich die Bezeichnung „zur Stadt Herrenberg" d e s h a l b angenommen hat, weil er sie „für wertvoll gehalten und gehofft
hat, durch diesen Schild Gäste anzuziehen", nämlich die Kundschaft, die schon bisher in der Wirtschaft im Haus nr. 20
der Holzstraße verkehrt hat. Aber Beklagter mochte und
burfte hiebei unbedenklich voraussetzen, daß diese Kundschaft
k e i n e n f a l l s künftig die Wirtschaft b e s K l ä g e r s besuche,
auch wenn K l ä g e r die Bezeichnung „zur Stadt Herrenberg"
beibehielt und e r eine a n d e r e Bezeichnung annahm. Denn
die Entfernung zwischen der im Mittelpunkt der Stadt, in
der Nähe des Marktplatzes, nicht weit vom Hauptbahnhof
gelegenen Wirtschaft im Haus Holzstraße nr. 20 und dem
weit von den Verkehrsmittelpunkten der Stadt abgelegenen
Haus Sennefelderstraße nr. 40 ist eine so beträchtliche, daß
die Kundschaft beider Wirtschaften der Natur der Sache nach
eine ganz verschiedene sein wird: je nachdem jemand in der
Nähe der einen oder der andern Wirtschaft wohnt oder be-
schäftigt ist oder etwas zu besorgen hat, wird er in die eine
oder die andere Wirtschaft gehen. Es mag sein, daß der
eine oder der andere in die Wirtschaft des Beklagten geht,
der dies nicht thun würde, wenn sie nicht durch ihre Bezeichnung den Glauben in ihm erweckte, es sei das die v o m
K l ä g e r betriebene Wirtschaft; aber daß der Betreffende
bei Kenntnis des wahren Sachverhalts sich in die Sennefelderstraße zum Kläger begeben würde, erscheint — von
Ausnahmsfällen abgesehen — ausgeschlossen. Dies gilt auch

von den Wirtsgästen aus dem Oberamt Herrenberg, die
übrigens einen kaum nennenswerten Prozentsatz der Kundschaft einer derartigen Wirtschaft ausmachen werden: sie
werden, wenn sie in der Gegend des Markts zu thun haben,
und eine Wirtschaft mit der Bezeichnung „zur Stadt Herrenberg" sehen, sich vielleicht bewogen fühlen, hier und nicht in
einer sonstigen nahegelegenen Wirtschaft einzukehren; aber
wenn die Wirtschaft des Beklagten einen andern Namen
trüge, würden sie mutmaßlich deshalb nicht in die Senne-
felberstraße wandern, auch wenn sie wüßten, daß dort eine
Wirtschaft „zur Stadt Herrenberg" besteht. Sofern aber
einzelne Gäste der Person des Klägers oder seiner
Frau julieb gerade dessen Wirtschaft besuchen wollen,
so werden sie durch die Art der Aufschrift der Wirtschaft
des Beklagten darauf aufmerksam gemacht[1]), daß diese
Wirtschaft nicht (mehr) vom Kläger betrieben wird.

Hienach ist anzunehmen und konnte Beklagter annehmen,
daß dem Kläger keine Kundschaft dadurch entzogen wird, daß
Beklagter seiner Wirtschaft in der Weise wie geschehen die
Bezeichnung „zur Stadt Herrenberg" gab, daß jedenfalls eine
irgend ins Gewicht fallende Entziehung von Kundschaft nicht
in Frage steht. Das rechtfertigt den Schluß, daß die Annahme der Bezeichnung „zur Stadt Herrenberg" durch den
Beklagten auch nicht darauf berechnet war, dem Kläger
Kundschaft zu entziehen, daß jedenfalls eine solche Absicht
des Beklagten nicht erwiesen oder erweislich und deshalb nicht
dargethan ist, daß Beklagter die fragliche Bezeichnung in
einer Weise benützt, die darauf berechnet ist, Verwechslungen
im Sinn des § 8 des Ges. vom 27. Mai 1890 hervorzurufen.

Urteil des I. Civilsenats vom 22. April 1898 in Sachen
Schmidt gegen Berroth.

---

1) Der Wirtsschild des Beklagten lautet: „Gasthaus zur Stadt
Herrenberg von K. Sch.", wobei die Worte „zur Stadt Herrenberg"
mit kleinerer Schrift geschrieben sind als der Name K. Sch.

b.

Es handelte sich in dem Rechtsstreit, auf den sich das hienach mitgeteilte Urteil bezieht, um die Frage, ob Beklagter berechtigt ist, sich bei dem Betrieb seiner Wirtschaft im Haus Nr. 37 der Friedrichsstr. in Stuttgart der Bezeichnung: „Gasthaus zu den alten drei Mohren" zu bedienen, während Kläger seinen Gasthof in der Schloßstr. Nr. 7 „Hotel zu den drei Mohren" heißt.

Unbestritten ist, daß auf dem Haus Nlo. 37 der Friedrichs- straße (worauf eine dingliche Wirtschaftsgerechtigkeit nicht ruht) keine Wirtschaft betrieben worden ist, bis 1874 J. R. als Mieter des Eigentümers C. Sp. dort aufzog und eine Wirtschaft — Speise- und später auch Gastwirtschaft — in dem Haus zu betreiben anfing. R. nannte die Wirtschaft „zu den drei Mohren" und ließ 1874 einen entsprechenden Wirtsschild auf seine Kosten anbringen. Eigentümerin des Hauses ist noch jetzt die Witwe des C. Sp. Das Miet- verhältnis wurde nach dem Tod des R. (1882) zunächst mit dessen Witwe, dann mit dessen Sohn G. (bis 1893), sodann mit dessen Witwe und seit 1. November 1894 mit deren zweitem Ehemann, dem Kläger, seitens des Hauseigen- tümers fortgesetzt; der Mietzins betrug schließlich 9000 M.; die Wirtschaft behielt stets den Namen „zu den drei Mohren". Auf den 31. März 1897 fand das Mietverhältnis zwischen dem Kläger und der Witwe Sp. sein Ende zufolge Kündigung des Klägers, der seit 1. April 1897 das von ihm gekaufte Hotel W. (Schloßstraße 7) unter der Bezeichnung „Hotel zu den drei Mohren" betreibt; bei seinem Abzug von dem Haus Friedrichsstraße 37 hat Kläger den bisherigen Wirtsschild (drei an dem Haus angebrachte Gipsfiguren) mitgenommen, nachdem die Witwe Sp. sein ihr mit Brief vom 21. November 1896 gemachtes Anerbieten abgelehnt hatte, ihr die Firma: „Gasthaus zu den drei Mohren" gegen eine entsprechende Vergütung zu überlassen. Seit 1. April 1897 betreibt Be- klagter zufolge Mietvertrags mit der Witwe Sp. auf Grund

persönlicher Konzession die Wirtschaft auf dem Haus Friedrichsstraße 37 unter der Bezeichnung: „Gasthaus zu den alten
drei Mohren".

Auf Grund des § 8 des Reichsgesetzes vom 27. Mai
1896 zur Bekämpfung des unlautern Wettbewerbs hat Kläger
Klage gegen den Beklagten erhoben mit dem Antrag: zu
erkennen: Beklagter sei nicht berechtigt, sich bei dem Betrieb
seiner Wirtschaft und seines Gasthauses in dem Haus Nr. 37
der Friedrichsstraße in Stuttgart der Bezeichnung „zu den
alten drei Mohren" zu bedienen.

Die Klage ist im Berufungsverfahren abgewiesen worden
aus folgenden

Gründen:

I. Beklagter bestreitet nicht, daß er im geschäftlichen
Verkehr die besondere Bezeichnung eines Erwerbsgeschäfts
oder eines gewerblichen Unternehmens, nämlich die Bezeichnung: „zu den drei Mohren" benützt, deren sich der Kläger
für seinen Hotelbetrieb bedient. Beklagter bestreitet aber
einmal, daß Kläger sich dieser besonderen Bezeichnung befugterweise bedient, und sodann, daß e r diese Bezeichnung
in einer Weise benütze, die darauf berechnet und geeignet
ist, Verwechslungen mit der vom Kläger gewählten Bezeichnung hervorzurufen. Es bedarf nun keiner Entscheidung
der Frage, ob sich der Kläger der Bezeichnung: (Hotel) zu
den drei Mohren befugterweise bedient; denn auch wenn
man mit dem vorigen Richter diese Frage bejaht, stellt sich
die erhobene Klage doch als unbegründet dar.

II. Es ist zunächst schon nicht unzweifelhaft, ob die vom
Beklagten gewählte Bezeichnung: „(Gasthaus) zu den alten
drei Mohren" g e e i g n e t ist, Verwechselungen mit der vom
Kläger gewählten Bezeichnung: „(Hotel) zu den drei Mohren"
hervorzurufen, ob nicht die Abweichungen zwischen beiden
Bezeichnungen derart sind, daß die Gefahr einer Verwechslung im Verkehr ausgeschlossen ist. Es kommt in dieser
Beziehung in Betracht, daß nach süddeutschem Sprachgebrauch mit „Gasthaus" eine Gastwirtschaft von entschieden

geringerem Rang als ein „Hotel" (oder „Gasthof") bezeichnet
wird; insbesondere aber, daß in vielen Orten Süddeutsch-
lands (und Oesterreichs) Gastwirtschaften neben einander
bestehen, die sich nicht deutlicher in ihren Bezeichnungen von
einander unterscheiden als die der Parteien, ohne daß erhebliche Mißstände durch Verwechselungen bekannt geworden
wären: das Publikum unterscheidet ganz wohl die „alte Post"
von der „Post", den „jungen Hasen" vom „Hasen", den
„golbenen Adler" vom „schwarzen Adler" und dergleichen.
Diese Erwägungen können indessen nicht dazu führen, die
vom Beklagten gewählte Bezeichnung seiner Wirtschaft für
nicht geeignet zur Herbeiführung von Verwechselungen zu
erklären, insbesondere da Kläger unter Beweisantritt behauptet hat, daß zwischen den Bezeichnungen der Wirtschaften
der Parteien „beinahe tagtäglich die unangenehmsten Verwechselungen vorkommen": wäre dies richtig, so müßte offenbar anerkannt werden, daß die vom Beklagten gewählte Bezeichnung geeignet ist, Verwechselungen mit der vom Kläger
benützten hervorzurufen.

III. Unterstellt man Letzteres hienach, so wäre zur Be-
gründung der Klage noch weiter erforderlich, daß die vom
Beklagten gewählte Bezeichnung „darauf berechnet" ist,
derartige Verwechselungen herbeizuführen. Hierüber läßt der
Wortlaut des Gesetzes keinen Zweifel; es ist auch in der
Reichstagskommission ein Antrag abgelehnt worden, der den
Anspruch auf Unterlassung der von einem Andern befugterweise gebrauchten Bezeichnung u. s. w. (im Gegensatz zu dem
Anspruch auf Schabenersatz) schon dann zulassen wollte,
wenn die Benützung der Bezeichnung 2c. in einer Weise erfolgt, die „darauf berechnet oder geeignet" erscheint, Verwechselungen hervorzurufen. Wenn die Kommission des Reichstags hiebei davon ausgegangen sein sollte — worauf die
Fassung des Kommissionsberichts hinzuweisen scheint —, daß
die jetzige Fassung des § 8 des Gesetzes keinen Unterschied
zwischen vorsätzlicher und fahrlässiger Herbeiführung von
Verwechselungen mache, so wäre diese irrige Auffassung eines

kleinen Bruchteils des einen Geſetzgebungsfaktors angeſichts
des ganz unzweideutigen Inhalts des Geſetzes ſelbſtredend
ohne alle Bedeutung.

Die Abſicht, der Zweck deſſen, gegen den ein Anſpruch aus § 8 des Geſetzes vom 27. Mai 1896 begründet
ſein ſoll, muß alſo dahin gegangen ſein, Verwechſelungen
hervorzurufen d. h. eine Täuſchung, einen Irrtum des Publikums zu erregen, den irrigen Glauben zu erwecken, als habe
man es mit dem Erwerbsgeſchäft 2c. deſſen zu thun, der die
fragliche Bezeichnung 2c. befugterweiſe gebraucht.

In dieſer Beziehung hat nun Kläger geltend gemacht:
Beklagter benütze die dem Kläger zuſtehende Bezeichnung
„zu den drei Mohren", um das Renomee, das die Wirtſchaft
zu den drei Mohren durch den Kläger und ſeine Rechtsvorgänger ſich erworben habe, für ſich auszunützen, alſo um
Verwechſelungen hervorzurufen, das Publikum irre zu führen
und den Kläger und deſſen Ehefrau zu ſchädigen (die Abſicht
zu ſchädigen, verlangt § 8 cit. nicht, wenn ſie auch thatſächlich meiſtens mit der auf Herbeiführung von Verwechſelungen gerichteten Abſicht verbunden ſein wird). Beweis
für dieſe Behauptung mit den von der C.P.O. erwähnten
Beweismitteln hat Kläger nicht angetreten; ein ſolcher Beweis iſt in derartigen Fällen auch ſelten möglich; die Abſicht,
die den aus § 8 cit. Beklagten geleitet hat, muß vielmehr
regelmäßig, und ſo auch im vorliegenden Fall, aus den
Umſtänden entnommen werden. Dieſe laſſen es aber glaubhaft
erſcheinen, daß Beklagter der Anſicht war, die von ihm gewählte Bezeichnung ſeiner Wirtſchaft unterſcheide ſich in einer
Weiſe, die Verwechſelungen ausſchließe, von der vom Kläger
benützten, und daß er die an den klägeriſchen Wirtsſchild an-
klingende Bezeichnung „zu den alten drei Mohren" nicht
gewählt hat, um bei dem Publikum oder bei irgendwem eine
Täuſchung in dem oben erörterten Sinn herbeizuführen. Die
in dem Haus Nr. 37 der Friedrichsſtraße von F. R. und
ſeinen Rechtsnachfolgern lange Jahre betriebene Wirtſchaft
ſcheint ſich — unter der Bezeichnung: „Gaſthaus zu den drei

Mohren" — einen guten Ruf erworben zu haben; Beklagter
hatte deshalb ein Intereſſe daran, dem Publikum zu ſagen:
das iſt die Wirtſchaft, die bisher unter der Bezeichnung „zu
den drei Mohren" betrieben worden iſt, und das wollte er
mit der Bezeichnung: „zu den alten drei Mohren" ausdrücken: „alten" heißt hier, wie die Wortſtellung beweiſt,
ſo viel wie „ehemalig", „vormalig" (das franzöſiſche „ancien").
Da — wie oben Ziffer II hervorgehoben worden iſt — bisher vielfach Wirtſchaften im gleichen Ort neben einander beſtanden haben, die ſich nur dadurch in ihren Schilden unter-
ſchieden haben, daß der Bezeichnung des einen vom andern
ein Zuſatz wie „alt", „jung", „rot", „ſchwarz", und drgl.
hinzugefügt war, und Verwechſelungen hiebei erfahrungsgemäß
regelmäßig nicht zu befürchten waren, ſo konnte Beklagter
ganz wohl des Glaubens ſein, die von ihm gewählte Bezeichnung unterſcheide ſich in einer Weiſe von der des Klägers,
daß Verwechſelungen nicht eintreten werden. Es iſt aber
auch nicht angezeigt, daß er ſolche Verwechſelungen herbei-
führen wollte: es kann ganz wohl ſein, daß er nicht daran
dachte, das Publikum oder irgend wen in die Meinung zu
verſetzen, als ſei ſeine Wirtſchaft die vom Kläger betriebene. Hiebei kommt in Betracht, daß das „Gaſthaus"
des Beklagten ſchon nach ſeiner äußeren Erſcheinung ſich
an andere Kreiſe des Publikums wendet als das „Hotel"
des Klägers: mit Recht hat zwar der vorige Richter hervorgehoben, daß der § 8 des Geſetzes vom 27. Mai 1896 nicht
eine Verwechſelung der Erwerbsgeſchäfte nach ihrem
äußeren Anſehen, ſondern nach ihrer Bezeichnung
im Auge hat; trotzdem aber iſt es ganz wohl denkbar, daß
Beklagter auch im Hinblick auf dieſe äußerliche Verſchiedenheit der beiderſeitigen Wirtſchaften an die Gefahr einer Verwechſelung nicht dachte, daß vielmehr ſeine Abſicht eben dahin
ging, den Kreiſen, die ein äußerlich beſcheidenes Wirtshaus,
wie das von ihm betriebene, beſuchen, durch die gewählte
Bezeichnung zu ſagen: das iſt das früher (von der Familie
R.) unter dem Namen „zu den drei Mohren" betriebene

Gasthaus, nicht aber irgend jemanden, der die von ihm gewählte Bezeichnung sah oder hörte, glauben zu machen, daß sei die vom Kläger betriebene Wirtschaft.

Hienach ist zum Mindesten nicht bewiesen, daß die Bezeichnung: „(Gasthaus) zu den alten drei Mohren" darauf berechnet war oder ist, Verwechselungen mit der vom Kläger benützten Bezeichnung hervorzurufen.

Urteil des I. Civilsenats vom 1. März 1898 in Sachen Zink gegen Hailer.

Die Revision gegen dieses Urteil ist zurückgewiesen worden.

15.

Zur Auslegung des Art. 16 Abs. 2 H.G.B., der §§ 12 bis 14 des Gesetzes zum Schutz der Warenbezeichnungen vom 12. Mai 1894 und des § 8 des Ges. zur Bekämpfung des unlautern Wettbewerbs vom 27. Mai 1896.

Die Aktienbrauerei Gmünd hatte im Jahr 1882 eine halbe Wegstunde von Gmünd und in der Luftlinie nur einige Minuten vom Gipfel des „Salvatorbergs" und von der dort stehenden „Salvatorkirche" entfernt gelegene Parzelle erworben, ließ darauf ein Brauereigebäude nebst Kühlhaus erbauen und verkaufte dieses Anwesen im Jahr 1889 an L. H., der ihm den Namen „Salvatorbrauerei" beilegte und sich am 7./8. März 1890 als Inhaber der Firma „Salvatorbrauerei Gmünd, L. H." in das Handelsregister eintragen ließ. Nachdem die Brauerei am 18. Oktober 1892 an den jetzigen Beklagten verkauft worden war, nahm dieser die Firma „Salvatorbrauerei Gmünd, L. B." an, welche indessen erst am 25. September 1896 von ihm angemeldet und am 17. Oktober 1896 unter gleichzeitiger Löschung des den früheren Besitzer L. H. betreffenden Eintrags, in das Register für Einzelfirmen aufgenommen wurde. Inzwischen hatte die im Gesellschaftsregister des Landgerichts München eingetragene Klägerin am 26. Januar 1895 das Wortzeichen „Salvator" bei dem Kaiserlichen Patentamt

angemeldet und troß des Widerspruchs mehrerer Firmen, denen
je ein zusammengeseßtes Warenzeichen mit dem Beisaß „Salvatorbier" oder „Salvatorbrauerei" geschützt ist, am 8. März
1896 einen stattgebenden Beschluß des Patentamts und am
16. März die Eintragung des Wortzeichens „Salvator"
für Bier erwirkt. Sie forderte den Beklagten zur Löschung
des Firmenbestandteils „Salvator" auf und erhob, da dies
ohne Erfolg blieb, die gegenwärtige Klage, welche auf die
§§ 12 und 14 des Gesetzes zum Schuß der Warenbezeichnungen vom 12. Mai 1894, auf Art. 27 des Handelsgeseß-
buchs und § 8 des Gesetzes zur Bekämpfung des unlauteren
Wettbewerbs vom 27. Mai 1896 gestützt war und den Antrag enthielt, zu erkennen:

1) der Beklagte sei schuldig, aus dem Fimeneintrage
„Salvatorbrauerei Gmünd, L. B." das Wort „Salvator"
löschen zu lassen,

2) dem Beklagten werde verboten, die bezeichnete Firma
oder das Wort „Salvator" weiter zu gebrauchen, insbesondere
sich dieser Firma oder des Wortes „Salvator" im Geschäftsverkehr zur Bezeichnung seiner Waren oder deren Verpackung
oder Umhüllung zu bedienen oder so bezeichnete Ware in
Verkehr zu setzen sowie auf Ankündigungen, Preislisten, Geschäftsbriefen, Empfehlungen, Rechnungen u. dergl. die bezeichnete Firma oder das Wort „Salvator" anzubringen.
Die Klage ist abgewiesen worden. Aus den

Gründen

des Berufungsurteils:

Unstreitig hat der Beklagte die Firma „Salvatorbrauerei
Gmünd, L. B." bereits im Jahr 1892, d. i. vor Erlassung
der Gesetze zum Schuß der Warenbezeichnungen und zur Bekämpfung des unlautern Wettbewerbs, angenommen: Damals
hatte die Klägerin ein Schutzrecht auf die von ihr freilich längst
beanspruchte ausschließliche Warenbezeichnung „Salvator" noch
nicht erlangt, wenn sie dieselbe auch thatsächlich gebrauchte;
erst durch die Eintragung in die Zeichenrolle des Patentamts

wurde das Schutzrecht ins Leben gerufen [1]).

Im Gegensatz hiezu ist für die Entstehung des Firmenrechts einzig die thatsächliche Annahme und Benützung der Firma, nicht die Verurkundung im Firmenregister, maßgebend [2]). Somit entscheidet sich die Frage, ob die beklagte Firma in zulässiger Weise entstanden ist, allein vom Boden des Handelsgesetzbuchs aus. Nach Abs. 1 des Art. 16 H.G.B.'s darf ein Einzelkaufmann für die Regel nur seinen Familiennamen mit oder ohne Vornamen als Firma führen und daß die Firma des Beklagten diesem Erfordernis genügt, wird von der Klägerin nicht in Abrede gezogen. Abs. 2 Schlußsatz des Art. 16 gestattet weiterhin Zusätze, welche zur näheren Bezeichnung der Person oder des Geschäfts dienen. Die Beifügung anderer Zusätze, insbesondere solcher, welche keine derartige nähere Bezeichnung, sondern bloß eine auf Heranziehung von Kunden berechnete Reklame beabsichtigen oder zur Täuschung des Publikums geeignet sind, erscheint unstatthaft [3]) und nach Art. 27 H.G.B.'s kann derjenige, welcher durch den unbefugten Gebrauch einer Firma in seinen Rechten verletzt ist, auch ohne Nachweis einer eingetretenen Schädigung [4]) den Unberechtigten auf Unterlassung der weiteren Führung der Firma belangen. Das erste Klagebegehren liefe demnach in Ordnung, wenn die Klägerin den Beweis erbracht hätte, daß der von ihr beanstandete Zusatz in der beklagten Firma nicht den gesetzlich erlaubten Zweck verfolge. Indessen ist ihr dieser Beweis nicht geglückt.

Das Brauereianwesen des Beklagten liegt, wie außer Streit sich befindet, in der Luftlinie nur einige Minuten von dem Gipfel des „Salvatorbergs" und von der dort stehenden „Salvatorkirche" entfernt. Erfahrungsgemäß werden ge-

---

1) Meves, Schutz der Warenbez. S. 44 vor Z. 8; Seligsohn, Ges. zum Schutz der Warenbez. S. 110 Abs. L.

2) Entsch. des Reichsoberhandelsger. 10, 292.

3) Entsch. d. Reichsg. in Civils. 3, 166; Staub, Komment., 3. u. 4. Aufl. S. 34. 35.

4) Staub a. a. O. S. 59.

werbliche Unternehmungen, in erster Linie Wirtschaften und
Brauereien, nicht selten nach einer Bodenerhebung oder einem
hervorragenden Bauwesen der Nachbarschaft benannt. Daß
der „Salvatorberg" und die „Salvatorkirche" in der Stadt
Gmünd und in weitem Umkreise allgemein bekannt sind, unter-
steht, schon weil die Kirche ein vielbesuchter Wallfahrtsort ist,
keinem Zweifel. Daher enthielt und enthält die Bezeichnung
„Salvatorbrauerei" eine in der ganzen Gegend wohlverständliche
Hindeutung auf ihren Standort und eignet sich insofern vor-
züglich zur Unterscheidung von anderen in Gmünd und Umgebung belegenen Brauereien. Sie ist übrigens durch den
Beklagten seinem Anwesen nicht neu beigelegt worden, sondern
von seinem Vorgänger übernommen. Allerdings gibt der
Gemeinderat J. H. über die erste Schöpfung des Namens
als Zeuge vom Hörensagen an, bei einer gelegentlichen, im
Jahr 1889 stattgehabten Unterhaltung darüber, wie man die
Brauerei heißen könne, habe ein Unbeteiligter dem Besitzer
L. H. geraten, sie „Salvatorbrauerei" zu nennen, der Name
habe auch einen guten Klang, und hierin kann an sich eine
Anzeige für die Behauptung der Klägerin erblickt werden,
daß die Bezeichnung zur Reklame aufgegriffen worden sei.
Denn nach den gründlichen, von den Parteien nicht ange-
tasteten Ausführungen im patentamtlichen Beschluß vom 8.
März 1896 war der Name „Salvatorbier" schon seit dem
Jahr 1837 für eine von den klägerischen Rechtsvorgängern
hergestellte Biergattung von außergewöhnlicher Güte und
Stärke in Uebung und haben die ersteren von 1830, die
Klägerin selbst von 1878 an durch Veröffentlichungen in der
Tagespresse mit immer größerem Erfolg sich bemüht, ihr
ausschließliches Anrecht auf den Namen „Salvator" einem
möglichst großen Kreise kundzugeben. Ist deshalb sicher, daß
die Bedeutung des Worts „Salvator" in dem von der Klägerin angestrebten Sinn schon vor dem Jahr 1890 in Gmünd
wohl bekannt war, so läßt sich der Rat, das Anwesen „Salvatorbrauerei" zu heißen, der Name habe auch einen guten
Klang, unbedenklich als Hinweisung auf den verbreiteten Ruf
5*

des klägeriſchen Biererzeugniſſes auffaſſen. Hienach darf der Klägerin zugegeben werden, daß die Benennung des Anweſens, zunächſt von dem beklägeriſchen Rechtsvorgänger, in der Erwartung gewählt wurde, die Erinnerung an das „Salvatorbier" könne die „Salvatorbrauerei" empfehlen. Immerhin wird hierdurch noch nicht beſcheinigt, geſchweige denn dargethan, daß es lediglich zu Zwecken der Reklame, nicht auch zur näheren Bezeichnung des Anweſens geſchehen, und noch weniger, daß die gewählte Bezeichnung geeignet geweſen iſt, eine Täuſchung herbeizuführen, vielmehr handelte es ſich höchſtens um die harmloſe nicht widerrechtliche Ausnützung eines durch die Lage der Brauerei zufällig ermöglichten Wortſpiels, und ganz die nämliche Betrachtungsweiſe trifft für das Vorgehen des Beklagten zu, welcher ſich bei der Wahl ſeiner Firma einfach an den älteren Vorgang anlehnte. Nach dem klägeriſchen Standpunkt hatte ſich die Kenntnis von dem Anſpruch der Klägerin auf die Bezeichnung „Salvator", ſchon ehe der Beklagte ſein Anweſen erwarb, überall verbreitet, und da er gleich ſeinem Vorgänger in ſeine Firma neben dem Zuſatz „Salvatorbrauerei" den weiteren, für die Klägerin jedenfalls nicht beſchwerenden Zuſatz „Gmünd" aufgenommen hat, war eine Verwechslung zwiſchen der von dem Beklagten hergeſtellten Biergattung und der klägeriſchen um ſo gewiſſer ausgeſchloſſen, die Aufnahme des ſtreitigen Zuſatzes „Salvatorbrauerei" mithin um ſo weniger unbefugt, als der auf ganz beſcheidenen Umfang beſchränkte Geſchäftsbetrieb des Beklagten einen Abſatz nur in der nächſten Umgebung von Gmünd geſtattet und die klägeriſche Unternehmung in keiner Weiſe zu gefährden vermochte. Ein Vertragsverhältnis, kraft deſſen die von dem Beklagten getroffene Wahl ſeiner Firma als ein die Anwendung von Art. 27 H.G.B.'s rechtfertigendes argliſtiges Verhalten ſich kennzeichnen würde[1]), hat zwiſchen den Parteien niemals beſtanden, der Beklagte folglich ſeine Firma im Jahr 1892 rechtmäßig erworben.

Dieſes wohlerworbene Firmenrecht iſt durch die ſeitdem

_____
1) Entſch. d. Reichsg. 38, 65.

eingetretenen Aenderungen in der Gesetzgebung und durch die
Eintragung des Warenzeichens der Klägerin nicht beeinträchtigt
worden. In Betreff der notwendigen und der zulässigen Zusammensetzung einer Firma gelten noch durchaus die früheren
Grundsätze; nur gegen den Mißbrauch fremder Firmen, Namen,
Bezeichnungen, Warenzeichen, und gegen sonstige Täuschungen
im Geschäftsverkehr sind neue Vorschriften erlassen. Namentlich
enthält das Gesetz zum Schutz der Warenbezeichnungen nirgends
eine Bestimmung, daß der Inhaber eines in die Zeichenrolle
eingetragenen Warenzeichens befugt wäre, die Begründung
oder gar die Fortführung einer Firma um deswillen zu hinter-
treiben, weil sie das Warenzeichen enthält, und wenn das
Gesetz zur Bekämpfung des unlauteren Wettbewerbs in § 8
bei Vermeidung von Schadenersatz und Zwang zu künftiger
Unterlassung verbietet, im geschäftlichen Verkehr einen Namen,
eine Firma oder die besondere Bezeichnung eines Erwerbsgeschäfts oder eines gewerblichen Unternehmens in einer Weise
zu benützen, welche darauf berechnet und geeignet ist, Verwechslungen mit dem Namen, der Firma oder der „besonderen
Bezeichnung" herbeizuführen, deren sich befugter Weise ein
anderer bedient, so gestattet schon die gleichmäßige Wieder-
kehr der Worte „Namen" „Firma", „besondere Bezeichnung"
in den beiden an einander gereihten Satzteilen keine andere
Auslegung als die, daß unter der „besonderen Bezeichnung"
im zweiten Satzteil genau das Gleiche wie im ersten, nämlich
nur die besondere Bezeichnung eines Erwerbsgeschäfts oder
eines gewerblichen Unternehmens, nicht auch Warenbezeichnungen, zu verstehen seien. Ueberdies steht einer ausdehnenden
Erklärung im letzteren Sinn die Entstehungsgeschichte entgegen:
ein in der Justizkommission gemachter Versuch, auch die Warenbezeichnungen unter den Schutz des § 8 zu stellen, ist an
dem Widerspruch des Regierungsvertreters gescheitert, welcher
auf den bereits bestehenden, ausreichenden Schutz des Gesetzes
vom 12. Mai 1894 verwies [1]).

Das der Klägerin geschützte Warenzeichen „Salvator"

1) Müller, Gef. z. Bek. des unl. Wettb. S. 114.

kann für sich betrachtet niemals für eine besondere Bezeichnung ihres Erwerbsgeschäfts oder Unternehmens gelten und die Klägerin, welche die Firma „Gebr. Schmederer, Aktienbrauerei München" führt, behauptet selbst nicht, daß sie ihr Anwesen oder Geschäft nebenher als „Salvator" oder „Salvatorbrauerei" bezeichne. Wäre demgemäß nicht einmal nach jetziger Sach‧ lage dem Beklagten die Annahme der Firma „Salvator‧ brauerei Gmünd, L. B." verschränkt, so kann er noch weniger an Weiterführung der längst bestehenden Firma gehindert, zur Löschung des Bestandteils „Salvatorbrauerei" oder des Worts „Salvator" verpflichtet sein.

Unabhängig von dem rechtmäßigen Erwerb und dem Fortbestand der Firma des Beklagten ist die Frage zu prüfen, ob der Beklagte das Zeichenrecht der Klägerin verletzt hat und noch verletzt. Die Antwort kann übrigens nur aus dem Gesetz zum Schutz der Warenbezeichnungen entnommen werden, da wie schon erwähnt das Gesetz zur Bekämpfung des unlauteren Wettbewerbs sich mit dem Zeichenschutz nicht befaßt.

Nach § 12 des erstgenannten Gesetzes hat zwar die Ein‧ tragung eines Zeichens — auch wofern dasselbe als Frei‧ zeichen nicht eintragungsfähig gewesen sein sollte [1]) — die Wirkung, daß dem Eingetragenen ausschließlich das Recht zusteht, Waren der angemeldeten Art oder deren Verpackung oder Umhüllung mit dem Warenzeichen zu versehen, die so bezeichneten Waren in Verkehr zu setzen, sowie auf Ankün‧ digungen, Preislisten, Geschäftsbriefen, Empfehlungen, Rech‧ nungen oder dergl. das Zeichen anzubringen. Doch wird gemäß § 13 des Gesetzes durch die Eintragung niemand ge‧ hindert, seine Firma, sei es auch in abgekürzter Gestalt, auf Waren, auf deren Verpackung oder Umhüllung anzubringen, und besagen die Schlußworte „und derartige Angaben im Geschäftsverkehr zu gebrauchen", daß auch das Anbringen der Firma auf Ankündigungen, Preislisten, Geschäftsbriefen,

---

1) Seligsohn a. a. O. S. 53 Z. 6; Meves a. a. O. S. 44 Z. 3; Entsch. d. Reichsg. in Civils. 38, 137.

Empfehlungen, Rechnungen oder dergl. nicht beeinträchtigt
fein foll¹).

Da die Beſtimmung in § 13 eine Ausnahme von der
in § 12 gegebenen Regel darſtellt, ſo genügt zur Begründung
einer auf Anerkennung des Zeichenrechts und Unterlaffung
künftiger Störungen gerichteten Klage der Nachweis, daß das
geſchützte Zeichen von der Gegenpartei auf die näher beſchriebene
Weiſe im Geſchäftsverkehr verwendet werde, und iſt es Sache
des Einredebeweiſes, das Zutreffen des § 13 darzuthun.

Vorliegend trägt die Klägerin vor, daß der Beklagte auf
ſeinen Verſandtfäſſern, denen unzweifelhaft die Bedeutung einer
Verpackung oder Umhüllung von Waren der angemeldeten
Art, nämlich von Bier, zukommt²), das ihr geſchützte Wort
„Salvator" angebracht habe. Wenn dem ſo wäre, d. h. wenn
die Verſandtfäſſer das Wort für ſich, nicht in einer Wort-
zuſammenfetzung, trügen, läge eine handgreifliche, durch § 13
nicht gedeckte Verletzung ihres Zeichenrechts vor und würde
die Klägerin mit ihrem auf § 14 Abſ. 2 geſtützten Antrag
durchbringen. Sie hat jedoch für ihre von dem Beklagten
beſtrittene Behauptung nur Augenſchein in deſſen Brauerei
beantragt, ein Beweismittel, das beim Widerſpruch des Beklagten verſagt, weil dieſer zur Unterſtützung der Klägerin
in ihrer Beweisführung nicht verpflichtet iſt³) und weil ſein
Widerſpruch allein eine ihm ungünſtige Schlußfolgerung nicht
rechtfertigt⁴).

(Es wird ſodann feſtgeſtellt, daß die Fäſſer des Beklagten
zum Teil die Auffſchrift „Salvatorbrauerei Gmünd" tragen,
was keinen Gebrauch der Firma des Beklagten in abgekürzter
Geſtalt — § 13 des Geſetzes zum Schutz der Warenbezeichnungen — darſtelle; ſodann wird fortgefahren:) Andererſeits
kann indeſſen dem Gebrauch des Zuſatzes der Firma als Warenbezeichnung für ſich allein die Bedeutung eines Eingriffs in das

1) Seligfohn a. a. O. S. 128.
2) Seligfohn a. a. O. S. 116.
3) Seuffert Archiv 46, 907.
4) Jahrb. b. württ. Rechtspfl. 6, 25; Jur. Wochenſchrift 1897, 197.

Zeichenrecht der Klägerin überhaupt nicht beigemeſſen werden.

Für die äußere Anſchauung gewährt ſchon das Wort „Salvatorbrauerei" bei ſeinem verhältnismäßig bedeutend größeren Umfang ein erheblich anderes Bild als das kaum halb ſo lange klägeriſche Zeichen „Salvator".

Mit letzterem iſt aber der Klägerin nicht die bildliche Darſtellung der einzelnen aneinandergereihten Buchſtaben, ſondern der Klanglaut des Wortes geſchützt und gerade der geſchützte Klanglaut kehrt — wenn auch gefolgt von anderen Lauten — in der Zuſammenſetzung „Salvatorbrauerei" un- verändert wieder.

Wie angeſichts deſſen entſchieden werden müßte, wenn das geſchützte Wort ein ganz neu geſchaffenes eigentümliches Sprachgebilde oder wenn es wenigſtens auf eine einzige be- ſtimmte Bedeutung beſchränkt wäre, mag dahin geſtellt bleiben, weil weder das eine noch das andere zutrifft: „Salvator" dient nicht nur in der durch das Patentamt nachgewieſenen Ab- teilung von Sankt Vater zur Bezeichnung einer beſonderen Bier- gattung, ſondern auch unmittelbar aus dem Lateiniſchen (Sal- vator = Erretter, Erlöſer) herübergenommen, als Eigenſchafts- wort, als Vorname und als Name von Bergen, Kirchen u. ſ. f.

Sodann kann man davon abſehen, ob die Zuſammen- ſetzung „Salvatorbrauerei", für ſich gebraucht, als eine die Anwendung des Geſetzes nicht ausſchließende, unweſentliche Abweichung im Sinn des auch für Wortzeichen gültigen § 20[1]) erſcheinen würde, insbeſondere ob nicht die Behauptung der Klägerin, wonach der Sprachgebrauch unter „Salvatorbrauerei" notwendig eine mit Salvatorbier befaßte Brauerei verſtände, ſchon ganz allgemein durch die Geſetze der Wortbildung oder doch für Gmünd und einen weiten, das Abſatzgebiet des Be- klagten überdeckenden Umkreis entkräftet wird, z. B. dadurch, daß hier die Venennung „Salvatorbrauerei" von jedermann mit dem „Salvatorberg" und der „Salvatorkirche" in Zuſammen- hang gebracht wird. Nach dem Ergebnis der Beweisaufnahme hat nämlich der Beklagte auf Verſandtfäſſern, die Bezeichnung

1) Seligſohn a. a. O. S. 185.

„Salvatorbrauerei" nicht schlechthin, sondern mit dem Beisatz „Gmünd" angebracht. Hiemit ist eine Abweichung von dem geschützten Zeichen geschaffen, welche die Gefahr einer Verwechslung im Verkehr vollständig ausschließt. Wie die Klägerin geltend macht und die patentamtliche Darlegung bestätigt, ist jedenfalls seit der Zeit, zu welcher das Zeichen „Salvator" eingetragen wurde, in ganz Deutschland die Wissenschaft verbreitet, daß das als hervorragend stark und gut bekannte „Salvator" genannte Bier in München hergestellt wird. Die Möglichkeit eines Irrtums, als ob die Versandtfäßchen des Beklagten Erzeugnisse aus der klägerischen Brauerei enthalten, wird sonach durch die eingebrannte Bezeichnung „Salvatorbrauerei Gmünd" nicht nur nicht hervorgerufen, sondern unbedingt beseitigt.

Urteil des II. Civilsenats vom 13. Februar 1898 in Sachen Gebrüder Schmederer gegen Bonileon.

Die Revision gegen dieses Urteil ist zurückgewiesen worden.

16.

Ansprüche des Patentkäufers gegen den Patentverkäufer, durch dessen Schuld das Patent vorzeitig erloschen ist.

Der Beklagte Dr. W. R. hat ein bis 24. November 1899 laufendes Patent Nr. 33168 mit Vertrag vom 7. Sept. 1891 an die Klägerin, die Aktiengesellschaft König-Friedrich-August-Hütte, um 15000 Mark und gewisse Prozente des Erlöses, den die Klägerin aus dem Verkauf der patentierten Maschinen erzielen würde, auf 1. Januar 1892 verkauft; der § 4 des Vertrags lautet: „Herr Dr. W. R. verpflichtet sich, dafür zu sorgen, daß das D.R.P. Nr. 33168 während der Dauer dieses Vertrags bezw. während der gesetzlichen Dauer nicht verfällt, während die K.F.A.H. die jährlich hiefür entfallenden Patentkosten zurückerstattet. — Wenn innerhalb der 3 ersten Jahre der Vertragsdauer das Patent infolge Anfechtung oder aus anderen Gründen verfällt, so endigt dieser Vertrag mit dem Augenblicke des Erlöschens des Patents und die K.F.A.H.

hat alsdann die unter § 5 bezeichneten Abgaben nur auf die
bis dahin in dieser Sache abgewickelten oder erledigten Geschäfte
zu bezahlen, mit dem Vorbehalte, sich aus diesen Abgaben für
die unter Position 8a bezahlte Pauschalsumme schadlos zu
halten." Klägerin hat die 15000 Mark bezahlt. Beklagter hat
die auf 24. November 1894 verfallene Patentgebühr nicht bezahlt, infolge dessen ist das Patent erloschen. Klägerin hat
nunmehr einen der Zeit, für die das Patent noch gegolten
hätte, entsprechenden Teil der bezahlten 15000 Mark zurückgefordert und dabei bemerkt: auf Grund des § 4 des Vertrags
könnte sie sogar die ganzen 15000 Mark zurückfordern; in
zweiter Linie wurde die Klage auf ungerechtfertigte Bereicherung
des Beklagten gestützt, in dritter Linie der eingeklagte Anspruch
als Schadensersatzforderung begründet. Die Klage ist abgewiesen worden. In den
Gründen
wird zunächst festgestellt, daß Beklagter vertragswidrig und
schuldhaft gehandelt hat, sofern er die für 1894/95 fällige
Patentgebühr nicht bezahlt hat. Sodann wird fortgefahren:
    Wenn es sich nun aber darum handelt, welche Ansprüche
Klägerin zufolge dieses schuldhaften Verhaltens des Beklagten
gegen ihn erlangt hat, so entbehrt die Forderung der Klägerin
der Begründung, soweit sie einen der Zeit, für die das Patent
gesetzlich nach seinem Erlöschen noch fortgegolten hätte, entsprechenden Teil der bezahlten 15000 Mark vom Beklagten
zurückverlangt. Hievon könnte etwa die Rede sein, wenn der
Gebrauch des Patents der Klägerin vom 1. Januar 1892 bis
24. November 1899 überlassen und hiefür eine nach Jahren
bemessene, aber in einer Summe vorauszahlbare Entschädigung
festgesetzt worden wäre. So liegt aber eben die Sache nicht.
Klägerin hat unzweifelhaft das Patentrecht des Beklagten gekauft: Beklagter hat sich verpflichtet, ihr gegen die Pauschalsumme von 15000 Mark und gegen gewisse Provisionen das
Patent zu übertragen, und diese Verpflichtung hat er erfüllt.
Der nachträgliche Untergang eines erkauften Rechts (oder einer
erkauften Sache) berechtigt den Käufer an sich nicht zur Zu-

rückforderung eines Teils des Kaufpreises und hieran ändert sich auch dann nichts, wenn der Verkäufer biesen Untergang schulbhaft herbeigeführt hat. Dieser Umstand kann einen S ch a - b e n s e r f a ß anspruch des Käufers gegen ben Verkäufer be= gründen, nicht aber bas Recht, ben Kaufpreis als solchen ganz ober teilweise zurückverlangen. Ob bas verkaufte Recht ein solches von begrenzter Dauer ist, ist ebenso unerheblich, wie ob bie verkaufte Sache z. B. ein Tier von begrenzter Lebens= bauer ist. Diese Sätze entsprechen ebenso bem gemeinen, wie bem sächsischen Recht, es kann beshalb bahingestellt bleiben, nach welchem Recht ber Vertrag ber Parteien zu beurteilen ist. Dafür baß bie „Pauschalsumme" von 15000 Mark nicht bloß für bie E r w e r b u n g bes Patents bezahlt worden wäre, sonbern auch für beffen F o r t b a u e r , baß sie etwa bie Zu= sammenfassung von Beträgen barstellen würbe, bie für bie einzelnen Jahre ber Dauer bes Patents entrichtet werben sollten, fehlt jeder Anhaltspunkt. Allerbings hat sich Beklagter ver= pflichtet, „bafür zu sorgen, baß bas Patent während — ber gesetzlichen Dauer nicht erlischt"; aber bie schulbhafte Nicht= erfüllung biefer Verpflichtung begründet kein Recht ber Klägerin einen Teil bes für Verschaffung bes Patentrechts bezahlten Kaufpreises zurückzuforbern.

Der Schlußsatz bes § 4 bes Vertrags findet keine An= wenbung. Denn bas Patent ist nicht — wie biefe Vertrags= bestimmung voraussetzt — „innerhalb ber brei ersten Jahre ber Vertragsbauer" erloschen. In Wirklichkeit war zwar bie Patentgebühr am 24. November 1894 fällig, bie Zahlung konnte aber nach bem Patentgesetz vom 25. Mai 1877, unter beffen Herrschaft bas Patent Nr. 33168 erteilt worben ist, bis zum Ablauf von 3 Monaten nach bem Fälligkeitstermin, also bis 24. Februar 1895, erfolgen unb bas Patent erlosch nach § 9 biefes Gesetzes erst, wenn bie Gebühren „nicht spätestens 3 Monate nach ber Fälligkeit" bezahlt wurben, also erst am 24. Februar 1895, somit jebenfalls erst nach Ablauf ber brei ersten Jahre ber Vertragsbauer. Auch bie Anwenbung bes Patentgesetzes vom 7. April 1891 §§ 8 (Abs. 2) unb 9 würde zum gleichen Ergebnis führen.

Als Anspruch aus ungerechtfertigter Bereicherung des Beklagten ist die Klagforderung ebenfalls nicht begründet. Die
15 000 Mark sind bezahlt für Uebertragung des Patents; diese
ist erfolgt, die etwaige Bereicherung des Beklagten also jedenfalls keine ungerechtfertigte. Sie ist dies auch dadurch nicht
geworden, daß Beklagter die ihm neben der Uebertragung des
Patents obliegende Verpflichtung zur Zahlung der Patentge-
bühren nicht erfüllt hat. Wenn Klägerin geltend macht, die Fortdauer des Patents für die ganze Zeit seiner gesetzlichen Dauer
sei die beiderseits gewollte und objektiv gemachte „Voraussetzung“ des ganzen Vertrags gewesen, so ist das unzutreffend:
der Schlußsatz des § 4 des Vertrags ist dahin zu verstehen,
daß, wenn das Patent nach Ablauf der 3 ersten Jahre der
Vertragsdauer — ohne Schuld des Beklagten — erlösche, der
Vertrag nicht endige und die ganze Pauschalsumme dem Beklagten verbleibe; also war die Fortdauer des Patents nicht
schlechthin „Voraussetzung“ des Vertrags. Im übrigen mögen
die Parteien davon ausgegangen sein, daß das Patent bis
24. November 1899 fortbestehe und Beklagter seinen hierauf
bezüglichen Verpflichtungen nachkomme; daß aber Klägerin die
15 000 Mark oder (einen Teil davon) unter der stillschwei-
genden Bedingung gezahlt hätte, daß Beklagter die Pflicht
der Patentgebührenbezahlung erfülle, ist in keiner Weise angezeigt. Eine teilweise Zurückforderung des bezahlten Betrags
läßt sich daher aus dem Gesichtspunkte der „Voraussetzung“
nicht begründen. (Sodann wird ausgeführt, daß Klägerin zwar
vom Beklagten Schadensersatz fordern könnte, wenn ihr das
Erlöschen des Patents Schaden gebracht hätte, daß dies aber
nicht der Fall sei.)

Urteil des I. Civilsenats vom 12. März 1897 in Sachen
König-Friedrich-August-Hütte gegen Raydt.

17.

Ist die dem Bräutigam unbekannt gebliebene Thatsache, daß seine Verlobte ein uneheliches Kind geboren

hatte, ein Grund zum Rücktritt von der Verlobung,
auch wenn die Verlobten geschlechtlich mit einander
verkehrt haben?

Die Frage wurde bejaht aus folgenden

Gründen:

Der Beklagte hat allerdings damit, daß er selbst mit der
Klägerin außerehelichen Geschlechtsumgang gepflogen hat, deutlich bekundet, daß er auf die völlige Geschlechtsreinheit seiner
künftigen Ehefrau kein entscheidendes Gewicht gelegt hat, und
es ist deshalb an sich unerheblich, daß die Klägerin früher auch
mit einem andern Mann geschlechtlich verkehrt hat und in
welchem Zeitpunkt der Beklagte von dieser Thatsache Kenntnis
erhalten hat.

Wenn aber auch der Beklagte über den durch den vorehe-
lichen Beischlaf allein begründeten sittlichen Makel der Klägerin
weggesehen hat, so folgt daraus noch nicht, daß der Grad
der geschlechtlichen Beschollenheit seiner künftigen Ehefrau ihm
völlig gleichgültig gewesen sei; die geschlechtliche Beschollenheit einer Frauensperson ist verschiedener Abstufungen fähig,
und es unterliegt keinem Zweifel, daß auch in den Gesell-
schaftskreisen, denen die Parteien angehören, die sittliche Ehre
eines Mädchens durch die Geburt eines unehelichen Kindes
in viel stärkerer Weise notleidet als durch die bloße Thatsache
eines unehelichen Geschlechtsumgangs. Dieser letztere kann
ganz verborgen bleiben oder wenigstens nur zur Kenntnis
einer beschränkten Anzahl von Personen gelangen. Durch die
Geburt eines Kindes aber gelangt die Kenntnis von der sittlichen Verfehlung des betreffenden Mädchens notwendig in
weite Kreise, und es wird ihr guter Ruf dadurch unter allen
Umständen in erheblichem Grade erschüttert. Die vorangegangene Geburt eines Kindes wird daher, selbst wenn es
nicht mehr am Leben ist, in der Regel für einen Mann ein
gewichtiges Bedenken gegen die Eingehung eines Verlöbnisses
begründen, und es sind im vorliegenden Fall keine Anhaltspunkte dafür vorhanden, daß der Beklagte sich über dieses
Bedenken hinweggesetzt und auch bei Kenntnis der wahren

78   Entſcheidungen des Oberlandesgerichts.

Sachlage die Verlobung mit der Klägerin eingegangen hätte.
Urteil des I. Civilſenats vom 14. Juni 1898 in Sachen
Linder gegen Renner.

18.

Umfang der Rechte des ſtatutariſchen Nießbrauchers bezüglich der zum ordentlichen Eigengut der Kinder gehörigen Forderungen.

Die Kläger haben von ihrem Vater eine größere Kaufpreisforderung gegen den Beklagten geerbt; ihre Erbteile ſtehen
in lebenslänglicher Nutznießung und Verwaltung ihrer Mutter,
die ſich aber damit einverſtanden erklärt hat, daß die erwähnte
Kaufpreisforderung in pflegſchaftliche Verwaltung genommen
iſt. Sie hat im März 1898 anläßlich der Einklagung des
am 11. November 1897 fälligen Jahreszinſes jener Forderung
mit 750 Mark die Geltendmachung dieſes Anſpruchs ihren
Kindern überlaſſen und „inſoweit auf ihr Verwaltungsrecht
an dem Kindsvermögen verzichtet." Im Prozeß mit den
Kindern hat Beklagter gegen dieſe Zinsforderung mit einer
ihm ſeit Oktober 1897 gegen die Mutter der Kläger zuſtehenden
Forderung von 1353 Mark aufgerechnet. Kläger haben die
Zuläſſigkeit dieſer Aufrechnung beſtritten, die aber vom Berufungsgericht anerkannt worden iſt.

Gründe.

Der den ſogenannten ſtatutariſchen Nießbrauch des überlebenden Ehegatten am Kindsvermögen regelnde Titel 6 T. IV
des Landrechts enthält keine beſonderen Beſtimmungen über
den Nießbrauch an Forderungen. Die herrſchende Meinung
geht aber dahin, daß dem überlebenden Ehegatten jedenfalls
mindeſtens dieſelben Rechte zukommen wie nach römiſchem
Rechte dem Vater am ordentlichen Eigengut (peculium ad-
ventitium regulare) der Kinder[1].

Mandry[2] führt aus, daß ſich der ſtatutariſche Nießbrauch

[1] Lang, Perſonenrecht § 81 Anm. 10; Stieglitz, R.O.
S. 22 Note cc.
[2] Vorleſungen über württ. Privatrecht § 05.

nach dem Vorbild des usufructus paternus am pec. adv. reg.
gestalte und daß dem überlebenden Ehegatten nicht bloß der
Nießbrauch, sondern auch das Verwaltungsrecht zustehe. Dieses
Recht sei nur dadurch beschränkt, daß die Ehegatten die be=
treffenden Objekte nicht veräußern dürfen. Das Kind selbst
habe außer dem Veräußerungsrecht kein präsentes Recht an
den hinterfälligen Gütern. Für Forderungen gelten die ge=
meinrechtlichen Bestimmungen, übrigens nach der richtigen
Ansicht in der Weise, daß der Nußnießer das jus exigendi habe.

Lang¹) erkennt dem Vater in Beziehung auf die zum
ordentlichen Eigengut der Kinder gehörigen Forderungen die
freie Verwaltung, das Recht der Veräußerung, der Abtretung,
der Einziehung und anderweitigen Anlegung zu.

Windscheib²) spricht dem Vater nur das Veräußerungs=
recht ab, gewährt ihm aber sonst alle Rechte des Gläubigers,
also ³) auch das Recht des Einzugs. Dernburg⁴) erkennt dem
Vater das Recht zu, über Forderungen des Kindes zu ver=
fügen.

Wenn hienach auch die Veräußerungsbefugnis des Vaters
in Beziehung auf die zum ordentlichen Eigengut gehörigen
Forderungen des Kindes und dementsprechend die Veräußer=
ungsbefugnis des überlebenden Ehegatten in Beziehung auf
die zum hinterfälligen Vermögen der Kinder gehörigen For=
derungen zweifelhaft sein mag, so ist jedenfalls soviel sicher,
daß vom Veräußerungsverbot abgesehen dem statutarischen
Nußnießer einer Forderung gesetzlich ein völlig unbeschränktes
Nußnießungs= und Verwaltungsrecht zukommt. Hiemit ist
während der Dauer der Nußnießung einerseits ein Klagerecht
der Kinder gegen den Schuldner ausgeschlossen und muß
andererseits dem überlebenden Ehegatten das Recht zuerkannt
werden über die (bürgerlichen) Früchte der in seiner Nuß=
nießung und Verwaltung stehenden Forderung, d. h. über

1) A. a. O. Nr. 84 S. 534.
2) Pand. § 517 Note 5.
3) Vergl. ebenda § 206 zu Note 6 und 9.
4) Pand. III § 34 Note 10.

die Zinsforderung selbst bezw. das zu ihrer Tilgung an ihn
vom Schuldner gezahlte Geld in jeder Beziehung frei zu verfügen. Was insonderheit das Recht der Kompensation betrifft, so kann dahingestellt bleiben, ob das oben erwähnte
Veräußerungsverbot auch die Kompensationsbefugnis des Nießbrauchers ausschließt. Denn jenes Verbot bezieht sich jedenfalls nur auf die Kapitalforderung. Dagegen folgt aus
dem Wesen des Nutznießungsrechts, daß der Berechtigte in
der Verfügung über die Zinsforderung, d. h. das Erträgnis
der Kapitalforderung, völlig unbeschränkt ist und hieraus ergiebt sich auch das Recht des Nutznießers mit der Zinsforderung zu kompensieren (sofern im übrigen die Voraussetzungen
der Kompensation vorliegen).

Aus Vorstehendem ergibt sich, daß nach dem für die
statutarische Nutznießung geltenden Grundsatze den Klägern
vor der in der Klagschrift enthaltenen Erklärung des Bevollmächtigten ihrer Mutter kein Einzugsrecht und kein diesem
entsprechendes Klagerecht gegen den Beklagten zustand, daß
ferner der Mutter das Recht zustand, mit den in ihrer Nutznießung befindlichen Forderungen gegen die Forderung des
Beklagten zu kompensieren. Es fragt sich nun, ob und inwieweit an der gesetzlichen Rechtsstellung der Mutter etwas
geändert worden ist durch die bei der Eventualteilung
zwischen ihr und den Klägern getroffene Uebereinkunft, vermöge welcher die Forderung von 18 000 Mark gegen den
Beklagten den Klägern zugewiesen und unter pflegschaftliche
Verwaltung gestellt wurde. Zunächst kann dahingestellt bleiben,
inwieweit die oben dargestellten Befugnisse des statutarischen
Nutznießers durch jene Uebereinkunft in Beziehung auf die
— keinen Gegenstand des Rechtsstreits mehr bildende —
Kapitalforderung beschränkt worden sind. Was dagegen
die eingeklagte Zinsenforderung betrifft, so liegen keinerlei
Anhaltspunkte dafür vor, daß auch in Beziehnng auf diese
die gesetzlichen Befugnisse des statutarischen Nießbrauchers in
irgend einer Weise haben beschränkt werden wollen. Gehen
doch die Kläger selbst von der Annahme aus, daß nicht nur

ihrer Mutter jetzt noch die „Nutznießung" an der Klagforderung
zustehl, sondern daß mit der in der Klageschrift enthaltenen
Erklärung das „Verwaltungsrecht" der Mutter an die Kläger
cediert wurde, daß dieses Verwaltungsrecht also damals noch
„bestand". Bei der in Frage stehenden Uebereinkunst hat es
sich offenbar nur darum gehandelt, den Klägern hinsichtlich
des Grundstockes einen Ersatz für die unterpfändliche
Sicherheit, welche die Mutter nicht zu leisten vermochte, zu
verschaffen, und dieser Ersatz bestand in der Zuweisung der
Kapitalforderung an die Kläger und in Anordnung einer
pflegschaftlichen Verwaltung derselben. Hiemit war der gewollte Zweck erreicht und es lag kein Grund vor, an den
gesetzlichen Befugnissen der Mutter in Beziehung auf die Erträgnisse der Forderung etwas zu ändern.

An diesen gesetzlichen Befugnissen ist aber, was das Ver-
hältnis der Mutter zum Beklagten in Beziehung auf die
Klagforderung betrifft, auch nichts geändert durch eine etwaige
Verpflichtung der Mutter, die Kläger zu unterhalten und die
Einkünfte des Kindsvermögens zu diesem Zweck zu verwenden [1]).
Selbst wenn man nach den Vermögens- und Einkommensverhältnissen der Beteiligten eine solche Verpflichtung der
Witwe B. annimmt und somit in gewissem Sinn von einer
„Belastung" ihres Nutznießungsrechts gesprochen werden kann,
so handelt es sich doch im Grunde um einen rein persönlichen
Anspruch der Kläger gegen ihre Mutter, der eben darauf gerichtet ist, daß sie das von dem Schuldner der Kläger kraft
ihres Einzugsrechts eingenommene Geld zu dem in Frage
stehenden Zweck verwende. Es ist aber nicht ersichtlich, in
wiefern jener persönliche Anspruch der Kinder gegen ihre
Mutter geeignet sein sollte, in den obligatorischen Beziehungen
zwischen der Mutter und dem Schuldner der Zinsforderung
irgend eine Aenderung zu begründen. Der Schuldner ist eben
verpflichtet, an die Nutznießerin zu bezahlen und die Verpflichtung der letzteren, den geleisteten Gegenstand zu Gunsten
eines Dritten zu verwenden, berührt ihn nicht. Ist hienach

1) Vergl. hiezu Lang a. a. O. S. 300.

der Alimentationsanſpruch der Kläger ohne Einfluß auf das
Rechtsverhältnis zwiſchen ihrer Mutter und dem Beklagten,
ſo wird auch die Aufrechnungsfähigkeit der in Frage ſtehenden
Forderung dadurch nicht beſeitigt.

Da, wie ſich aus Vorſtehendem ergiebt, die Mutter der
Kläger berechtigt geweſen wäre, die Klagforderung gegen die
Forderung des Beklagten aufzurechnen, ſo iſt damit umgekehrt
das Recht des Beklagten zur Aufrechnung ohne Weiteres gegeben. Denn das Recht aufzurechnen iſt — von gewiſſen
hier nicht in Betracht kommenden Ausnahmen abgeſehen —
ein gegenſeitiges.

Der Beklagte hat nun aber auch ſchon vor Zuſtellung
der Klagſchrift ſein Aufrechnungsrecht gegenüber der Witwe
B. durchgeführt (was weiter ausgeführt wird).
Urteil des I. Civilſenats vom 28. Oktober 1898 in Sachen
Wibmaier gegen Belſer.

19.

**Haftung der überlebenden Ehefrau für Sonderſchulden
des verſtorbenen Ehemanns bei fortgeſetzter Errungen-
ſchaftsgemeinſchaft?**

Der verſtorbene Ehemann J. W. der Beklagten hat ſich
für eine Mietzinsſchuld ſeines Sohnes verbürgt. Die Eventualteilung über ſeinen Nachlaß iſt laut Urkunde vom 20. März
1895 aufgeſchoben mit folgenden Vereinbarungen: „Die Teilung
wird unterlaſſen, bis einer der Erben ihre Nachholung verlangt oder ſonſtige Umſtände ſolche gebieten. Inzwiſchen wird
das ſeitherige Güterrechtsverhältnis zwiſchen der Witwe und
den Kindern fortgeſetzt, wobei die Witwe das unbeſchränkte
Verwaltungsrecht über das Geſamtvermögen ausübt. Derſelben wird das Recht eingeräumt, die erbſchaftliche Liegenſchaft zu veräußern oder zu verpfänden. Die Witwe verzichtet
auf das Recht zur Anrufung der weiblichen Freiheiten. Künftige
Empfänge der Kinder aus dem Gemeinſchaftsvermögen gehen
zunächſt auf Abrechnung am Vatergute. Einer ſpäter etwa

noch vorzunehmenden väterlichen Eventualteilung ist der zur
Zeit ihrer Vornahme vorhandene Vermögensstand zu Grund
zu legen."

Der Vermieter M. hat nun auf Grund der Bürgschaft
des J. W. gegen dessen Witwe vier Fünftel des rückständigen
Mietzinses im Weg der Klage geltend gemacht, indem er von
dem weiteren Fünftel absieht, weil hiebei Erlöschen der Bürgschaft durch Zusammentreffen von Hauptschuld und Bürgschaft
in der Person des Erben R. W. behauptet werden könnte.
Die Klage machte unter Hinweis auf den angeführten Eventualteilungsaufschub geltend, die Beklagte sei „passiv legitimiert"
als „Rechtsnachfolgerin" des Bürgen. Im Berufungsverfahren ist nach dem Klagantrag erkannt worden.

Gründe.

Die Bürgschaftsverpflichtung des verstorbenen Ehemanns
der Beklagten ist als eine Sonderschuld desselben anzusehen. Daß sie zur Ausstattung des Sohnes R. W. gedient
hätte und deshalb der Errungenschaft zur Last fallen würde,
ist nicht anzunehmen, insbesondere sind Thatsachen, die dafür
sprechen würden, daß dem Sohne durch dieses Mittel die
Gründung eines selbständigen Geschäfts ermöglicht werden
sollte, nicht einmal behauptet.

Die bezeichnete Sonderschuld des verstorbenen Ehemanns
der Beklagten ist nach den Grundsätzen unseres Erbrechts, die auf dem römischen Rechte beruhen, je zu
einem Fünftel auf jeden Erben und so auch auf die
beklagte Witwe übergegangen. Bei den sonstigen Vermögens-
bestandteilen des Verstorbenen ist gleichfalls mindestens eine
sogenannte ideelle Teilung im Verhältnis der Erbberechtigung
eingetreten. Aber die aus deutschrechtlicher Grundlage her-
vorgegangene sogenannte statutarische Nutznießung mit Verwaltungsrecht der Witwe bringt in gewissem Gegensatz gegen
das erwähnte Auseinanderfallen des Vermögens eine Fortdauer
der bisherigen Verbindung des in der Ehe vereinigten Vermögens mit sich. Die Witwe vereinigt in ihrer Hand nicht
nur ihr bisheriges Sondergut und ihre Hälfte der Errungen-
6*

schaft, sondern auch die dem verstorbenen Ehemann gebührende
Hälfte der Errungenschaft und dessen Sondergut, diese letzteren
beiden als Erbvermögen und zwar teils als eigenen Erbteil,
teils als Erbteil der Kinder, an welchem ihr (zunächst) das
(gesetzliche) Nutznießungs- und Verwaltungsrecht zusteht. Die
hieraus sich ergebende nur „eventuale" Nachlaßteilung ist im
vorliegenden Fall, wie regelmäßig unter gleichartigen Verhältnissen, aufgeschoben gemäß Artikel 36 Ziffer 1 des Nota-
riatsgesetzes mit der weiteren und insoweit v e r t r a g s -
m ä ß i g e n Grundlage von Vereinbarungen der Beteiligten,
zunächst einer Zustimmung der Erben zu diesem Aufschub und
den andern im Thatbestand angeführten Bestimmungen. Diese
ergeben zusammen mit der eben erwähnten gesetzlichen Gestaltung, daß d a s g a n z e E r b v e r m ö g e n mindestens zu
u n b e s c h r ä n k t e r V e r w a l t u n g m i t v o l l e r V e r ä u ß e r-
u n g s - und V e r p f ä n d u n g s b e f u g n i s in Besitz und
G e n u ß der Witwe kommt.

1) Diesem ganz in den Händen der Witwe vereinigten
Erbvermögen könnten die Gläubiger des Erblassers,
abgesehen von dem Absonderungsrecht der Erbschaftsgläubiger
(Artikel 40 des Pfandgesetzes), das schon seiner zeitlichen Dauer
nach beschränkt ist, sowie abgesehen von der Durchführung
des Pfandrechtstitels der Erbschaftsgläubiger, die das Vorhandensein von Liegenschaften voraussetzt, bei der erwähnten,
aus dem römischen Recht sich ergebenden Teilung ihrer Ansprüche gegen die Erben nur zu einem Fünftel ihres Guthabens
beikommen, nur soweit die Witwe als Erbin haftet. Soweit
die Kinder den Gläubigern als Erben haften, könnten diese
Gläubiger zwar unter Umständen die den Kindern als Erben
zustehenden Teile an den einzelnen Vermögensstücken des Erbvermögens pfänden lassen, aber nur vorbehältlich des gesetzlichen Nutznießungs- und Verwaltungsrechts der Witwe, das
sie als Gläubiger der Kinder nicht schmälern dürfen, so wenig
wie die Kinder selbst durch eigene Verfügungen dies thun
können. Auch den Anspruch der Kinder auf Auseinandersetzung
des Nachlasses und dereinstige Herausgabe ihres Betreffs

könnten diese Gläubiger pfänden lassen, wieder unbeschadet des gesetzlichen Verwaltungs- und Nutznießungsrechts der Witwe, und sie könnten so zunächst eine Eventualteilung erzwingen. Aber auch die hiebei sich ergebenden Anteile der Kinder könnten nur unbeschadet jener gesetzlichen Rechte der Witwe verwertet werden und wären dadurch wenig befriedigende Gegenstände der weiteren Zwangsvollstreckung. Während die Erbschaftsgläubiger auf diese Weise in ihrem Vorgehen gegen die Kinder beschränkt wären, hätten sie nach der angeführten, den Grundsätzen des Römischen Rechtes entsprechenden Gestaltung keine Klage gegen die Witwe auf Bezahlung des vollen Betrags der Erbschaftsschuld und auch keine Klage gegen die Witwe auf Zulassung einer deren gesetzlichen Rechte nicht berücksichtigenden Zwangsvollstreckung in das Erbvermögen auf Grund eines gegen die Kinder wegen Bezahlung von Erbschaftsschulden erstrittenen Urteils. Dies würde immer einen Anspruch der Erbschaftsgläubiger gegen die Witwe voraussetzen, der über die Haftung derselben als Erbin zu einem Fünftel hinausginge. Die Erbschaftsgläubiger wären also durch den Erbfall häufig um so mehr geschädigt, als die Kinder oft ein der mütterlichen Nutznießung und Verwaltung entzogenes Vermögen, das der Zwangsvollstreckung eher zugänglich wäre, noch gar nicht haben.

2) Diese Verhältnisse würden durch das Eingreifen der deutschrechtlichen Vermögenshaftung (nach dem Grundsatz der „gesamten Hand") befriedigend gestaltet, indem hieburch das Erbvermögen zunächst für die Erbschaftsschulden haftbar gemacht würde.

Das Württembergische Landrecht hat jedoch die deutschrechtlichen Grundsätze der Vermögenshaftung bei der Gestaltung dieser Verhältnisse nicht aufgenommen. Damit aber die römischrechtlichen Erbschaftsgrundsätze mit dem gesetzlichen Verwaltungs- und Nutznießungsrecht der Witwe praktisch vereinbar gemacht und die ebenerwähnten Ergebnisse vermieden werden, war an Stelle der deutschrechtlichen Vermögenshaftung eine andere Einrichtung zu treffen und sie ist getroffen in den Vorschriften des Landrechts (IV Titel 8 § 1, Titel 4 § 1 ff.), welche u. a. bestimmen, daß von der Erbschaft zunächst (zu vorderst) die Erbschaftsschulden bereinigt werden und erst, was nach Bereinigung der Schulden übrig bleibt, zu verteilen ist. Diese vor allem eintretende Befriedigung der Erbschaftsschulden (oder wenigstens anderweitige Fürsorge durch Sicherung u. f. w.), die nach württembergischem Recht unter Mitwirkung der Teilungsbehörde vor sich zu gehen hat, läuft im Ergebnis auf dasselbe hinaus, wie die deutschrechtliche Vermögenshaftung: die Erbschafts- schulden werden aus dem Erbvermögen bezahlt.

3) Wird nun die Eventualteilung aufgeschoben und damit die Thätigkeit der Teilungsbehörde beschränkt, so kann diese Fürsorge für die Erbschaftsschulden nicht einfach wegfallen.

Es wird wohl meist für selbstverständlich gehalten, daß die Witwe, die das gesamte Erbvermögen mindestens zur Ver- waltung und Nutzung übernimmt, auch die Erbschaftsschulden zu bereinigen hat, eben auf Grund dieser Uebernahme des gesamten Vermögens.

Dies könnte so aufgefaßt und begründet werden, daß jenes Erb-Vermögen, das die Witwe durch die Verein- barung des Eventualteilungsaufschubs und die näheren darüber getroffenen Vereinbarungen übernimmt, nicht nur Liegenschaft, Fahrnis, Forderungen, sondern auch Schulden in sich begreife und daß die Witwe diese Bestandteile nur alle zusammen übernehmen dürfe, nicht etwa den einen übernehmen dürfe und den andern, die Schulden, nicht zu übernehmen brauche. Wenn sie diese Schulden wirklich übernimmt, so würde sie die persönliche Haftung übernehmen, da eine deutsch- rechtliche Vermögenshaftung, wie bemerkt, nicht eingeführt ist. Auf diesem Standpunkt scheint die Entscheidung des würt- tembergischen Obertribunals in Sachen Seubert gegen Mäbele vom 5. Mai 1865[1]) zu stehen, die das Rechtsverhältnis bei Aufschub der Eventualteilung im übrigen als Gemeinschaft auffaßt. Eine solche Uebernahme der Schulden wäre zwar

---

1) Württ. Archiv! Bd. XII S. 995; Boschers Zeitschr. VII, 290.

keine Interceſſion[1]), aber gegen die Uebernahme der Erbſchaftsſchulden durch die Witwe zu voller eigener Verpflichtung ſpricht
immerhin der Umſtand, daß ſie auch das Erbvermögen in
ſeinen aktiven Beſtandteilen nicht zu voller eigener Berechtigung,
ſondern teilweiſe nur zur Verwaltung und Nutznießung übernimmt.

Im vorliegenden Fall iſt eine Uebernahme der Erbſchaftsſchulden durch die Witwe zu voller eigener Haftung nicht dargethan, da die Vereinbarungen des Eventualteilungsaufſchubs
nichts enthalten, das als eine ſolche Uebernahme gedeutet werden
müßte. Dagegen iſt vereinbart, daß die Witwe „das unbeſchränkte Verwaltungsrecht über das Geſamtvermögen ausübt.“
Auch unter dieſem Geſamtvermögen kann nicht ein Vermögen ohne die bisherigen Schulden verſtanden
werden. Es kann nicht ſo gemeint ſein, daß dieſes Geſamtvermögen nun auf einmal ein Vermögen ohne Schulden wäre,
oder ein Geſamtvermögen mit nur einem Fünftel der bisherigen
Schulden, wobei die übrigen vier Fünftel ohne entſprechende
Befriedigungsmittel ausgeſchieden wären. Vielmehr be-
greift die Verwaltung des Geſamtvermögens
auch eine Verwaltungsthätigkeit in Betreff zu-
gehöriger Schulden in ſich. Dieſe Verwaltungsthätigkeit der Witwe entſpricht der ſonſt eingreifenden Thätigkeit
der Teilungsbehörde zur Bereinigung der Erbſchaftsſchulden
und entſpricht wie dieſe im Ergebnis der deutſchrechtlichen
Vermögenshaftung.

Des Näheren iſt auf Grund der Vereinbarung der Erben
anzunehmen, daß die Witwe vermöge ihres unbeſchränkten
Verwaltungsrechts über das Geſamtvermögen gegenüber den
Kindern berechtigt iſt, Schulden als ſolche Schulden, die
aus dem Geſamtvermögen zu bezahlen ſind, anzuerkennen und
aus dieſem Vermögen zu befriedigen, auch daß ſie im Rechts-
ſtreit über ſolche Schulden in gleicher Weiſe verfügen darf.
Damit ſtimmt auch die Verabredung überein, daß der ſpäteren
Teilung der dann vorhandene Vermögensſtand zu Grund gelegt

[1) Windſcheid II § 485 Ziff. 8.](#)

werden soll. Es ist aber auch anzunehmen, daß die Witwe durch diese Uebernahme der Verwaltung eines Gesamtvermögens einschließlich von Schulden — zunächst den Kindern gegenüber — auch v e r p f l i c h t e t ist, als Verwalterin für die Bereinigung der Schulden zu sorgen, die zum Gesamtvermögen gehören. Das der Witwe von den Kindern übertragene V e r w a l t u n g s r e c h t und die von der Witwe übernommene V e r w a l t u n g s p f l i c h t in Betreff des Gesamtvermögens e r s t r e c k t s i c h auch a u f d i e B e r e i n i - g u n g d e r S c h u l d e n.

4) Im Einzelnen ist noch festzustellen, welche Bestandteile dieses „Gesamtvermögen" umfaßt und welche Schulden zu diesem Gesamtvermögen gehören und von der Witwe aus ihm zu bezahlen sind.

In dieses Gesamtvermögen fällt zunächst das Sondergut des verstorbenen Ehemanns und dessen Hälfte an der Errungenschaft als das Erbvermögen, das im Gegensatz zu einer durchgeführten oder eventuellen Teilung vereinigt bleiben soll. Neben diesem Erbvermögen fällt aber in das neue Gemeinschaftsvermögen auch die der Witwe gebührende Hälfte der Errungenschaft. Dies muß als Sinn der Vereinbarung angenommen werden. Wenn, wie hier und meist, verabredet wird, das seitherige Güterrechtsverhältnis werde zwischen der Witwe und den Kindern fortgesetzt, so soll jedenfalls das gemeinschaftlich bleiben, was bisher gemeinschaftlich war, die Errungenschaft. Im übrigen ist dieser meist verwendete Ausdruck: Fortsetzung des seitherigen (Errungenschafts-) Rechtsverhältnisses nicht ganz genau, da das neue Gemeinschaftsvermögen, wie bemerkt, noch anderes umfaßt als das bisherige Errungenschaftsvermögen, nämlich auch das Sondergut des verstorbenen Ehemanns. Der Sinn ist offenbar der: dieses neue Gemeinschaftsvermögen soll in gleicher Weise von der Witwe verwaltet werden, wie das Errungenschaftsvermögen von dem Ehemann (vorbehältlich der besonderen Bestimmungen über die Veräußerung und Verpfändung von Liegenschaften). In das neue Gemeinschaftsvermögen wird nicht ohne Weiteres

fallen das Sondergut der Witwe. Dasselbe bleibt zwar un-
ausgeschieden, wie während der Ehe (auch insoweit wird das
bisherige Verhältnis fortgesetzt), aber der Zwangsvollstreckung
in Stücke dieses Vermögens wegen der Schulden, die das
Sondergut nicht treffen, wird ebenso wie während der Ehe
begegnet werden können.

Es fragt sich noch, welche Schulden zu diesem
Gesamtvermögen gehören in der Weise, daß die
Verwaltung desselben auch ihre Bereinigung zu umfassen hat.
Der angeführte Sinn der Vereinbarung ergiebt, daß jenes
Gesamtvermögen mit den bisherigen Schulden
zur Verwaltung übernommen wird, also mit den Schulden, die
während der Ehe aus seinen Bestandteilen, Sondergut des
Ehemanns und Errungenschaft, zu befriedigen waren. Es sind
also die bisherigen Schulden dieses Sonderguts und der Errungenschaft — wie sie trotz mangelnder Vermögenshaftung
üblicherweise genannt werden —, von denen anzunehmen ist,
daß die Witwe sie als Verwalterin des neuen Gemeinschaftsvermögens aus diesem zu befriedigen hat.

5) Die gesetzlichen Grundlagen und die Vereinbarungen, auf
welchen der Eventualteilungsaufschub beruht, begründen zunächst Rechte und Verpflichtungen der Witwe gegenüber den
Kindern und es fragt sich, ob die Witwe durch diese Umstände auch den Gläubigern, hier den Erbschaftsgläubigern, gegenüber verpflichtet ist. Die Teilungsbehörde, vor welcher die Vereinbarungen des Eventualteilungsaufschubs erklärt werden, hat, wie oben bemerkt, im Teilungs-
verfahren zunächst für die Bereinigung der Erbschaftsschulden
aus dem Erbschaftsvermögen zu sorgen und so die Interessen
der Gläubiger gegenüber dem Erbgang zu vertreten in einer
Weise, die eine Art Verwaltung des Nachlasses darstellt. Mit
Bewilligung des Eventualteilungsaufschubs sieht die Teilungsbehörde von solchem amtlichen Eingreifen ab und die weitere
Gestaltung der Verhältnisse bleibt der Vereinbarung der Beteiligten überlassen. Diese Vereinbarung selbst wird aber vor
der Teilungsbehörde erklärt, es wird von ihr für deren Voll-

ständigkeit gesorgt u. s. w. Diese Thätigkeit der Teilungs=
behörde erscheint ebenso wie die früher erwähnte eingreisendere
bei wirklicher Teilung zugleich in Vertretung der
Gläubiger ausgeübt. Im Fall des Eventualteilungsauf=
schubs ist sogar noch mehr Anlaß zu behördlicher Fürsorge
für die Gläubiger vorhanden, insofern die sämtlichen Be=
friedigungsmittel des Erbvermögens an eine Erbin übergehen,
die nach den mehrerwähnten erbrechtlichen Grundsätzen nur zu
einem Bruchteil Schuldnerin der Erbschaftsgläubiger wird.
Es ist daher davon auszugehen, daß die Vereinbarungen,
die bei dem Eventualteilungsaufschub ge=
troffen werden, von der Teilungsbehörde
auch für die Erbschaftsgläubiger entgegen=
genommen werden und daß die Uebernahme der Ver=
waltung des Erbvermögens durch die Witwe, statt der er=
wähnten, die Schulden bereinigenden Verwaltungsthätigkeit
der Teilungsbehörde auch den Erbschaftsgläubigern gegenüber
eine Verpflichtung der Witwe mit sich bringt, insbesondere
die Verpflichtung einer Bereinigung der Erbschaftsschulden
aus dem gemeinschaftlich bleibenden Vermögen in Ausübung
der Verwaltung desselben. Dem entspricht es auch, daß die
Vereinbarungen des Eventualteilungsaufschubs in einer öffent=
lichen den beteiligten Gläubigern zugänglichen Urkunde auf=
genommen sind.

6) All dies ergiebt, daß die beklagte Witwe als un=
beschränkte Verwalterin des bezeichneten
Gemeinschaftsvermögens auch den Gläubigern ihres
verstorbenen Ehemanns und so dem Kläger gegenüber
verpflichtet ist, die eingeklagte Sonderschuld
ihres verstorbenen Ehemanns aus dem bezeichneten
Vermögen zu bezahlen. Sie ist die richtige Beklagte
für den Anspruch auf Bezahlung dieser Schuld, nicht bloß für
den Anspruch auf Gestattung der Zwangsvollstreckung in das
Gemeinschaftsvermögen wegen dieser Schuld (zu vergl. Ziff. 3).
Auf dasselbe Ergebnis führt die, im vorliegenden Fall, wie
meist, getroffene Vereinbarung: das bisherige Güterrechtsver=

hältnis ſoll fortgeſetzt werden, in dem oben erörterten Sinn; das neue Gemeinſchaftsvermögen ſoll in gleicher Weiſe von Mutter verwaltet werden, wie das Errungenſchaftsvermögen vom Ehemann. Wie im letzteren Fall der Ehemann der richtige Beklagte für die zum Errungenſchafsvermögen gehörigen Schulden iſt, ſo iſt hier die Witwe die richtige Beklagte für die dem Gemeinſchaftsvermögen angehörenden Schulden.

Mit dem vorliegenden Ergebnis iſt auch wohl vereinbar die Auffaſſung des Rechtsverhältniſſes bei aufgeſchobener Eventualteilung als einer gemeinrechtlichen Geſellſchaft (societas), wie ſie in der Entſcheidung des Oberlandesgerichts, I. Civilſenat, vom 13. Juli 1883 in Sachen Wollbold gegen Himmel hervortritt[1]). Für die Geſellſchaft kann eine, namentlich vom neueren Recht ausgebildete, beſondere Verfügungs- und Vertretungsgewalt einzelner Geſellſchafter verabredet ſein (H.G.B. Art. 99, 114, 115; B.G.B. § 710)[2]).

Neben dieſer Haftung der Witwe auf Grund der von ihr übernommenen Verwaltung des gemeinſchaftlich bleibenden Vermögens beſteht ſelbſtverſtändlich die Verpflichtung der Erben als ſolcher und ſo auch der Witwe zu einem Fünftel und inſoweit haftet die Witwe auch mit ihrem Sondergut.

Urteil des I. Civilſenats vom 11. November 1898 in Sachen Martz gegen Wörnle.

20.

Verſagung des Armenrechts an eine vorgeſchobene Perſon[3]).

Die Firma J. E. hatte mit Kaufmann R. einen Vertrag abgeſchloſſen, der letzteren verpflichtete, während 10 Jahren

---

1) Boſchers Zeitſchrift Bd. 26 S. 3; zu vergl. Entſcheidung des Württ. Obertribunals in Sachen Schwegler gegen Braun vom 14. Juni 1861 Württ. Archiv Bd. 6 S. 238.

2) Zu vergl. ferner Stein-Kübel-Hohl, Erbrecht, 6. Aufl. S. 296 und Entſch. des R.G. Bd. I S. 90.

3) Vergl. Seuffert Bd. 51 nr. 197. Anm. d. E.

bei einer Vertragsſtrafe von 10 000 Mark nie ein Konkurrenz-
geſchäft der Firma J. E. in Marmormaſſeartikeln zu „fördern“.
Gegen dieſe Verpflichtung ſoll ſich R. verfehlt haben. Die
Firma J. E. trat nun die Forderung auf die Vertragsſtrafe
einem ihrer Arbeiter ab, der ſodann um Bewilligung des
Armenrechts behufs Erhebung einer Klage gegen R. auf Bezahlung der Vertragsſtrafe von 10 000 Mark nachſuchte. Das
Geſuch iſt zurückgewieſen worden, im Beſchwerdeverfahren
aus folgenden

Gründen:

Das Recht, zu deſſen Verfolgung das Armenrecht nach-
geſucht wird, muß ein Recht ſein, das nicht bloß der Form,
ſondern der Sache nach demjenigen zuſteht, der die Klage
erheben will; andernfalls läge die Möglichkeit vor, koſtſpielige
Prozeſſe ohne eigenes Riſiko auf den Namen vorgeſchobener
armer Perſonen zu führen und damit dem Gegner die Möglichkeit, Erſatz ſeiner Prozeßkoſten zu erlangen, abzuſchneiden;
Dies widerſpräche augenſcheinlich dem Sinn und Zweck der
geſetzlichen Beſtimmungen über das Armenrecht.

Der Beſchwerdeführer iſt ſchon durch den angefochtenen
Beſchluß darauf hingewieſen worden, daß die Annahme nahe-
liegt, die angebliche Abtretung des einzuklagenden Anſpruchs
ſeitens der Firma J. E. an den Beſchwerdeführer habe lebiglich den Zweck gehabt, den materiell ausſchließlich intereſſierten
Cedenten die Koſten eines zweifelhaften Prozeſſes zu erſparen.
In der Beſchwerde iſt nun keineswegs behauptet, dieſe Annahme ſei thatſächlich unzutreffend, ſondern nur bemerkt, es
liege viel näher, anzunehmen, daß die Firma J. E. einen
treuen Arbeiter die Vorteile des Prozeſſes ganz oder teilweiſe genießen laſſe. Da nach Lage der Sache der Beſchwerdeführer allen Grund gehabt hätte, die Behauptung,
der Anſpruch auf die Konventionalſtrafe ſei ihm ohne Neben-
abrede zu freier Verfügung überlaſſen worden, beſtimmt auf-
zuſtellen, wenn er dies wahrheitsgemäß könnte, ſo iſt aus
jener Bemerkung der Beſchwerde mit Sicherheit zu entnehmen,
daß der Beſchwerdeführer dieſe Behauptung nicht auf-

stellen kann, daß vielmehr in Wirklichkeit zwischen ihm und
der Firma J. E. eine Verabredung besteht, wonach ihm im
Fall des Obsiegs im Prozeß höchstens ein Teil, vielleicht ein
ganz kleiner Teil der einzuklagenden 10000 Mark zu gut
käme, das Uebrige der Firma J. E. zufiele. Da sonach nicht
ersichtlich ist, daß der einzuklagende Anspruch zu irgend einem
Betrag und insbesondere zu einem die amtsgerichtliche Zuständigkeit übersteigenden Betrag in Wahrheit der Sache nach
dem Beschwerdeführer zu freier Verfügung zusteht, so hat er
auf Bewilligung des Armenrechts für die beabsichtigte Klagerhebung keinen Anspruch.

Beschluß des I. Civilsenats vom 9. März 1898 in der
.Beschwerdesache des Andreas Schmuck.

21.

**Ist Beschwerde zulässig gegen den Beschluß des erken-
nenden Gerichts, das vom beauftragten Richter für
geschlossen erklärte vorbereitende Verfahren (§§ 313 ff.
C.P.O.) fortzusetzen?**

Die Frage wurde verneint aus folgenden

Gründen:

Die Beschwerde richtet sich gegen den am 4. April 1898
von der Kammer für Handelssachen des. K. Landgerichts zu
Stuttgart verkündeten Beschluß, das am 7. März geschlossene
vorbereitende Verfahren (§§ 313 ff. C.P.O.) fortzusetzen und
hiezu Termin anzuberaumen. Ein derartiger Beschluß gehört
nicht zu den in der C.P.O. „besonders hervorgehobenen Fällen",
in denen das Rechtsmittel der Beschwerde stattfindet (§ 530
erster Fall C.P.O.) er stellt sich aber auch nicht als eine
„vorgängige mündliche Verhandlung nicht erfordernde Entscheidung" dar, „durch welche ein das Verfahren betreffendes
Gesuch zurückgewiesen ist" (§ 530 zweiter Fall C.P.O.). Denn
ein derartiger (keineswegs für unzulässig zu erachtender)[1]
Beschluß kann nur auf Grund vorgängiger mündlicher Ver-

_____
1) S. Gaupp III Abs. 2 zu § 315 C.P.O.

handlung erlaſſen werden, wie ihn denn auch die Handels-
kammer anläßlich der mündlichen Verhandlung über die Sache
erlaſſen hat, und das Gericht hat ihn von Amtswegen
erlaſſen; der Widerſpruch, den der Kläger gegen die Erlaſſung
eines ſolchen Beſchluſſes vor deſſen Verkündung erhoben hat,
iſt kein „Geſuch“ im Sinne des § 530 C.P.O., d. h. kein
Antrag, der erforderlich war, um eine Entſcheidung des
Gerichts in einer gewiſſen Richtung herbeizuführen[1]). Hienach
war die eingelegte Beſchwerde als unzuläſſig zu verwerfen.
Beſchluß des I. Civilſenats vom 17. Mai 1898 in Sachen
Wiener gegen Metallwarenfabrik.

22.
Berechnung des Streitwerts eines Kostenfestsetzungs-geſuchs.

Das Thatſächliche ergiebt ſich aus den
Gründen.

Der Anwalt der Klägerin hat die von ihm im Betrag
von 1 Mark 20 Pfennig beanſpruchte und vom Landgericht
nur im Betrag von 1 Mark zugelaſſenen Gebühr für das
Koſtenfeſtſetzungsgeſuch, gemäß § 23 Ziffer 1 G.O., vgl.
§ 38, Ziffer 1 G.K.G., § 30 Ziffer 3 G.O., § 9 Ziffer 3
G.O. im erſteren Betrag zu fordern, falls er berechtigt
iſt, auch vom Betrag ſeiner Feſtſetzungsgebühr eine Gebühr
zu fordern, d. h. falls die Koſten des Feſtſetzungsverfahrens
zu den Koſten des bisherigen Rechtsſtreits zu rechnen ſind,
wenn der Streitwert des Feſtſetzungsverfahrens beſtimmt
werden ſoll, nach deſſen Betrag die Gebühr des Anwalts
gemäß § 9 G.O. zu bemeſſen iſt.

Im vorliegenden Fall würden die Koſten des bisherigen
Rechtsſtreits, um deren Feſtſtellung es ſich handelt, nach der
nicht beanſtandeten Annahme des Landgerichts 59 M. 5 Pf.
betragen. Die Anwaltsgebühr für den Antrag auf Feſtſetzung dieſes Koſtenbetrags würde ſich auf 1 Mark be-

1) Vergl. W. J.B. Bd. 10 S. 08.

laufen (§ 9 Ziffer 2 G.O.). Der Betrag dieser Gebühr von
1 Mark soll nun im vorliegenden Fall, wie üblich, auch gleich
als zu erstattender festgesetzt werden, es wird dies vom
klägerischen Anwalt im gleichen Gesuch beantragt, mit dem
er die Festsetzung der Kosten des bisherigen Rechtsstreits betreibt. Falls also auch aus diesem Betrag von 1 Mark Fest-
setzungsgebühr des Anwalts berechnet werden darf, ist die
Gebühr im Ganzen zu berechnen aus 59 Mark 5 Pfennig
+ 1 Mark = 60 Mark 5 Pfennig und beträgt (§ 9 Ziffer 3
G.O.) 1 Mark 20 Pfennig, sie ist aber bis zu dem Betrag
von 1 Mark bereits angesetzt und es würde daher nur eine
Erhöhung des letzteren Betrags um 20 Pfennig stattfinden,
also auf 1 Mark 20 Pfennig, wie der klägerische Anwalt
verlangt. (Die Erweiterung des Festsetzungsantrags auf den
Mehrbetrag von 20 Pfennig läßt nicht ihrerseits wieder eine
weitere Gebühr für diesen erweiterten Antrag entstehen, da
es sich hier immer nur um e i n e n Antrag handelt und dessen
Gebühr für einen Gegenstand im Betrag von 59 M. 5 Pf.
+ 1 Mark + 20 Pfennig die gleiche bleibt wie für
einen Gegenstand von 59 Mark 5 Pfennig + 1 Mark).

Die Kosten des Festsetzungsverfahrens zählen nun aber
im vorliegenden Fall n i c h t mit bei Bestimmung des Streit-
werts des Festsetzungsverfahrens vermöge der Vorschriften
des § 4 C.P.O., § 13 G.K.G., § 10 G.O. Ueber die Behandlung der Kosten des Festsetzungsverfahrens sind keine
besonderen Vorschriften gegeben und es sind zunächst auch
auf ihre Festsetzung die Bestimmungen der §§ 98, 99 C.P.O.
entsprechend anzuwenden, was um so mehr gerechtfertigt ist,
als sie gleichfalls Kosten des Rechtsstreits sind. So ergiebt
sich ihre Festsetzung im gleichen Verfahren und zur Vermeidung von Weiterungen in demselben Verfahren wie die der
Kosten des bisherigen Rechtsstreits. Aber dasselbe Verhältnis,
das im bisherigen Rechtsstreit zwischen dem geltend gemachten
Hauptanspruch und den als Nebenforderung zugleich geltend
gemachten Kosten bestand (§ 4 C.P.O., vgl. § 13 G.K.G.),
besteht im Kostenfestsetzungsverfahren zwischen den Kosten des

bisherigen Rechtsstreits und den gleichzeitig daneben gellend
gemachten Kosten des Festsetzungsverfahrens, in gleicher Weise
erscheinen die ersteren als Gegenstand des Hauptanspruchs,
die letzteren als Nebenforderung. Daher richtet sich gemäß
entsprechender Anwendung auch des § 4 C.P.O., § 13 G.K.G.,
§ 10 G.O. der Streitwert, die Gebühr des Gerichts und
die Gebühr des Anwalts, wenn, wie es hier der Fall und
auch sonst üblich ist, die Kosten des Festsetzungsverfahrens
zugleich mit (neben) den Kosten des bisherigen Rechtsstreits
gellend gemacht werden, nur nach dem Betrag des Hauptanspruchs, den Kosten des bisherigen Rechtsstreits, und „un-
berücksichtigt bleiben" die als Nebenforderung gellend gemachten Kosten des Festsetzungsverfahrens selbst. So ist nur
aus 59 Mark 5 Pfennig die Kostenfestsetzungsgebühr zu berechnen[1]).

Beschluß des 1. Civilsenats vom 29. April 1898 in Sachen
Voll gegen Huzenlaub.

---

[1]) So Walter, G.O., 3. Auflage, zu § 30 Ziff. 3 S. 312, zu
§ 10 S. 176 Note 59 Abs. 2; zu vergl. auch Seuffert's Archiv
Bd. 41 S. 454 cf. 295, Bd. 42 S. 212 Nr. 148.

1.

Was ist unter einem eingefriedigten Grundstück im Sinn des Art. 11 des württembergischen Fischereigesetzes zu verstehen?

Ueber die in der Aufschrift gestellte Frage wird in einem Urteil des Strafsenats vom 30. November 1898 folgendes ausgeführt:

Die Revision rügt Verletzung des materiellen Rechts, nämlich des § 123 St.G.B. und des Art. 11 des württembergischen Fischereigesetzes vom 27. November 1865, indem sie zunächst geltend macht: das zum Oelfabrikwesen der Firma R. u. Cie. in N. gehörige Grundstück, auf welchem der Angeklagte am 26. Juni l. J. in der Nagold fischend betroffen worden, sei kein eingefriedigtes Grundstück im Sinne des Art. 11 des Fischereigesetzes. Schon der allgemeine Sprachgebrauch verstehe darunter ein solches Grundstück, welches durch ein zusammenhängendes künstliches, zum Zwecke der Absperrung aufgerichtetes Hindernis gegen das Eindringen Dritter geschützt sei. Die Grenze des R.'schen Besitztums sei aber zum weitaus größten Teile mit einer Einfriedigung nicht versehen, sondern werde zum größten Teile durch das Wildbett der Nagold und den Fabrikkanal gebildet, welche Wasserläufe anderen Zwecken als dem der Absperrung dienen und von welchen das Erstere auch kein künstliches, sondern ein natürliches Hindernis sei. Noch weniger komme dem fraglichen Grundstück der Charakter eines eingefriedigten im Sinne des Art. 11 l. c. zu, da als Einfriedigung im Sinn dieser

Gesetzesstelle offenbar nur eine solche Abwehreinrichtung angesehen werden könne, welche das Betreten des Grundstücks
gerade von der Wasserseite her verhindere, und dem Fischer
gegenüber, welchem der Zugang zu den Grundstücken auch
von der Wasserseite — mittels Nachens oder Durchwatens
— offenstehe, ein Grundstück nur dann als eingefriedigt gelten
könne, wenn es eine Einfriedigung auf der Wasserseite habe.
Dies sei bei dem fraglichen Grundstück nicht der Fall, weshalb der Angeklagte nach Art. 11 l. c. befugt gewesen sei,
das Grundstück zu betreten und auf demselben zu verweilen.

Diese Einwendung erscheint nicht zutreffend. Nach den
thatsächlichen Feststellungen des Vorderrichters steht fest, daß
der Angeklagte, welcher zufolge eines mit der Stadtgemeinde
N. geschlossenen Pachtvertrags in der Nagold oberhalb der
Stadt bis zur Rohrdorfer Markungsgrenze auf eine Länge
von etwa 1800 Meter, sowie in dem Oelfabrikkanal fischerei-
berechtigt ist, am 26. Juni l. J. auf dem der Firma R. u. Cie.
gehörigen, zwischen der Nagold und dem Oelfabrikkanal gelegenen Grundstück Parzelle Nr. 4525 bei Punkt n des Lage-
planes — Beilage zum Augenscheinsprotokoll — in seinem
Fischwasser und zwar in der Nagold fischend angetroffen
worden ist und sich auf die wiederholte Aufforderung des
Wilhelm R., Teilhabers der genannten Firma, nicht entfernt
hat, daß ferner das fragliche Grundstück einen Teil eines auf
allen Seiten teils durch Wasserlauf, teils durch Mauervorrichtungen, teils durch Zäune und Thore umschlossenen, auch
die Wohn- und Fabrikräume der Inhaber der Firma in sich
bergenden Raumes bildet und daß endlich der Angeklagte in
Kenntnis der Vorschrift des Art. 11 l. c., wornach der Fischereiberechtigte eingefriedigte Grundstücke ohne Erlaubnis des
Eigentümers nicht betreten darf, und mit dem Bewußtsein,
daß das in Frage stehende Grundstück eingefriedigt sei und
er die Erlaubnis des Eigentümers zum Betreten des Grundstücks weder besitze noch voraussetzen dürfe, gehandelt hat.
Wenn hiernach der Vorderrichter zu der Schlußfeststellung,
der Angeklagte sei in das befriedete Besitztum der Firma

R. u. Cie. widerrechtlich eingedrungen und habe sich auch, während er ohne Befugnis darin verweille, auf Auffordern des Berechtigten nicht aus demselben entfernt, und auf Grund hievon zu der Verurteilung des Angeklagten wegen eines Vergehens des Hausfriedensbruchs St.G.B. § 123, Abs. 1 gelangt, so ist hierin ein Rechtsirrtum nicht zu erblicken. Insbesondere ist es frei von Rechtsirrtum, wenn der Vorderrichter das Grundstück, von welchem aus der Angeklagte in der Nagold gefischt hat, als ein „eingefriedigtes" im Sinn des mehrgenannten Art. 11 und infolge hievon den Angeklagten als zur Betretung desselben nicht befugt erklärt hat. Allerdings ist das Anwesen, zu welchem jenes Grundstück gehört, nur teilweise mit Zäunen, Thoren und Mauervorrichtungen eingehegt, zum übrigen weitaus größten Teile von dem Wildbett der Nagold und dem Fabrikkanal begrenzt. Dies hindert jedoch nicht, das Anwesen als eingefriedigt anzusehen. Nach dem allgemeinen Sprachgebrauch ist darunter ein Grundstück zu verstehen, welches auf allen Seiten umschlossen, d. h. mit Hindernissen versehen ist, welche dem Eindringen Dritter in nicht ganz unerheblicher Weise entgegenstehen. Daß alle diese Hindernisse ausdrücklich zu diesem Zwecke errichtet sind, ist nicht erforderlich. Ein an ein Haus, auch ein fremdes Haus, an eine alte Stadtmauer und dergl. sich anlehnender, nur auf seinen übrigen Seiten eingezäunter Garten wird von dem Sprachgebrauch gewiß als eingefriedigter Garten bezeichnet werden. Es ist überhaupt nicht erforderlich, daß die Hindernisse durchaus künstliche sind, vielmehr kann auch ein vorhandenes natürliches Hindernis, eine Felswand, eine Wasserfläche oder ein Wasserlauf oder anderes dem Zwecke der Absperrung dienen, so daß auch ein auf drei Seiten eingehegtes, mit der vierten an eine Felswand oder einen Wasserlauf oder eine Wasserfläche anstoßendes Grundstück als eingefriedigt zu gelten hat. Von gleicher Auffassung geht auch die Rechtsprechung aus, wenn sie in einem durch eine Wasserfläche oder Wasserlauf von einer das Eindringen hindernden oder erschwerenden Breite umgrenzten Raum einen umschlos-

7 *

senen Raum im Sinn des § 243, Ziff. 2 St.G.B. erblickt[1]).
Daß aber der Begriff des eingefriedigten Grundstücks
in Art. 11 des Fischereigesetzes in anderem Sinne als nach
dem gewöhnlichen Sprachgebrauch zu verstehen, daß insbe=
sondere nach Art. 11 dieser Begriff enger zu fassen sei und
nicht jedem sonst als eingefriedigt zu bezeichnenden Grundstück
dieser Charakter auch nach Art. 11 zukomme, kann nicht an=
genommen werden. Namentlich erscheint die Ansicht der Re=
vision unzutreffend, daß hiezu eine Einfriedigung auf der
Wasserseite erforderlich sei und also das Betreten von der
Wasserseite her verhindert sein müsse.

Nach der Entstehungsgeschichte des Art. 11 und zwar
nach den Motiven, nach dem Kommissionsbericht und besonders
den Verhandlungen in der Kammer der Abgeordneten[2]) ist
anzunehmen, daß durch Art. 10 des Entwurfs (den Art. 11
des Gesetzes) Vorsorge dahin getroffen werden sollte, daß
dem Fischereiberechtigten das Hingelangen an das Ufer und
die Ausübung seines Fischereirechts ermöglicht und zu diesem
Behuf soweit dies für diese Ausübung erforderlich das Be=
gehen der Ufer gestattet werden sollte. Es handelte sich nur
darum, eine Bestimmung zu treffen, vermöge deren ein Fischerei=
berechtigter unter gewissen Voraussetzungen die Befugnis
haben sollte, von der Landseite her an das Ufer zu gelangen,
seinem Fischwasser entlang die Ufer zu begehen und vom
Ufer aus die Fischerei auszuüben. Dagegen handelte es sich
in keiner Weise um eine Vorschrift des Inhalts, daß der im
Wasser befindliche und so fischende Fischereiberechtigte, für den
also das Begehen der Ufer zur Ausübung der Fischerei nicht
notwendig, das Recht eingeräumt erhalten sollte, von dem
Wasser aus an das Ufer zu steigen und die anstoßenden
Grundstücke zu betreten. Eben weil die Einräumung einer
derartigen Befugnis nicht in Frage stand, lag auch kein Anlaß

1) Vergl. Olshausen § 243 Z. 2 nr. 10; Zimmerle,
Teutsche Strafrechtspraxis II § 243 nr. 17, 18.
2) Vergl. württ. Kammerverhandlungen 1862—64 1. Beilagen-
Band 2. Abtlg. S. 1724 ff., 2. Protokollband S. 1292 ff.

vor, in dieser Richtung einschränkende Bestimmungen irgend
welcher Art aufzustellen oder zu erörtern, namentlich etwa
zu bestimmen, daß der Fischer nur die gegen das Wasser hin
nicht eingefriedigten Grundstücke zu betreten befugt sein solle.

Bei der Beratung über den Vorschlag des Entwurfs,
dem Fischereiberechtigten, insoweit dies zur Ausübung des
Fischereirechts erforderlich, das Begehen der Flußufer zu ge=
stalten, zeigte sich die Tendenz, das Lästige und Nachteilige
dieser dem Fischer einzuräumenden Legalservitut für den Grund=
besitzer auf ein möglichst geringes Maß zurückzuführen und
zu diesem Zweck das Recht des Fischers in verschiedener Weise
einzuschränken. Schon die Kommission erachtele es für an=
gemessen, das Recht des Fischers dahin zu beschränken, daß
er ohne Erlaubnis des Eigentümers eingefriedigte Gärten
nicht zu betreten berechtigt sei, auch seine Verpflichtung zum
Ersatze etwaigen Schadens ausdrücklich auszusprechen. Bei
der Beratung in der Kammer selbst wurde zwar ein Antrag[1])
dem Fischer die vorgeschlagene Befugnis nicht zu geben, weil
nicht einzusehen sei, „warum man dem Grundbesitzer eine
solche Plackerei auferlegen solle", mit 40 gegen 39 Stimmen
abgelehnt. Allein es fand doch, wie schon aus diesem Stimmen=
verhältnis und auch aus den Aeußerungen verschiedener
Redner hervorgeht, der Vorschlag, das Grundeigentum zu
Gunsten der Fischer mit einer Servitut zu belasten, viele
Gegner und überall trat deutlich das Bestreben hervor, das
Recht des Fischereiberechtigten zum Betreten der an das Fisch=
wasser stoßenden Grundstücke möglichst zu beschränken und dem
Grundbesitzer die Möglichkeit der völligen Beseitigung dieser
Last einzuräumen. Diesem Bestreben entsprang die von dem
Abgeordneten von Reutlingen beantragte Fassung des Art.
10, wornach der im Entwurf aufgestellten Voraussetzung für
die Befugnis des Fischers (— „insoweit dies zur Ausübung
des Fischrechts erforderlich" —) die weitere Bedingung:
„insoweit es herkömmlich ist" beigefügt und im Schluß=
satz gesagt werden solle: „Das Betreten eingefriedigter Grund=

1) Des Abg. Wächter S. 1209 l. c.

stücke (statt Gärten, wie die Kommission vorgeschlagen hatte) ist demselben ohne Erlaubnis des Eigentümers nicht gestattet." In dieser Fassung wurde der angestrebte Schutz des Grundeigentums und eine weitgehende Beschränkung der Befugnis des Fischereiberechtigten gesucht und gefunden, eine Beschränkung, die sogar für so weitgehend angesehen wurde, daß die Befürchtung geäußert wurde[1], es werde, wenn der Fischer nicht berechtigt sein solle, eingefriedigte Grundstücke zu betreten, sein Recht zur Begehung der Ufer überhaupt illusorisch werden.

Was unter „eingefriedigt" zu verstehen sei, wurde von keiner Seite erörtert oder näher dargelegt. Aus dem bisher Ausgeführten aber darf füglich der Schluß gezogen werden, daß der Ausdruck nicht in einer von dem allgemeinen Sprachgebrauch abweichenden, den Fischer begünstigenden, den Grundbesitzer benachteiligenden Bedeutung verstanden sein sollte. Eine Begünstigung des Fischers läge aber darin, wenn er auch zur Betretung eines zwar sonst eingehegten, gegen das Wasser hin aber offenen Grundstücks berechtigt werden sollte, obwohl ein solches Grundstück nach dem allgemeinen Sprachgebrauch als eingefriedigt und gegen Betretung durch Dritte geschützt gelten würde; und eine Benachteiligung des Grundbesitzers läge darin, wenn er, der durch Einzäunung seines Grundstücks an den übrigen Seiten seine Absicht, Dritte von dessen Betretung abzuhalten, bekundet hat, den Fischereiberechtigten, und alle diejenigen, denen letzterer Fischereierlaubnis erteilt, nur durch Errichtung einer Einfriedigung an der Wasserseite seines Grundstücks von der Befugnis, dasselbe zu betreten, auszuschließen vermöchte. Die hierin liegende Benachteiligung und Belästigung des Grundeigentümers wäre um so fühlbarer, als häufig eine solche Einfriedigung an der Wasserseite den Interessen und Zwecken des Grundeigentümers zuwiderlaufen würde, wie denn auch thatsächlich wohl die meisten an eine Wasserfläche oder einen Wasserlauf anstoßenden, an ihren übrigen Seiten eingehegten Grundstücke des Landes gegen die Wasserseite hin uneingefriedigt sein werden. Jeden-

[1] Abg. Zimmerle S. 1293 l. c.

falls. ist das Fehlen einer Einfriebigung gegen das Wasser
hin so sehr häufig, daß wenn je bei der Beratung des Gesetzes
die vorgeschlagene Bestimmung dahin aufgefaßt worden wäre,
es müsse um das Recht des Fischers zum Betreten des Grundstücks auszuschließen, letzteres gegen das Wasser hin eingefriebigt sein, unmöglich jene oben erwähnte Befürchtung hätte
ausgesprochen werden können.

Hienach giebt die Entstehungsgeschichte des Art. 11
keinerlei Anhaltspunkte für die von der Revision vertretene
Auslegung des Begriffs „eingefriebigt" an die Hand, vielmehr wird durch diese Entstehungsgeschichte die von dem
Vorderrichter diesem Begriffe gegebene Auslegung bestätigt.

Straffache gegen Gottlieb Lutz von Nagold wegen Hausfriedensbruchs.

2.

1. **Beschwerde gegen eine auf Grund des Art. 33 des
württ. Ausführungsgesetzes zum R.G.V.G. verhängte
Ordnungsstrafe.**
2. **Ablehnungsrecht des in eine solche Strafe Verfällten
und Zuständigkeit zur Entscheidung über das Ablehnungsgesuch.**
3. **Steht § 2 des E.G. zum R.St.G.B. der Rechtsgiltigkeit des Art. 33 entgegen? Findet § 193 St.G.B.
auf ungebührliche Aeußerungen der in Art. 33 genannten Art Anwendung?**

Der Beschwerdeführer ist wegen einer gegen die Staatsanwaltschaft R. gerichteten, in einer Eingabe an die Staatsanwaltschaft bei dem Oberlandesgericht enthaltenen Aeußerung
von der Strafkammer R. wegen Ungebühr gemäß Art. 33
des württ. A.G. zum R.G.V.G. in eine Ordnungsstrafe verfällt werden. Seine Beschwerde hiegegen wurde verworfen
aus nachstehenden

Gründen:

Nach Art. 33. des württ. Ausführungsgesetzes zum R.-

G.B.G., auf welchen die angefochtene Strafverfügung ſich
ſtützt, iſt zur Entſcheidung über die dort zugelaſſene, ſofortige
Beſchwerde das nächſt höhere Gericht, alſo der Ferienſenat
als Strafſenat, berufen und dieſer hat ſich auch im vorliegenden
Falle der Entſcheidung zu unterziehen.

Zwar hat der Beſchwerdeführer in Verbindung mit ſeiner
Beſchwerde für die Entſcheidung über dieſelbe die Mitglieder
des Oberlandesgerichts, die (— folgen 16 Namen —), welche
ſchon breimal Beſchwerden des Beſchwerdeführers gegen angeblich geſetzlich unbegründete Strafbeſchlüſſe des Landgerichts
R. zurückgewieſen, bezw. bei deren Zurückweiſung mitgewirkt
haben und deshalb ungeeignet ſeien, die Geſetzwidrigkeit des
gegenwärtigen gleichartigen Beſchluſſes zu erkennen, wegen
Beſorgnis der Befangenheit abgelehnt. Allein wenn man auch,
obwohl bies nicht ohne Bedenken iſt, dem in eine Ordnungsſtrafe
Verfällten im Hinblick auf die eine entſprechende Anwendung der
Beſtimmungen der St.P.O. über das Rechtsmittel der ſofortigen
Beſchwerde anordnende Faſſung des Art. 33 ein Ablehnungsrecht im Sinn des § 24 St.P.O. einräumen will, ſo muß
doch die von dem Beſchwerdeführer erklärte Ablehnung als
unſtatthaft und als unbegründet zurückgewieſen werden.

Mit dieſem Ausſpruch überſchreitet der Strafſenat ſeine
Zuſtänbigkeit nicht; denn es kann die Vorſchrift des § 27
St.P.O., daß bei der Beſchlußfaſſung über das Ablehnungs-
geſuch der Abgelehnte auszuſcheiden und, falls das Gericht,
dem er angehört, durch ſein Ausſcheiben beſchlußunfähig wird,
das zunächſt obere Gericht zu entſcheiden habe, überhaupt
nicht Platz greifen. Das Reichsgericht, deſſen Zuſtändigkeit
ſich nach §§ 135. 136 G.B.G. regelt und hienach nur bürgerliche Rechtsſtreitigkeiten und Strafſachen — wozu aber
Ordnungsſtrafen nicht gehören[1]) — umfaßt, kann in einer
Sache der vorliegenden Art nicht als das in § 27 St.P.O.
genannte obere Gericht in Betracht kommen. Ein anderes
oberes Gericht iſt nicht vorhanden und ſo müßte bei ſtrikter
Einhaltung der Beſtimmung des § 27 St.P.O. die unhalt-

1) Vergl. Löwe, St.P.O. § 3 E.G. Note 2 b z.

bare Folge eintreten, daß über das Ablehnungsgesuch nicht
entschieden und es damit in die Willkür des Verurteilten
gestellt würde, zu verhindern, daß die gegen ihn erlassene
Strafverfügung in Rechtskraft übergehe und vollstreckbar
werde. Dies kann der Gesetzgeber nicht gewollt haben, vielmehr muß angenommen werden, daß, wenn das in § 27 als
vorhanden vorausgesetzte obere Gericht in Wirklichkeit nicht
vorhanden ist, die Entscheidung eben von dem Gericht,
welchem die abgelehnten Richter angehören, zu treffen sei.

Hienach wäre der Strafsenat zur Entscheidung über das
Ablehnungsgesuch auch in dem Falle berufen, wenn in einer
den Bestimmungen der St.P.O. §§ 24 ff. entsprechenden
Weise eine den Strafsenat an sich, nämlich bei Vorliegen
einer ordentlichen Strafsache, beschlußunfähig machende Zahl
seiner Mitglieder abgelehnt wäre. Dieser Fall trifft aber
gar nicht zu, weil eine derartige Aufzählung von Namen,
wie sie das Ablehnungsgesuch enthält und welche nicht nur
weitaus die meisten Mitglieder des Oberlandesgerichts, sondern auch solche Richter, die — wie (folgen 4 Namen) früher
dem Oberlandesgericht angehört haben und weiterhin einen
Richter, der dem Oberlandesgericht nicht angehört (folgt der
Name) aufführt, als eine dem Gesetze entsprechende Ablehnung
nicht gelten kann. Das Gesetz kennt nur die Ablehnung einzelner bestimmter Richter unter Angabe und Glaubhaftmachung
derjenigen Thatsachen, welche geeignet sein sollen, Mißtrauen
gegen die Unparteilichkeit dieser Richter zu rechtfertigen. Die
Ablehnung eines Gerichtes als solchen ist dem Gesetze fremd
und nicht zulässig; sie würde aber thatsächlich zugelassen,
wenn einer solchen Namensaufzählung, die sich in Wahrheit
als Ablehnung des Oberlandesgerichtes als solchen darstellt,
Beachtung geschenkt würde. Eine solche Umgehung des Gesetzes ist nicht statthaft. Ebendeshalb ist auch die Einholung
dienstlicher Aeußerungen über den Ablehnungsgrund gemäß
§ 26 Abs. 3 St.P.O. nicht erforderlich, vielmehr ohne Weiteres
über das Gesuch zu entscheiden.

Die Unstatthaftigkeit desselben ergibt sich aus dem Aus-

geführten; wollte man das Gesuch aber auch für statthaft
und den Vorschriften der St.P.O. entsprechend erachten, so
wäre es als sachlich unbegründet zu verwerfen, da wie man
auch ohne dienstliche Aeußerung der benannten Richter zu
erklären berechtigt ist, die Mitwirkung derselben bei früheren
den Anträgen des Beschwerdeführers nicht entsprechenden,
von seiner Rechtsauffassung abweichenden Entscheidungen bei
eingehender und unbefangener Beurteilung der Verhältnisse
keinen Grund abgeben kann, die Unparteilichkeit der betreffenden
Richter als aufgehoben oder in Frage gestellt anzusehen.

Was sodann die dem Ausgeführten zufolge zur Entscheidung des Strafsenats stehende Beschwerde anlangt, so ist
dieselbe, was die Form und Frist ihrer Einlegung betrifft,
nicht zu beanstanden. Sie ist jedoch nicht begründet. In
erster Linie ist die Zuständigkeit der Strafkammer R. nicht
zu bezweifeln, da die fragliche Aeußerung in einer zwar bei
der Staatsanwaltschaft am Oberlandesgericht eingereichten,
nach dem ordnungsmäßigen, wie anzunehmen auch dem Beschwerdeführer bekannten, Geschäftsgange aber der Staatsanwaltschaft R. zur Kenntnis und Aeußerung übermittelten
Beschwerdeschrift enthalten war, die Verfehlung also, auch
wenn man sich bei Beurteilung der Tragweite des Art. 33,
Abs. 2 eng an seinen Wortlaut anschließt, als gegenüber dem
Beamten der Staatsanwaltschaft R. begangen anzusehen ist,
so daß nach Abs. 2 des Art. 33 die Strafkammer daselbst
auf das Seitens der dortigen Staatsanwaltschaft erfolgte
Anrufen die Strafverfügung zu erlassen hatte.

Daß die Aeußerung eine gröbliche Verletzung der den
Beamten der Staatsanwaltschaft schuldigen Achtung und damit
eine Ungebühr im Sinn des Art. 33 enthält, hat die Strafkammer mit Recht angenommen. Wenn der Beschwerdeführer
zu seiner Verteidigung geltend macht, daß die Aeußerung,
für deren Beurteilung nur die Normen des St.G.B. zur
Anwendung kommen dürfen, zur Wahrnehmung berechtigter
Interessen ohne jede aus der Form ersichtliche beleidigende
Absicht gemacht und daher gemäß § 193 St.G.B. straffrei

sei, so geht dieses Vorbringen fehl. Zunächst ist, wenn auch
das Interesse des Beschwerdeführers, den Beschluß der Staatsanwaltschaft R. als unzutreffend nachzuweisen und dessen
Aufhebung und damit die Verfolgung der von ihm gegen
den Gerichtsvollzieher B. erstatteten Strafanzeige zu bewirken,
als ein berechtigtes anerkannt wird, nicht ersichtlich, inwiefern
der Vorwurf, der Staatsanwalt habe sich durch den Beschluß
der Achtung, die sein Beruf erfordere, unwürdig gemacht, zur
Wahrnehmung jenes Interesses dienlich gewesen oder von
dem Beschwerdeführer für dienlich gehalten worden sein soll.
Dieser Vorwurf überschreitet die Grenze der sachlichen Erörterung, enthält einen Ausfall gegen die Person des Beamten,
der als ein der Achtung Unwürdiger hingestellt wird, und
wäre, wenn die Anwendung des St.G.B. in Frage stünde,
durch § 193 St.G.B. nicht gedeckt. Indessen kann dies dahingestellt bleiben, weil die Normen des St.G.B. und damit
auch die des § 193 eben nicht Platz greifen. Der Art. 33 cit.
bezieht sich auf ein Gebiet, welches weder von dem St.G.B.
noch sonst von der Reichsgesetzgebung geregelt ist; das St.G.B.
enthält keine Bestimmungen über das den Behörden gegenüber einzuhaltende Maß von Höflichkeit, Schicklichkeit und
äußerer Achtungsbezeugung, läßt vielmehr diese Materie ganz
unberührt, so daß die hierauf bezüglichen landesgesetzlichen
Vorschriften nicht auf Grund des § 2, Abs. 1 E. G. zum
R.St.G.B. ungiltig sind. Auch das Gerichts-V.G., welches
sich in den §§ 177 ff. nur mit der Aufrechterhaltung der
Ordnung in den gerichtlichen Verhandlungen befaßt, trifft
keine Bestimmung über ein außerhalb einer gerichtlichen Verhandlung gezeigtes, ordnungswidriges oder ungebührliches
Verhalten gegenüber den Gerichtsbehörden, so daß die Landesgesetzgebung genötigt und unfraglich befugt war, dieses von
der Reichsgesetzgebung nicht geregelte, der Partikulargesetz-
gebung überlassene Gebiet zu regeln. Die württ. Landesgesetzgebung hat sich dieser Aufgabe mittels des mehrerwähnten
Art. 33 unterzogen, hat aber hiebei eine die Anwendbarkeit
des § 193 St.G.B. anordnende oder seinem Inhalte ent-

ſprechende Beſtimmung nicht getroffen, es vielmehr dem pflicht-
mäßigen Ermeſſen des Gerichts überlaſſen, darüber zu befinden,
ob ein die äußere Achtung vor der Gerichtsbehörde verletzendes
Verhalten einen ſolchen Grad angenommen habe, daß es ſich
als eine Ungebühr barſtelle, deren Ahndung im Wege der
Ordnungsſtrafe behufs Erhaltung des amtlichen Anſehens
geboten erſcheine. Hiemit iſt natürlich nicht ausgeſchloſſen,
daß bei der Beurteilung des beanſtanbeten Verhaltens Be-
beutung, Grund und Zweck desſelben zu prüfen und bei
Beantwortung der Schuld- und der Straffrage Geſichtspunkte
ähnlicher Art, wie ſie dem § 193 zu Grunde liegen, zu be-
rückſichtigen ſind[1]).

In ſubjektiver Beziehung liegt kein Grund vor, zu bezweifeln, daß ſich der Beſchwerdeführer der Ungebührlichkeit
ſeiner Aeußerung wohl bewußt geweſen ſei. Auch die Höhe
der Strafe iſt nicht zu beanſtanden. Der Beſchluß der Staats-
anwaltſchaft war eingehend unter Anführung der maßgebenden Erwägungen und rechtlichen Beſtimmungen begründet,
ſo daß dem Beſchwerdeführer die Möglichkeit gegeben war,
dem Gedankengang des Beſchluſſes zu folgen, die Erwägungen
an der Hand der bezeichneten rechtlichen Beſtimmungen zu
prüfen und ſo, wenn auch nicht zur Aufgabe ſeiner eigenen
Anſicht, doch zur Würdigung der in dem Beſchluß zum Ausbruck kommenden, auf Grund pflichtmäßiger, gewiſſenhafter
Prüfung gewonnenen Ueberzeugung zu gelangen. Wenn der
Beſchwerdeführer ſtatt deſſen den Staatsanwalt der ober-
flächlichſten Geſchäftsbehandlung und der abſichtlichen Kränkung
des Beſchwerdeführers bezüchtigte und deshalb der Achtung,
die ſein Beruf erforderte, unwürdig bezeichnete, ſo erforderte
bies eine empfindliche Strafe, um ſo mehr als der Beſchwerdeführer ſich ſchon mehrfach gröbliche Verletzungen der den
Gerichtsbehörden ſchuldigen Achtung hat zu ſchulden kommen
laſſen und die letzteren hiedurch zur Verhängung von Orb-
nungsſtrafen genötigt hat.

1) Vergl. auch Entſch. des R.G. III. Straffen. vom 17. 24. Sept.
1888 Rechtſprech. Bd. 10 S. 490.

3.

Fällt die bei Ausübung der Heilkunde seitens einer nicht approbierten Person erfolgende Führung des rechtmäßig erworbenen Doktortitels unter die Strafbestimmung des § 147 Ziff. 3 der Gewerbe-Ordnung.

Urteil des Straffenats vom 25. Januar 1899, durch welches die Revision der Angeklagten als unbegründet verworfen wurde.

Nach der Feststellung des Vorderrichters betreibt die Angeklagte, welche am 11. Nov. 1896 von der medizinischen Fakultät Bern den Grad eines Doctor medicinae erhalten hat, in Deutschland aber als Arzt nicht approbiert ist, zu Eßlingen die Heilkunde und giebt hiebei den von ihr gefertigten und an die Patienten ausgefolgten Rezepten die Unterschrift: „Dr. B.", wie sie dies insbesondere auch bei dem unter |2 bei den Akten 1. Instanz befindlichen Rezepte vom 7. Juli 1898 gethan hat. Der Vorderrichter nimmt an, daß durch eine solche bei Ausübung der Heilkunde erfolgende Führung des Titels „Dr." nach der im Lande herrschenden, aus dem die Bezeichnungen Arzt und Doktor völlig gleichbedeutend behandelnden Sprachgebrauche erkennbaren und auch der Angeklagten wohl bekannten Volksanschauung der Glaube erweckt werde, der den Titel Führende sei eine in Deutschland geprüfte Medizinalperson, und er gelangt, indem er die Frage, ob die Führung des Titels an sich unbefugt oder ob der Titel rechtmäßig erworben sei, als unerheblich bezeichnet, auf Grund der Schlußfeststellung: Die Angeklagte habe im Juli 1898 zu Eßlingen in einer fortgesetzten Handlung vorsätzlich, ohne hiezu approbiert zu sein, sich einen ähnlichen Titel wie die Bezeichnung Arzt beigelegt, durch den der Glaube erweckt wird, der Inhaber desselben sei eine geprüfte Medizinalperson, zu der Verurteilung der Angeklagten wegen eines Vergehens gegen § 146 Ziffer 3 der Gewerbeordnung. Bezüglich des Schutzvorbringens der Angeklagten: „Es sei ihr durch einen Beamten des Ministeriums des Innern auf Befragen erwidert

worden, sie dürfe sich in solchen Rezepten als Dr. B. unter-
zeichnen, welche sich nur auf Droguen und Präparate beziehen,
welche dem allgemeinen Verkauf freigegeben seien", — was
bei dem Rezept I. '2 zutreffen würde —, erklärt der Vorderrichter, daß in dem Glauben der Angeklagten an die Richtigkeit
dieser Mitteilung nicht ein Irrtum über das Vorhandensein
von Thalumständen, welche zum gesetzlichen Thalbestande gehören, sondern nur ein Irrtum darüber zu finden sei, ob
ihr Thun unter eine Strafandrohung falle oder nicht, ein
Irrtum, der für die Schuldfrage unerheblich und nur bei
der Strafbemessung zu Gunsten der Angeklagten zu berücksichtigen sei.

In der Entscheidung des Vorderrichters ist ein Rechtsirrtum nicht ersichtlich. Was zunächst das erste Erfordernis
des § 147 Ziffer 3 Gewerbeordnung betrifft, nämlich die
Beilegung eines der Bezeichnung „Arzt" ähnlichen Titels,
so ist dieses Erfordernis von dem Vorderrichter ohne Rechtsirrtum als erfüllt angenommen worden. Denn nach der von
ihm in dieser Richtung getroffenen Feststellung läßt sich nicht
bezweifeln, daß die sachliche Bedeutung, welche der Sprachgebrauch und die Anschauung des Volkes, besonders des nicht
mit höherer Schulbildung ausgerüsteten Teiles des Volkes
mit dem von einer die Heilkunde ausübenden Person geführten
Titel Doktor verbinden, dem Begriffe Arzt d. h. einer nach
Maßgabe der Bestimmungen der Gewerbeordnung im Inlande
geprüften Medizinalperson nahe oder sogar gleichkommt, der
Titel Doktor sonach, wenn er von einer mit Ausübung der
Heilkunde sich befassenden Person geführt wird, der Bezeichnung „Arzt" jedenfalls ähnlich ist. Daß aber dieser arzt-
ähnliche Titel geeignet ist, den Glauben zu erwecken, der Inhaber desselben sei eine geprüfte Medizinalperson, ist von
dem Vorderrichter auf thatsächlicher Unterlage in einer der
Revision nicht zugänglichen Weise festgestellt und für den
Thalbestand des Vergehens gegen § 147 Ziffer 3 Gewerbeordnung ausreichend, da das Gesetz nicht das Erfordernis
aufstellt, daß die Hervorrufung jenes irrigen Glaubens durch

die den Titel führende Perſon beabſichtigt und wirklich erreicht
worden ſein muß. Vgl. R.G. Entſch. 27, 337. Weiterhin iſt
unanfechtbar feſtgeſtellt, daß die Angeklagte die ſämtlichen
Thatumſtände, welche zum Thatbeſtande des ihr zur Laſt
gelegten Vergehens gehören, gekannt hat und ſich insbeſondere
der Aehnlichkeit des von ihr bei Ausübung der Heilkunde
geführten Doktortitels mit der Bezeichnung „Arzt" und des
Umſtands bewußt geweſen iſt, daß dieſer Titel zur Erweckung
des Glaubens, ſie ſei eine geprüfte Medizinalperſon, geeignet
war. Mehr als ein ſolches bewußtes Handeln iſt zur Erfüllung des Thatbeſtandes des fraglichen Vergehens nicht
erforderlich, insbeſondere bildet die Kenntnis der Verbots-
und Rechtswidrigkeit der Führung eines arztähnlichen, die
irrige Annahme einer Approbation des Inhabers erweckenden
Titels keine Vorausſetzung der Strafbarkeit (R.G. Entſch.
27, 338). Ohne Rechtsirrtum iſt daher das oben erwähnte,
aus einem der Angeklagten von einem Beamten des Miniſteriums des Innern angeblich erteilten Beſcheide entnommene
Schutzvorbringen von dem Vorderrichter als für die Entſcheidung der Schuldfrage unerheblich erklärt worden.

Endlich kann auch die Annahme des Vorderrichters, daß
das Geſetz bei Zutreffen der weiteren Vorausſetzungen des
§ 147 Ziffer 3 Gewerbeordnung auch die ſonſt nicht unbefugte
Führung eines Titels der dort bezeichneten Art verbiete, als
eine irrige nicht angeſehen werden. Es kann dahin geſtellt
bleiben, ob die Erlangung des Doktorgrades einer ausländiſchen
Hochſchule außerhalb des Geltungsgebietes dieſer Hochſchule
überhaupt irgend welche Rechte verleihen und beſonders die
Befugnis geben kann, den im Ausland erworbenen Titel auch
im Inlande zu führen. Denn wenn man auch auf Grund einer
ausdrücklichen oder ſtillſchweigenden Willenserklärung des
einheimiſchen Staates die Befugnis hiezu anerkennt, ſo ſteht
doch ſo viel außer Zweifel, daß ein im Ausland erworbener
Doktortitel nicht mehr Rechte gewähren kann, als ein im
Inlande erworbener Titel gleicher Art. Hat aber der Inhaber eines von der mediziniſchen Fakultät einer deutſchen

Univerſität verliehenen Doktortitels nicht neben dieſem Titel
auch die in § 29 Gewerbeordnung vorgeſehene, ſtaatliche
Approbation erlangt, ſo iſt ſein Recht zur Führung des
Doktortitels ein beſchränktes, nämlich eben durch die zwingende
Beſtimmung des § 147 Ziffer 3 Gewerbeordnung, wornach
in Deutſchland die Führung eines arztähnlichen, zur Erweckung
des Glaubens an die inländiſche ſtaatliche Approbation des
Inhabers geeigneten Titels beim Mangel dieſer inländiſchen
ſtaatlichen Approbation unzuläſſig iſt, beſchränkt und zwar
in der Weiſe beſchränkt, daß er ſich ſeines Titels unter Umſtänden, welche den Glauben an ſeine Approbation hervorrufen, alſo jedenfalls bei Ausübung der Heilkunde nicht bedienen darf. Dies erhellt aus dem Zwecke jener geſetzlichen
Beſtimmung, welche im öffentlichen Intereſſe gegeben iſt und
dazu dient, dem Publikum, das der ſachverſtändigen Hilfe
von Medizinalperſonen bedarf, darüber Klarheit zu verſchaffen,
ob eine mit Ausübung der Heilkunde ſich befaſſende Perſon
ihre Sachkenntnis durch Ablegung der im Geſetze, § 29 Gewerbeordnung, vorgeſehenen, ſtaatlichen Prüfung dargethan
hat oder nicht. Dieſer Zweck würde vereitelt, wenn ein zwar
rechtmäßig erworbener, aber arztähnlicher und zur Erweckung
des Glaubens an die Approbation des Inhabers geeigneter
Titel trotz Fehlens dieſer Approbation unbeſchränkt, alſo auch
bei Ausübung der Heilkunde, bei welcher einer Irreführung
des Publikums hinſichtlich des Vorhandenſeins oder des Fehlens
der Approbation vom Geſetze vorgebaut werden will, geführt
werden dürfte. Steht aber einem in Deutſchland promovierten,
aber nicht approbierten Dr. med. das Recht nicht zu, dieſen
Titel in oder gelegentlich der Ausübung der Heilkunde zu
führen, ſo ſteht das Verbot des § 147 Ziffer 3 Gewerbeordnung ſelbſtverſtändlich auch demjenigen entgegen, der von
einer ausländiſchen Hochſchule jenen Titel erhalten hat, auch
er muß, inſolange er die inländiſche Approbation nicht erlangt
hat, eine in irgend welchem Zuſammenhang mit der Ausübung der Heilkunde erfolgende Führung dieſes Titels unterlaſſen. Die Ausnahmen, welche etwa in dieſer Richtung

durch die eine Regelung der bezüglichen Verhältniſſe in den Grenzgebieten bezweckenden Staatsverträge (z. B. den Staats-vertrag zwiſchen Deutſchland und der Schweiz vom 29. Fe-bruar 1884, Reichsgeſetzblatt Seite 45) begründet werden, von welchen aber vorliegendenfalls keine in Frage kommen kann, ſind lediglich geeignet, die Regel zu beſtätigen, wornach jede der inländiſchen Approbation ermangelnde Perſon durch das in der Strafandrohung des § 147 Ziffer 3 Gewerbe-ordnung enthaltene Verbot betroffen wird, einen wenn auch rechtmäßig erworbenen, arztähnlichen Titel zu führen, durch welchen der Glaube an die in Wahrheit fehlende inländiſche Approbation des Inhabers erweckt wird.

———

114

II.

Entscheidungen des Verwaltungsgerichtshofs.

1.

Wasserstreitsache wegen Beeinträchtigung des dem Mühlebesitzer zustehenden Wasserbenützungsrechts durch Eisgewinnung.

Der Kläger G. K. ist seit dem Jahre 1872 Eigentümer und Besitzer der am Sommerhofer=Wasser auf der Markung Sindelfingen gelegenen Bleichmühle, der Beklagte M. K. ist Eigentümer der etwa 350 Meter weiter oben an diesem Bache ebenfalls auf der Markung Sindelfingen gelegenen Seemühle. Zu diesem Anwesen gehören drei im Eigentum des Beklagten stehende Seen, aus einem derselben fließt das zum Betriebe der Seemühle und Bleichmühle erforderliche Wasser.

In erster Instanz hat der Kläger beantragt zu erkennen:

Dem Beklagten wird unter Androhung einer Geldstrafe von 100 Mark für jeden Fall der Zuwiderhandlung verboten,

a) auf den oberhalb der Seemühle befindlichen Seen mehr Eis zu holen, als er für seine Haushaltung braucht;

b) das Wasser oberhalb der Seemühle länger zu stauen, als erforderlich ist, um den nötigen Wasservorrat zum Betrieb der Seemühle zu sammeln, oder es zu anderem Zweck, als zu diesem, zu stauen.

In zweiter Linie wurde beantragt, statt des Antrages unter a dem Beklagten unter Androhung einer Geldstrafe von 100 Mark für jeden Fall der Zuwiderhandlung zu verbieten, aus seinen oberhalb der Seemühle gelegenen Seen bei anderem als Tauwetter Eis zu holen.

In dritter Linie wurde gebeten, dem Beklagten unter Androhung einer gleichen Geldstrafe zu verbieten, aus seinen oberhalb der Seemühle gelegenen Seen so viel Eis zu holen, daß dem Kläger dadurch das zum Betrieb seiner Mühle erforderliche Wasser entzogen wird.

Dagegen hat der Beklagte die Abweisung der Klage beantragt.

Die Regierung für den Neckarkreis hat mit Urteil vom 8. August 1896 erkannt: Der Beklagte ist nicht befugt, auf den drei oberhalb der Seemühle befindlichen Seen mehr Eis zu holen, als er für seine Haushaltung braucht. Im übrigen wird die Klage abgewiesen. Gegen dieses Urteil haben die beiden Parteien die Berufung an den Verwaltungsgerichtshof eingelegt und in der zweiten Instanz die erstinstanzlichen Anträge wiederholt.

Durch Urteil vom 21. September 1898 hat der Verwaltungsgerichtshof, indem er die Berufung des Klägers zurückwies und auf die Berufung des Beklagten das erstinstanzliche Urteil abänderte, auf gänzliche Abweisung des Klägers erkannt.

G r ü n d e :

Nach dem Ergebnis der angestellten Erhebungen ist mit dem Unterrichter anzunehmen, daß dem Sommerhofer Bach, welcher das zum Betrieb der beiden Mühlen der Parteien erforderliche Wasser liefert, die Eigenschaft eines öffentlichen Wassers zukommt. Des weiteren ist vom Unterrichter in zutreffender Würdigung der Angaben der vernommenen Zeugen festgestellt, daß die Befugnis des Beklagten zur Stauung des Wassers oberhalb der Seemühle lediglich in der ordnungsmäßigen Beschaffenheit seiner Werkeinrichtung ihre Schranken findet und dem Kläger in dieser Richtung der Nachweis einer darüber hinausreichenden Beschränkung des Beklagten nicht gelungen ist. Dagegen vermag der Verwaltungsgerichtshof der Entscheidung des Unterrichters, soweit sie dem Beklagten die Befugnis abspricht, auf den drei Seen oberhalb der Seemühle mehr Eis zu holen, als er für seine Haushaltung braucht,

8*

nicht beizutreten. Da dem Beklagten bezüglich dieser drei
Seen sowohl an den Ufern als den vom Wasser bedeckten
Flächen unbestrittenermaßen das Privateigentum zusteht, so
kommt ihm, wie auch der Kläger anerkennt, an sich unzweifel=
haft das Recht zu, das Wasser aus diesen Seen, auch wenn
es öffentliches ist, durch Schöpfen teilweise für sich zu ge=
brauchen oder im Winter in der Form des Eises zu seinen
Privatzwecken zu verwenden; ein konkurrierender Gemeinge=
brauch anderer Personen kommt dabei nicht in Frage, weil
weitere Anlieger nicht vorhanden sind und ein öffentlicher
Zugang zu diesen Seen nicht besteht; von Erheblichkeit er=
scheint nur die Behauptung des Klägers, die Eisgewinnung
des Beklagten aus diesen vom Sommerhofer Bach berührten
Seen habe einen so großen Umfang angenommen, daß dadurch
sein Wasserbenützungsrecht, wie es sich aus der ihm zustehenden
Mühlekonzession ergebe, rechtswidrig beeinträchtigt werde.
Nach Lage der Sache kann jedoch nicht angenommen werden,
daß der Kläger den ihm obliegenden Beweis für diese vom
Beklagten bestrittene Behauptung erbracht hat. Selbst wenn
man die weitestgehenden Angaben des Klägers über die Eis=
gewinnung des Beklagten zu Grund legt, übersteigt die jähr=
liche Entnahme nicht den Betrag von 4 Millionen Liter
Wasser oder 4 Millionen Kilogramm Eis, wodurch nach dem
Gutachten des Professors T. der Mühlebetrieb des Klägers
um 15 Stunden verkürzt würde. Allein diese an sich nicht
sehr erhebliche Betriebsbeeinträchtigung kann nicht voll in
Rechnung gestellt werden, weil erfahrungsgemäß in der Regel
nach dem natürlichen Gang der Witterungsverhältnisse das
sich selbst überlassene Eis nicht in einer den Bedürfnissen
des Mühlebetriebs entsprechenden Weise zum allmählichen
Schmelzen gelangt, sondern infolge von Tauwetter oder Hoch=
wasser rasch ohne die Ermöglichung einer vollständigen Aus=
nützung für den Mühlebetrieb abgetrieben wird. Außerdem
ist zu beachten, daß sich der Beklagte durch eine besondere
in die Streuwiese Nr. 326 einmündende Zuleitung das aus
dem städtischen Klosterbrunnen stammende Abwasser der D.'schen

Weberei mit ¹/₆ Liter in der Sekunde gesichert hat; erwägt man, daß dieser Zufluß nach der Beschaffenheit der Oertlich= keit in der Hauptsache den obersten der drei Seen zu füllen bestimmt ist, daß er bei gleichmäßiger Fortdauer eine Jahres= menge von mehr als 6 Millionen Liter liefert und, solange er mit dem Wasser des Sommerhofer Baches nicht vermischt ist, die Natur eines privaten... Gewässers trägt, so erscheint damit der durch die Eisgewinnung des Beklagten verursachte Wasserentzug jedenfalls zu einem erheblichen Teile ausgeglichen. Durch diese Erwägung wird auch dem Versuche des Klägers, aus der Eisgewinnung des Beklagten eine nachhaltige und erhebliche Beeinträchtigung des ihm an dem öffentlichen Wasser des Sommerhofer Bachs zukommenden Nutzungsrechts abzu= leiten, der Boden entzogen. Nach diesen Ausführungen hat der Kläger einen ausreichenden Nachweis dafür nicht erbracht, daß durch die Eisgewinnung des Beklagten das ihm als Mühlebesitzer zustehende Wasserbenützungsrecht in unzulässiger Weise beeinträchtigt wird.

Urteil vom 21. September 1898 in der Berufungssache Klein gegen Kienle.

2.

Zu Art. 3 des Gesetzes vom 15. Juni 1853, betreffend die Besteuerung des Einkommens von Apanagen, Kapitalien und Renten, sowie des Dienst= und Berufs= einkommens für die Zwecke der Amtskörperschaften und Gemeinden (mehrfacher Wohnsitz).

Der Sachverhalt ergiebt sich aus den
Gründen:
1) Die Berufung bekämpft das Urteil I. Instanz wesent= lich aus dem Grunde, weil es auf den Wohnsitz, welchen das Gesetz vom 15. Juni 1853 für die Körperschaftssteuerpflicht für maßgebend erkläre, den Wohnsitzbegriff des Doppelbe= steuerungsgesetzes vom 13. Mai 1870 bezw. des Landesgesetzes vom 30. März 1872 zur Anwendung bringe, während an=

genommen werden müſſe, daß erſteres Geſetz mit dem Gebrauch
des techniſchen Ausbrucks „Wohnſitz" den im rechtlichen Sprachgebrauch längſt feſtgeſtellten Begriff gemeint habe, und dieſer
Begriff durch das ſpätere Doppelbeſteuerungsgeſetz und das
Geſetz vom 30. März 1872, welche ſich mit den Staatsſteuern
befaſſen, nicht alteriert worden ſei. Es iſt jedoch in dieſer Beziehung der auf das Urteil des Verwaltungsgerichtshofes vom
13. April 1887 (Amtsblatt des Miniſteriums des Innern 1887
S. 203) geſtützten Entſcheidung des Unterrichters beizutreten.
Man kann zwar davon ausgehen, daß das Geſetz vom 15. Juni
1853, indem es in Art. 3 Abf. 1 die Körperſchaftsſteuerpflicht
in Anſehung des Kapital-, Renten-, Dienſt- und Berufsein-
kommens auf den Wohnſitz des Steuerpflichtigen in einer
inländiſchen Gemeinde und Amtskörperſchaft gründet, wie ſchon
der dadurch erſetzte, dieſelbe Beſtimmung enthaltende Art. 26
Abſatz 3 der Novelle zur Gemeindeordnung vom 6. Juli 1849
und das Kapital-2c. Steuergeſetz vom 19. September 1852,
ſoweit es bei der Staatsſteuerpflicht der Landesangehörigen
von „Wohnſitz" oder „Domizil" ſpricht (Artikel 2 Abſatz 1),
den ſonſt im gemeinrechtlichen Sprachgebrauch hergebrachten
Begriff, wornach Wohnſitz derjenige Ort iſt, welchen eine
phyſiſche Perſon zum bleibenden Aufenthalt und damit zum
Mittelpunkt ihrer Rechtsverhältniſſe und Geſchäfte gewählt
hat (Savigny, Syſtem VIII, Seite 58; Gaupp, C.P.O. I
zu § 19 u. A.) im Auge gehabt habe. Es fehlte eben damals
an einer beſonderen Begriffsbeſtimmung des Wohnſitzes
für das Steuerweſen, und die angeführten Geſetze, ſowie die
Materialien dazu (Motive und Kammerverhandlungen) geben
keinen Anhalt dafür, daß der Ausbruck Wohnſitz in einem
anderen Sinne genommen worden ſei. Auf der anderen Seite
iſt aber auch in dieſen Geſetzen und namentlich auch in dem
Körperſchaftsſteuergeſetz ſelbſt nicht zum Ausbruck gekommen,
daß das Wort im gemeinrechtlichen Sinne zu verſtehen ſei.
Iſt ſo dieſer Sinn im Geſetze ſelbſt nicht feſtgelegt, ſo handelt
es ſich einfach um eine Frage der Auslegung des Geſetzes
und iſt auch einer anderen Auslegung freie Bahn geſchaffen,

wenn spätere Gesetze insbesondere auf dem Gebiet des Steuer-
wesens zu einer solchen nötigen, ohne daß es der Abänderung
des Wortes „Wohnsitz" im Körperschaftssteuergesetz bedurfte.
Dieser Fall ist aber eingetreten mit der Einführung des Doppelbesteuerungsgesetzes in Württemberg, welches den Grundsatz
ausspricht, daß ein Deutscher vorbehaltlich der Bestimmungen
in den §§ 3 und 4 zu den direkten Staatssteuern nur in
demjenigen Bundesstaate herangezogen werden darf, in welchem
er seinen Wohnsitz hat (§ 1, Abs. 1), und daran die Bestimmung knüpft, daß einen Wohnsitz im Sinne dieses Gesetzes
ein Deutscher an dem Orte hat, an welchem er eine Wohnung
unter Umständen inne hat, welche auf die Absicht der dauernden
Beibehaltung einer solchen schließen lassen (§ 1, Abs. 2). Nun
ist hier nicht näher zu erörtern, ob und in wie weit dieser
steuerrechtliche Wohnsitzbegriff des Reichsgesetzes dem gemeinrechtlichen durchweg entspricht (vgl. Clauß im Finanzarchiv
1888 I S. 157 ff.; Reichsgerichtsentscheidung in C.S. XXIX
Nro. 8); man kann ohne weiteres annehmen, daß beide Begriffe in dem weitaus wichtigsten Falle, wenn eine physische
Person e i n e Wohnung mit der Absicht der dauernden Beibehaltung inne hat, regelmäßig zusammenfallen werden. Es
ist jedoch augenfällig, daß der reichsrechtliche Begriff die
Annahme eines mehrfachen gleichzeitigen Wohnsitzes mehr
erleichtert (vgl. § 7 B.G.B), als der gemeinrechtliche, welcher
voraussetzt, daß jemand zwei oder mehr Mittelpunkte seines
häuslichen, gesellschaftlichen und geschäftlichen Lebens hat.
Freilich bezieht sich das Doppelbesteuerungsgesetz nur auf die
direkten S t a a t s steuern, und trifft dies auch bei dem Landes-
gesetz vom 30. März 1872 in so ferne zu, als dasselbe die
Bestimmungen des staatlichen Kapital-rc. Steuergesetzes vom
19. September 1852 dem Reichsgesetz angepaßt, hier aber
den reichsrechtlichen Wohnsitzbegriff auch auf Fälle ausgedehnt hat, die das Reichsgesetz unberührt läßt, z. B. was
die Steuerpflicht derjenigen Landesangehörigen betrifft, die
ihren Wohnsitz außerhalb des deutschen Reiches haben (Gesetz
vom 30. März 1872, Art. 2. 6, Reichsgesetz § 5). In-

dessen handelt es sich auch nicht um die Anwendung des
Reichsgesetzes auf die Gemeindebesteuerung, für die dasselbe
nicht gilt, sondern um die Frage, ob die Wandlung, welche
zufolge des Reichsgesetzes der Wohnsitzbegriff der Staatssteuer
erfahren hat, nicht dazu führen muß, den Wohnsitzbegriff des
Körperschaftssteuergesetzes in demselben Sinne aufzufassen.
Diese Frage ist eine Frage der Auslegung des letzteren Gesetzes, zu welcher das Reichsgesetz den äußeren Anlaß gegeben
hat und mit seiner Begriffsbestimmung eines der mitbestim-
menden Motive bildet, und sie ist zu bejahen wegen des engen
Zusammenhangs, welcher zwischen Staats- und Körperschaftssteuer besteht. Denn letztere beruht nicht auf einer von der
Staatssteuer völlig unabhängigen Grundlage, sondern hat
den Charakter eines Zuschlags zu der Staatssteuer, deren
Jahresertrag für sie maßgebend ist (Art. 1 des Gesetzes vom
15. Juni 1853), wie auch die für die Staatssteuer geltenden
gesetzlichen Bestimmungen in Beziehung auf die Steuerbe-
freiung und auf die Erhebung der Steuer auf sie Anwendung
zu finden haben (Art. 5) mit der einzigen hierher gehörigen
Ausnahme, daß bei der Körperschaftssteuer nur der Wohnsitz
entscheidet, was bei der Staatssteuer nicht zutrifft. Wenn
hiegegen die Berufung behauptet, daß trotz dem Zusammenhang der staatlichen und Gemeindesteuer noch Raum sei für
die Anwendung der Vorschriften des württ. Rechts, welche
sich auf die Frage beziehen, welche von mehreren beteiligten
Gemeinden bezüglich der Kapital- und Berufseinkommenssteuer
bezugsberechtigt sein soll, so beruht diese Behauptung auf der
nicht zutreffenden Anschauung, als handle es sich um eine
Ausdehnung des Doppelbesteuerungsgesetzes auf das Körperschaftssteuergesetz und nicht um eine Auslegung des letzteren.
Zwar behauptet der Berufungskläger weiter, daß von seiner
Auffassung auch der den Ständen gegenwärtig vorliegende
Gesetzesentwurf, betreffend die Besteuerungsrechte der Ge-
meinden und Amtskörperschaften, ausgehe, was z. B. der
Art. 21 und die Motive dazu zeigen, die ausdrücklich aus-
sprechen, daß zur Zeit ausschließlich der Wohnsitz — im

Gegensatz zum bloßen thatsächlichen Aufenthalt — für die
Gemeindekapitalsteuerpflicht maßgebend sei, und daß die Bestimmungen des Doppelbesteuerungsgesetzes für das Gebiet
der Gemeindebesteuerung nicht gelten und auf dieses weder direkte
noch indirekte d. h. durch den Zusammenhang der württembergischen Staats- und Gemeindesteuer vermittelte Anwendung
finden. Aber eben dieser letzte Satz, durch welchen auch einer
von dem gemeinrechtlichen Begriff abweichenden Auffassung
des Wohnsitzes im Wege der Auslegung entgegengetreten
werden soll, findet sich in den Motiven nicht, welche die
Frage aufwerfen, ob die Beschränkungen, welche das Doppelbesteuerungsgesetz für das Gebiet der staatlichen Besteuerung
geschaffen hat, auf dem Gebiete der Gemeindebesteuerung, für
welche sie nicht gelten, beachtet werden sollen, und diese Frage
bejahen (Verhandlungen der Kammer der Abgeordneten von
1896, Beilage Nr. 125, S. 211, 212). Sodann aber wird
übersehen, daß der Entwurf mit dem in Artikel 21 bezeichneten Wohnsitz keinen anderen Sinn verbinden kann, als der
den Ständen schon früher vorgelegte Entwurf eines Gesetzes,
betreffend die Kapitalsteuer. Denn jener Entwurf bestimmt
in Artikel 20, daß in Beziehung auf die Steuerpflicht, Steuer-
befreiung, Erhebung der Steuer ꝛc. die Bestimmungen des
in Aussicht genommenen staatlichen Kapitalsteuergesetzes mit
der Maßgabe der Art. 21 und 22 zur Anwendung kommen.
Der Kapitalsteuerentwurf aber giebt durch das Citat des § 1
Abs. 2 des Doppelbesteuerungsgesetzes bei Art. 2, wo zuerst
von Wohnsitz gesprochen wird, deutlich kund, welcher Begriff
damit verbunden ist. Im Gegenteil kann aus dem Umstand,
daß in dem erwähnten Entwurf, betreffend die Besteuerungsrechte der Gemeinden und Amtskörperschaften und in den
Motiven dazu der Wohnsitzbegriff des Doppelbesteuerungsgesetzes als auch für die Gemeindekapitalsteuer zutreffend als
selbstverständlich angenommen und mit keinem Wort als etwas
neues begründet wird, füglich der Schluß gezogen werden,
daß diese Auslegung dem geltenden Gesetz seit der Einwir-
kung des Reichsgesetzes auf die Staatssteuer zu geben war.

Es bedarf daher eines weiteren Eingehens auf den Art. 21 jenes Entwurfes nicht.

2) Nach den von dem Beklagten, Berufungskläger, ſelbſt dargelegten thatſächlichen Verhältniſſen kann nicht daran gezweifelt werden, daß er nicht nur in St., ſondern auch in B. eine Wohnung mit der Abſicht der dauernden Beibehaltung derſelben inne hat, wie dies der Unterrichter im einzelnen feſtſtellt.

Urteil vom 2. November 1898 in der Berufungsſache K. gegen Amtskörperſchaft Ludwigsburg und Gemeinde Weil.

3.

Erſtreckt ſich die Verpflichtung der Gemeinden zum Schneebahnen auf Bahnhof-Zufahrtsſtraßen?

Auf der Markung der zur Geſamtgemeinde Frieſenhofen O.A. Leutkirch gehörigen Teilgemeinde Frieſenhofen befindet ſich der Bahnhof Frieſenhofen, und zu dieſem führt in einer Länge von etwa 280 bis 300 Meter eine Zufahrtsſtraße, welche bei der Eröffnung der Eiſenbahn im Jahre 1874 von der K. W. Eiſenbahnverwaltung auf ihrem Grund und Boden angelegt worden iſt und von ihr unterhalten wird. Mit Schreiben vom 31. Januar 1893 beantragte das Betriebsbauamt Leutkirch bei dem Oberamt Leutkirch, das Schultheißenamt Frieſenhofen zu veranlaſſen, das Schneebahnen auf dieſer Bahnhofzufahrtsſtraße bis zum Güterſchuppen ebenſo zu beſorgen, wie auf den anderen öffentlichen Straßen des Gemeindebezirks. Gegründet wurde der Anſpruch auf die Entſcheidung des Geheimen Rats vom 22. Mai 1833 (I. Erg.Bd. zum Reg.Bl. S. 266, 267). Das Oberamt entſprach dem Antrag durch Erlaß vom 16. Februar 1893. Auf die hiegegen von der Gemeinde Frieſenhofen erhobene Beſchwerde beſtätigte die K. Regierung für den Donaukreis die oberamtliche Anordnung und erklärte mit Erlaß vom 5. Nov. 1895 die Geſamtgemeinde bezw. die Teilgemeinde zum Schneebahnen

in der beantragten Weiſe für verpflichtet. Auf weitere Beſchwerde der Gemeinde hat das K. Miniſterium des Innern
dieſe Verfügung durch Entſcheidung vom 7. Juli 1897 als
rechtlich nicht begründet aufgehoben. Die gegen dieſe Entſcheidung von der K. Generaldirektion der Staatseiſenbahnen
eingelegte Rechtsbeſchwerde iſt von dem Verwaltungsgerichtshof abgewieſen worden.

Gründe:

Das K. Miniſterium des Innern bezweifelt in dem
Schreiben, womit die Akten mitgeteilt wurden, ob die Vorausſetzungen des Art. 13 des Geſetzes über die Verwaltungsrechtspflege vom 16. Dezember 1876 für die Erhebung einer
Rechtsbeſchwerde von ſeiten der Beſchwerdeführerin vorliegen,
indem letztere durch die angefochtene Entſcheidung, welche ſich
darauf beſchränkt habe, die Verbindlichkeit der Gemeinde Frieſenhofen zum Schneebahnen auf der Bahn-
hofszuſahrtsſtraße zu verneinen, weder mit einer Verbindlichkeit belaſtet, noch in einem ihr zuſtehenden Rechte,
ſondern nur in ihrem Intereſſe verletzt worden ſein dürfte.

Die Beſchwerdeführerin hat in dieſer Richtung die an
den Verwaltungsgerichtshof gerichtete Rechtsbeſchwerde nicht
begründet. Sie ſcheint, indem ſie den Standpunkt einnimmt,
daß auf ihren Antrag die Gemeinde zur Erfüllung der Verpflichtung zum Schneebahnen auf dieſer Straße, wie auf den
ſonſtigen Staatsſtraßen und andern öffentlichen Wegen des
Gemeindebezirks anzuhalten ſei, behaupten zu wollen,
daß ihr ein Rechtsanſpruch zuſtehe. Der Verwaltungsgerichtshof läßt die Würdigung der Frage, ob die Beſchwerdeführerin
überhaupt die Verletzung eines ſubjektiven Rechts geltend
machen kann, dahingeſtellt, indem er der materiellen Entſcheidung des Miniſteriums beitritt, daß die in Anſpruch genommene Verbindlichkeit der Gemeinde nicht beſtehe.

Die in der Straßenunterhaltungspflicht nicht begriffene
Verbindlichkeit zum Schneebahnen beruht, wie urſprünglich
die Straßenbaulaſt (v. Stumpp in Sarwey's Monatſchrift IX,
S. 294, 295, 267 ff.) auf Gewohnheitsrecht; denn die erſte

darauf bezügliche Spezialvorschrift, die Generalverordnung
vom 30. Dezember 1605 (Reyscher Gesetzessammlung XII
S. 601, 602) führt das Schneebahnen nicht als ein neues
Gebot ein, sondern setzt es als eine bereits bestehende Ge-
meindelast voraus und schärft es nur von neuem ein, und
noch mehr gilt dies für das Generalreskript vom 3. Febr. 1784
(Reyscher Gesetzessammlung XIV S. 995, 996). Beide Lasten
dienen demselben Zweck, der Möglichkeit, Sicherheit und
Freiheit des Straßenverkehrs. So steht die Last des Schnee-
bahnens nach Entstehung und Zweckbestimmung mit dem
öffentlichen Straßenwesen, das schließlich in der Wegordnung
vom 23. Oktober 1808 und den dazu gehörigen Gesetzen,
Verordnungen und Verfügungen seine Regelung fand, im
engsten Zusammenhang, so daß, wie das Ministerium mit
Recht ausführt, eine Ausdehnung der Last auf andere dem
allgemeinen Verkehr dienende Wege, als solche, welchen die
Eigenschaft als öffentlicher Wege auf Grund der für die Unterhaltung der öffentlichen Wege maßgebenden Bestimmungen
des öffentlichen Rechts zukommt und welche dem öffentlichen
Verkehr nur durch die Wegpolizeibehörde und nicht kraft
Privatrechts entzogen werden dürfen, ohne besondere Gründe
nicht anzunehmen ist. Zufolge dieses Grundsatzes beschränkt
sich), was die vom Staat unterhaltenen Straßen
betrifft, wobei von dem Fall, daß der Staat ausnahmsweise vermöge Vertrags oder Herkommens eine Nachbarschafts-
straße zu unterhalten hat, abgesehen werden kann, die Verbindlichkeit zum Schneebahnen auf die „Post- und Kommer-
zialstraßen", d. h. auf diejenigen Straßen, welche nicht bloß
zu Lokalzwecken, sondern zur Verbindung verschiedener Landes-
teile dienen (Mohl, württ. Staatsrecht II § 244, Gaupp,
württ. Staatsrecht § 77 verb. mit § 73, 1; vgl. Art. 2 des
Gesetzes vom 18. April 1843, betreffend den Bau von Eisen-
bahnen Reg. Bl. S. 277). Die Verbindlichkeit erstreckt sich
aber nicht auf diejenigen staatlichen Verkehrswege und Kom-
munikationsmittel, welche zwar auch in größerem oder geringerem Umfange zum öffentlichen Gebrauche bestimmt, aber

keine Straßen im Sinne des auf der Wegordnung ruhenden
öffentlichen Rechts sind. Eine Straße in diesem Sinne ist
die in Frage stehende Bahnhofzufahrtstraße nicht, obwohl sie
den Zu- und Abgang von Personen und Gütern für den
Nachbarschaftsverkehr und für den Fernverkehr mittels Beförderung durch die Bahn vermittelt und insoweit dem öffentlichen Verkehr dient. Denn die Eisenbahnverwaltung konnte,
als sie sich zur Errichtung der Zufahrtsstraße entschloß, innerhalb der Schranken der allgemeinen Gesetzgebung, unbeschadet
anderweitiger vertragsmäßiger Regelung, frei darüber verfügen, wie sie die Zufahrt bauen wollte und unterhalten will,
ohne r e c h t l i c h an die straßenbaupolizeilichen Vorschriften
gebunden zu sein. Solange die Zufahrt nicht in die Unterhaltung eines hiezu nach dem geltenden Recht über öffentliche
Wege Verpflichteten kommt, bildet sie einen Teil des Bahn-
gebiets, über dessen Verwendung die Eisenbahnverwaltung
als Eigentümerin von Grund und Boden ausschließlich zu
bestimmen hat.

Hiegegen wendet zwar die Beschwerdeführerin in ihrer
Beschwerdebegründung ein, daß sie, die auf Grund eines
Gesetzes die Bahn und ihre Zubehörden gebaut habe und
betreibe, sich nicht für befugt halte, auf Grund des Privat-
eigentums des Fiskus an Grund und Boden der Bahnan-
lage willkürlich den Bahnbetrieb auf der Strecke einzustellen
oder eine einzelne Station mit ihren Anlagen aus dem Betriebe auszuschalten. Und es kann ohne weiteres angenommen
werden, daß die Zufahrtsstraße von der Eisenbahnverwaltung
nicht willkürlich, sondern nur im Fall der Veränderung der
Betriebsverhältnisse dem öffentlichen Verkehr entzogen werden
wird. Allein auch in diesem Fall würde die Entziehung auf
dem Willen der Eisenbahnverwaltung beruhen, in deren Be-
lieben es aber auch stünde, die Zufahrt innerhalb des Bahngebietes anders zu gestalten oder zu verlegen.

Nun ist es zwar nicht für ausgeschlossen zu erachten,
daß das Gewohnheitsrecht, auf welchem die Schneebahnlast
beruht, sich auch auf solche innerhalb des Bahngebietes ge-

legene Zufahrtsſtraßen erſtreckt haben könnte. Hiefür fehlt
es aber an jedem Anhaltspunkt, wie es denn auch nicht
geltend gemacht iſt. Das Betriebsbauamt in Leutkirch behauptet nur, daß auf ſämtlichen Stationen ſeines Bezirks
(mit Ausnahme der Station Frieſenhofen) durch die betreffenden Gemeinden die Schneeſchlitten im Winter auch auf den im
Eigentum der Eiſenbahnverwaltung befindlichen Stationszu-
fahrten je bis zum Verwaltungsgebäude und Güterſchuppen
wie auf den Staatsſtraßen geführt werden. Es wird jedoch
hierauf ein den Bezirk des Betriebsbauamts umfaſſendes
lokales Herkommen ſelbſt nicht begründet.

Da die dargelegte nicht bloß äußerliche Verſchiedenheit
zwiſchen einer Staatsſtraße und der in Frage ſtehenden Bahnhofzufahrtsſtraße zur Zurückweiſung der Beſchwerde ausreicht,
ſo bedarf es einer Unterſuchung darüber nicht, ob die Zufahrt
ebenſo, wie die Bahn ſelbſt mit ihren Anlagen den privatwirtſchaftlichen Zwecken des Gewerbebetriebs eines Eiſenbahn-
unternehmers (§ 6 der Gewerbeordnung) dient, und ob dieſe
Zwecke ihren durch den gewerblichen Betrieb ſich kennzeich-
nenden privatwirtſchaftlichen Charakter dadurch nicht verlieren,
daß der Staat der Unternehmer iſt.

Urteil vom 6. Juli 1898 in der Rechtsbeſchwerdeſache
der K. Eiſenbahnverwaltung.

Kleinere Mitteilungen aus der Praxis.

Von Landgerichts-Präsident a. D. Dr. von Lang in Rottweil.

1. Der Sprachgebrauch bei Urteilen zweiter Instanz.

Es kann von Interesse sein, statistische Nachweise darüber zu haben, in wie vielen Fällen Urteile I. Instanz in der II. Instanz aufgehoben oder abgeändert werden, um, wenn dies öfter als wünschenswert vorkommt, den Ursachen (ob dies z. B. davon herkommt, daß man bei Besetzung von Richterstellen zu niedrige Anforderungen stellte oder aber von Geschäftsüberhäufung, wodurch den Richtern I. Instanz nicht möglich war, die Sachen gründlich zu behandeln) nachforschen und Abhilfe bringen zu können; zu diesem Zwecke sollte man ersehen können, ob und wie oft

1) Berufungen als unstatthaft verworfen,
2) die Urteile I. Instanz aufgehoben werden,
3) eine Bestätigung oder
4) eine Abänderung erfolgt,
5) teils bestätigt, teils abgeändert wird.

Im Einzelnen ist hierüber folgendes zu bemerken.

Zu 1, kann dies aus verschiedenen Gründen geschehen nämlich

a. weil das Urteil I. Instanz noch gar nicht, bezw. nicht giltig zugestellt war, oder
b. weil die Berufungsfrist versäumt wurde und ein etwa hiegegen erhobenes Restitutionsgesuch als unbegründet erschien,
c. weil das Urteil bloß den Kostenpunkt betrifft,
d. weil gegen ein Zwischenurteil anderer Art als nach § 248 oder 276 der C.P.O. Berufung ergriffen wurde.

In diesen Fällen ist nach § 497 die Berufung als unzulässig zu verwerfen.

Zu Z. 2 kann nach § 501 dann, wenn das Verfahren an einem wesentlichen Mangel leidet, das Berufungsgericht unter Aufhebung des Urteils und des Verfahrens, soweit das letztere durch den Mangel betroffen wird, die Sache an das Gericht I. Instanz zurückverweisen. Eine A u f h e b u n g aus solchem Grunde, nicht Abänderung, ist dann auch insbesondere geboten, wenn das Gericht I. Instanz unzuständig war und dies (wie bei a u s s c h l i e ß l i c h e m G e r i c h t s s t a n d) von Amtswegen zu beachten ist, die Klage also nicht materiell abgewiesen wird, sondern nur das Urteil aufgehoben wird und dem Kläger dann freisteht, sie bei dem zuständigen Gericht zu erneuern. Dagegen handelt es sich in den Fällen des § 500 trotz der Zurückverweisung an das Gericht I. Instanz nicht um eine A u f h e b u n g, sondern es wird durch Zwischenurteil des Richters II. Instanz dem Richter I. Instanz aufgegeben, sein Verfahren fortzusetzen und zu ergänzen.

Zu Z. 3 wird sehr gewöhnlich der Ausdruck gebraucht, daß „die Berufung z u r ü c k g e w i e s e n" werde; ich möchte jedoch vorschlagen, statt dessen die Formel zu wählen, daß das Urteil zu b e s t ä t i g e n sei, oder: es wird unter Bestätigung des Urteils I. Instanz erkannt, daß der Kläger mit seiner Klage / der Beklagte schuldig sei, an den Kläger ꝛc. zu bezahlen. abzuweisen sei. Es empfiehlt sich dies deswegen, weil nicht nur eine Verwechslung mit dem Falle der Ziff. 1 (in welchem ja auch die Berufung z u r ü c k g e w i e s e n wird, nur aus anderen Gründen und mit anderem Ausdruck) möglich ist, sondern auch weil diese Formel der Zurückverweisung bei den bedingten Urteilen (s. hiernach Ziff. 5) Schwierigkeiten macht.

Zu Ziffer 4 wird sehr häufig der Ausdruck gebraucht, es werde unter A u f h e b u n g des Urteils I. Instanz erkannt, daß ꝛc. Dies ist noch weniger zu billigen, als im Falle der Ziffer 3 die Formel „Zurückweisung der Berufung"; denn Aufhebung und Abänderung sind eben zwei ganz verschiedene Begriffe.

Wenn ein Urteil abgeändert wird, so erkennt der Berufungsrichter über die Materie selbst, setzt sein Urteil an die
Stelle des Urteils I. Instanz; wird aber das Urteil aufgehoben,
so erkennt der Berufungsrichter nicht über die Materie des
Urteils, setzt nicht sein Urteil an die Stelle des Urteils I. Instanz,
sondern es ist der Prozeß von Neuem wieder in I. Instanz zu
entscheiden, bald durch den Richter I. Instanz (§ 501), bald
durch ein anderes Gericht (im Falle der Unzuständigkeit des
Gerichts I. Instanz).

Besonders schwierig wäre aber
Ziffer 5 nach dem gewöhnlichen unter 3 und 4 angeführten
Sprachgebrauch die Fassung des Urteils, wenn solches teils
bestätigt, teils abändert, was meistens darin beruht, daß dem
Kläger eine höhere oder geringere Summe zuerkannt wird,
als im Urteil I. Instanz. Hier kann man nicht sagen, die
Berufung werde zurückgewiesen, noch auch, das Urteil werde
aufgehoben, da Jedes von beiden nur teilweise zutrifft; man
kann aber auch nicht wohl sagen, teilweise werde die Berufung
zurückgewiesen, teilweise aber das Urteil aufgehoben, es ist
vielmehr die natürlichste Fassung die, daß man sagt: Es
wird unter teilweiser Bestätigung, teilweiser Abänderung des
Urteils I. Instanz erkannt, daß — — —.

Endlich ist auch
6. die Fassung von durch Eid bedingten Urteilen II. Instanz
nach dem gewöhnlichen Sprachgebrauch (s. 3 und 4) nicht
leicht. In der Regel sagt man hier:

Es wird unter A u f h e b u n g des Urteils I. Instanz
erkannt, der Kläger
          Beklagte hat einen Eid dahin abzulegen — — —.
Würde er den Eid ablegen, so wird — — —, würde er ihn
aber verweigern, so wird — —. — [1]).

Allein dies halte ich deswegen für falsch, weil ja die
bedingten Urteile noch keine definitive Entscheidung sind,
sondern erst nach der Eidesleistung oder Verweigerung sich
zeigt, ob das unbedingte Endurteil dem Urteil I. Instanz

1) Entsch. des Reichsgerichts XII S. 858.

konform ist oder ob anders entschieden wird. Ein Eid ist
eben auch ein Beweismittel und dessen Abnahme ein Beweiseinzug [1]), und ob infolge einer neuen Zeugenaussage, einer
neu produzierten Urkunde oder einer Eidesleistung es bei
dem Urteile I. Instanz bleibt oder ob ein Urteil anderen
Inhalts gefällt wird, ist nach meiner Ansicht vollständig gleich.
— Es ist daher schon ausgesprochen worden, daß falls der
/—/ schwört, die Berufung zurückgewiesen werde, wogegen
aber höheren Orts ausgeführt wurde, daß man eine Berufung
nicht bedingt zurückweisen könne [2]), was aber eben auch wieder
dafür beweist, daß eben die Fassung „Zurückweisung der Berufung" statt Bestätigung keine glückliche ist. Dagegen sehe
ich nicht ein, warum man nicht wie früher sagen könnte:

Würde der Kläger
           Beklagte einen Eid dahin ablegen — — —, so

wird unter Bestätigung
           Abänderung des Urteils I. Instanz erkannt — — —

Würde er aber die Ablegung dieses Eides verweigern, so
wird unter Abänderung
           Bestätigung des Urteils erkannt — — —.

Anmerkung der Redaktion. Der Sprachgebrauch der
Urteile der Civilsenate des O.L.G. entspricht zu Ziff. 1, 2, 4 und 5
den vorstehenden Ausführungen, im Fall der Ziff. 8 wird — im
Anschluß an § 499 Schlußsatz C.P.O. und den ständigen Sprach-
gebrauch des Reichsgerichts — regelmäßig die Fassung gewählt:
„Die Berufung wird zurückgewiesen"; wenn aber eine nicht als Ab-
änderung des angefochtenen Urteils erscheinende Modifizierung der
Urteilsformel erfolgt, so wird meist gesagt: das Urteil werde „dahin bestätigt u. s. w.". Im Fall Ziff. 6 ist der Sprachgebrauch kein
gleichmäßiger, indem bei Erlassung eines bedingten Urteils bald im
Anschluß an das Reichsgericht (s. neuerdings wieder J.W.S. 1898
S. 48) das angefochtene Urteil „abgeändert", bald gesagt wird:
„Schwört der Kläger
            Beklagte, so wird die Berufung zurückgewiesen, ver-
weigert er den Eid, so wird das Urteil abgeändert". An und für sich ist
sicherlich die letztere Fassung vorzuziehen, denn ein bedingtes Urteil
ist — wie die vorstehenden Ausführungen betonen — sachlich nur

1) Württ. Ger.blatt XVI S. 186 –37.
2) Entsch. des Reichsgerichts a. a. O.

ein Beweisbeschluß in Urteilsform (vergl. auch § 24 G.K.G.) und
das angefochtene Urteil ist augenscheinlich in so lange nicht abgeändert, als von Leistung oder Verweigerung eines Eids abhängt,
ob nicht genau ebenso erkannt wird wie in erster Instanz.
Sofern es sich nur um eine Verschiedenheit der Fassung handelt,
könnte man sich dem Sprachgebrauch des Reichsgerichts unbedenklich
— der Einheitlichkeit zulieb — anschließen; allein die Verschiedenheit
der Fassung hat — wie die Ausführungen des Reichsgerichts ergeben — praktische Folgen: ist in erster Instanz Bekl. durch vorläufig
vollstreckbares Urteil zur Bezahlung einer Geldsumme verurteilt und
wird nun in zweiter Instanz ein bedingtes Urteil erlassen, so greift
bei der vom Reichsgericht gebilligten Fassung (wenigstens nach der
Meinung des R.G.) § 655 C.P.O. Platz und der Kläger muß auf
Antrag des Beklagten das vom Beklagten Bezahlte erstatten, während
diese Folge bei der anderen Fassung nicht eintritt. Nun ist es offenbar mißlich, wenn der Kläger zur Zurückerstattung des Geleisteten
verurteilt werden muß, während es von einem Eid — vielleicht einem
Eid des Klägers — abhängt, ob nicht die Verurteilung des Beklagten bestehen bleibt, und Kläger vielleicht bei Erstattung des Bezahlten jede Aussicht verliert, bei künftigem Obsieg zu seinem Geld
zu kommen. Wenn das R.G. Bd. 12 nr. 96 meint, die Verurteilung
zur Erstattung des vorläufig Bezahlten verdiene in solchen Fällen
Billigung, weil nach der Entscheidung des Berufungsgerichts bereits
feststehe, daß die Vollstreckbarkeit verfrüht verfügt worden sei, so
würde dies in gleicher Weise zutreffen, wenn das Berufungsgericht
einen Beweisbeschluß erläßt; es ist aber außer Frage, daß
diesfalls der Beklagte keine Erstattung des Bezahlten verlangen kann.

2. Zeugenbeweis als Dispositiv-Akt.

Es kann Fälle geben, in welchen eine Zeugenaussage
nicht bloß die gewöhnliche Beweiskraft eines Zeugnisses hat,
sondern einen selbständigen unanfechtbaren Akt bildet.

Wenn z. B. ein Cessionar gegen den debitor cessus klagt,
dieser die stattgehabte Cession und die Echtheit der Cessions-
urkunde bestreitet, der Cessionar nun den Cedenten als Zeugen
benennt und dieser bezeugt, daß er die betreffende Forderung
an den Kläger abgetreten habe, diese Abtretung auch jetzt
noch bestätigt und festhält und er auch noch dispositionsfähig
ist (was z. B. bei einem Gemeinschuldner, welcher darüber,
daß er die Cession vor der Zahlungseinstellung vorgenommen
habe, als Zeuge benannt wird, nicht mehr der Fall ist), so

ist dies nicht einem gewöhnlichen Zeugnisse gleich zu achten. Denn der Zeuge giebt hier zugleich eine b i n d e n d e Willens- erklärung ab; es ist ganz unstatthaft, sein Zeugnis ans ver- schiedenen Gründen (z. B. naher Verwandtschaft, eigenen Interesses ꝛc.) als unglaubwürdig zu bezeichnen, es bildet dasselbe vielmehr einen vollkommenen unumstößlichen Beweis[1]).

Das Gleiche ist der Fall, wenn Jemand ein Gebäude oder anderes Grundstück an einen Anderen verkauft und hiebei zugesichert hat, daß er einen Zugang über das Gebäude oder Grundstück eines Dritten habe; wenn der Käufer hier zweifelt und Beweis haben will, der Dritte aber als Zeuge angiebt, daß er ein solches Durchgangs- oder Ueberfahrts- ꝛc.- Recht anerkenne, so giebt er auch hiedurch eine bindende Willenserklärung ab, welche vollen Beweis liefert und so lassen sich noch verschiedene Fälle denken.

3. Unstatthafte Verteidigungsweise des Beklagten.

I. Nach früherem Prozeßrecht galt noch die Eventual- maxime vollständig oder modifiziert und es wurde derselben hauptsächlich vorgeworfen, daß nach ihr eine Partei zu gleicher Zeit verschiedene Behauptungen vorbringen könne, welche mit- einander in ganz unvereinbarem Widerspruch stehen, daß man z. B. gegen eine Klage auf Bezahlung eines entlehnten und zerbrochen zurückgegebenen Topfes sich so verteidigen könne:

„1) In erster Linie bestreite ich, den Topf entlehnt zu haben;

2) in zweiter Linie behaupte ich, daß ich denselben unver- sehrt zurückgegeben habe;

3) in dritter Linie behaupte ich, daß der Topf schon ein Loch gehabt hat, als ich ihn entlehnt habe."

Allein eine solche Verteidigungsweise war auch nach der Eventualmaxime nicht statthaft, war nur ein M i ß b r a u c h derselben und die Gerichte traten auch schon früher dem Vor- bringen solcher mit dem prinzipalen Vorbringen oder unter sich selbst unvereinbaren, eventuellen Einreden entgegen, erklärten sie für unstatthaft. So wurde z. B. in der früheren württ.

---

1) Siehe S e u f f e r t Archiv I, 236, XII, 96 vergl. mit V, 76.

Rechtssprechung (vor 1869 und vor 1879) für unzulässig er=
klärt, daß der Beklagte ein Darlehen empfangen zu haben
bestreite, zugleich aber behaupte, daß das Darlehen am . . .
zurückbezahlt worden sei, oder daß der als Gesellschafter be=
langte Beklagte leugne, jemals Gesellschafter gewesen zu sein,
eventuell aber vorbringe, er sei am . . . aus der Gesellschaft
ausgetreten, oder zu sagen, daß ein angeblich gefälschtes Te=
stament durch unerlaubten Zwang gegen den Testierer zu
Stande gebracht worden sei, oder endlich, daß ein Beklagter
behaupte, ein Erlaßvertrag sei unbedingt bindend gewesen,
eventuell aber sage, er sei für beide Teile bedingt gewesen
und die Bedingung eingetreten[1]). — Selbstverständlich galt
dann das Gleiche für den Kläger, welcher sich gegen Ein=
reden replicando auf ähnliche Weise verteidigen wollte.

II Dieser Grundsatz, daß thatsächliche Behauptungen,
auf welche Einreden gegründet werden, weder unter sich selbst,
noch mit der Einlassung auf die Klage in unvereinbarem
Widerspruch stehen dürfen, gilt denn auch jetzt noch, da er
aus allgemeinen, für jede Prozeßordnung geltenden Grund=
sätzen folgt[2]). Ja es ist gerade bei der jetzigen Prozeßord=
nung, in welcher nach § 251 das gesamte thatsächliche Vor=
bringen nicht in einem bestimmten Abschnitt bei Ausschluß=
vermeidung vorgebracht werden muß, noch öfter möglich, als
früher, daß solche widersprechende Behauptungen vorkommen.

Früher trat diese Unvereinbarkeit der zusammen vor=
gebrachten Thatsachen und Gründe sofort hervor, der
Richter konnte dem Beklagten erklären, daß es nicht angehe,
auf eine und dieselbe Frage zugleich Ja und Nein zu sagen,
daß, wenn er sich nicht selbst für das eine oder andere ent=
schließe, eben nur das prinzipale Vorbringen berücksichtigt
werden könne[3]), worauf dann der Beklagte auch noch die

---

1) Vergl. Berner=Schäfer das Verfahren rc. S. 316—19,
auch Wetzell, Civ. Proz. § 69 Z. 2 zu Note 5 ff.

2) Siehe Pfizer in Buschs Zeitschrift XXXI S. 367 ff.;
Meyer daselbst XXXIII S. 32 ff.

3) Berner=Schäfer a. a. O.

Wahl halle, welche von den beiden Verteidigungen, die er
nicht beide gellend machen dürfe, er wählen wolle. — Jetzt
aber kann es vorkommen, daß nach erfolgtem Beweisbeschluß
und Beweiseinzug bei der Beweisausführung oder gar in
II. Instanz der Beklagte eine andere Verteidigung vorbringt,
welche mit seiner früheren unvereinbar ist und dann der Anwalt
dies durch ein Mißverständnis erklärt, behauptet, er oder der
frühere Anwalt hätte eben früher die Partei falsch verstanden,
es sei jetzt erst (z. B. mit Beihilfe von Familienmitgliedern)
gelungen, aus dem Beklagten herauszubringen, was er eigentlich gemeint und gewollt habe. In der That wird auch dies
oft nicht zu verwerfen sein, man stößt oft (z. B. beim Vorbringen von Anträgen auf einer Gerichtsschreiberei) auf Leute,
aus deren Vorbringen man gar nicht kommt, die selbst wieder
den Fragenden nicht verstehen, und oft klagen auch die
Anwälte, daß mit ihren Parteien so schwer zu verkehren sei,
man gar nicht herausbringen könne, was man wissen wolle,
und in vielen Fällen wird man dann auch das spätere, obgleich mit dem früheren unvereinbare Vorbringen nicht verwerfen können.

III. Es ist aber auch wohl zu bemerken, daß man mit
dem obigen Grundsatze nicht zu strenge sein darf, daß es
viele Fälle giebt, in welchen ein solcher Widerspruch nur scheinbar oder entschuldbar ist und man der Partei durch Ver-
werfung des eventuellen Vorbringens großes Unrecht anthun
würde[1]). Es kann z. B. bei Klagen aus einem Darlehen
oder Kauf der Beklagte vorbringen, er habe mit dem Kläger
viele Geschäfte gehabt, dieselben seien alle durch eine Schlußabrechnung bereinigt worden und der Saldo bezahlt worden;
bei dieser Schlußabrechnung habe man alle gegenseitigen
Schuldurkunden vernichtet und könne er sich der einzelnen
nicht mehr erinnern. In erster Linie spreche er sich also mit
Nichtwissen aus und verlange Beweis; in zweiter Linie behaupte er, daß wenn diese Schuld je bestanden hätte, sie durch
Abrechnung getilgt worden sei und diese Verteidigung wird

1) Wetzell, Civ. Prozeß § 69 Note 2.

man nicht als unstatthaft erklären dürfen. Oder der Beklagte sagt, daß er sich nicht mehr erinnere, dem Kläger diese Summe für das und das schuldig geworden zu sein, da er nach Ablauf der Verjährungszeit seine Quittungen und seine Aufschriebe zu vernichten pflege. Er erklärt sich daher auch in erster Linie mit Nichtwissen und bringt in zweiter Linie die Einrede der Verjährung vor; auch dies würde man als ganz zulässig erachten müssen.

Ein dritter ganz interessanter Fall kam kürzlich bei der Civilkammer in R. vor. Die Erben eines vermögenden Mannes belangten einen Verwandten auf Zurückzahlung eines vor 10 Jahren gegebenen unverzinslichen Darlehens. Der Beklagte gab zu, diese Summe erhalten zu haben, bestritt aber, daß sie als ein D a r l e h e n gegeben worden sei, da dies ein G e s ch e n k aus besonderer Ursache gewesen sei; als nun vor Kurzem der noch lebende Schenker dies als Darlehen zurückgefordert habe, seien er und seine Familie darüber so empört gewesen, daß sie gesagt haben, jetzt wollen sie es nicht einmal mehr geschenkt haben, und es zurückbezahlt haben, wobei der Empfänger auf das Verlangen einer Quittung geäußert habe, das brauche es nicht, es sei ja auch kein Schuld- schein gegeben worden. Da nun aber die Erben es doch noch einmal zurückverlangen (weil der Erblasser den Posten im Hausbuch nicht gestrichen hatte), so machen sie auch von allen Verteidigungsmitteln Gebrauch, bestreiten in erster Linie das Darlehen und behaupten eventuell Zahlung. Die Civil- kammer hielt dies für statthaft, da es nicht unvereinbar sei, den Empfang einer Summe als D a r l e h e n zu bestreiten und zu behaupten, man habe es zwar nicht anerkannt, aber doch b e w u ß t i n d e b i t e heimbezahlt; es wurde ein Be- weisbeschluß über diese Einrede der Zahlung erlassen und der Beweis auch vollständig erbracht.

Weitere Fälle siehe bei P f i z e r und M e y e r a. d. a. O. (Not. 2), wozu nur zu bemerken ist, daß P f i z e r zu schroff und formalistisch ist, den Beklagten in berechtigter Verteidigung zu sehr beschränken will (siehe hierüber M e y e r a. a. O.).

136

Litterarische Anzeigen.

Das Reichsgesetz über die Angelegenheiten der freiwilligen Gerichtsbarkeit, erläutert von E. Dorner, Geh. Regierungsrat im badischen
Justizministerium (Karlsruhe, Verlag von J. Lang, 5 Abteilungen zu
2 M. 40 Pf. (631 Seiten und 50 Seiten Register).

Diese ausführliche und gründliche, schon vollständig vorliegende
Erläuterung des Gesetzes, das für Württemberg vieles Neue und
Ungewohnte bringt, wird von allen, die sich mit der freiwilligen
Gerichtsbarkeit zu befassen haben, willkommen geheißen werden. Der
Verfasser ist seit Jahren Referent für die Angelegenheiten der freiwilligen Gerichtsbarkeit im badischen Justizministerium. Das Werk
erläutert nicht nur die in dem behandelten Gesetz unmittelbar enthaltenen Vorschriften, sondern auch die darin für anwendbar oder
entsprechend anwendbar erklärten Vorschriften des C.B.G., der C.P.O.
(insbesondere der neuen C.P.O.) und der Grundbuchordnung, sowie einzelne mit dem Gesetzesinhalt in nahem Zusammenhang stehende
materiellrechtliche Fragen des Vormundschafts-, Erb- und internatio-
nalen Privatrechts.

Die Errungenschaftsgemeinschaft des B.G.B. Von K. Schefold,
A.A. in Ulm (Stuttgart, Kohlhammer, Preis: 1 M. 60 Pf.). Die
„Sammlung leichtverständlicher und so sehr dem praktischen Leben
abgelauschter Sätze", wie v. Völberndorff das B.G.B. nennt, zeichnet
sich insbesondere in den Vorschriften über das eheliche Güterrecht
durch Unübersichtlichkeit aus; das in Betreff der Errungenschaftsgemeinschaft geltende Recht muß, wie die Vorrede der oben genannten
Schrift selber mit Recht sagt, „mühsam zusammengesucht werden".
Man wird daher gern zu einer Schrift greifen, die als Führer durch
dieses Dickicht zu dienen wohl geeignet ist, einer knappen, klaren,
systematischen Darstellung des Rechts der Errungenschaftsgemeinschaft,
wie es sich aus dem B.G.B. und den einschlägigen Bestimmungen
der C.P.O., K.O. und des Gesetzes über die Angelegenheiten der
freiwilligen Gerichtsbarkeit ergiebt. Beigefügt ist ein von sachkundiger
Hand nach dem Recht des B.G.B. bearbeiteter Teilungsfall.

Die Grundzüge des Familien- und Erbrechts nach dem württ.
Recht und dem B.G.B. in vergleichender Darstellung bearbeitet von

H. Mayer, Gerichtsnotar in Stuttgart und Dr. A. Reis, K.A. in Stuttgart (Kohlhammer, Preis: 2 M. 50 Pf.). Die Schrift (142 Seiten) schließt sich nach Form und Inhalt (unter Weglassung des Vormund-schaftsrechts) an das bekannte: „württ. Familien-, Erb-, und Vor-mundschaftsrecht" des Mitverfassers H. Mayer an. Verhältnismäßig ausführlich ist insbesondere das Recht der Errungenschaftsgemein-schaft und im Erbrecht die verwickelte Lehre von der Haftung der Erben behandelt, die zu klarer Darstellung gelangt. Die im Ganzen sehr knappe Behandlung dürfte das Verständnis manchmal etwas erschweren, führt auch je und je zu kleinen Ungenauigkeiten (z. B. § 20 IV, 2: dem Vormundschaftsgericht stehe zu „die Anzeigepflicht bei Wiederverheiratung des Gewalthabers"; § 61 III: die Pflicht des Erben, den Konkurs über die überschuldete Erbschaft zu beantragen, sei eine „Nachlaßverbindlichkeit"). Sehr gut wird sich die Schrift als Grundlage zu Vorlesungen über die einschlägigen Teile des B.G.B. für Notariatskandidaten und zu rascher Orientierung für den Praktiker eignen.

Das deutsche Grundbuchrecht u. f. w. von L.G.R. Klumpp. Von diesem in Bd. 10 S. 383 der Jahrbücher angezeigten Werk ist der zweite Teil (S. 151–444, Preis 3 M. 60 Pf.) erschienen. Er enthält die Darstellung der „einzelnen dinglichen Rechte an Grundstücken". Eingehend und gründlich ist namentlich (auf S. 227–425) das Hypotheken-Recht (einschließlich Grundschuld und Rentenschuld) be-handelt, eine um so höher anzuschlagende Arbeit, als der Verfasser für eine derartige Behandlung keinen Vorgang hatte, an den er sich anlehnen konnte. Es ist bei dieser Sachlage (wie aus dem schon in der früheren Anzeige hervorgehobenen Grund) erklärlich, daß die Fassung der aufgestellten Sätze mitunter nicht ganz präzis ist und zuweilen gegen deren Richtigkeit sich Bedenken erheben. Um in dieser Beziehung einen einzelnen Paragraphen herauszugreifen, so ist in § 77 („Uebersicht über die Anwendung der Prinzipien der Bucheinrichtung auf das Pfandrecht") auf S. 246 gesagt: nur bei der Ver-kehrshypothek müsse —, bei der Sicherheitshypothek könne der Gläubiger bei Bestellung der Hypothek eingetragen werden, während doch nur bei der Sicherheitshypothek für die Forderung aus einem Inhaberpapier u. f. w. (§ 1167) die Angabe des Gläu-bigers wegfällt (richtig: S. 274, 277); auf S. 252 heißt es: nur die Kautionshypothek gelte als Sicherungshypothek auch ohne im Grund-buch als solche bezeichnet zu sein, während das Gleiche auch bezüglich der gemäß § 1187 bestellten Hypothek gilt (richtig: S. 278); auf S. 255 fehlt in C, 1 das Citat des maßgebenden § 1163; auf S. 250 ist als Inhalt des § 1155 angegeben: „Voraussetzung der Berufung auf den öffentlichen Glauben (des Grundbuchs) ist endlich bei der

Briefhypothek, daß das Gläubigerrecht des Besitzers des Hypothelen-
briefs aus einer zusammenhängenden, auf einen eingetragenen Gläubiger zurückführenden Reihe von öffentlich beglaubigten Abtretungs-
erklärungen sich ergiebt". Nach dem Zusammenhang scheint damit
gesagt werden zu wollen, daß ein Cessionar, der den Hypothelenbrief
auf Grund einer nicht öffentlich beglaubigten Abtretungs-
erklärung erworben hat (§ 1154), sich z. B. bezüglich des Bestehens der hypothekarisch gesicherten Forderung nicht
auf den öffentlichen Glauben des Grundbuchs berufen kann; das
kann aber nicht sein; der § 1155 scheint vielmehr nur sagen zu wollen,
daß hinsichtlich der Berechtigung des Rechtsvorgängers
des Cessionars zur Veräußerung der Hypothek die Vorschriften über den öffentlichen Glauben des Grundbuchs nur unter
der im § 1155 angegebenen Voraussetzung Platz greifen: vergl. § 1114
E.B.G.B. und Motive hiezu; Dernburg, Das bürg. Recht des
deutschen Reichs und Preußens Bd. 8 § 232 II S. 633—84. Ist
diese Ansicht richtig, so ist freilich die Fassung des § 1155 — wie
die zahlloser anderer Paragraphen — völlig mißlungen; dieses Beispiel beweist aber zugleich wie schwierig die von dem vorliegenden
Werk unternommene Aufgabe ist und die Verdienstlichkeit der Arbeit
wird durch derartige unter den obwaltenden Umständen unvermeid-
liche Mängel nicht beeinträchtigt.

　　Staub, Kommentar zum H.G.B. Sechste Auflage, enthaltend
das neue H.G.B. 1. Lieferung (3 M.) Berlin, Heine. Der vorzüg-
liche, derzeit die Praxis beherrschende Staub'sche Kommentar bedarf
keiner Empfehlung. Die neue Auflage, worin das neue H.G.B. in
der alten bewährten Weise erläutert wird, widmet u. a. den „Ueber-
gangsgrundsätzen" besondere Beachtung, indem — soweit nötig —
bei jedem § des H.G.B. ein besonderer Zusatz „Uebergangsfragen"
behandelt; sodann finden auch die in das Gebiet des H.G.B. herein-
spielenden Sätze des B.G.B. eingehende Erörterung, so wird z. B.
S. 28—98 „die Stellung des Weibes im Handelsrecht" dargelegt.
Wohl zu beachten ist auch die auf S. 12—28 enthaltene Erörterung
von „Fragen der Beweislast", wobei ebenfalls die Stellung dargelegt wird, die das B.G.B. hiezu einnimmt. Kein Praktiker, der mit
Handelsrecht zu thun hat, wird das Werk entbehren wollen.　　Pf.

I.

Entscheidungen des Oberlandesgerichts.

A. in Civilsachen.

29.

Verjährung einer Kirchenbaulast.

Die katholische Gemeinde Oberkochen gehörte bis zum Jahre 1803 zu den Besitzungen des früheren Klosters und späteren fürstlichen Stiftes Ellwangen. Durch den Reichsdeputationshauptschluß von 1803 kam dieselbe mit den übrigen Besitzungen des Stifts an den württembergischen Staat, welcher in die Rechte und Pflichten des Stiftes eingetreten ist. Nach der Behauptung der Klägerin ist die Kirche der katholischen Gemeinde zu St. Peter baufällig, sowie für die Seelenzahl der Gemeinde zu engräumig und bedarf eines vollständigen Neubaues; zur Vornahme desselben sei mangels eines hinreichenden Kirchenvermögens (des sog. „Heiligen") der Beklagte als Rechtsnachfolger des Stiftes verpflichtet. Klägerin hat daher unter dem 14. Juli 1894 Klage erhoben und den Antrag gestellt: den Beklagten für schuldig zu erkennen, in Erfüllung der ihm an der Pfarrkirche zu St. Peter in Oberkochen obliegenden (subsidiären) Baulast die an dieser Kirche notwendigen, dem jetzigen Bedürfnisse entsprechenden Neubauten, Erweiterungen und Reparaturen auf seine Kosten alsbald vornehmen zu lassen.

Sie stützt die Baupflicht des Beklagten auf das dem

Beklagten zustehende Patronatrecht, mit welchem Nutzung
von Kirchenvermögen verbunden sei, auf die durch das vormalige Kloster Ellwangen vorgenommene Inkorporation der
Kirche, endlich auf Anerkennung und unvordenkliche Verjährung. Der Beklagte bestreitet seine Baupflicht. Er
zieht zwar nicht in Abrede, daß das Patronat über die
Kirche auf ihn übergegangen sei, er bestreitet aber, daß mit
demselben kirchliche Nutzungen verbunden gewesen seien, er
bestreitet weiter die Inkorporation der Kirche, sowie das
behauptete Anerkenntnis und Herkommen. Außerdem hat
er die Einrede der Klageverjährung erhoben auf Grund der
Thatsachen, daß schon seit dem Jahre 1835, vor allem aber
im Jahre 1846 Klägerin die Herstellung des Neubaus bezw.
der Reparatur der Kirche verlangt, daß aber er (Beklagter)
in dem letztgenannten Jahre nicht bloß die geforderten Leistungen verweigert, sondern auch die damals gleich wie jetzt
behauptete Baupflicht ausdrücklich bestritten habe. Trotzdem
habe Klägerin erst im Jahre 1894 den Rechtsweg beschritten.
Die Klägerin hat bestritten, daß die Verpflichtung des Beklagten verjährt sei, da kirchliche Baulasten überhaupt der
Verjährung nicht unterworfen seien, auch der jetzt geltend gemachte, in erster Linie auf die Baufälligkeit der Kirche gestützte Anspruch mit dem im Jahre 1846 erhobenen, ausschließlich auf deren Engräumigkeit gestützten, nicht identisch
sei, zudem die Voraussetzungen des Beginns des Laufes der
Verjährung nicht gegeben seien. Eventuell stehe ihr (Klägerin)
eine replica doli zu, da Beklagter im Jahre 1852 den Aufschub des Kirchenbaus in Anregung gebracht und sie (Klägerin)
hierauf eingegangen sei. Der Beklagte hat jede Ein-
wirkung der Verhandlungen vom Jahre 1852 auf den Lauf
der Verjährung bestritten.

Die Klage ist vom Landgericht auf Grund der Einrede
der Verjährung abgewiesen worden, das Oberlandesgericht
hat die Berufung der Klägerin zurückgewiesen. Aus den
Gründen:

Was die nach Sachlage vorerst allein zu prüfende Frage

anlangt, ob die Verbindlichkeit des Beklagten nicht, wie dieſer
vorſchützt, durch Verjährung erloſchen, ſo iſt

1) vor allem der Einwand der Klägerin, daß derartige
(kirchliche) Baulaſten aller und jeder Verjährung entzogen ſeien, zu verwerfen.

Die erhobene Klage iſt geſtützt einerſeits auf die unbe-
ſtrittene Thalſache der gemäß §§ 35, 36 des Reichsdeputations-
hauptſchluſſes vom 25. Februar 1803[1]) erfolgten Rechtsnachfolge
des Beklagten in das Vermögen des vormaligen Kloſters und
Stifts Ellwangen nebſt allen Verbindlichkeiten und Laſten,
welche auf dem Stifte gelaſtet hatten, andererſeits auf die
von dem Beklagten beſtrittene Behauptung, daß die von der
Klage in Anſpruch genommene ſubſidiäre Kirchenbaulaſt dem
Stifte als Patron, wie auch zu Folge Inkorporation ꝛc.
obgelegen habe.

Es kann nun dahingeſtellt bleiben, ob angeſichts dieſer
Klagbegründung ohne Weiteres ein dingliches Recht bezw.
eine Reallaſt oder aber nur eine perſönliche Obligation gegeben wäre[2]). Denn ſowohl die eine, als die andere Art
von Anſprüchen erliſcht gänzlich d. h. ſamt dem Recht auf
künftig verfallende Leiſtungen, wenn nicht ſchon durch die
Unterlaſſung der einzeln fällig gewordenen Leiſtungen[3]), ſo
jedenfalls immerhin dann, wenn, wie vorliegend in dem Beſcheid vom 3. Oktober 1846 geſchah, von dem Verpflichteten
mit der Verweigerung der fällig gewordenen und geforderten[4]) Leiſtung gleichzeitig das Recht im Ganzen widerſprochen und wenn ſich gegneriſcher Seits hiebei die für die
Klagenverjährung erforderliche Zeit d. h. 30 bezw. 40 Jahre
hindurch beruhigt d. h. die gerichtliche Geltendmachung

---

1) Meyer, Staatsakten für Geſchichte ꝛc. des Teutſchen Bundes.
2. Aufl. Frankfurt 1833. S. 12 ff.

2) Vergl. Sammlungen von Entſcheidungen des oberſten Landes-
gerichts in Bayern Bd. 0 S. 610; vergl. mit Bd. 7 S. 492.

3) S. württ. Archiv XII S. 229; Gerber, Teutſches Priv.-R.
§ 171 bei und in Note 3 und 4.

4) S. Sammlung a. a. O. Bd. 7 S. 438; Seufferts Archiv I
nr. 135.

des Rechts verſäumt worden iſt[1]).

Jn der Praxis des vormaligen württembergiſchen Obertribunals insbeſondere iſt ſtets daran feſtgehalten worden,
daß überall, wo der Baupflichtige die ihm angeſonnene Leiſtung
aus dem Grunde abgelehnt hatte, weil von ihm überhaupt
die ganze Berechtigung widerſprochen wurde, mit dem Ablauf der Exſtinktiv-Verjährungszeit nicht bloß der Anſpruch
auf die betreffende einzelne Leiſtung, ſondern das ganze Recht
ſelbſt erlöſche[2]) und zwar, da hiebei nicht ein auf Herausgabe einer unrechtmäßig beſeſſenen S a c h e gerichteter Anſpruch in Frage ſteht, ohne Unterſchied, ob der Widerſpruch in gutem Glauben erfolgt war oder nicht[3]).

2) Hienach kann auch dahin geſtellt bleiben, ob die Vertreter des Beklagten bei Beſtreitung der Baulaſt ſich in gutem
Glauben befanden oder nicht; überdies iſt ein irgend wie
ſchlüſſiger Beweis für einen böſen Glauben derſelben nicht
angetreten; der gute Glaube aber ſtünde zu vermuten[4]).

3) Zugleich erhellt, daß es, nachdem das Recht im Ganzen
mit der in der erörterten Weiſe qualifizierten Verjährung des
im Einzelfall erhobenen Leiſtungs-Anſpruchs erliſcht, rechtlich
ganz gleichgültig iſt, ob ein ſpäter geltend gemachter, auf
dasſelbe Recht im Ganzen ſich ſtützender Leiſtungsanſpruch
mit dem vordem geltend gemachten verjährten identiſch iſt
oder nicht.

Es kann daher des Weiteren dahingeſtellt bleiben, ob
der jetzt erhobene Anſpruch auf einen Neubau bezw. erwei-
ternden Umbau des Kirchengebäudes derſelbe iſt, wie der früher
erhobene, welcher dem Beklagten den Anlaß gab, das Recht

1) S. die Zitate im württ. Archiv XII S. 229 Note 47; vergl.
Blätter für Rechtsanw. Bd. 20 S. 10, Bd. 19 (Erg. Blätter) S. 45
Bd. 23 S. 156, Sammlung ꝛc. Bd. IX S. 18, Bd. X S. 415, K. M.,
BL für Bayern 1865 S. 247.

2) S. S e u f f e r t s Archiv I nr. 185, VI, nr. 4 a. E. u. württ.
Arch. III, 400; XII 227.

3) Gemeinbeſcheid des vorm. württ. Obertribunals vom 21. Juni
1852, Reg.-Bl. 184; württ. Archiv III S. 400.

4) cf. R.G. Bd. 22 S. 200; W ä c h t e r, Pand. I S. 624.

der Klägerin im Ganzen zu widersprechen.

4) Dahingestellt kann ferner bleiben, ob nach damaligem
Recht der Klägerin Angesichts dieses Widerspruchs eine Klage
schlechthin auf Anerkennung der widersprochenen Baupflicht
(sei es als konfessorischer oder als Feststellungsanspruch) gegeben war[1]), denn es kann nach Sachlage trotz des Protests
der Klägerin in dieser Instanz daran nicht gezweifelt werden,
daß zur Zeit des — von dem Beklagten erhobenen — Widerspruchs gegen die ihm angesonnene Baulast das Bedürfnis
des damals von ihm begehrten Neubaus bezw. Umbaus einer-
und die Insuffizienz des Heiligen andererseits und damit
die Fälligkeit eines Leistungsanspruchs gegeben war.

Zunächst hatte der Stiftungsrat Oberkochen, welcher gemäß § 130 des württ. Verwaltungsedikts vom 1. März 1822
zur Erwägung der Frage berufen war, ob und wer „etwa
Kraft Patronatrechts oder aus irgend welchem anderen Rechtsgrund nach Gesetz und Herkommen (bei der Unzulänglichkeit
des Stiftungsvermögens) in Anspruch genommen ... werden
dürfte", in dem Immediatgesuch an den König vom 8. September 1839 eine Vergrößerung der Ortskirche oder
vielmehr in Rücksicht ihrer Lage einen Neubau derselben —
unter detailliertem ziffermäßigem Nachweis der räum-
lichen Insuffizienz des Kirchengebäudes — „als unab-
weisbares Bedürfnis" und den Beklagten auf Grund
seiner Succession in das vormalige Stift Ellwangen als —
nach damaligen Vermögensumständen der Stiftungspflege
— baupflichtig bezeichnet. Die von den kirchlichen
Oberbehörden anerkannte, schon aus der Pfarrbeschreibung
vom Jahre 1835 ersichtliche Notwendigkeit und Dringlichkeit
der Erweiterung bezw. des Neubaus war sodann von der
Finanzkammer in Ellwangen, der damaligen gesetzlichen Vertreterin des Staates in Baulastsachen, auch nicht beanstandet,
es war von derselben vielmehr (im August 1840) lediglich
rescribiert worden, daß man, da der Stiftungsrat eine Un-
vermögenheit der in erster Linie baupflichtigen Heiligenpflege

---

1) S. hierüber Seufferts Archiv XV nr. 60 Note 1.

nicht n a ch g e w i e f e n habe, dem Gefuche feine Folge zu
geben wiffe. Erft nachdem der Stiftungsrat in einer Eingabe vom 24. Oktober 1841 den Nachweis der damaligen
(durch die jetzt vorliegenden Stiftungspflegrechnungen zur
Genüge befcheinigten) Unvermöglichkeit des „Heiligen" unter-
nommen und bei der Un a u f f ch i e b b a r k e i t der Neubauten um baldigfte Abhilfe gebeten, auch diefes von feinem
Vorftand nach Einholung eines oberamtlichen Beiberichts im
Januar 1842 vorgelegte Gefuch im Mai 1842 und wiederholt im Oktober 1845 in b r i n g l i ch ft e Erinnerung gebracht hatte, beftritt die Finanzverwaltung (das K. Finanzminifterium im Einverftändnis mit den Anträgen der Finanzkammer) in dem dem Stiftungsrat noch im gleichen Monat
eröffneten Befcheid vom 6. Oktober 1846 ihre (fubfidiäre)
B a u p f l i ch t ü b e r h a u p t — und zwar wegen mangelnden Nachweifes der kirchlichen Eigenfchaft des betreffenden
Zehntrechts fowohl, als wegen entgegenftehenden Herkommens.
Mit Bekanntgabe diefes Befcheids an die Klägerin war diefer
gegenüber die Baulaft von dem Beklagten widerfprochen und
die Verjährung des klägerifcher Seits e r h o b e n e n Leiftungs-
anfpruchs in der nach dem Obigen erforderlichen Weife qua-
lifiziert.

Der dem Beklagten obliegende mit dem Bisherigen er-
brachte Beweis, daß der erhobene Anfpruch an fich klagreif
(fällig) war, wird durch die in der Folge hinfichtlich der
Zuficherung eines Gnadenbeitrags unter wiederholter Ver-
wahrung gegen jede rechtliche Verbindlichkeit beklagter Seits
der Klägerin angefonnene Hinausfchiebung des Baus nicht
in Frage geftellt. Der bezüglichen Note der Oberfinanz-
kammer vom 25. Februar 1852 ift lediglich zu entnehmen,
daß für den Fall, daß der Neubau nicht auf beffere Zeiten
folle verfchoben werden können, ein in Gnaden zu bewilligen-
der Staatsbeitrag von (nur) 2500 fl. in Ausficht geftellt
werden könne, und wenn hierauf der Stiftungsrat, welcher
diefen Beitrag für „viel zu karg" bemeffen hielt, befchloß,
noch zuzuwarten, fo war damit nicht einem gegnerifchen Wider-

spruch in Betreff der Notwendigkeit eines Erweiterungsbaus
stattgegeben, auch dem seine Rechtspflicht überhaupt nach wie
vor bestreitenden Fiskus keinerlei Stundung gewährt, mit
demselben „keine Aufschiebbarkeit des Baus vereinbart", vielmehr lediglich, wie schon dem Berichte vom 2. Dezember 1847
zu entnehmen war und in den Beschlüssen des Stiftungsrats
vom 28. Juli und vom 4. August 1853 wiederholt zum Ausdruck kam, der Chance eines (höheren) Gnadenbeitrags (für
den Fall des Zuwartens) der Vorzug vor sofortiger Verfolgung des nach wie vor für fällig erachteten und fällig gebliebenen Rechtsanspruchs gegeben. Aus der Thatsache insbesondere, daß sich die Gemeinde trotz der Engräumigkeit der
Kirche noch geduldete und noch lange Zeit geduldet hat, bis
sie endlich Klage erhob, folgt selbstredend nicht, daß von
Anfang an doch kein eigentliches Bedürfnis einer Erweiterung
der Kirche vorgelegen habe.

5) Nicht abzusehen ist endlich auch, wie so es dem Beklagten wegen des in der Note vom 25. Februar 1852 der
Klägerin gemachten Vorschlags, mit einem Bau noch zuzuwarten, nach Treu und Glauben verwehrt sein sollte, von
der Verjährungseinrede Gebrauch zu machen. Die replica
doli der Klägerin würde, um zuzutreffen, zweierlei voraussetzen,
   a) daß die Klägerin durch das Verhalten des Beklagten
      von der rechtzeitigen Klageerhebung abgehalten worden ist,
   b) daß dieses Verhalten des Beklagten — wenn auch nicht
      ein von vorn herein arglistiges, so doch ein objektiv
      rechtswidriges war[1]).

Weder die eine noch die andere Voraussetzung trifft vorliegend zu.

Es ist weder ersichtlich, daß der Stiftungsrat, welcher
damals noch über 30 Jahre zu rechtzeitiger Klagerhebung vor
sich hatte, durch jenen Vorschlag zu mehr als einem vorläufigen Zuwarten sich bestimmen ließ, noch nach Sachlage erweislich, daß jener Vorschlag („bei jetziger für die
Gemeinde wie für die Staatskasse schlechter Zeit möglichst

_____

1) S. Entsch. des Reichsger. Bd. 52 S. 142 ff.

noch mit dem Bau zuzuwarten"), bezüglich dessen von einer
objektiven Rechtswidrigkeit überhaupt keine Rede sein kann,
ein arglistiger, bezw. behufs Frustrierung der Klagefrist gemacht war. Auch war in der Note vom 25. Februar 1852,
wie schon oben bemerkt, die Bedürfnisfrage bezw. die Un-
aufschiebbarkeit des Baues keineswegs widersprochen. Es
könnte daher auch nicht etwa davon die Rede sein, daß die
Beklagte durch Bestreiten der Baubedürftigkeit die Klägerin
veranlaßt habe, von der gerichtlichen Verfolgung ihrer Ansprüche bis zum Eintritt eines wirklichen Bedürfnisses abzu-
stehen. Eine so formulierte, mit den Beschlüssen vom 28. Juli
und 4. August 1853 kaum vereinbare Behauptung hat denn
auch die Klägerin nicht aufgestellt. —

6) Ist nach dem Bisherigen die zu Gunsten der Klägerin
gemäß Art. 6 des württembergischen Gesetzes vom 28. Februar
1873, betreffend die Aufhebung von Vorrechten des Fiskus rc.
mit dem Ablauf von 40 Jahren sich vollendende Verjährung
und die hierauf gestützte Einrede des Beklagten zu beachten,
so kann es sich Angesichts der am 13. Juli 1894 erfolgten
Klagerhebung für den Erfolg dieser Einrede nur noch darum
handeln, ob der Widerspruch des Beklagten, welcher, wie
außer Streit ist, noch im Oktober 1846 und wiederholt im
Jahre 1852/53 dem Stiftungsrat zur Kenntnis kam, hiemit
auch als der Kirchengemeinde zur Kenntnis gebracht zu gelten
hat und, wenn nicht, ob er dieser anderweit spätestens bis
zum 13. Juli 1854 bekannt geworden war — u. a. W. ob
als gesetzlicher Vertreter der Korporation in dieser Beziehung
der Stiftungsrat oder die der Korporation angehörenden
Parochianen selbst anzusehen waren[1]).

Zu dieser Frage ist folgendes zu bemerken:

Wenn auch richtig ist, daß bis zum Erscheinen der
Gesetze vom 6. Juni 1887 eine Vertretung der Kirchengemeinden in ökonomischer Hinsicht überhaupt ge-

[1] Zu vergl. Windscheid, Pand. § 69 bei und in Note 3—5;
württ. Archiv VII S. 308 o.; württ. Gerichtsblatt VIII S. 80 81;
Lang, Pers. Recht S. 196 Note 5.

seßlich nicht vorgesehen war[1]) und daß der Stiftungsrat insbesondere auf Grund des § 130 des Verwaltungsedikles noch nicht befugt war, in Vertretung der Kirchengemeinde als solcher, Umlagen auf die derselben angehörenden Parochianen festzusetzen[2]), so ist doch außer Streit, daß der Stiftungsrat gemäß der ihm in § 130 des Verwaltungsedikts auferlegten Verpflichtung, bei Unzureichenheit des Stiftungsvermögens (z. B. für außerordentliche Baukosten) „in sorgfältige Erwägung zu ziehen, ob und wer etwa kraft Patronatsrechts oder aus irgend einem andern Rechtsgrund in Anspruch genommen werden dürfte", befugt war, Namens „der in seiner gesetzlichen Verwaltung stehenden Kirchenfabrik" gegen einen subsidiär baupflichtigen Dritten Prozesse zu führen[3]). Es fragt sich nur, welche prozeßfähige Person hinter dieser Kirchenfabrik steht, ob die „Kirchenstiftung" als juristische Person für sich oder die Kirchengemeinde als Eigentümerin der Fabrik oder wer sonst?

Nach der herrschenden Ansicht sind nun, soweit nicht nachweisbar eine (selbständige) Stiftung im engeren Sinne vorliegt, die evangelischen Kirchengemeinden Würltembergs die Eigentümer ihres Ortskirchenvermögens[4]) und dasselbe soll auch für die katholischen Pfarrgemeinden[5]) nach neuerer Ansicht gelten[6]). So viel steht fest,

1) S. württ. Archiv VII S. 307 Ziff. III Eingang und IX S. 76 Mitte, S. 78 a.

2) S. Boscher, Zeitschr. 6 S. 250; württ. Archiv IX S. 78 Mitte; zu vergl. Bd. XIV S. 808 Z. 2; S. 309 Z. 1 und 2.

3) S. württ. Archiv VII S. 307 Z. III Abs. 1 a. E. (vorm. Obertr.) und IX S. 70 oben (K. Geh.Rat).

4) S. württ. Archiv XIV S. 420; Lang, S. 196 bei und in Note 20; Gaupp, 1. Aufl. S. 105 lit. h.; Steinheil, S. 100; vergl. Göz, S. 78, S. 109 Z. II, 1. 2.

5) Zu vergl. schon für das gem. Recht die Citate im württ. Archiv VII S. 300 Note 28; s. dagegen Permaneder, K.R. § 721 Z. 1; Philipps, K.R. Bd. II S. 585 und Schulte, K.R. II S. 478 ff. Richter-Dove, K.R. 8. Aufl. § 302 bei Note 3. 4. 10—15; K.M. 1874 p. Bl. für Bayern 224.

6) S. Reyscher, württ. Priv.R. § 772; Sarwey, württ. Archiv

daß den katholischen Pfarrgemeinden nicht minder als den
andern christlichen Kirchengemeinden „der Genuß" je ihres
ortskirchlichen Vermögens verfassungsmäßig[1]) zugesichert
worden ist, daß ferner den katholischen Pfarrgemeinden, wie
den evangelischen Kirchengemeinden die juristische Persönlichkeit, welche, wenn sie begrifflich auch keinen Vermögensbesitz
voraussetzt[2]), doch nur durch einen solchen ins Rechtsleben
tritt[3]), durch die Gesetzgebung des Jahres 1887 nicht erst
geschaffen, sondern als längst bestehend anerkannt worden
ist[4]) und daß abgesehen von dem Ortskirchenvermögen, für
dessen eventuelle A u s s c h e i d u n g an die Kirchengemeinde
denn auch die Gesetze vom Jahre 1887 Vorschriften erteilen,
ein anderes Objekt eines Vermögensbesitzes der Kirchengemeinden gar nicht denkbar ist.

Steht und stand aber hienach den katholischen Pfarrgemeinden sei es ein direktes oder ein bloßes Nutzungseigen-
tum[5]) an dem Ortskirchenvermögen (an der Kirchenfabrik)
zu, so vertrat der Stiftungsrat des Verwaltungsedikts, insoweit er gemäß § 130 desselben nach der übereinstimmenden
Ansicht des vormaligen Obertribunals und des K. Geheimen
Rats die Kirchenfabrik in Bausachen gerichtlich und außer-
gerichtlich zu vertreten hatte, eben die kirchliche Gemeinde
als Eigentümerin bezw. Nutznießerin dieses Teils des Kir-
chenguts. Insbesondere ist es unter solchen Umständen
„ein bloßer Wortstreit, ob man die Baupflicht der Kirchengemeinde, weil erst das Kirchengut in Anspruch zu nehmen

---

XIV S. 420 Mitte; Lang a. a. O.; Gaupp a. a. O.; zu vergl.
Landauer S. 46 Note 2.

1) S. Rel. Ed. vom 13. Oktober 1800 Ziff. I u. II (Reg. Bl 1807
S. 600 ff.), zu vergl. V.U. §§ 70. 77. 64.

2) Stobbe, Teutsch. Priv.R. § 49 Note 5; Windscheid,
Pand. § 58 Note 1.

3) S. Savigny, Syst. II S. 236 39; Sintenis, Civilr.
S. 124 25 in der Note; württ. Archiv. S. 800.

4) Lang, S. 194 Note 9 und die Citate Ziff. 1 Abs. 1 oben
a. E.; Göz, S. 31 Note 3; Landauer, S. 46 o.

5) Vergl. Permaneder a. a. O. Ziff. 2.

iſt, eine ſubſibiäre nennen will ober vielmehr beshalb eine
prinzipale, weil bie Kirchen-Gemeinbe, auch
wenn und ſoweit ſie auß ihrem (ſei eß eigentümlichen ober
nutznießlichen) Kirchengut baut, boch baß leiſtenbe Sub=
jekt iſt"[1]), beſſen Geſchäfte ber Stiftungßrat eigentlich be=
ſorgt, wenn er gemäß § 130 beß Verwaltungßebikts gegen
ſubſibiärbaupflichtige Dritte vorgeht — mit anbern
Worten eß hanbelt ber Stiftungßrat hiebei alß geſetzlicher
Vertreter ber Kirchengemeinbe, beren ökonomiſche Vertretung
burch baß Verwaltungßebikt nur nicht nach allen Seiten
georbnet worben iſt.

Dieſem Ergebniſſe auß § 130 beß Verwaltungß-Ebikts
ſteht ſelbſtrebenb bie Unthunlichkeit einer Vertretung ber
Kirchen-Gemeinbe burch ben Stiftungßrat bei Intereſſenkolli-
ſionen zwiſchen ber Kirchen-Gemeinbe alß ſolcher unb beren
einzelnen Mitgliebern (Parochianen)[2]) nicht im Wege; benn
eine ſolche Unthunlichkeit war nicht minber bei ber Vertretung
ber politiſchen Gemeinbe burch ben Gemeinberat unb bezw.
Bürgerausſchuß (Verwaltungßebikt §§ 3. 4. 21. 52) benkbar[3])
unb vom Verwaltungßebikt gleichfallß nicht vorgeſehen.

Nicht im Wege ſteht enblich ber Umſtanb[4]), baß auß
§ 130 cit. kein Umlagerecht beß Stiftungßrats alß
ſolchen gefolgert werben barf; eß beweiſt bieß lebiglich bie
Lückenhaftigkeit beß Verwaltungßebikts in Betreff eineß Ver-
tretungßorganß ber Kirchen-Gemeinben nach allen (ökono-
miſchen) Seiten.

Mit jenem Ergebniſſe ſtimmt enblich auch bie bißherige

1) S. württ. Archiv S. 300 Note 28; zu vergl. S. 294 Note 21.
2) Zu vergl. württ. Archiv VII S. 308 o.; württ. Ger.Bl. VIII
S. 60,61; Göz a. a. O. S. 91 lit. a unb für baß jetzige Recht in
Betreff ber evang. Gemeinbe Art. 14 unb ber kath. Gem. Art. 55
beß Geſetzeß vom 8. Juni 1887.
3) Zu vergl. ben Juſtizminiſterialerlaß vom 30. Juli 1899 ab=
gebruckt bei Jäger, Bürgerr.Geſ. S. 115 unb citiert bei Berner,
IV Eb. § 86 Note 8 unb Art. 20 beß Geſetzeß vom 6. Juli 1849
betr. Aenberungen ber Gemeinbeorbnung ꝛc.
4) cf. Lang, S. 190 in Note 1 Abſ. 1 a. E.

seit dem Jahre 1847 konstant gebliebene Praxis der württ. Gerichte, insbesondere des vormaligen Obertribunals, welcher Praxis diesseits auch sonst schon beigetreten wurde, durchaus überein [1]).

Wenn in diesem Berichte gesagt ist, daß in der Rechtsprechung bis zum Jahr 1847 mitunter eine andere Vertretung der K.-Gemeinde in Baulastprozessen als bloß durch den Stiftungsrat verlangt worden sei, so war dieser Umstand vorliegend, wie einleuchtet, keinenfalls ein die Verjährung hemmendes Hindernis der Klagerhebung.

7) Wäre je davon auszugehen, daß — bei Kundgebung des Widerspruchs des Beklagten gegen alle und jede Baupflicht an den Stiftungsrat — dieser nicht als der gesetzliche Vertreter der Klägerin habe gelten können, so würde sich die Frage erheben, ob nicht die Parochianen spätestens bis zum 13. Juli 1854 Kenntnis von jenem Widerspruch des Beklagten bekommen hatten, und es müßte auch diese Frage mit dem Unterrichter zu Gunsten des Beklagten bejaht werden.

Ganz unbedenklich darf bei der Unzureichenheit des Kirchengebäudes und der damit für die Parochianen verbundenen, schon in der Immediat-Eingabe des Stiftungsrats vom 8. September 1839 eingehend dargelegten Belästigung angenommen werden, daß die ganze katholische Gemeinde, jedenfalls aber die selbständigen Parochianen spätestens bis zum Beginn des Jahres 1854 davon Kenntnis erhalten hatten, daß man sich längst und wiederholt an den König bezw. an den Staat gewendet habe, damit dem Uebelstande abgeholfen werde. Sie sahen, daß trotzdem nicht gebaut wurde und erkundigten sich zweifelsohne um so mehr nach dem Warum, als die nach klägerischer Behauptung von je der Herrschaft obgelegene Baulast beklagter Seits der dortigen evangelischen Kirchengemeinde gegenüber anerkannt und erfüllt worden war.

Bei der vorliegenden Interessengemeinschaft,

1) Zu vergl. den Bericht des vorm. Obertribunals vom 14. Mai 1855 an das K. Justizministerium im württ. Archiv VII S. 805 s; Württ. Jahrbücher V S. 52.

welche zwischen dem Stiftungsrat bezw. der durch diesen in
dem in Ziff. 6 Eingangs gesetzten Falle j e b e n f a l l s [1] ver=
tretenen Kirchenfabrik und den Parochianen an der Erfül=
lung der Baulast des Beklagten ganz unzweifelhaft bestand,
und bei der Einfachheit und Unmittelbarkeit des Verkehrs
in derlei Dingen auf dem Lande ist wohl aber auch daran
nicht zu zweifeln, jedenfalls aber zu Gunsten des Beklagten
zu unterstellen, daß die Folge der Erkundigungen nach jenem
Warum die wahrheitsgemäße Mitteilung des Grunds der
Säumnis bezw. Weigerung des Beklagten war und daß
diese Mitteilung in der Gemeinde allgemein bekannt wurde.

Urteil des II. Civilsenats vom 25. März 1897 in Sachen
der katholischen Pfarrgemeinde Oberkochen gegen den
Fiskus.

Die Revision gegen dieses Urteil ist zurückgewiesen worden.

24.

Vertragsmäßige Errichtung einer Dienstbarkeit?

Beklagter beabsichtigte auf einem an das Anwesen der
Klägerin angrenzenden ihm gehörigen Grundstück ein bis nahe
an die Grenze der Klägerin reichendes Wohnhaus zu bauen.
Das K. Amtsoberamt Stuttgart teilte das Baugesuch zur
weiteren Begutachtung dem Oberamtsbaumeister Z. mit, der
sich hierauf dahin äußerte: „— Die Abstandsverhältnisse
gegenüber der Nachbarin B. — sind durch besonderen Ver=
trag zu regeln", wonach der gesetzliche Abstand für alle Zeiten
unüberbaut bleibe; andernfalls hätte Beklagter gegen die kläge=
rische Grenze Brandmauern herzustellen (gemäß Art. 37, 38
der Bauordnung). Diese Aeußerung teilte das Amtsoberamt
dem Schultheißenamt G. mit dem Auftrag mit, eine ent=
sprechende Ergänzung der Vorlage zu veranlassen und falls
der Baulustige von der Klägerin die erforderliche Servitut
erwerbe, hierüber gerichtlich zu erkennen. Es liegt nun fol=

---

1) S. württ. Archiv VII S. 307 S. 79.

gendes Protokoll vor: „Den 31. Dezember 1896 erklärt die
Nachbarin B. Witwe: ich verpflichte mich für mich und meine
Rechtsnachfolger, im Falle der Ueberbauung des Hofraums
von Gebäude Nlo. 263 und der Parzelle nro $\frac{133}{1}$ · den gesetzlichen Abstand von dem projektierten Neubau des T. einzuhalten und das als Servitut in die öffentlichen Bücher eintragen zu lassen, L. M. B. Den 31. Dezember 1896 wird
vom Gemeinderat beschlossen, über vorstehende Servitut gerichtlich zu erkennen. — Z. B. Gemeinderat". Auf die Mitteilung von dieser Verpflichtung der Klägerin hat das Amtsoberamt auf Veranlassung des Oberamtsbaumeisters das
Schultheißenamt G. beauftragt, den Beklagten zur Uebernahme einer entsprechenden Servitut auf seinem Grundstück zu Gunsten des B.'schen zu veranlassen; dies geschah
in folgendem Protokoll: „Den 20. Januar 1881 erklärt der
Baulustige für sich und seine Rechtsnachfolger: ich verpflichte
mich, den auf Parz. nro $\frac{134}{3}$ entfallenden Teil des gesetzlichen Abstands zwischen meinem Neubau und Gebäude no.
263 bezw. Parz. no. $\frac{133}{1}$ niemals zu überbauen und dies
als Servitut in den öffentlichen Büchern vormerken zu lassen.
A. N. K. T. Den 21. Januar 1897 wird vom Gemeinderat beschlossen, über vorstehende Servitut gerichtlich zu erkennen. Z. B. Gemeinderat" darauf genehmigte das Amtsoberamt das Baugesuch des Beklagten, wonach dieser gegen
das Anwesen der Klägerin keine Brandmauer zu errichten
hatte. In dieser Weise hat Beklagter nunmehr auch gebaut.
Klägerin hat nun gegen den Beklagten Klage erhoben
mit dem Antrag: zu erkennen, daß die im Güterbuch der
Gemeinde G. entsprechend dem von der Klägerin unterzeichneten Protokoll vom 31. Dez. 1896 eingetragene Dienstbarkeit nicht zu Recht bestehe und Beklagter in die Löschung des
Eintrags einzuwilligen schuldig sei. Das Berufungsgericht
hat nach dem Klagantrag erkannt aus folgenden

Gründen:

Zur Entſtehung einer Dienſtbarkeit mittels Rechtsge-
ſchäſts (unter Lebenden) iſt wie gemeinrechtlich ſo auch in
Württemberg ein V e r t r a g erforderlich: hievon gehen denn
auch mit Recht beide Parteien aus. Die einſeitige Erklärung
eines Grundeigentümers, daß er auf ſeinem Grundſtück eine
Dienſtbarkeit beſtelle, genügt zu deren Entſtehung nicht und
das gerichtliche Erkenntnis des Gemeinderats über eine derart
einſeitig beſtellte Dienſtbarkeit erſetzt die vertragsmäßige Einigung der Beteiligten über die Dienſtbarkeitserrichtung nicht.

An dieſer vertragsmäßigen Einigung fehlt es aber im
vorliegenden Fall. Der äußeren Form nach ſtellt ſich die
Urkunde vom 31. Dezember 1896 als eine rein einſeitige Erklärung der Klägerin dar; es iſt nicht einmal geſagt, w e m
g e g e n ü b e r ſich Klägerin verpflichte, der Vertragsgegner
war nicht zugegen und wenn auch Schultheiß E. vom Beklagten Vollmacht hatte, einen Vertrag über Errichtung einer
Dienſtbarkeit mit der Klägerin abzuſchließen, und der Anſicht
geweſen ſein will, er handle bei dem fraglichen Vorgang zugleich als Schultheiß und als Beauftragter des Beklagten,
ſo iſt eben ſein Wille, als Bevollmächtigter des Beklagten
zu handeln und einen Vertrag mit der Klägerin zum Abſchluß
zu bringen, in keiner Weiſe zum Ausdruck gelangt, während
man erwarten ſollte, der Schultheiß habe Geſchäftsgewandt-
heit genug, um ein Rechtsgeſchäft in Vertragsform zu faſſen.
Die gewählte Form der Urkunde war jedenfalls nicht geeignet,
die Klägerin darüber aufzuklären, daß es ſich um Abſchluß
eines Vertrags mit dem Beklagten handle; daß Schultheiß
E. ihr mitgeteilt hätte, er ſei vom Beklagten beauftragt, mit
ihr über Errichtung einer Dienſtbarkeit zu unterhandeln, iſt
unerwieſen geblieben. Daraus, daß Schultheiß E. der Klägerin
ſagte, er habe den Beklagten „ſchon da gehabt", konnte Klägerin
nicht entnehmen, daß er als Bevollmächtigter des Beklagten
mit ihr verhandle. Nach Lage der Sache konnte Klägerin
in ihm nur den Beamten, den Schultheißen, ſehen, der in
Befolgung eines Auftrags des Oberamts mit ihr verhandelte,

und es ist in Ermangelung von Anhaltspunkten für das
Gegenteil und da nicht einmal feststeht, daß Schultheiß E.
der Klägerin eröffnet hat, das Oberamt verlange Abschluß
eines Vertrags zwischen ihr und dem Beklagten, anzunehmen, Klägerin habe nicht daran gedacht, einen Vertrag
mit dem Beklagten einzugehen, sondern eben dem Verlangen
des Oberamts entsprechend einen Verzicht auf ein (angeblich)
praktisch wertloses Recht auszusprechen beabsichtigt. Hierauf
weist auch die von E. bezeugte Aeußerung der Klägerin hin:
ihr Sohn habe gesagt, sie solle thun, was gesetzlich sei (oder
etwas ähnliches); insbesondere spricht aber auch die Erwägung gegen die Absicht der Klägerin, sich dem Beklagten
gegenüber vertragsmäßig zu binden, daß sie mutmaßlich nicht
gewillt war, sich auf eine solche vertragsmäßige Verpflichtung
gegenüber dem Beklagten, mit dem sie schlecht steht, ohne jede
Gegenleistung einzulassen, nur um dem Beklagten die Errichtung von Feuermauern zu ersparen!

Allerdings mag zur Zeit, als Klägerin die in Rede stehende
Erklärung abgab, auf Seite des Beklagten (und seines Bevollmächtigten) der Wille vorhanden gewesen sein, die fragliche Dienstbarkeit eingeräumt zu erhalten. Aber zur vertragsmäßigen
Einräumung einer derartigen Berechtigung genügt eine einseitige Verpflichtungserklärung auch dann nicht, wenn sie dem
Willen dessen entspricht, dem die Berechtigung zu gut käme;
denn der Vertrag erfordert eine Kundgebung des beiderseitigen
Vertragswillens und hieran fehlt es im vorliegenden Fall
unter allen Umständen. Es kann auch keine Rede davon
sein, daß etwa Beklagter oder Schultheiß E. als sein Bevollmächtigter ein Vertragsangebot der Klägerin (stillschweigend)
angenommen habe: denn die Erklärung der Klägerin war
weder äußerlich ein Vertragsangebot noch als solches gemeint.
Auch dadurch ist die Erklärung der Klägerin vom 31. Dezember 1896 zu keiner vertragsmäßigen geworden, daß einige
Zeit nachher auch Beklagter seinerseits — so viel man sieht,
vollständig ohne Wissen und Willen der Klägerin — die
einseitige Erklärung abgegeben hat, daß er sich zur Bestel-

lung einer (der Klägerin zu gut kommenden) Dienstbarkeit
auf seinem Grundstück verpflichte.

Hienach besteht die im Güterbuch der Gemeinde G, auf
dem Anwesen der Klägerin eingetragene, im Klagantrag näher
bezeichnete Dienstbarkeit zu Gunsten des Grundstücks des
Beklagten nicht zu Recht, und Beklagter ist daher in deren
Löschung einzuwilligen verpflichtet. Welche rechtlichen Folgen
sich daraus für den Neubau des Beklagten ergeben, ob etwa
Klägerin trotzdem der Baupolizeibehörde gegenüber verpflichtet
bleibt, im Fall der Ueberbauung ihres Grundstücks den gesetzlichen
Abstand gegen den Neubau des Beklagten einzuhalten[1]), kann
— als diesen Rechtsstreit nicht berührend — unerörtert bleiben.

Urteil des I. Civilsenats vom 7. Januar 1898 in Sachen
Boß gegen Theurer.

Die Revision gegen dieses Urteil ist zurückgewiesen worden[2]).

25.

Inwieweit wird der Umfang eines Dienstbarkeitsrechts durch Vermehrung des Bedürfnisses des herrschenden Grundstücks erhöht?

Zwischen dem Haus des Klägers und dem des Beklagten
liegt eine Einfahrt, welche für die Bewohner des klägerischen
Hauses den Zugang zu der an der Einfahrt gelegenen Hausthüre, für die Bewohner des Hauses des Beklagten den Zugang zu einer auf dessen Rückseite gelegenen Souterrainthüre und einer Stallthüre (jetzt Waschküche), sowie auch
die Entleerung einer ebendaselbst angebrachten Abtrittsgrube
des Beklagten vermittelt, während die Haupteingangsthüre

---

1) Vergl. Boscher's Zeitschrift Bd. 39 S. 21. 687. 890.
2) Unter der Herrschaft des BGB. wäre wohl in einem derartigen
Fall ebenso zu entscheiden: es würde an der nach § 873 BGB. erforderlichen „Einigung des Berechtigten und des andern Teils über
den Eintritt der Rechtsänderung" fehlen und es könnte daher, falls
trotzdem (durch ein Versehen des Grundbuchbeamten) die Eintragung
ins Grundbuch eingetragen worden wäre, Berichtigung des Grundbuchs (§ 894 BGB.) verlangt werden. Anm. d. E.

des Hauses des Beklagten auf der von der Einfahrt abgekehrten Vorderseite desselben, gegen die Straße zu, gelegen ist.

Diese Einfahrt steht im Eigentum des Klägers, es ist aber, laut Eintrag im Servitutenbuch, „den jeweiligen Besitzern" des Hauses des Beklagten „für sich, ihre Mitbewohner und alle mit diesen und jenen im Verkehr lebenden Personen" als „eine aktiv und passiv auf die Besitznachfolger übergehende Realservitut" das Recht eingeräumt „die Einfahrt zum Gehen und Fahren mitzubenützen, sie sind aber auch verpflichtet, die Hälfte der Unterhaltungskosten der Einfahrt zu bestreiten". Der Beklagte hat die baupolizeiliche Genehmigung eines Bauplans erhalten, nach welchem er in seinem Hause, behufs besserer Ausnützung seines Raums für Wohnzwecke, die erwähnte Hauseingangsthüre von der Vorderseite des Hauses (und von der Straße) hinweg nach der an die Einfahrt grenzenden Rückseite verlegen und zu diesem Zweck die dort befindliche Souterrainthür erheblich erweitern und sie zum Hauseingang des Hauses für dessen sämtliche Bewohner machen will; auch ist von ihm geplant, im Parterrestock einen zweiten Abtritt einzurichten und dessen Grube unmittelbar an der die Einfahrt berührenden Hauswand des Beklagten anzulegen, auch behufs seiner Entleerung durch die Einfahrt eine Oeffnung in dieser Hauswand anzubringen.

Durch dieses Bauvorhaben hat sich Kläger in seinem Eigentumsrecht an der Einfahrt verletzt gefunden, sofern ihm hiedurch gegenüber dem bisherigen Zustand eine sehr erhebliche Mehrbelastung erwachse, welche durch das dem Haus des Beklagten zustehende Geh- und Fahr-Recht an der Einfahrt nicht gerechtfertigt werden könne.

Das Berufungsgericht hat erkannt: „Dem Beklagten wird untersagt, die auf der Rückseite seines Hauses geplante weitere Thüröffnung zum Ein- und Ausgehen über die Einfahrt des Klägers zu benützen oder durch Andere benützen zu lassen, bei Vermeidung einer Geldstrafe von 20 M. für den Fall des Zuwiderhandelns. Dem Beklagten wird verboten, die in seinem Haus geplante neue Abtrittsgrube über die Einfahrt des Klägers hinweg zu entleeren oder entleeren zu laffen".

G r ü n d e:

Die von dem Beklagten in der Rückfeite feines Haufes an Stelle der vorhandenen Souterrainthüre geplante Haupt-eingangsthüre würde der Natur der Sache nach eine erheb-liche Mehrbenützung der Einfahrt des Klägers gegenüber dem bisherigen Umfang ihrer Benützung notwendig nach fich ziehen; diefe Mehrbelaftung feines Grundftücks braucht der Kläger nicht zu bulden, da fie durch die beftehende Dienftbarkeit n i ch t gerechtfertigt wird.

Der Umfang eines Dienftbarkeitsrechts ift im Fall feiner Begründung durch Vertrag nicht (wie im Fall ihrer Entftehung durch Erfitzung) schlechthin durch den Umfang der zur Zeit ihrer Entftehung thatfächlich ausgeübten Benützung begrenzt, fondern in erfter Linie beftimmt durch den erkennbaren Ver-tragswillen: l. 4 § 1. 2. D. 8, 1.

Diefem Willen entfpricht es für die Regel, daß das Be-dürfnis des herrfchenden Grundftücks maßgebend fei, aber nicht das zufällige und vorübergehende Bedürfnis feines je-weiligen Befitzers, fondern das wefentliche und dauernde Be-dürfnis des Grundftücks, hier: des Wohnhaufes des Beklagten, nach dem ihm feiner Beftimmung nach inwohnenden Zweck, wie folcher in feinem baulichen Beftand und feiner baulichen Einrichtung fich ausprägt, fo zwar, daß nicht jede durch Veränderungen in der Beftimmung und Benützung des Ge-bäudes bewirkte Vermehrung des Bedürfniffes und damit der Belaftung des bienenden Grundftücks darum allein fchon unbedingt als unzuläffige Ausdehnung der Dienftbarkeit be-trachtet werden müßte, wohl aber eine Mehrbelaftung, welche als Folge einer w e f e n t l i ch e n Umgeftaltung des herr-fchenden Grundftücks und der durch diefe bedingten Steigerung des Bedürfniffes zur Inanfpruchnahme des bienenden fich dar-ftellt, als durch den Parteiwillen ausgeschloffen gelten muß [1]).

Indem der Vorbefitzer des klägerifchen Haufes, als dama-liger Eigentümer auch des Haufes des Beklagten, diefes letztere

1) Vergl. S e u f f e r t, Archiv Bd. 42 nr. 280; Bd. 90 nr. 13.

an den Rechtsvorgänger des Beklagten, verkaufte, und aus
dieſem Anlaß in Z. 7 des Kaufvertrags vom 11. November
1871 dieſem Hauſe „als eine aktiv und paſſiv auf die Beſitznachfolger übergehende Realſervitut" das Recht einräumte
die fragliche Einfahrt für die jeweiligen Beſitzer, ihre Mitbewohner und die mit ihnen verkehrenden Perſonen „zum
Gehen und Fahren mitzubenützen", mußte er ſich ſagen, daß
künftige Veränderungen in der Benützung dieſes Hauſes,
welche eine vermehrte Benützung der Einfahrt nach ſich ziehen
würden, (wie Erhöhung der Zahl der Mitbewohner, durch
Ausdehnung des Geſchäftsbetriebs des Käuſers und ſeiner
Beſitznachfolger bedingte Vermehrung der Benützung der Souterrainthüre wie des Stalls, etwaige Erweiterung des Dach-
ſtocks und dgl.) im Lauf der Zeit nicht ausbleiben werden,
und es muß daraus, daß er ſolche Vermehrung der Ausübung des Geh- und Fahrrechts nicht vertragsmäßig zum
Voraus ausgeſchloſſen hat, geſchloſſen werden, daß er in eine
durch derartige, leicht vorausſehbare Umſtände veranlaßte
Mehrbenützung der Einfahrt ſtillſchweigend eingewilligt und
damit dem Dienſtbarkeitsrecht einen i n n e r h a l b der be-
z e i c h n e t e n G r e n z e n nach dem Bedürfnis des beklagten
Hauſes w e c h ſ e l n d e n, nötigenfalls auch ſich e r w e i t e r n -
d e n, Umfang verliehen habe.

Wenn es aber hienach ſchon als zweifelhaft gelten muß,
ob z. B. auch eine durch Errichtung eines weiteren Stock-
werks auf das Haus des Beklagten bewirkte Mehrbenützung
der Einfahrt noch als eine im Sinn jener Einräumung gelegene Ausdehnung der Dienſtbarkeit angeſehen werden könnte,
ſo muß die vom Beklagten geplante Umgeſtaltung der w e -
ſ e n t l i c h e n baulichen Einrichtung und Einteilung des Hauſes:
die Verlegung des Hauseingangs (der Haupteingangsthür)
von der an der Straße gelegenen Vorderſeite des Hauſes
nach deſſen Rückſeite und die Verwandlung einer bloßen Hinter-
thür (Souterrain-Thür) in die Haupteingangsthür, durch
welche von nun an ſämtliche Bewohner des Hauſes wie die
mit dieſen Verkehrenden ihren Ein- und Ausgang zu nehmen

hätten, und die h i e b u r ch mit Notwendigkeit gegebene Mehr⸗
benützung und raſchere Abnützung der Einfahrt als eine nicht
wohl vorherzuſehende und darum auch nicht gebilligte Ver⸗
änderung des herrſchenden Grundſtücks und deshalb die durch
ſie bedingte Erweiterung des Maßes der Dienſtbarkeitsaus⸗
übung nach dem Sinn des Beſtellungsvertrags als aus⸗
geſchloſſen gelten. Nach der zur Zeit dieſes letzteren be⸗
ſtehenden baulichen Einrichtung des verkauften Wohnhauſes
konnte die Einfahrt des Klägers nur als Zugang zum Stall
und zu den Souterraingelaſſen dienen, während die ſämtlichen
Bewohner des Hauſes im Uebrigen ihren Ab⸗ und Zugang
durch die Hausthüre der Vorderſeite, ſomit über die S t r a ß e,
nehmen mußten; nach der jetzt geplanten Veränderung dagegen
würde der geſamte Verkehr des beklagten Hauſes (abgeſehen von
den Ladenbeſuchern) über die Einfahrt geleitet; die Mitbenützung
der letzteren für die Zwecke des Wohnhauſes des Beklagten würde
aus einer bisher nebenhergehenden jetzt zur hauptſächlichen und
weſentlichen Mitbenützung werden, und damit die gewollten
Grenzen der eingeräumten Gerechtigkeit in unſtatthafter Weiſe
überſchritten. Wenn der Beklagte aus der Unbeſtimmtheit der
Zahl der Perſonen, welchen die Mitbenützung der Einfahrt nach
dem Vertrag geſtattet iſt, eine U n b e ſ ch r ä n k t h e i t der
Mitbenützung, auch hinſichtlich des Zwecks der Benützung
ein volles Mitgebrauchsrecht und eine „thatſächliche Gemein⸗
ſchaft“ der Einfahrt abzuleiten ſucht, ſo kann ihm hierin —
trotz der vertragsmäßigen hälftigen Teilung der Unterhalts⸗
koſten der Einfahrt — nicht beigetreten werden, weil die im
Vertrag ausdrücklich und offenbar wohlbedacht feſtgeſetzte Be⸗
ſchränkung der Mitbenützung auf das Recht „zum G e h e n
und F a h r e n“ nicht, wie ein müßiger Zuſatz, hinwegge⸗
dacht werden kann; auch wenn das Recht zum Gehen und
Fahren über die Einfahrt noch ſo vielen und unbeſtimmten
Perſonen eingeräumt iſt, bleibt es doch immer ein auf das
Gehen und Fahren beſchränktes, wird mithin kein unbe⸗
ſchränktes oder gleichheitliches Mitbenützungsrecht.

Der als Folge der geplanten Bauveränderung dem

Kläger drohende und in der bezüglichen Rechtsbehauptung
des Beklagten bereits vorliegende Eingriff in sein Eigentumsrecht an der Einfahrt ist hienach durch die bestehende
Dienstbarkeit nicht gerechtfertigt und damit für den Kläger
das Recht begründet, dem Beklagten die angedrohte Benützung
der Einfahrt zu untersagen und sie ihm unter Strafandrohung
verbieten zu lassen.

Im Wesentlichen dasselbe gilt für die vom Beklagten
beanspruchte Benützung der Einfahrt zu Entleerung der von
ihm geplanten neuen A b t r i t t s g r u b e.

Mit der dem Hause des Beklagten bestellten Gerechtigkeit, die Einfahrt des Klägers „zum Gehen und Fahren"
mitzubenützen, kann nicht jede Art von Hantierung und gewerblicher Verrichtung welche mit dem Gehen oder Fahren
über die Einfahrt verbunden werden kann, als eingeräumt
betrachtet werden; in der Befugnis, über die Einfahrt zu
gehen und zu fahren, kann die Befugnis einen Abtrittsbe-
hälter über sie hinweg zu entleeren, insbesondere sie zu diesem
Behuf mit einem Schlauch zu belegen oder mit Fässern zu
befahren, nicht wohl als eine selbstverständliche mit enthalten
sein; letzteres wäre nur anzunehmen, wenn die Einfahrt in
Wahrheit eine gemeinschaftliche wäre.

Ob aus dem Umstand daß zur Zeit der Dienstbarkeits-
bestellung die damals schon im Haus des Beklagten vorhandene Abtrittsgrube ohne Beanstandung über die Einfahrt
hinweg entleert worden ist, die stillschweigende Einräumung
(oder Ersitzung) eines R e c h t s auf d i e s e Mitbenützung
der Einfahrt abgeleitet werden könnte, erscheint mindestens
zweifelhaft, bedarf aber keiner Entscheidung, da der Kläger
d i e s e Mitbenützung dem Beklagten bisher nicht verwehrt hat und
auch jetzt nicht verwehren will; allein auch wenn zur Entleerung
d i e s e r Grube die Einfahrt zu benützen vom Beklagten als ein
R e c h t in Anspruch genommen werden könnte, würde eine A u s-
d e h n u n g desselben auf Entleerung auch einer zweiten,
neu anzulegenden Grube, angesichts der dem Kläger hieraus
erwachsenden erheblichen Mehrbelästigung nicht gerechtfertigt

sein; denn die Entleerung beider Gruben würde nicht immer gleichzeitig vorgenommen werden können, da dem Hausbesitzer auf die Art und den — wesentlich durch das Bedürfnis der einzelnen Grube bestimmten — Zeitpunkt ihrer Vornahme kein maßgebender Einfluß zusteht; auch zeigt die nach dem Bauplan beabsichtigte Einrichtung einer zweiten Küche neben dem geplanten zweiten Abtritt, daß diese Veränderung zur Unterbringung einer zweiten Haushaltung im Erdgeschoß dienen soll, sonach eine bloße Verteilung des bisherigen Grubeninhalts auf zwei Gruben nicht in Aussicht zu nehmen ist.

Urteil des I. Civilsenats vom 20. Mai 1898 i. S. Hertneck gegen Stauß.

26.

Exceptio non numeratae pecuniae gegenüber einem Schuldschein, der zu dem Zweck ausgestellt wurde, daß der darin bezeichnete Gläubiger durch dessen Verkauf Geld beschaffen solle?

Der jetzt im Konkurs befindliche L. B. und dessen Ehefrau haben eine vom 27. März 1897 datierte Urkunde ausgestellt, worin sie bekannten „heute" von dem ref. Schultheißen J. 10000 M. als bares Anlehen erhalten zu haben. In Wirklichkeit hatten sie damals kein Geld erhalten, vielmehr den Schuldschein zu dem Zweck ausgestellt, damit J. durch Verkauf des Schuldscheins das Geld beschaffe. J. hat noch am 27. März 1897 diese Forderung von 10000 M. an W. abgetreten und W. hat sie am 3. September 1897 unter Haftung für ihre Richtigkeit und Einbringlichkeit an den Kläger übertragen, der dafür 1120 M. bezahlte und den Rest angeblich nach Kündigung und Eingang des Kapitals bezahlen sollte. Weder von J. noch von W. haben die L. B'schen Eheleute Geld erhalten, sie haben daher der auf Bezahlung von 1120 M. gerichteten Klage des Klägers die Einrede entgegengesetzt, daß sie auf den Schuldschein kein Geld erhalten haben. Im Berufungsverfahren ist nach dem

Klagantrag erkannt worden.

Gründe.

Wie unbestritten ist, enthält der Schuldschein vom 27. März 1897 insofern eine Unwahrheit, als es nicht wahr ist, daß die schuldnerischen Eheleute am 27. März 1897 („heute") von Z. die Darlehenssumme von 10000 M. erhalten haben. Hieraus folgt aber keineswegs, daß der ganze Darlehensvertrag auf Simulation beruht. Es besteht darüber kein Streit, daß die B.'schen Eheleute den Schuldschein zu dem Zwecke ausgestellt haben, damit Z. und W. durch Umsatz des Schuldscheins den B.'schen Eheleuten das Kapital anschaffen. Es stand daher von Anfang an fest, daß die B.'schen Eheleute am 27. März 1897 von Z. die Darlehenssumme nicht ausbezahlt erhalten. Wenn gleichwohl die B.'schen Eheleute den Empfang des Darlehens am 27. März 1897 in dem Schuldschein bekannten, so hatte dieses Bekenntnis nicht die Bedeutung eines außergerichtlichen Geständnisses über die Thatsache des Empfangs, sondern es enthält einen dispositiven Akt in dem Sinne, sich so behandeln zu lassen, als ob sie das Darlehen von Z. erhalten hätten, also ein Schuldanerkenntnis[1]).

Mit diesem Schuldanerkenntnis ist ein Schuldversprechen verbunden, indem die beiden Eheleute in dem Schuldschein weiter erklären, daß sie versprechen, je für die Hälfte der Schuld mit ihrem Vermögen einzustehen[2]). Die causa des Schuldanerkenntnisses und des Schuldversprechens war also nicht der erfolgte oder gleichzeitige Empfang des Darlehensbetrags, sondern die durch Z. und W. zu bewirkende Anschaffung des Kapitals mittels Verkaufs der Forderung an einen Dritten, womit weiterhin die Vereinbarung gegeben war, daß die Cessionsvaluta die Darlehensvaluta vertreten solle. Wenn und insoweit vereinbarungsgemäß der Umsatz stattgefunden hat, ist die causa des Vertrags erfüllt; es ist dann kein Raum mehr für eine exceptio non numeratae pe-

1) Jahrbücher für Dogmatik Band 24 S. 110 f.
2) Vergl. auch Seuffert Archiv 45 nr. 10.

cuniae oder exceptio doli gegenüber der Klage des Dritten,
wenn und soweit dieser seinerseits erfüllt hat. Daß das an-
geschaffte Kapital an die schuldnerischen Eheleute von ihren
Mandataren abgeliefert werde, gehörte zwar zu dem Auftrag,
der dem Z. und W. durch jene Vereinbarung erteilt war,
berührt aber das Rechtsverhältnis zwischen den schuldnerischen
Eheleuten und dem Dritten, den dieser Auftrag selbstverständlich nicht mitbetraf, in keiner Weise. Nach Treu und Glauben
konnte der Sinn jener Vereinbarung nie der sein, daß das
Recht des Dritten, an welchen die Forderung umgesetzt sein
wird, davon abhängig sein solle, daß Z. und W. ihrer Man-
datspflicht auf Ablieferung des angeschafften Kapitals an ihre
Mandanten genügt haben müssen, da dies ganz außerhalb
des mit dem Dritten abzuschließenden Geschäfts gelegen war.

Gegenüber der an sich durch den dargelegten Abschluß
des Darlehensvertrags in Verbindung mit der erfolgten Cession begründeten Darlehensforderung machen die Beklagten
lediglich die exceptio non numeratae pecuniae oder, was hier
gleichbedeutend ist, die exceptio doli generalis geltend[1])
Zwar hat der Kläger selbst mit den schuldnerischen Eheleuten keinen Vertrag abgeschlossen, er hat nur die Rechte
des ersten Gläubigers Z. durch die Cession erworben und
es ist die Forderung mit ihren Vorzügen, wie auch mit ihren
Mängeln, wie sie beim bisherigen Gläubiger war, also auch
mit den ihr entgegenstehenden Einreden auf ihn übergegangen.
Aber da W. die Forderung umgesetzt hat, so ist, insoweit
mittels dieses Umsatzes das Kapital angeschafft worden ist,
nach dem Ausgeführten weder die exceptio non numeratae
pecuniae noch die Einrede der Arglist gegen den dritten Er-
werber der Forderung begründet. Kläger hat an den Man-
datar der schuldnerischen Eheleute den Betrag von 1120 M.
bezahlt. Was W. mit dem Gelde gemacht hat, berührte den
Kläger nicht; es entsprach dem Willen der schuldnerischen
Eheleute, daß Kläger an W., der vereinbarungsgemäß als
Inhaber der Forderung in eigenem Namen auftreten mußte,

1) Windscheid, Pandekten § 372 Note 16.

die Cessionsvaluta bezahlte, die mit ihrer Aushändigung an
W. die Darlehensvaluta vertrat.

In welcher Höhe die Cessionsvaluta die Darlehensvaluta nach der getroffenen Vereinbarung zu vertreten hatte,
kann unerörtert bleiben, da der Kläger seine Ansprüche auf
denjenigen Betrag beschränkt, den er an W. bar ausbezahlt
hat. Diesen Betrag kann der Kläger als Darlehensforderung
von den schuldnerischen Eheleuten beanspruchen.
      Urteil des II. Civilsenals vom 29. Dezember 1898 in
      Sachen Stiegelmann gegen Bauer.

27.

Bierabnahmevertrag; Haftung für die Rechtsnachfolger.

Beklagter hat sich der klagenden Brauerei gegenüber verpflichtet, 6 Jahre das Bier von ihr zu beziehen; dabei war
im Vertrag bestimmt: „Im Fall einer Veräußerung des Anwesens ist diese Verpflichtung dem Rechtsnachfolger aufzuerlegen." Dieser Verpflichtung ist Beklagter nachgekommen,
als er nach 3 Jahren seine Wirtschaft verkaufte. Der Käufer
R. hat die Wirtschaft nach einem Jahr weiterverkauft und
der neue Käufer E. hat das Bier nicht von der Klägerin
bezogen. Den ihr hierdurch für 2 Jahre entgangenen Gewinn
hat Klägerin vom Beklagten ersetzt verlangt. Die Klage ist
abgewiesen worden. Aus den
                    G r ü n d e n :
In Ziffer 3 des Vertrags vom 20. April 1893 hat sich
der Beklagte verbindlich gemacht, im Fall einer Veräußerung
des W.'schen Anwesens seine Verpflichtung zum Bierbezug
d e m Rechtsnachfolger aufzuerlegen und für die Erfüllung
d u r c h l e t z t e r e n als Selbstschuldner und Selbstzahler zu
haften. Der Auffassung der Klägerin, daß der Beklagte mit
seiner Erklärung auch die Verpflichtung übernommen habe,
dafür zu sorgen, daß sein (direkter) Rechtsnachfolger auch
s e i n e m Rechtsnachfolger dieselbe Verpflichtung auferlege,
und daß der Beklagte demgemäß auch für Unterlassung des

Bierbezugs seitens des E. hafte, vermochte auch das Berufungsgericht nicht beizutreten. Es kann zwar der Klägerin
unbedenklich zugegeben werden, daß s i e bei den in Frage
stehenden Rechtsgeschäften von der Absicht geleitet war, sich
die Bierlieferung für das W.'sche Anwesen für volle 6 Jahre
unabhängig von j e d e m Wechsel der Person des Betriebs-
unternehmers zu sichern, und es hätte nahegelegen, diese
Absicht damit zu verwirklichen, daß dem Beklagten in unzweideutiger Weise eine Garantie dafür auferlegt wurde, daß
a l l e in dem genannten Zeitraum nach ihm kommenden Er-
werber, bezw. Unternehmer der W.'schen Wirtschaft ihr Bier von
der Klägerin beziehen. Allein diese weitgehende Absicht der
Klägerin hat eben in dem den Klaggrund bildenden Vertrag mit
dem Beklagten keinen entsprechenden rechtsgeschäftlichen Ausdruck gefunden. Selbst bei freier Auslegung der Z. 3 des Vertrags ist es unmöglich, zu der Auffassung zu gelangen, daß der
Beklagte sich auch verpflichtet habe, den Bierbezug durch R.'s
Nachfolger herbeizuführen und für Unterlassung des Bierbezugs
seitens des letzteren zu haften. Einer so weiten Auslegung steht
der klare Wortlaut des Vertrags „d e m Rechtsnachfolger" und
„Erfüllung durch l e t z t e r e n" entgegen. Die Absicht der Klägerin, sich den Bierbezug auch über die Betriebszeit des nächsten Rechtsnachfolgers hinaus zu sichern, genügt nicht zu einer
über den durch den Wortlaut gegebenen Sinn hinausgehen-
den Auslegung, und andere Anhaltspunkte für eine solche
Auslegung sind von der Klägerin nicht gegeben.

Eine Haftung des Beklagten aus dem Grunde, daß E.
nach Erwerb des W.'schen Anwesens kein Bier von der Klägerin bezogen hat, läßt sich nach Vorstehendem nicht aufstellen. Allerdings hat R. damit, daß er dem E. den Bierbezug nicht aufbedungen hat, s e i n e n Vertrag mit der Klägerin verletzt, aber für d i e s e Vertragsverletzung R.'s hat
eben der Beklagte nach dem oben ausgeführten keine Haftung
übernommen.

Urteil des I. Civilsenats vom 28. Oktober 1898 in Sachen
Stuttgarter Brauereigesellschaft gegen Wolf.

28.

Nichtigkeit eines Liegenschaftskaufvertrags wegen Angabe eines simulierten Kaufpreises.

Laut Vertragsurkunde vom 4. November 1879 verkaufte der Kläger an den Beklagten eine (nach Lage und Maß näher bezeichnete) Waldparzelle für die Summe von 450 M. Ziffer 1 der Vertragsbedingungen lautet: „an dem Kaufschilling darf der Käufer sein Darlehen von 400 M., welches er dem Verkäufer laut Schuldschein geliehen hat, sogleich in Abrechnung bringen, der Rest mit 50 M. ist am 20. Dez. b. J. an den Verkäufer zu bezahlen, bis dahin unverzinslich." Der Kaufgegenstand ist dem Käufer am nämlichen Tag übergeben und von demselben an den Bräumeister J. A. um 500 M. am 11. April 1882 weiterverkauft worden. Der Kläger forderte im Prozeß vom Beklagten die Bezahlung des bedungenen Kaufgeldes von 450 M. nebst 5 % Zinsen daraus vom 23. April 1882 an und hat zur Begründung dieses Antrags vorgetragen:

Er habe am 4. November 1879 dem Beklagten den Ankauf des fraglichen Waldes gegen bare Bezahlung eines höheren als des später vereinbarten Kaufpreises vorgeschlagen und ihm dabei nicht verhehlt, daß seine Absicht hiebei dahin gehe, einesteils sich bares Geld zu verschaffen, andernteils das Grundstück dem Zugriff seiner (ihn damals bedrängenden) Gläubiger zu entziehen, der Beklagte habe aber kein Bargeld zahlen wollen und auch den geforderten Kaufpreis für zu hoch erklärt. Kläger habe ihm deshalb folgenden „Ausweg" vorgeschlagen: Beklagter solle das Grundstück um 450 M. läuflich erwerben und es später, wenn der Wald mehr herangewachsen und dadurch im Wert gestiegen sei (nach etwa 10—15 Jahren) wieder verkaufen und dann den Erlös zunächst zur Bezahlung des Kaufschillings von 450 M. an den Kläger verwenden, den Rest aber hälftig mit dem Kläger teilen; in der Kaufsurkunde aber soll die Sache so geschrieben werden, als ob der Kaufschilling durch Verrechnung einer Darlehensschuld des

Klägers im Betrag von 400 M. (welche aber in Wahrheit
nicht bestanden habe) bis zu diesem Betrag sofort abgetragen,
der Rest von 50 M. dagegen am 20. Dezember 1879 zu be=
zahlen sei. Der Beklagte habe sich mit diesem Vorschlag ein=
verstanden erklärt. Darauf sei die Kaufsurkunde mit der zum
Schein aufgenommenen Bestimmung in Ziffer 1 errichtet
worden. Auf die Vereinbarung bezüglich des späteren Verkaufs
des Waldes und der Gewinnteilung lege Kläger als auf eine
nach unserem Liegenschaftsveräußerungsgesetz vom 23. Juni
1853 ungiltige Nebenberedung keinen Wert, dagegen verlange
er Bezahlung des Kaufschillings von 450 Mk. nebst Verzugs=
zinsen.

Der Beklagte hat die Abweisung dieser Klage beantragt
und das, was der Kläger über die der Abfassung der Kaufs=
urkunde vorangegangene mündliche Vereinbarung vorgetragen
hat, als unwahr bezeichnet und behauptet, daß der Inhalt
der Ziffer 1 der Vertragsurkunde durchaus der Wahrheit
entspreche, auch der Kaufpreisrest von 50 M. an den Kläger
bar oder durch Verrechnung bezahlt sei.

Die Klage ist abgewiesen worden, im Berufungsver=
fahren aus folgenden

Gründe:

Nach der Darstellung des Klägers ist mündlich ein Kauf=
vertrag vereinbart, bei welchem das vom Käufer versprochene
Entgelt für die Ueberlassung der Kaufsache auf eine zum ver=
einbarten Kaufgeld hinzutretende weitere Leistung der Käufers
festgesetzt ist. In der im Anschluß an diese Vereinbarung
(über deren Inhalt) errichteten Kaufsurkunde aber ist von
dieser vom Käufer zugesagten weiteren Leistung (dem Ver=
sprechen der Herauszahlung des halben etwaigen Mehrer=
löses) nichts erwähnt und dies ist nicht etwa zufällig ge=
schehen oder aus Versehen, sondern absichtlich und zwar —
wie aus der klägerischen Darstellung des Hergangs klar
hervorgeht — nicht etwa deshalb, weil bei Errichtung der
Urkunde die mündliche Vereinbarung abgeändert und die Ver=
pflichtung des Beklagten zur Herausgabe des halben Mehr=

erlöses aufgehoben worden wäre, sondern aus dem Grund,
weil Kläger beabsichtigt hat, gleich der Kaufgeldsforderung
von 450 M. (bezw. dem Betrag von 400 M. davon) auch
diese weitere (bedingte) Forderung dem Zugriff seiner Gläubiger zu entziehen, über welche Absicht auch der Beklagte
nicht im Zweifel sein konnte, nachdem ihm der Kläger (wie
dieser behauptet) seine Absicht mitgeteilt hatte, die Kaufpreisforderung vor seinen Gläubigern zu verheimlichen und zu
diesem Zweck in der Kaufsurkunde (Ziffer 1 der Bedingungen)
diese Forderung fälschlich als durch Aufrechnung einer Darlehensforderung des Beklagten zum Belauf von 400 M. als
bereits getilgt zu bezeichnen, und der Beklagte hiemit angeblich einverstanden gewesen ist.

Angesichts dieser Darstellung des Klägers, welche er gegen
sich als wahr gelten lassen muß, kann von der Anwendung
des Grundsatzes, daß eine mündliche Vertragsberedung, welche
in der über den Vertrag errichteten Urkunde nicht aufgenommen ist, im Zweifel als aufgehoben gelten müsse, keine
Rede sein.

Nach dem Inhalt der Kaufsurkunde besteht die dem
Käufer für die Ueberlassung des Waldes obliegende Gegenleistung einzig in der Verpflichtung zur Bezahlung des Kaufpreises von 450 M., dieser Inhalt aber entspricht, nach Klägers Behauptung, nicht dem wahren Willen der Parteien,
welcher vielmehr, seiner Darstellung zufolge, noch bei Abfassung der Urkunde darauf gerichtet war, daß der Beklagte zum
Weiterverkauf des Waldes nach 10—15 Jahren verpflichtet
und zur hälftigen Herauszahlung des hiedurch erlangten Mehrerlöses an den Kläger verbunden sein sollte; in der Urkunde
ist sonach ein Teil der vom Käufer versprochenen Gegenleistung, mithin ein für den Kaufvertrag sowohl nach dem
Gesetz als nach der Auffassung des Verkehrs wie nach der
zur Zeit der Errichtung der Urkunde vorhandenen Willensmeinung der Vertragschließenden, wesentliches Erfordernis
nicht enthalten; es besteht somit ein Widerstreit zwischen dem
von den Parteien gewollten und dem in der Urkunde ge-

schriebenen Vertragsinhalt, welcher sowohl den verurkundeten
wie den mündlich vereinbarten Vertrag als nichtig erscheinen
läßt, sofern der wirklich gewollte Vertrag in einem für seinen
Rechtsbestand wesentlichen Teil (der Bezeichnung des dem Käufer
obliegenden Entgelts) der nach dem Gesetz erforderlichen Schriftform entbehrt, der in die Schriftform gebrachte Vertrag dagegen, so wie er in dieser erscheint, dem wahren Willen der
Beteiligten nicht entspricht: das Gewollte ist nicht geschrieben,
das Geschriebene ist nicht gewollt. Daß dieser Widerspruch
(nach Klägers Darstellung) von den Parteien selbst gewollt
ist, nämlich auf ihrer behufs Täuschung Dritter getroffenen ausdrücklichen Vereinbarung beruht, vermag hieran
nichts zu ändern, weil die zwingende Vorschrift des Art. 1.
2 lit c. des Liegenschaftsveräußerungsgesetzes, wonach die
Kaufsurkunde — nicht bloß „den Betrag des Kaufpreises"
sondern — die dem Käufer für die Ueberlassung des Kauf-
gegenstandes obliegende Gegenleistung enthalten muß, wenn
der Kaufvertrag rechtsgiltig sein soll, durch Uebereinkunft der
Vertragschließenden nicht außer Anwendung gesetzt werden
kann.

Auch die jetzt im Prozeß vom Kläger abgegebene Erklärung: daß er auf die die Herausgabe des Mehrerlöses
betreffende Vereinbarung „keinen Wert lege" und einen Anspruch auf die Herausgabe nicht geltend machen wolle, kann
an diesem Ergebnis nichts ändern, da durch diese jetzt abgegebene Willenserklärung die zur Zeit der Errichtung der Vertragsurkunde, nach der Behauptung des Klägers, vorhandenen
Willensmeinung der Parteien, welche für die Frage nach der
Rechtsgiltigkeit dieser Urkunde allein in Betracht kommt, in
keiner Weise berührt wird.

Auch die Erklärung des Anwalts des Beklagten, daß
auch er den Kaufvertrag als giltig erachte, ist nicht geeignet,
die vom Gericht aus der Darstellung des Klägers gezogene
Schlußfolgerung der Nichtigkeit des Kaufvertrags auszuschließen, weil in jener Aeußerung des Anwalts eine bindende
Willenserklärung des Beklagten dahin: den Kaufvertrag trotz

etwa anzunehmender Nichtigkeit desselben als rechtswirksam
gegen sich gelten lassen zu wollen, also den Streit auf die
Frage der Ernstlichkeit oder Simulation der in Ziffer 1 des
Vertrags enthaltenen Bestimmung zu beschränken, nicht gefunden werden kann. Soweit in der Bemerkung des Klägers,
daß er auf die die Herausgabe des Mehrerlöses betreffende
Vereinbarung deshalb keinen Wert lege, weil sie eine nach
unserem Liegenschaftsveräußerungsgesetz ungiltige N e b e n -
b e r e d u n g enthalte, die Aufstellung zu finden sein sollte,
daß n u r diese Nebenberedung nichtig, der Vertrag dagegen
so wie er in der Urkunde enthalten ist, giltig sei, ist darauf
hinzuweisen, daß die fragliche Vereinbarung n i c h t als Nebenberedung im Sinne des angeführten Gesetzes gelten kann,
weil sie den Inhalt und Umfang der vom Käufer zugesagten
Gegenleistung, somit, wie gezeigt, e;n für den Bestand des
Kaufgeschäfts nach Gesetz wie Parteiwillen wesentliches Erfordernis betrifft. Aus demselben Grund ist auch die vom
Anwalt des Klägers versuchte Auffassung, wonach in der
fraglichen Vereinbarung ein selbständiger vom Kaufvertrag
unabhängiger Gesellschaftsvertrag zu finden sei, für unhaltbar zu erachten[1]).

Nach dem Ausgeführten hat Kläger durch Aufdeckung
des Sachverhalts seinem Anspruch selbst den Boden entzogen,
er ist deshalb mit Recht vom Unterrichter abgewiesen.

Urteil des I. Civilsenats vom 17. Juni 1897 in Sachen
Behringer gegen Strahl.

29.

**Liegenschaftskauf; Haftung des Verkäufers für einen
beim Käufer schuldhaft hervorgerufenen Irrtum über
den Umfang des Kaufsgegenstandes.**

Der Kläger B. hat in Gemeinschaft mit seiner Ehefrau

---

1) Gegen die für diese Auffassung angezogene Entscheidung des
Obertribunals Stuttgart vom 30. Juni 1864 im Württ. Archiv Bd. 12
S. 238 Z. 10 vergl. L a n g , württ. Sachenrecht I, S. 53 Note 28.

im Juli 1897 von dem Beklagten M. das diesem gehörige
und von ihm kurz zuvor (am 8. Mai 1897) erkaufte Hofgut
zu Feurenmoos um die Summe von 21 000 Mark käuflich
erworben. In dem die Stelle des Kaufvertrags vertretenden
Eintrag im Kaufbuch vom 19. Juli 1897 ist bezüglich der
Beschreibung der einzelnen Teile des Gutkomplexes Bezug
genommen auf den früheren Kaufbuchseintrag über den vor-
ausgegangenen Kaufvertrag des Beklagten M. mit seinem Verkäufer W. Zu den hier als Kaufobjekt genannten Grundstücken gehören insbesondere die Parz. Nr. 73 und 71, Aecker
in sogenannter Kreuzstraß-Oesch. Zwischen diesen beiden
Parzellen liegt die Parzelle Nr. 72, welche einem Dritten (F.)
gehört und daher in dem Kaufvertrag der Parteien nicht
genannt ist. Ein Teil dieser Parzelle Nr. 72 war im Sommer
1897 mit Korn angeblümt, dieser Teil grenzt unmittelbar an
die zu dem fraglichen Hofgut gehörige Parzelle Nr. 73,
welche damals gleichfalls mit Korn angeblümt war.

Der Kläger behauptet nun, daß ihm bei den Kaufsverhandlungen von Beklagtem selbst sowohl als auch von dessen
mit dem Verkauf beauftragter Ehefrau wahrheitswidrig angegeben worden sei, daß auch der oben erwähnte, mit Korn
angeblümte Teil der Parzelle Nr. 72 zu dem zu verkaufenden
Hofgut des Beklagten gehöre. Nachdem sich nun inzwischen
herausgestellt habe, daß diese Angabe nicht der Wahrheit
entspreche, macht er gegen den Beklagten eine Interesseforderung in Höhe des damaligen Werts jenes Grundstücks
im Betrag von 700 Mark geltend. Im Berufungsverfahren
wurde nach dem Klagantrag erkannt.

Gründe.

Nach dem Ergebnis der Verhandlungen muß zunächst
als festgestellt angesehen werden, daß der Kläger bei Unterzeichnung des Kaufvertrags vom 19. Juli 1897 thatsächlich
in dem Irrtum sich befunden hat, der erkaufte Gutskomplex
erstrecke sich auch auf den damals mit Korn angeblümten
Teil der Parzelle Nr. 72, während in Wirklichkeit dieses
Grundstück im Eigentum eines Dritten, des J. F., stand.

(Dies wird näher ausgeführt und sodann fortgefahren:)

Es kann auch nicht bezweifelt werden, daß dieser Irrtum des Käufers auf die Bestimmung der Höhe des Kaufpreises einen entsprechenden Einfluß geübt hat. Es handelt sich um eine wertvolle, unmittelbar an seinen Gutskomplex anstoßende Bodenfläche im Meßgehalt von ca. 29 Ar, also fast einen Morgen, über deren Zugehörigkeit sich der Käufer zuvor durch ausdrückliches Befragen zu versichern suchte. Es muß davon ausgegangen werden, daß der Wert dieses irrtümlich als Bestandteil des Kaufobjekts vorausgesetzten Grundstücks auch bei der Festsetzung des Gesamtkaufpreises einen bestimmenden Faktor gebildet hat; daß also der Käufer bei Kenntnis des richtigen Sachverhalts nicht den vollen Preis von 21 000 Mark, sondern um so viel weniger bezahlt haben würde, als das ausfallende Grundstück wert war. Ueber den Wert desselben zur kritischen Zeit besteht kein Streit unter den Parteien, da sie übereinstimmend denselben auf 700 Mark angegeben. Um diesen Betrag von 700 Mark erscheint also der Kläger infolge seines Irrtums als geschädigt.

Für sich allein ist nun allerdings dieser Irrtum ohne rechtliche Bedeutung. Es handelt sich nicht um den Fall des wesentlichen Irrtums, sondern nur um einen Irrtum über die Grenzen und die räumliche Ausdehnung desjenigen Objekts, das der Kläger wirklich erkaufen wollte und erkauft hat. Es ist dies der Fall des außerwesentlichen Irrtums (im Motiv), der an sich rechtlich nicht beachtet werden kann. Im vorliegenden Fall kommt nun aber hinzu, daß der Irrtum des Käufers vom Verkäufer selbst beziehungsweise dessen Bevollmächtigten in schuldhafter Weise erregt worden ist, daß wirklich der Beklagte selbst — und nicht bloß seine Ehefrau — dem Kläger vor Unterzeichnung des Vertrags das Kornfeld auf Parzelle 72 als zum Kaufsanwesen gehörig bezeichnet hat (wie näher dargelegt wird). Zur Begründung der Verantwortlichkeit des Beklagten genügt es übrigens, daß unbestrittenermaßen jedenfalls seine Ehefrau vor Kaufsabschluß, bei der Gutsbesichtigung, das fragliche Kornfeld dem

Kläger als zum Gut gehörig bezeichnet hat. Ob sie, wie der
Kläger behauptet, vom Beklagten speziell dazu beauftragt war,
diese Angabe dem Kläger zu machen ist unerheblich. Es genügt,
daß die Ehefrau des Beklagten den Kaufvertrag vom 19. Juli
ausdrücklich als seine Stellvertreterin und zwar, wie es in
der Vertragsurkunde heißt „in Abwesenheit und im Auftrag“
ihres Ehemanns abgeschlossen und daß dieser durch den
Beisatz: „Zu dem vorstehenden Vertrag erkläre ich mich vollständig einverstanden“ — diese Vertretung genehmigt hat.
Der Beklagte hat damit erklärt, daß er das in seinem Namen
abgeschlossene Geschäft, so wie es abgeschlossen ist, samt allen
damit verknüpften Rechtsfolgen für und gegen sich gelten
lassen wolle. Hat nun, wie feststeht, die Ehefrau als Vertreterin ihres Mannes bei den Kaufsverhandlungen dem Käufer
die unwahre Angabe von der Zugehörigkeit jenes Grundstücks
gemacht, so ist das Rechtsgeschäft selbst mit einem Thatbe-
standsmangel behaftet, dessen Folgen der Beklagte als Ge-
schäftsherr nicht von sich abweisen kann, sondern ebenso gegen
sich gelten zu lassen hat, wie wenn die unwahre Angabe von
ihm selbst gemacht worden wäre.

Steht hienach fest, daß der Beklagte oder seine Vertreterin den Kläger durch unwahre Angaben über den Umfang
des Kaufsobjekts in Irrtum versetzt und hiedurch zur Bewilligung eines höheren Kaufpreises bestimmt hat, so haftet
er für den hiedurch entstandenen Schaden jedenfalls dann,
wenn er oder seine Vertreterin jene Angaben a r g l i s t i g
(wider besseres Wissen) gemacht hat. Der Beweis des
Handelns wider besseres Wissens liegt dem Kläger ob; er
ist aber zur Zeit nicht erbracht. Es liegt aber auch kein
Grund vor, auf die noch nicht erhobenen Beweise und Gegen-
beweise der Parteien in dieser Richtung einzugehen, da es in
vorliegendem Fall auf den Beweis der Arglist überhaupt
nicht ankommt, vielmehr die Interesseforderung des Klägers
genügend schon dadurch begründet wird, daß der Verkäufer
oder seine Vertreterin durch eine objektiv unwahre Angabe
in schuldhafter Weise den Käufer über den Umfang des Kaufs-

12 *

objekts getäuscht und dessen Schädigung verursacht hat. Die hier dem Beklagten zur Last gelegte Haftung steht, wie sich schon aus dem Gesagten ergibt, nicht etwa unter dem Gesichts-punkt der Haftung des Verkäufers für dicta et promissa, welche bei einer Angabe, die sich nur darauf bezieht, was zu dem Kaufsobjekt gehöre und in diesem inbegriffen sei, über-haupt nicht in Frage kommen kann. Die hier in Rede stehende Haftung des Verkäufers gründet sich vielmehr auf den allgemeinen Grundsatz, daß der Verkäufer verpflichtet ist, die Kaufsache dem Käufer so zu verschaffen, wie sie nach der Zusicherung des Verkäufers sein soll [1]).

Bei Anwendung dieses Rechtssatzes muß auch im vor-liegenden Fall der Verkäufer, welcher leichtfertig und ohne sich hierüber zu vergewissern ein Grundstück als zum Kaufs-objekt gehörig bezeichnet hat, während er bei einiger Prüfung leicht sich hätte vom Gegenteil überzeugen können, für ver-pflichtet erkannt werden, dem Käufer Ersatz für den Ausfall zu gewähren, welcher eben in der Vergütung des Minder-werts von 700 Mark besteht.

Die rechtliche Erheblichkeit jener Angabe über die Zuge-hörigkeit von Parzelle 72 kann auch nicht etwa aus dem Grunde beanstandet werden, weil es sich hier um eine Neben-beredung zu einem Liegenschaftskauf handle, die ohne schrift-liche Abfassung rechtlich unwirksam sei. Angaben des Ver-käufers über Größe und Ausdehnung des Kaufsobjekts haben an sich schon nicht ohne Weiteres den Charakter einer ver-tragsmäßigen oder sonstwie verpflichtenden Abrede. Wollte man aber auch im vorliegenden Fall der Angabe des Ver-käufers einen solchen Charakter beilegen, so bliebe noch immer die Frage übrig, ob sie als Nebenberedung zu einem Liegenschaftskauf aufzufassen wäre. Auch diese Frage wäre wiederum zu verneinen, da es sich nicht um eine den

---

1) Windscheid, Pand. Bd. II. § 389 Note 19; Sintenis, Civilrecht, Bd. II. S. 302 Note 96c; Seufferts Archiv, Bd. 91 nr. 21. Vergl. auch die Entscheidung des I Civil-Senats in der Be-rufungssache Gutmann gegen Fischer vom Jahr 1894.

Vertragsinhalt ergänzende Feſtſetzung einzelner Modalitäten
des Vertrags handelt, ſondern eben nur um eine Angabe
über Größe und Umfang des Vertragsgegenſtands ſelbſt.
Bei dieſer Sachlage muß der Klaganſpruch an ſich als
begründet erachtet werden.

Urteil des I. Civilſenats vom 2. Dezember 1898 in
Sachen Walſer gegen Mähler.

30.

**Verpflichtung des Mieters, der das gemietete Haus
auf einen ſpäteren Zeitpunkt gekauft hat, bauliche
Arbeiten in dem Haus zu dulden?**

Beklagte hat im Dezember 1895 an Klägerin ein im
Bau begriffenes Haus verkauft, die Uebergabe ſollte am
1. Juli 1898 erfolgen; gleichzeitig hat Klägerin, die eine
Trikotagenfabrik betreibt, das Haus für die Zeit vom 1. Juli
1896 bis 1. Juli 1898 gemietet. Nachdem ſie es bezogen hatte,
teilte ſie der Beklagten mit, die Saalböden des Hauſes beſitzen
nicht die vertragsmäßige Tragfähigkeit und verlangte Abhilfe,
die die Beklagte verweigerte, indem ſie beſtritt, daß der behauptete Mangel vorliege. Klägerin hat darauf Klage erhoben mit dem Antrag, die Beklagte zur Einwilligung in
die Auflöſung des Kaufvertrags zu verurteilen. Dieſem Antrag iſt entſprochen worden. In den

Gründen

des Berufungsurteils iſt u. a. ausgeführt:

Daß die Saalböden die (zugeſicherte) Tragfähigkeit nicht
haben, beſtreitet Beklagte nicht mehr, nachdem das Gutachten der Sachverſtändigen über dieſen Punkt keinen Zweifel
gelaſſen hat. Das Fehlen der zugeſicherten Tragfähigkeit der
Saalböden ſtellt aber einen erheblichen Mangel des in
Rede ſtehenden Gebäudes dar. Denn der Klägerin iſt hiedurch die Möglichkeit benommen, die Böden ſo, wie ſie andernfalls gekonnt hätte, zu belaſten, und daß dies für ſie
unter allen Umſtänden gleichgiltig ſei, läßt ſich keines-

wegs ſagen, wenn ſie auch zur Zeit die vorhandene Tragfähigkeit nicht ausnützt; auch in betreff eines etwaigen Weiter-
verkaufs kann die Tragfähigkeit der Böden von Bedeutung ſein.
Wenn eine gekaufte Sache einer zugeſagten Eigenſchaft
ermangelt, kann der Käuſer ſein Intereſſe verlangen, wie
dies Klägerin thut. Dieſes Intereſſe kann in Aufhebung des
Kaufvertrags beſtehen[1]). Eine ſolche Aufhebung kann ſchon
vor Uebergabe des Kaufgegenſtands gefordert werden, falls
ſchon vorher feſtſteht, daß die gekaufte Sache an dem für die
Uebergabe feſtgeſetzten Zeitpunkt die fragliche Eigenſchaft nicht
beſitzt. Daß nun das in Rede ſtehende Haus am 1. Juli
1898, dem für die Uebergabe feſtgeſetzten Zeitpunkt, die zu-
geſagte Tragfähigkeit nicht beſitzt, ſteht nunmehr außer allem
Zweifel. Aber auch ſchon zur Zeit der Klagerhebung war
hievon auszugehen, ſofern nicht Klägerin verpflichtet war, als
Mieterin die Vornahme der zur Herſtellung der zugeſagten
Tragfähigkeit erforderlichen Bauarbeiten zu geſtatten. Denn
angeſichts des Widerſpruchs der als Mieterin im Beſitz des
Hauſes befindlichen Klägerin mußte diesfalls angenommen
werden, daß es nach dem normalen Verlauf der Dinge dem
Beklagten nicht gelingen werde, bis 1. Juli 1898 die zugeſicherte Tragfähigkeit herzuſtellen. Die Klage iſt deshalb nicht
verfrüht erhoben worden.
Klägerin iſt oder war als Mieterin keineswegs unbedingt verpflichtet, die zur Herſtellung der zugeſagten Tragfähigkeit der Saalböden erforderlichen baulichen Arbeiten in
den von ihr gemieteten Räumen vornehmen zu laſſen. Ganz
verfehlt iſt zunächſt die Anſicht der Beklagten, ſie wäre als
Vermieterin berechtigt, behufs Vornahme dieſer Arbeiten
die Klägerin auszutreiben. Maßgebend ſind in dieſer Richtung nicht die von der Beklagten angeführten Geſetzes-
ſtellen des Corpus juris, ſondern das württ. Landrecht, das
— 11, 17 § 3 — (allerdings in Anlehnung an das gemeine
Recht) die Gründe aufführt, aus „denen der Verleiher den

Beständer vor Ausgang des Bestandis austreiben möge". Als ein solcher Grund ist hier u. a. genannt: „wann er" (der Verleiher) „sein verliehen Haus aus erheblichen Ursachen, die zur Zeit des Bestandes nicht zuversichtig gewesen, bessern müßte": hierunter kann eine bauliche Ausbesserung nicht gerechnet werden, die der Vermieter vornehmen will, um den gegenüber dem Hausläufer übernommenen Verpflichtungen nachzukommen, zumal wenn — wie im vorliegenden Fall — die fragliche Arbeit schon vor Beginn der Mietzeit hätte ausgeführt sein sollen, das Gesetz bezieht sich vielmehr auf Ausbesserungen, die sich im Interesse der Erhaltung des Hauses infolge zufälliger Umstände, wie z. B. Beschädigung durch Brand oder Unwetter, notwendig werden. Wenn ferner als ein weiterer Austreibungsgrund a. a. O. genannt ist: „wann der Hausherr beweist, daß er seiner verliehenen Behausung zu seiner eigenen, seiner Kinder oder Eltern ohnversehener Notdurft ohne sein Verursachen bedürftig", so bedarf es keiner Ausführung, daß es sich auf Seite der Beklagten um einen derartigen Fall nicht handelt.

Der Vermieter ist — wie sich § 535 B.G.B. in Uebereinstimmung mit dem geltenden Recht ausdrückt — durch den Mietvertrag verpflichtet, dem Mieter den Gebrauch der vermieteten Sache während der Mietzeit zu gewähren. Daraus folgt, daß der Mieter nicht verpflichtet ist, eine erhebliche Störung seines Gebrauchs der gemieteten Räume durch bauliche Ausbesserungsarbeiten zu dulden, die der Vermieter (nicht etwa aus baupolizeilichen oder ähnlichen Gründen, sondern) lediglich zwecks Erfüllung von Verpflichtungen vornimmt, die er dem Hausläufer gegenüber eingegangen hat. (Vergl. l. 27, D. 19, 2: die Mieter sei verpflichtet „aliquam partem parvulam incommodi" durch Demolierung seitens des Vermieters zu ertragen). Daran ändert die Thatsache nichts, daß die Klägerin nicht bloß Mieterin, sondern zugleich die Käuferin ist, der gegenüber die Beklagte die Verpflichtung eingegangen hat, zu deren Erfüllung die baulichen Arbeiten erforderlich wären: denn die zugesicherte Tragfähigkeit der Saalböden sollte schon zu der Zeit, da Klägerin das Haus zunächst als Mieterin bezog, hergestellt sein und Beklagte hat ihre Verpflichtung gegen die Klägerin dadurch gröblich verletzt, daß sie das Haus mit erheblich geringerer Tragfähigkeit herstellte, als sie zugesagt hatte; bei dieser Sachlage verpflichtet die Eigenschaft der Klägerin als Hauskäuferin sie nicht schlechthin, sich als Mieterin erheblich größere Störungen in Benützung der Mieträume gefallen zu lassen als ein sonstiger Mieter.

Man kann nun davon ausgehen, daß Klägerin infolge ihrer Doppelstellung als Mieterin und Käuferin nach Treu und Glauben und dem wahren Sinn der mit der Beklagten geschlossenen Verträge sich (als Mieterin) behufs Herstellung der vertragsmäßig zugesicherten Beschaffenheit des Gebäudes unter Umständen selbst erheblichere Störungen in Benützung der Mieträume gefallen lassen mußte, nämlich dann, wenn die von ihr beantragte Aufhebung des Kaufvertrags ähnliche Beeinträchtigungen ihres Geschäftsbetriebs — früher oder später — zur Folge hätte, wie die behufs Herstellung des vertragsmäßigen Zustands des Gebäudes erforderlichen baulichen Arbeiten. Diesfalls, also insbesondere wenn der bei Aufhebung des Kaufvertrags früher oder später für die Klägerin mutmaßlich gebotene Umzug aus dem in Rede stehenden Gebäude in ein anderes mit ähnlichen Störungen ihres Geschäftsbetriebs verknüpft wäre, wie die Duldung jener baulichen Arbeiten, ließe sich nicht sagen, daß das Interesse der Klägerin die Auflösung des Kaufvertrags verlange und es wäre die hierauf gerichtete Klage für unbegründet zu erachten. Aber so liegt nach den Ergebnissen des Beweiseinzugs die Sache nicht (wie weiter ausgeführt wird).

Urteil des I. Civilsenats vom 28. Juni 1898 in Sachen Walz gegen Bleyle.

31.

Ist der Anspruch auf die Maklergebühr unter allen Umständen dadurch bedingt, daß dem Auftraggeber zur

Zeit des Abschlusses des Vertrags mit dem Dritten
die Vermittlungsthätigkeit des Maklers bekannt war?
Wirkungen der Kündigung des Maklervertrags durch
den Auftraggeber?

Beklagter hat für Vermittlung des Verkaufs seiner Wirtschaft dem Kläger eine Provision von 400 M. versprochen;
nachdem er den Mäklervertrag gekündigt hatte, weil er den
Verkauf unterlassen wollte, verkaufte er die Wirtschaft kurz
darauf an einen Kaufsliebhaber, den — ohne daß Beklagter
dies gewußt haben will — der Kläger schon vor der Kündigung des Vertrags auf diese Kaufsgelegenheit aufmerksam
gemacht hatte. Kläger forderte nun die 400 Mark und es
wurde nach der Klage erkannt. Aus den

Gründen

des Berufungsurteils:

Mit Unrecht wird vom Beklagten der Kausalzusammen-
hang zwischen der Maklerthätigkeit des Klägers und dem
Verkauf deshalb verneint, weil Beklagter keine Kenntnis davon gehabt habe, daß **Kläger** den H. auf die Kaufsgelegenheit aufmerksam gemacht hatte. Die Frage des Kausalzu-
sammenhangs liegt auf objektivem Gebiet, ist daher von der
Frage des Bewußtseins oder der Einsicht in die ursächliche
Beziehung der Umstände ganz unabhängig.

Der Satz, daß dem Auftraggeber bei Abschluß des Vertrags mit dem dritten Kontrahenten die vorausgegangene Ver-
mittlerthätigkeit des Maklers bekannt gewesen sein müsse, um
die Dienste als dem Auftraggeber geleistet ansehen zu können,
ist in dieser Allgemeinheit nicht richtig. Zwar ist nicht
zu verkennen, daß der Auftraggeber beim Abschluß des Vertrags mit dem dritten Kontrahenten ein erhebliches Interesse
daran hat, zu wissen, ob der Geschäftsabschluß mit dieser bestimmten Person die Maklergebühr fällig mache; auch ist es
richtig, daß die Maklergebühr nur fällig wird, wenn der Vertrag zwischen dem Auftraggeber und dem dritten Kontrahenten zustande kommt, was hinwiederum von der freien Ent-

schließung des Auftraggebers abhängt.

Allein wenn sich der Auftraggeber zu dem Vertragsabschluß entschlossen und solchen angenommen hat, so ist eben
damit die Bedingung erfüllt, von welcher der Anspruch auf
den Maklerlohn abhängig ist. Wenn der Makler durch seine
Thätigkeit den Vertragsabschluß unmittelbar oder mittelbar
bewirkt hat, so hat er die Dienste geleistet und den Erfolg
herbeigeführt, wofür der Maklerlohn zugesagt worden ist. Es ist
nicht in der Natur der Sache begründet, den Maklerlohn nur
im Falle jener Kenntnis des Auftraggebers als verdient anzusehen, da es nicht immer geboten und nicht in allen Fällen
möglich ist, daß der Makler dem Auftraggeber vor dem Vertragsabschluß von seiner Thätigkeit Kenntnis giebt. Bei Kaufs-
liebhabern, die sich eine Reihe von Offerten vorlegen lassen,
ohne einem bestimmten Gegenstand näher zu treten, wäre es
vielfach voreilig und für den Auftraggeber belästigend, ihn
jedesmal hievon sofort zu benachrichtigen; manchfach wird es
aber auch gar nicht möglich sein, den Auftraggeber rechtzeitig und so vollständig zu informieren, daß er sich eine bestimmte Meinung darüber bilden kann, ob er im Falle des
Vertragsabschlusses die Maklergebühr schuldig wird, dies insbesondere dann, wenn der dritte Kontrahent sich rasch ent-
schließt und alsbald ohne Wissen des Maklers das Geschäft
abschließt, während er sich bei demselben vielleicht noch un-
schlüssig gezeigt hat.

Eine andere Frage ist, ob nicht dem Auftraggeber eine
Einrede daraus erwächst, wenn der Makler im konkreten Falle
es versäumt hat, ihn, soweit es angezeigt und möglich war,
von der Sachlage rechtzeitig zu unterrichten.

Auch der Nichthandelsmakler ist dem Auftraggeber zur
vollen Sorgfalt eines ordentlichen Maklers verpflichtet[1]).

Zu dieser Sorgfalt kann es im einzelnen Falle gehören,
dem Auftraggeber, den er thunlichst auf dem Laufenden erhalten soll, rechtzeitig Nachricht zu geben, wenn er durch

---

1) Gruchot Beiträge Bd. 37 S. 279.

seine Vermittlung mit einer bestimmten Person ein Geschäft angebahnt hat, damit der Auftraggeber beim Vertragsabschluß sich darnach richten und seine Bedingungen darnach stellen kann. Jede schuldhafte Versäumnis macht hier den Makler für den entstandenen Schaden haftbar, der darin bestehen kann, daß der Auftraggeber die Maklergebühr auf sich leiden müßte, die er im Falle der rechtzeitigen Benachrichtigung nicht schuldig geworden wäre, sei es, daß er dann das Geschäft nicht abgeschlossen oder den Kaufpreis entsprechend höher gestellt hätte.

Im vorliegenden Falle läßt sich aber eine Verschuldung des Klägers in dieser Richtung nicht nachweisen. Denn nach- dem der Beklagte am 13. Juni 1897 den Mäklervertrag ge- kündigt hatte und zwar aus dem Grunde, weil er sich ent- schlossen habe, sein Anwesen wieder zu behalten, lag für den Kläger kein Anlaß mehr vor, den Beklagten auf dem Lau- fenden zu erhalten und ihn über die Person des Kaufslieb- habers aufzuklären, falls dies der Kläger je nicht schon früher, wie er behauptet, gethan haben sollte.

Außerdem träfe aber den Beklagten der Vorwurf eigenen Verschuldens, da er in der Lage war, vor dem Verkauf seines Anwesens den Kaufsliebhaber H. darüber zu befragen, durch wen er auf die Kaufsgelegenheit aufmerksam gemacht worden sei. Zu dieser Frage hatte er um so mehr alle Veranlas- sung, als er nicht selbst sein Anwesen ausgeschrieben hatte, sondern nur der Kläger, er also sich denken konnte, jedenfalls aber durch eine einfache Frage sich selbst darüber vergewissern konnte, daß, bezw. ob H. durch den Kläger auf die Sache hingewiesen worden sei. Letzteres hätte er auch durch eine Anfrage bei dem Kläger vor dem Kaufsabschluß erfahren können. Nicht nur durch diese Anfrage, sondern auch durch die Befragung des H. selbst wäre Beklagter vollständig gedeckt gewesen, da, wenn der Käufer wider die Wahrheit die Ver- mittlungsthätigkeit des Klägers abgeleugnet, dadurch den Be- klagten getäuscht und ihn so zur Berechnung eines entspre- chend niedereren Kaufpreises bestimmt hätte, derselbe wegen

Arglist zum Ersatz des Interesses verpflichtet worden wäre.

Endlich wendet der Beklagte gegen den Klaganspruch ein, daß der Maklervertrag durch Kündigung seitens des Beklagten und durch Einwilligung des Klägers in die Aufhebung des Maklervertrags aufgelöst worden sei.

Durch die Kündigung des Maklervertrags, die an sich nach der Natur dieses Vertrags in der Regel beiden Teilen zusteht[1]), ist zwar zweifellos für die Zukunft jede weitere Maklerthätigkeit des Klägers ausgeschlossen worden. Allein bestehen blieb, was der Kläger in der Vergangenheit (vor dem 13. Juni 1897) durch seine Thätigkeit für den Beklagten gewirkt hatte. Daß der Kläger auf den Maklerlohn auch für den Fall, daß seine bisherigen Bemühungen demnächst zu einem Verkauf führen sollten, verzichten wollte, kann deshalb nicht angenommen werden, weil dieser Fall überhaupt nicht in Frage kommen konnte, nachdem der Beklagte erklärt hatte, daß er sein Anwesen wieder behalte. In diesem Sinn hat sich denn auch der Kläger nach der Darstellung des Beklagten erklärt, indem er nur dann, wenn es sich so verhalte, wie Beklagter sagte, nämlich daß er das Anwesen nun nicht verkaufe, also nur bedingt den Provisionsvertrag für wertlos erklärt hat, und nur in diesem Sinne war es zu verstehen, wenn Kläger weiter gesagt haben sollte, er werde den Vertrag vernichten, und sich mit dem Ersatz seiner Auslagen zufrieden gab.

Urteil des II. Civilsenats vom 2. Juni 1898 in Sachen Heß gegen Lachenmayer.

32.

Zur Auslegung der §§ 48, 66 und 68 des Börsengesetzes.

Der in Stuttgart wohnende Kläger hat im Auftrage und für Rechnung des ebenfalls in Stuttgart wohnenden Beklagten in Newyork durch Gebrüder L. in Newyork Geschäfte in Rio-Kaffee nach den Bedingungen der Newyorker Kaffeebörse ge-

1) Archiv für bürgerl. Recht Bd. 6 S. 26.

macht, bie nach Lösung des Engagements burch Verkauf zu einem
Verluste für ben Kläger geführt haben. Er verlangt jetzt
vom Beklagten ben Betrag von 6604,65 M., ben er für ben
Beklagten an Gebrüder L. bezahlt haben will und stützt die-
sen Anspruch auf bas Recht bes Kommissionärs gegen ben
Kommittenten und auf angebliche ausbrückliche Zusagen und
Versprechungen bes Beklagten. Keine ber Parteien ist in
ein Börsenregister eingetragen. Unstreitig waren bie zur
Frage stehenben Geschäfte Börsentermingeschäfte im Sinne
ber Newyorker Kaffeebörse.

Die Klage ist abgewiesen unb bie Berufung bes Klägers
ist zurückgewiesen.

Gründe.

I. Nach § 66 Abs. 1 bes (mit 1. Januar 1897 in Kraft
getretenen) Börsengesetzes vom 22. Juni 1896 begründet bie
Erteilung und Uebernahme bes Auftrags zu einem Börsentermingeschäft ein Schulbverhältnis nur, wenn Auftraggeber und
Beauftragter für ben betreffenden Geschäftszweig in einem
Börsenregister eingetragen sind, was bei ben Parteien nicht
zutrifft. Wenn baher ber Auftrag bes Beklagten an ben
Kläger ein Börsentermingeschäft betraf, kann Kläger aus bie-
sem Auftrag keinen Anspruch gegen ben Beklagten herleiten.

II. Dem Kläger ist nun zuzugeben, baß überwiegende
Gründe bafür sprechen, baß ein Börsentermingeschäft i m
S i n n e bes § 48 bes B ö r s e n g e s e t z e s nicht vorliegt,
weil h i e n a ch als „Börsentermingeschäfte" nur Kaufgeschäfte
2c. gelten können, bie nach Geschäftsbedingungen geschlossen
werden, bie von einem b e u t s ch e n Börsenvorstanb für ben
Terminhanbel festgesetzt sinb unb wofür eine amtliche Festsetzung von Terminpreisen n a ch M a ß g a b e b e s b e u t s ch e n
B ö r s e n g e s e t z e s erfolgt. Hiefür spricht einmal ber Wortlaut bes § 48 selbst: „Börsenvorstanb" ist ber technische Aus-
brud bes Gesetzes für bas leitenbe Organ ber b e u t s ch e n
Börsen unb in Betreff ber amtlichen Feststellung ber Termin-
preise verweist ber § 48 ausbrücklich burch bie Bezugnahme auf
bie §§ 29 unb 35 auf eine nach Maßgabe b i e s e s Gesetzes er-

folgende Feststellung, wie auch die Begründung des Gesetzes
zu § 45 des Entwurfs (= § 48 des Gesetzes) bemerkt: „Inwieweit letzteres" — amtliche Preisfeststellung an der betreffenden Börse — „der Fall ist, wird nach Maßgabe der Vorschriften des Abschnitts II festzustellen sein". Sodann kommt
aber weiter in Betracht, daß, wenn § 49 bestimmt: „Ueber
die Zulassung von Waren und Wertpapieren zum Börsen-
terminhandel entscheiden die Börsenorgane nach näherer Bestimmung der Börsenordnung", hiemit augenscheinlich (vergl.
auch die Erwähnung des „Reichskanzlers" in Abs. 2 des
§ 49) die deutschen Börsenorgane und Börsenordnungen
gemeint sind. Ebenso muß angenommen werden, daß die in
§ 50 erwähnten Verbote des Börsenterminhandels in bestimmten Waren und Wertpapieren eben die Bedeutung haben, daß deutsche Börsenvorstände keine Geschäftsbedingungen für einen solchen Terminhandel aufstellen und hiefür
keine amtliche Festellung von Terminpreisen an den betreffenden deutschen Börsen erfolgen darf und daß (nach § 51
Abs. 2) ein von der Mitwirkung der Börsenorgane unabhängiger Terminhandel in den betreffenden Waren von der
deutschen Börse ausgeschlossen ist, soweit er sich in den
für Börsengeschäfte üblichen Formen vollzieht. Daß durch
Abs. 3 des § 50 den der deutschen Gesetzgebung unterworfenen Personen auch untersagt sein sollte, Börsentermingeschäf-
schäfte in Getreide und Mühlenfabrikaten an ausländischen Börsen zu machen, läßt sich nach Inhalt und Zweck
des Gesetzes (vgl. auch § 51 Abs. 1 Satz 2) und nach den
Reichstagsverhandlungen nicht annehmen[1]). Dieser Inhalt
der §§ 49—52 legt den Schluß nahe, daß auch in § 48 nur
von deutschen Börsenvorständen und von der an deut-

---

1) Vergl. stenogr. Berichte des Reichstags 4. Session der 9. Le-
gislaturperiode Prot. Bd. 3 S. 2051 linke Spalte oben — Unterstaats-
sekretär Rothe — und S. 2050 rechte Spalte — von Benningsen
— gegen den Schuß seiner Rede verb.: „Wenn also dieser Teil des
Berliner Börsengeschäfts — durch das Verbot des Termingeschäfts
in Deutschland beseitigt würde und — mit solchen Geschäften sich in
das Ausland wenden müßte", so wäre das kein Unglück.

schen Börsen stattfindenden amtlichen Feststellung von Terminpreisen die Rede ist.

III. Es besagt nun aber § 68 Abs. 1 des Börsengesetzes
„die Bestimmungen des § 66" — Unverbindlichkeit der Börsentermingeschäfte Nichteingetragener — „finden auch dann Anwendung, wenn das Geschäft im Ausland geschlossen oder zu
erfüllen ist". Legt man dieser Bestimmung die in § 48 enthaltene Definition des Begriffs „Börsentermingeschäfte" nach
der unter Ziff. II entwickelten Auffassung zu Grund, so ergäbe
sich folgender Inhalt: „Kaufgeschäfte rc., wenn sie nach Geschäftsbedingungen geschlossen werden, die von einem deutschen Börsenvorstand für den Terminhandel festgesetzt sind,
und wenn für die an der betreffenden deutschen Börse
geschlossenen Geschäfte solcher Art eine amtliche Feststellung
von Terminpreisen erfolgt, begründen, sofern nicht beide Teile
in einem Börsenregister eingetragen sind, ein Schuldverhältnis
auch dann nicht, wenn das Geschäft im Ausland geschlossen
oder zu erfüllen ist." Wenn nun auch eine derartige Gesetzesbestimmung immerhin einen Sinn hätte, so würde doch die
eben bezeichnete Auslegung des § 68 Abs. 1 der erkennbar
zum Ausdruck gelangten Absicht des Gesetzgebers nicht ge-
recht. Sieht man von der Begriffsbestimmung des § 48 ab,
so liegt es am nächsten, den Absatz des § 68 dahin zu verstehen, daß dadurch auch die von nicht in ein Börsenregister
eingetragenen Personen an auswärtigen Börsen oder
nach den Bestimmungen solcher Börsen abgeschlossenen Termingeschäfte für unverbindlich erklärt werden sollten.
Daß dies der Sinn des § 68 Abs. 1 ist, ergiebt sich auch
daraus, daß der Zweck des Registerzwangs, die Fernhaltung
des Publikums von Börsenspekulationen, nur höchst mangel-
haft erreicht wäre, wenn Geschäfte an auswärtigen Börsen
(durch Vermittlung von Bankiers oder Agenten abgeschlossen)
für giltig angesehen werden müßten, auch wenn sie von Personen geschlossen würden, die nicht in ein Börsenregister eingetragen sind. Für diese Auslegung geben auch die Materialien des Börsengesetzes Anhaltspunkte: so ist in der Begrün-

bung des § 65 Entwurf (= § 68 Gesetz) gesagt: „Für den
Geschäftsverkehr mit dem Ausland muß mit Rücksicht auf die
Zwecke, welche die Einrichtung des Registers verfolgt, Vorsorge getroffen werden, daß — nicht der Inländer unter
Umgehung der Eintragung seine Börsentermingeschäfte n a ch
d e m A u s l a n d v e r l e g e" (d. h. doch wohl: an ausländische Börsen spekuliere). Sodann war im Entwurf ein Abs. 3
des § 65 vorgesehen, wonach, wenn nur e i n e der Parteien
im Inland wohnt, deren Eintragung nicht erforderlich sein
sollte, sofern das Geschäft zu ihrem Gewerbebetrieb gehöre;
diese Bestimmung ist von der Reichstagskommission mit d e r
Begründung gestrichen worden: „auch könne ein Haus, gerade weil nicht im Börsenregister eingetragen, im Inland für
überaus solid gelten, obwohl es im Ausland Spekulationen
treibe, welche, wenn sie bekannt wären, seinen Kredit erheblich
schädigen würden": die Giltigkeit von Börsenspekulationen
an auswärtigen Börsen wollte also von der Eintragung in
ein Register abhängig gemacht werden [1]).

IV. Demzufolge ist man zu der Annahme gedrängt, daß
der § 68 Abs. 1 nicht bloß Börsentermingeschäfte im Sinne
des § 48 im Auge hat, sondern auch solche Geschäfte, die
nach den für a u s l ä n d i s c h e Börsen geltenden Gesetzen,
Usancen oder Gepflogenheiten als Börsentermingeschäfte gelten. Für diese Auffassung scheint auch der § 69 des Börsengesetzes zu sprechen, sofern anzunehmen sein wird, daß der
Differenzeinwand nicht bloß für die an d e u t s c h e n Börsen
oder nach den Bestimmungen d e u t s c h e r Börsen abgeschlossenen Termingeschäfte Eingetragener ausgeschlossen sein soll,
sondern auch für solche Termingeschäfte Eingetragener, die
an a u s l ä n d i s c h e n Börsen oder nach d e r e n Bestimmungen
abgeschlossen sind.

Hienach stellt sich das vom Kläger mit Gebrüder L. abgeschlossene Geschäft, das unstreitig ein Börsentermingeschäft
im Sinne der Bestimmungen der Newyorker Kaffeebörse ist,

---

1) Vergl. stenogr. Bericht a. a. O. I. Anl.-Bd. S. 80. II. Anl.-
Bd. S. 1486 ff.

als ein solches dar, das nach §§ 66, 68 des Börsengesetzes
für Nichteingetragene unverbindlich ist; der Auftrag des Klägers zu diesem Geschäft konnte daher nach § 66 Abs. 2 ein
Schuldverhältnis nicht begründen.

V. Wollte man es für unzulässig ansehen, in § 68 vergl.
mit § 66 (und in § 69) einen andern Begriff des Börsentermingeschäfts zu unterstellen, als in § 48, so würden die
in Ziffer III dargelegten Erwägungen dazu zwingen, den § 48
dahin auszulegen, daß als Börsentermingeschäfte Kaufgeschäfte rc. zu gelten haben, wenn sie nach Geschäftsbedingungen geschlossen sind, die von einem deutschen Börsenvorstand oder einem diesem gleichstehenden
Organ einer auswärtigen Börse für den Terminhandel festgesetzt sind und wenn für die an der betreffenden
Börse geschlossenen Geschäfte solcher Art eine Feststellung von
Terminpreisen erfolgt, die nach Maßgabe des deutschen Gesetzes oder der an der betreffenden ausländischen Börse geltenden Bestimmungen als eine
„amtliche" anzusehen ist. Ausländische Börsentermingeschäfte
würden diesfalls nur dann unter die §§ 66, 68 des Börsengesetzes fallen, wenn die in dem betreffenden Land geltenden Bestimmungen den Begriff des Börsentermingeschäfts wesentlich
in gleicher Weise wie § 48 cit. definieren. Auch von diesem
Standpunkt aus läge im vorliegenden Fall ein Börsentermingeschäft vor. (Dies wird näher dargelegt und sodann fortgefahren:)

VI. Stellt sich nach dem Ausgeführten die Klage als
unbegründet dar, sofern sie auf das zwischen den Parteien
(angeblich) bestehende Auftragsverhältnis gestützt wird, so
kann sich noch fragen, ob sie etwa auf die vom Kläger behaupteten besonderen Ersatzversprechen des Beklagten gegründet
werden kann. Auch das hat der vorige Richter mit Recht
verneint. Denn nach Absatz 3 des § 66 des Börsengesetzes
(der nach § 68 Absatz 1 im vorliegenden Fall ebenfalls anzuwenden ist) erstreckt sich die Unwirksamkeit eines Schuldverhältnisses, das begründet ist durch ein Börsentermingeschäft eines nicht Eingetragenen oder durch den seitens einer

solchen Person erteilten Auftrag zum Abschluß eines Börsen=
termingeschäfts, „auf die bestellten Sicherheiten und die ab=
gegebenen Schuldanerkenntnisse“. Hiezu bemerkt die Begrün=
dung des Gesetzes[1]): „Wie aus den Vorschriften im ersten
und dritten Absatz erhellt, soll irgend ein rechtlicher Zwang
zur Erfüllung der von der Ungiltigkeit betroffenen Rechtsge=
schäfte nicht ausgeübt werden können.“ Es mag nun zwei=
felhaft sein, ob die angeblichen Zusicherungen des Beklagten
„Schuldanerkenntnisse“ im Sinne des § 781 des künftigen Bür=
gerlichen Gesetzbuchs oder „Schuldversprechen“ i. S. des § 780
wären; nach Sinn und Zweck des Absatz 3 des § 66 ist
aber der Ausdruck „Schuldanerkenntnisse“ nicht zu
pressen, sondern im weiteren Sinn zu verstehen, sodaß auch
Schuld= oder Zahlungsversprechen darunter begriffen sind.
Urteil des I. Civilsenats vom 13. Mai 1898 in Sachen
Rahnweiler gegen Schuler.

Das Reichsgericht hat die gegen dieses Urteil eingelegte
Revision unter Billigung der in dem Urteil in erster Linie
gegebenen Auslegung des § 66 Abs. 1 zurückgewiesen.

33.

Zum Begriff des „Modells“ und der „neuen Gestaltung“ im Sinn des Gebrauchsmusterschutzgesetzes.

Auf Anmeldung vom 12. Oktober 1895 ist für den Be=
klagten in die Gebrauchsmusterrolle des Patentamts unter der
Bezeichnung:

Preßholz für Brennzwecke aus ausgelaugtem, zerkleinertem
Farb=Gerbholz oder Rinde, unter hohem Druck in Formen
gepreßt,

das Gebrauchsmuster Nro. 47895 eingetragen worden.

Die Anmeldung enthält folgenden „Schutzanspruch“:
Briketts aus durch Wasser ausgelaugtem Farb= oder Gerb=
holz oder Rinde, die nach dem Auslaugen splitter= oder spähne=
artig (nicht Sägespähne) zerkleinert, hernach in Trockenöfen
getrocknet und ohne Beigabe von Bindesubstanzen durch

1) Stenographische Berichte a. a. O. I. Anl.=Bd. S. 20 zu § 63 a. E.

ungemein starkes Pressen in Brikettformen gebracht werden.
In der vorausgehenden Beschreibung wird darauf hingewiesen daß dem Farb- oder Gerbholz durch das Auslaugen
die schwereren, nicht brennbaren Substanzen entzogen werden,
hierdurch aber die Brennkraft des Rückstandes ungemein erhöht werde. Es wird dann das Verfahren zur Herstellung
der Briketts kurz (wie in dem Schutzanspruch) beschrieben und
daran die Behauptung geknüpft, daß die so hergestellten Briketts besser seien, als diejenigen aus Sägmehl, ohne daß die
Fabrikation erheblich kostspieliger sei.

Die Klägerin hat auf Grund des § 6 des Gesetzes betreffend
den Schutz von Gebrauchsmustern vom 1. Juni 1891 klagend beantragt, die Beklagte zu verurteilen, bei dem Kaiserlichen Patentamt die Löschung des für ihn eingetragenen Gebrauchsmusters
Nro. 47 895 zu beantragen. Die Klage ist darauf gegründet,
daß ein Verfahren zur Herstellung von Briketts aus gewissen
Materialien geschützt werden sollte, was nach § 1 des Gesetzes
nicht zulässig sei, und daß die für den hergestellten Brennstoff
gewählte Brikettform nicht Neues und Eigentümliches enthalte.

Der Beklagte hat Abweisung der Klage beantragt. Er
bestreitet, daß es sich um den Schutz eines Verfahrens handle.
Geschützt sei vielmehr die Form, welche er den lockern Gerb-
und Farbholzspähnen gebe, vermöge deren sie dem Zwecke,
als Brennmaterial zu dienen, vorzüglich entsprächen. Zwar
sei die Brikettform an sich nicht neu, wohl aber in der
Anwendung auf dieses Material und darum muster-
schutzfähig. Im Berufungsverfahren ist nach dem Klagantrag erkannt worden.

Gründe.

Nach § 1 des Gebrauchsmusterschutzgesetzes werden „als
Gebrauchsmuster nach Maßgabe dieses Gesetzes" — im Fall
der Eintragung in die Rolle für Gebrauchsmuster — „geschützt": „Modelle von Arbeitsgerätschaften oder Gebrauchs-
gegenständen — insoweit sie dem Arbeits- oder Gebrauchszweck durch eine neue Gestaltung, Anordnung oder Vorrichtung dienen sollen".

Im vorliegenden Fall kann es sich, wie auch die Parteien übereinstimmend annehmen, nur darum handeln, ob in
dem geschützten Preßholz das „M o d e l l" eines G e b r a u c h s-
gegenstands zu sehen ist, der dem Gebrauchszweck durch eine
n e u e G e s t a l t u n g dienen soll. Diese Frage war zu verneinen, auch wenn man davon ausgeht, daß ein Gebrauchsmusterschutz möglich ist für Sachen, die ihrer Bestimmung
nach durch e i n m a l i g e n Gebrauch i n i h r e r S u b s t a n z
(nicht bloß in ihrer äußeren Form) v e r b r a u c h t werden (wie
Eßwaren und Brennstoffe.)

Unrichtig ist d i e Annahme der Klägerin, dem Beklagten
sei in Wirklichkeit ein V e r f a h r e n geschützt. Soweit der
Eintrag lautet: „Preßholz für Brennzwecke aus ausgelaugtem, zerkleinertem Farb- (und) Gerbholz oder Rinde" ist nach
dem klaren Wortlaut nicht ein Verfahren geschützt, sondern
eine körperliche Sache. Wenn es nun in dem Eintrag weiter
heißt: „— unter hohem Druck in Formen gepreßt", so ist
damit allerdings das Verfahren im Allgemeinen angegeben,
mittelst dessen das Preßholz hergestellt wird, aber dieser über-
flüssige Beisatz nötigt keineswegs zu der Annahme, daß (unzulässiger Weise) der Gebrauchsmusterschutz für ein V e r f a h r e n
und nicht für das P r o d u k t eines gewissen Verfahrens habe
erlangt werden wollen. Ob aus diesem Beisatz zu folgern ist,
daß nur a u f d i e s e W e i s e h e r g e s t e l l t e s Preßholz der
in Rede stehenden Art geschützt ist, kann dahingestellt bleiben.

Beklagter hätte für seine „Erfindung" vielleicht P a t e n t-
s c h u t z erlangen können; damit wäre aber nicht ausgeschlossen,
daß er an Stelle des Patentschutzes G e b r a u c h s m u s t e r-
s c h u t z in wirksamer Weise erlangt hat, denn „ein Geistes-
erzeugnis kann gleichzeitig Gebrauchsmuster und Erfindung
sein"[1]: „Die Beschränkung des Satzes" aber, „daß jeder
Gegenstand den Gebrauchsmusterschutz genießen kann, liegt
in dem Erfordernis des M o d e l l s"[2]. „Modell" bedeutet

1) G i e r k e, Deutsch. Pr.R. Bd. 1 § 93 I S. 841.
2) S e l i g s o h n, Kommentar zum Patent- und Gebrauchs-
musterschutzgesetz S. 279; G i e r k e a. a. O. II, 1.

im Sinn des Gesetzes nicht — wie im gewöhnlichen Sprach=
gebrauch — ein plastisches Vorbild, nach welchem Sachen
dieser Art geformt werden, sondern „die sinnliche Darstellung
eines Geisteswerks, das in der Ersinnung einer neuen zweck=
mäßigen F o r m für körperliche Sachen besteht" [1]); das Ge=
brauchsmusterschutzgesetz „schützt die gewerbliche Leistung, die sich
in der äußern Formgebung dokumentiert" [2]), sofern sie dem
Gebrauchszweck dient und nicht — wie beim Geschmacksmuster
— sich an das ästhetische Gefühl wendet. Zu einem „Mo=
dell" im Sinn des Gebrauchsmusterschutzgesetzes ist daher er=
forderlich, daß der geschützte Gegenstand e i n e   b e s t i m m t e
F o r m hat und daß diese Form und nicht der geformte Stoff das
Wesen der Erfindung bildet; das Mittel, wodurch das „Modell"
dem Gebrauchszweck dienen soll, darf nicht in der Beschaffenheit
des Materials, sondern muß in der Form des Modells liegen [3]).
   Diesen Erfordernissen genügt das dem Beklagten ge=
schützte Gebrauchsmuster nicht. Das ist ganz klar, sofern
man sich an den Wortlaut des Eintrags in die Gebrauchs=
musterrolle hält: „Preßholz" heißt „gepreßtes" oder „durch
Pressen hergestelltes" oder vielleicht auch „durch Pressen in
eine gewisse Form gebrachtes" Holz: über die Beschaffenheit
der Form in der das Holz dargestellt werden soll, ist damit
lediglich nichts gesagt, man weiß nicht soll es in Ziegel=,
oder Scheiben= oder Kugel= oder Scheiter= oder in welcher
andern Form hergestellt werden; das Wesentliche ist nach
dem Eintrag eben, daß aus dem dort bezeichneten Stoff eine
„kompakte Masse in handlicher Form" hergestellt wird, bei
einer derartigen Unbestimmtheit der Form des geschützten
Gebrauchsgegenstands kann aber keine Rede davon sein, daß
ein „Modell" im Sinn des Gesetzes vorliegt.
   Aber auch wenn man zu Gunsten des Beklagten an=
nimmt, daß der Eintrag dahin zu verstehen ist: „B r i k e t t s
aus Farb= und Gerbholz oder Rinde", gelangt man zu

----

1) Gierke a. a. O.; auch Seligsohn a. a. O. S. 280 nr. 4
zu § 1 des Ges.   2) R.G. 95 nr. 21 S. 95.
3) Seligsohn a. a. O. nr. 6 zu § 1 S. 281 unten.

keinem andern Ergebnis. Denn einmal bezeichnet der Ausbruck „Brikett" keine ganz bestimmte, fest umschriebene Form; der Sachverständige H. hat sich dahin ausgesprochen: „Briketts sind kompakte Massen, welche aus lockeren Materialien mittels starken Drucks mit oder ohne Zusatz von Bindemitteln mechanisch zu einem Ganzen vereinigt bleiben, so daß das Produkt einen gewissen Festigkeitsgrad besitzt, wobei Größe und Formal" (soll wohl „Form" heißen), „die dem jeweiligen Gebrauchszweck angepaßt zu werden pflegen, unerheblich sind", und Beklagter selbst will den Schutz seines „Preßholzes" keineswegs auf die Form beschränkt wissen, in der er es nach dem vorgelegten Muster-Brikett (zur Zeit) herstellt, sondern meint, der Schutz sei auf die „typische", „allgemein bekannte" Brikettform ausgedehnt, die er nicht weiter bezeichnet, sondern ganz allgemein als „kompakte Masse in handlicher Form" bestimmt hat. Sodann aber ist augenscheinlich bei dem in Rede stehenden Gebrauchsmuster die Form, in der das Preßholz hergestellt wird, durchaus nebensächlich; das Wesentliche der „Erfindung" des Beklagten (der bezeichnender Weise immer von seiner „Erfindung", nicht von seinem „Modell" spricht) liegt darin, daß er den lockeren Holzabfällen „eine" Form giebt, in der sie als feste Masse einen ausgezeichneten Brennstoff bilden; welches aber diese Form ist, darauf kommt nichts an, es ist nach der eigenen Auffassung des Beklagten gleichgiltig, ob das Preßholz in Ziegel- oder Kegel- oder Scheiben- oder Scheiter oder in welcher andern Form hergestellt wird, wofern nur eine kompakte Masse und eine handliche Form erzielt wird; das Wesen der Erfindung liegt also darin, daß ein in dieser Art bisher unbekanntes Brennmaterial, einerlei in welcher Form, hergestellt wird. Mit diesem Umstand, daß das Eigentümliche des Preßholzes darin liegt, daß es sich von den Abfällen, aus denen es hergestellt wird, durch seine veränderten Eigenschaften unterscheidet, und daß seine Eigentümlichkeit nicht in einer bestimmten Form besteht, hängt es auch zusammen, daß das Charakteristische des Preßholzes sich nicht wohl durch eine Abbildung oder eine Nachbildung in anderem Stoff darstellen ließe: man hätte hier immer nur eine der vielfachen Formen vor sich, in denen die Herstellung des Preßholzes denkbar ist, und das Wesen der Erfindung, daß der Gegenstand aus zusammengepreßten Abfällen von Farb= und Gerbholz oder Rinde besteht, wäre nicht wohl zu erkennen.

Nach dem Ausgeführten handelt es sich bei dem in Rede stehenden „Preßholz" nicht um ein „Modell" eines Ge= brauchsgegenstands und demgemäß ist nach § 6 des Gebrauchs= musterschutzgesetzes Klägerin zu der Klage auf Löschung des eingetragenen Musters berechtigt.

Könnte man aber auch in dem „Preßholz für Brenn= zwecke" ein „Modell" im Sinne des Gesetzes erblicken, so ließe sich doch nicht sagen, daß der in Rede stehende Ge= brauchsgegenstand dem Gebrauchszweck durch eine neue Ge= staltung dienen soll. Die neue Gestaltung will Beklagter darin sehen, daß den Abfällen von Farb= und Gerbholz oder Rinde die auf dieses Material noch nicht ange= wandte Brikettform gegeben wird. Unter Umstän= den wird allerdings in der Anwendung einer bekannten Form auf einen in dieser Weise bisher nicht bearbeiteten Stoff eine „neue Gestaltung" zu finden sein; so mag es sich in dem vom Beklagten angeführten Beispiel der Anwendung der prismatischen Form auf Sprengstoffe verhalten. Aber die „Brikettform" ist schon bisher nicht bloß für (gepreßten) Kohlenstaub bekannt gewesen, sondern (vergl. das Heimsoth'= sche Patent) auch für Holzabfälle in Gestalt von Sägspähnen (Sägmehl); in der Uebertragung der „Brikettform" auf einen mit dem Stoff der Sägspähne=Briketts so nahe verwandten Stoff, wie es die in Rede stehenden „splitter= oder spähne= artigen" Abfälle von Farb= oder Gerbholz oder Rinde sind, könnte aber eine „neue Gestaltung" nicht mehr erblickt werden, zumal da — nach der in dem Heimsoth'schen Patent enthal= tenen Beschreibung zu schließen — der durch Anwendung der „Brikettform" auf Sägspähne und auf die hier in Rede stehenden Holzabfälle erzielte technische Effekt ein wesentlich gleichartiger zu sein scheint.

Die Ausführungen in dem Gutachten des Sachverstän-
digen Prof. Dr. H. sind in betreff der Rechtsbegriffe des
„Modells" und der „neuen Gestaltung" nicht zutreffend. Wenn
das Gutachten sagt: eine neue „Gestaltung" liege vor, wenn die
Kombination der Arbeitsprozesse oder Mittel in Anwendung
auf das Modell neu sei; „die einzelnen Arbeitsprozesse oder
Mittel können bekannt sein und d i e ä u ß e r e F o r m d e s
M o d e l l s i s t g a n z b e l a n g l o s", so ist der letztere
Satz für Gebrauchsmuster zu beanstanden, und wenn der
Sachverständige sagt: „die erfinderische Thätigkeit kommt dadurch zum Ausdruck, das ein Gegenstand neu gestaltet oder
geschaffen wird, welcher einem bestimmten Gebrauchszweck
dienen soll, und dieser Gegenstand ist eben das gebrauchs-
musterschutzfähige Modell", so ist das entschieden unrichtig:
wenn ein neues Nahrungsmittel, ein neuer Spreng- oder
Klebstoff, ein neues Feuerungsmaterial dargestellt wird, so
wird „durch eine erfinderische Thätigkeit ein Gegenstand neu
geschaffen, der einem bestimmten Gebrauchszweck dienen soll",
aber dieser neu geschaffene S t o f f an sich ist unzweifelhaft
k e i n „gebrauchsmusterschutzfähiges Modell". Wenn der
Sachverständige weiter hervorhebt, daß sich das fragliche
Preßholz von den vorher bekannten Produkten aus Holzabfällen außer durch die Art der Herstellung auch durch seine
physikalischen Eigenschaften (Festigkeit) und seinen technischen
Effekt (erhöhte Heizkraft) unterscheide, so mag das richtig
sein, es trifft aber für Preßholz j e d e r F o r m zu und beweist nur, daß man es bei diesem Preßholz mit einem Material
zu thun hat, das durch die Art seiner Bearbeitung n e u e,
ihm bisher fehlende innere E i g e n s c h a f t e n erlangt hat,
nicht aber, daß man es mit einem gebrauchsmusterschutz-
fähigen „Modell" zu thun hat.

Urteil des I. Civilsenats vom 22. April 1898 in Sachen
Aktiengesellschaft für Trebertrocknung gegen Hugenbubel.
Die Revision gegen dieses Urteil ist zurückgewiesen worden.

D. in Strafsachen.

4.

Ist im Privatklagverfahren ein Antrag des verurteilten Angeklagten auf Wiederaufnahme des Verfahrens nach dem Tode des Privatklägers zulässig?

Diese Frage wurde von dem Strafsenat in der Privat-
klagsache des P. M. in J. gegen F. P. B. in J. wegen Be-
leidigung anläßlich der sofortigen Beschwerde des Angeklagten
wider den Beschluß der Strafkammer des K. Landgerichts N.
vom 9. August 1898, durch den sein Antrag auf Wiederaufnahme des durch rechtskräftiges Berufungsurteil dieser Strafkammer geschlossenen Verfahrens als unzulässig verworfen
worden war, bejaht aus folgenden

Gründen:

Der vorige Richter glaubte den Wiederaufnahmeantrag
des verurteilten Angeklagten deshalb zurückweisen zu müssen,
weil der Privatkläger im Jahr 1897 gestorben sei. Mit dem
Tode des Privatklägers sei eine wesentliche Prozeßvoraus-
setzung für das Privatklagverfahren und somit auch für die
infolge einer Wiederaufnahme vollständig zu erneuernde Hauptverhandlung weggefallen und im Wiederaufnahmeverfahren
im engeren Sinn fehle der vom Gesetz allenthalben vorausgesetzte Gegner, der eine wesentliche und durch nichts ersetzte
Bürgschaft für eine richtige Entscheidung bilde.

Es läßt sich nun allerdings weder aus der Strafprozeßordnung noch aus ihrer Entstehungsgeschichte ein unmittel-
barer Anhaltspunkt dafür entnehmen, welchen Einfluß der

Tod des Privatklägers nach rechtskräftigem Urteil auf einen
nachmaligen Wiederaufnahmeantrag des verurteilten Angeklagten habe. Ebensowenig aber findet sich eine Andeutung,
daß in diesem Fall der Wiederaufnahmeantrag des Angeklagten ausgeschlossen sei. Namentlich enthalten die Motive
im Eingang zum vierten Buch der St.P.O., wo die Bedingungen aufgeführt sind, unter denen die Wiederaufnahme
beantragt werden könne, nichts in dieser Richtung. Es muß
deshalb davon ausgegangen werden, daß der Gesetzgeber
jedenfalls nicht daran gedacht hat, dem verurteilten Angeklagten
im Falle des Todes des Privatklägers die Rechtswohlthat
der Wiederaufnahme des Verfahrens zu entziehen. Hiemit
stimmen auch die allgemeinen Gesichtspunkte überein. Denn
wenn die Wiederaufnahme des Verfahrens die Rechtskraft
des Urteils und ihre Folgen mit den Forderungen der Gerechtigkeit ausgleichen soll, so macht bei einem Wiederaufnahmeantrag zu Gunsten des Verurteilten der Tod des Privatklägers keinen Unterschied, jedenfalls keinen größeren, als der
Tod des Verurteilten selbst, durch den nach ausdrücklicher
gesetzlicher Bestimmung (St.P.O. § 401 Abs. 1) dieser Antrag nicht ausgeschlossen wird. Auch ist nicht abzusehen,
warum bezüglich des Wiederaufnahmeantrags zu seinen Gunsten
der Verurteilte im Privatklagverfahren ungünstiger gestellt
sein sollte, als im öffentlichen Verfahren, wo es einen solchen
Ausschließungsgrund nicht giebt, während das Privatklagverfahren keineswegs mehr Gewähr für eine sachlich gerechte
Entscheidung als das öffentliche Verfahren giebt, auch in
§ 411 Abs. 2 St.P.O. auf das Wiederaufnahmeverfahren
dem Privatkläger ein geringerer Einfluß eingeräumt ist, als
der Staatsanwaltschaft bei öffentlichen Klagen.

Hienach sprechen die allgemeinen Gesichtspunkte entschieden dafür, daß der Tod des Privatklägers einen Wiederaufnahmeantrag zu Gunsten des Verurteilten nicht ausschließt.
Es kann sich daher nur noch fragen, ob etwa, wie der vorige
Richter annimmt, bei Privatklagen eine Wiederaufnahme ohne
den Privatkläger nach den gesetzlichen Bestimmungen über das

einzuhaltenbe Verfahren unmöglich ift, unb aus biefem Grunb
ein Wieberaufnahmeantrag zu Gunften bes Verurteillen nach
bem Tob bes Privatflägers als unzuläffig, weil unburch-
führbar erfcheint.

Daß für bas Verfahren, in bem über ben Wieberaufnahmeantrag als folchen entfchieben wirb, bie Anhörung bes
Privatflägers unb für bie in ber Folge erneuerte Hauptverhandlung bie Zuziehung bes Privatflägers, für beibe Ab-
fchnitte aber bie Befanntmachung aller Entfcheibungen an ihn
vorgefchrieben ift, fteht angefichls ber Beftimmungen bes
§ 425 Abf. 1 St.P.O. außer Zweifel. Allein es ließe fich
fragen, ob, nachbem bas Gefetz in Rückficht auf bie fachliche
Gerechtigfeil bie Wieberaufnahme bes Verfahrens gegenüber
einem rechtsfräftigen Urteil eingeführt hat, nicht fchon aus
biefem Grunbe bie in bem regelmäßigen Gang bes Verfahrens
liegenben Schwierigfeilen unb Hinberniffe zu weichen haben,
bas Verfahren alfo in biefem Fall ohne Beteiligung bes Privatflägers, fomit unter Beifeilefetzung ber bezüglichen Vorfchriften
ftattzufinden habe. Die Entftehungsgefchichte ber Strafprozeß-
orbnung ift hiefür nicht ohne Anhaltspunft. Zum minbeften
ebenfo wichtig für bas Verfahren unb namentlich für bie
Hauptverhandlung als bas Vorhanbenfein bes Privatflägers
ift bas Vorhanbenfein bes Befchulbigten. Gleichwohl hat
ber Entwurf ber St.P.O., bie in § 322 bereits bie Wieberaufnahme zu Gunften bes Verurteillen nach feinem Tobe zu-
gelaffen hat, feinerlei befonberen Vorfchriften für bas Verfahren getroffen, wie fie jetzt in § 411 St.P.O. gegeben finb.
Das Gericht hätte alfo nach bem Entwurf eine Hauptverhandlung ohne ben Angeflagten vornehmen müffen. Die Vorfchriften für bas regelmäßige Verfahren hätten bies nicht
hinbern fönnen, fonbern infoweit, als hienach nötig, weichen
müffen. Allerbings fennen ber Entwurf (§ 105 unb 196)
unb bas Gefetz (§ 241 unb 232) auch fonft eine Hauptverhandlung ohne Angeflagten, wobei es ebenfalls lebiglich bem
Gericht überlaffen ift, bementfprechenb bie Verhanblung ge-
fetzmäßig burchzuführen. Allein auch eine Hauptverhandlung

in der der Privatkläger weder persönlich erschienen noch ordnungsmäßig vertreten ist, sieht die Strafprozeßordnung vor.
Nach § 431 Abs. 3 soll die vom Privatkläger eingelegte Berufung sofort verworfen werden, wenn er in der Hauptverhandlung nicht erscheint, noch zulässigerweise vertreten wird,
unbeschadet der Bestimmung des § 343 b. h. insoweit nicht
die Abänderung oder Aufhebung des angefochtenen Urteils
zu Gunsten des Angeklagten in Frage kommt. Im letzteren
Falle ist also die Hauptverhandlung durchzuführen und zwar
ohne den Privatkläger. Eine Hauptverhandlung ohne den
Privatkläger ist sonach keine prozessuale Unmöglichkeit, sondern
von dem Gesetz selbst als Ausnahme vorgesehen. Was für
die Hauptverhandlung und somit auch für die erneuerte Hauptverhandlung nach verordneter Wiederaufnahme gilt, muß
noch mehr für das Wiederaufnahmeverfahren im engeren Sinn
gelten, für welches eine thätige Beteiligung des Privatklägers
vom Gesetz nicht erfordert, sondern nur zugelassen ist. Hienach erscheint auch in Rücksicht auf die gesetzlichen Bestimmungen über das Verfahren ein Wiederaufnahmeantrag zu
Gunsten des Verurteilten nach dem Tod des Privatklägers
nicht unzulässig. Auch ohne den Privatkläger ist eine sinn-
gemäße Durchführung des Wiederaufnahmeverfahrens möglich und die Entscheidung über die Kosten bietet ebenfalls
keine unlöslichen Schwierigkeiten.

Beschluß des Straffenats vom 5. Oktober 1898.

5.

**Nach welchen Vorschriften erhalten die evangelischen
Volksschullehrer Zeugengebühren in Fällen der Ziff. 1
§ 14 der Gebührenordnung für Zeugen und Sachverständige?**

Die Straffammer des Landgerichts H. hatte die Zeugengebühren eines evangelischen Volksschullehrers für seine Vernehmung über Umstände, von denen er in Ausübung seines
Amtes Kenntnis erhalten hatte, nach Maßgabe der allgemeinen

Vorschriften der Geb.Ord. für Zeugen und Sachverständige
festgesetzt. Die von dem Zeugen gegen diese Festsetzung erhobene Beschwerde wurde von dem Straffenal als unbegründet
verworfen. In der Begründung dieses Beschlusses sprach sich
der Straffenal dahin aus, daß für den Beschwerdeführer der
§ 14 dieser Gebührenordnung, wonach öffentliche Beamte
unter gewissen Voraussetzungen Taggelder und Erstattung
von Reisekosten nach Maßgabe der für Dienstreisen geltenden
Vorschriften erhalten, nicht anwendbar ist, weil nach Mitteilung des Evangelischen Konsistoriums eine diesbezügliche
allgemeine Vorschrift nicht besteht und namentlich nicht, wie
der Beschwerdeführer behauptet, 25 Pfennig für den Kilo-
meter, einfach berechnet, als Reiseentschädigung für die Volksschullehrer allgemein festgesetzt ist, und weil die besonderen
Vorschriften, die für die Teilnahme der Volksschullehrer an
der Visitation des Bezirksschulinspektors, für ihr Erscheinen
beim sog. Durchgang bei der Bezirksschulvisitation und für
den Besuch von Konferenzen je ganz verschiedene Beträge
als Taggelder, Gebühren, Taggebühren und Reisekosten vor-
sehen, schon wegen dieser ihrer Verschiedenheit nicht zu Grund
gelegt werden können, ganz abgesehen davon, daß sie insge-
samt Reisen innerhalb des Bezirksschulinspektoratssprengel
im Auge haben.

Beschluß des Straffenats vom 31. Mai 1899 in der
Straffache gegen den Karl Weigel von Murr O.A.
Marbach wegen Diebstahls u. a.

II.

Entscheidungen des Verwaltungsgerichtshofs.

4.

**Zugänglichkeit eines Neubaus an einer ortsbauplan-
mäßig festgestellten, aber noch nicht eröffneten Straße.**

Mit Verfügung vom 30. März 1898 hat das K. Oberamt Heilbronn das Gesuch des Kaufmanns G. S. in Heilbronn um Errichtung eines 3½stockigen Doppelwohnhauses
an der stadtbauplanmäßig festgestellten aber noch nicht eröffneten Kernerstraße daselbst unter Feststellung der erforderlichen
Bauvorschriften genehmigt und zugleich die Einsprache der
Firma M. O. und Söhne in Heilbronn als der Eigentümerin
der östlich an das Grundstück des S. anstoßenden Parzelle als unbegründet zurückgewiesen. Auf die hiegegen von
der Firma M. O. und Söhne rechtzeitig angebrachte und
ausgeführte Beschwerde hat das K. Ministerium des Innern
mit Entscheidung vom 6. Mai 1898 der Beschwerde stattgegeben und die oberamtliche Verfügung vom 30. März 1898
außer Wirksamkeit gesetzt. Gegen diese Ministerial-Entscheidung hat der Baulustige, Kaufmann G. S., innerhalb der
gesetzlichen Frist Rechtsbeschwerde an den Verwaltungsgerichtshof eingelegt und die Genehmigung seines Baugesuchs beantragt. Durch Urteil vom 6. Juli 1898 hat der Verwaltungsgerichtshof die Ministerial-Entscheidung außer Wirksamkeit
gesetzt.

Gründe:

Bei der rechtlichen Würdigung des Falles geht der Ver-

waltungsgerichtshof in Uebereinstimmung mit dem K. Ministerium des Innern davon aus, daß das auf § 7 des Ortsbaustatuts der Stadtgemeinde Heilbronn sich stützende Verlangen der Firma M. O. und Söhne, der Baulustige habe
vor Erteilung der Baugenehmigung die Hälfte des Straßen-
platzes zu erwerben, der Berechtigung entbehrt, sofern dem
Baulustigen gemäß Art. 16 Abs. 1 der Bauordnung und
§ 7 des Heilbronner Ortsbaustatuts nur die Verpflichtung
obliegt, den seiner Zeit der Stadt Heilbronn anläßlich der
von ihr zu bestimmenden Herstellung der Kernerstraße entlang
der Baustelle erwachsenden Aufwand teilweise zu tragen oder
zu ersetzen. Ebenso teilt der Verwaltungsgerichtshof die Auffassung des K. Ministeriums des Innern, daß nach Maßgabe des Lageplans der beabsichtigte Neubau als ein Vorder-
haus an der Kernerstraße und nicht als ein Hinterhaus zur
Pfühlstraße baupolizeilich zu behandeln ist.

Dagegen kann die Annahme in der angefochtenen Entscheidung, daß der Neubau gegen den Art. 28 der Bauordnung verstoße, als zutreffend nicht anerkannt werden. In
dieser Richtung wird in der Entscheidung ausgeführt, die
oberamtliche Bauvorschrift, daß der Baulustige bis zur stadt-
bauplanmäßigen Eröffnung der Kernerstraße eine 3 m breite
chaussierte Zufahrt von der Pfühlstraße bis zum Neubau zu
erstellen habe, sichere nicht die nach Art. 28 der Bauordnung
erforderliche Zugänglichkeit der Vorderseite des Neubaus,
welche auf dessen ganze Länge vorhanden sein müsse, denn
der Abstand der Vorderseite des Neubaus von der vor demselben gelegenen im Eigentum der Einsprechenden befindlichen
Parzelle betrage an der nordöstlichen Ecke nur 3 m, an der
südöstlichen nur 1,40 m, so daß die gegen die Straße notwendige Freihaltung der Vorderseite des Neubaus nicht vorhanden sei und nicht verhindert werden könnte, daß die vor
dem Neubau gelegene Parzelle in einer den freien Licht- und
Luftzutritt zu dem Neubau beeinträchtigenden Weise verstellt
werde.

Nun ergiebt sich aber aus dem Begriff der Baulinie im

Sinne des Art. 4 der Bauordnung und aus der Vorschrift
des Art. 28 Abs. 2 der Bauordnung, daß für die rechtliche
Würdigung der Zugänglichkeit eines Neubaus in erster Linie
die Verhältnisse maßgebend sind, wie sie sich nach der end=
giltigen Verwirklichung des festgestellten Ortsbauplans gestal=
ten. Der fragliche Neubau kommt dann mit seiner ganzen
Vorderseite unmittelbar an die 13 m breite Kernerstraße zu
liegen, so daß eine durchaus bequeme Zugänglichkeit und im
Falle eines Brandes für die Feuerlösch= und Rettungsanstal=
ten ein weiter Spielraum gegeben ist. Infolge der Aufnahme
der Kernerstraße in den Ortsbauplan der Stadt Heilbronn
darf gemäß Art. 6 Abs. 1 der Bauordnung auf der im Eigen=
tum der Firma M. O. und Söhne befindlichen Parzelle, so=
weit sie dem Neubau vorliegt, ein Bauwesen nicht mehr er=
richtet werden, die Grundfläche kann zwar die Eigentümerin
nach dem Abs. 4 desselben Art. bis zur Abtretung an die
Gemeinde benützen und mit einer dem Bedürfnisse entspre=
chenden Einfriedigung versehen, selbst vorübergehende Bauten
aber sind nur mit Genehmigung der Polizeibehörde statthaft.
Durch diese gesetzlichen Bestimmungen in Verbindung mit dem
Umstand, daß sich an der Vorderseite des Hauses eine im
Eigentum des Baulustigen befindliche Zufahrt von 3 m bis
1,40 m Breite hinzieht und zur Zeit die unüberbaute im
Eigentum des Baulustigen stehende Grundfläche an den drei
anderen Seiten des Hauses über das Maß der gesetzlichen
Abstände weit hinausreicht, erscheint für die Zeit von der
Erstellung des Neubaus bis zur Eröffnung der Kernerstraße
eine dem Art. 28 Abs. 1 der Bauordnung entsprechende
Zugänglichkeit ausreichend gesichert, insbesondere wird im
Falle eines Brandes für die Feuerlösch= und Rettungsan=
stalten der erforderliche Raum nicht fehlen, da die beiden
Nebenseiten und die Rückseite des Hauses durchaus frei lie=
gen und an der Vorderseite etwa bis zur Hälfte eine in
ihrer Breite mit 2,5 m dem Mindestmaß des § 12 Abs. 3
der Vollziehungsverfügung entsprechende Feuergasse frei bleibt,
übrigens im Notfalle auch die dem Bedürfnis entsprechende

Einfriedigung des Nachbargrundstückes teilweise beseitigt werden kann. Jedenfalls handelt es sich bei dem fraglichen Neubau um die Errichtung eines Gebäudes außerhalb der angelegten Ortsstraßen an einer in den Ortsbauplan aufgenommenen Baulinie; in einem solchen Falle genügt es gemäß Art. 13 Abs. 4 der Bauordnung, wenn der Bauende die für die Erbauung und Benützung des Gebäudes oder im Interesse der öffentlichen Sicherheit unentbehrliche Zufahrt von der nächsten Ortsstraße aus auf eigene Kosten herstellt; daß der Baulustige mit der Erstellung der ihm vom Oberamt auferlegten Zufahrt von der Pfühlstraße her, deren Breite auf der Strecke bis zur nordöstlichen Ecke des Hauses mindestens 3 m beträgt, dieser gesetzlichen Anforderung nachkommt, kann nach den seitherigen Ausführungen bei der Lage des Neubaus einem Bedenken nicht unterliegen.

Urteil vom 6. Juli 1898 in der Rechtsbeschwerdesache des Kaufmanns G. S. in Heilbronn.

5.

Zu §§ 10 und 12 des revidierten Ortsbaustatuts der Stadt Stuttgart vom $\frac{22.\ \text{Juli}}{4.\ \text{September}}$ 1897. Abstandhaltung gegenüber bereits bestehenden Gebäuden.

Mit Erlaß des Kgl. Ministeriums des Innern an die K. Stadtdirektion Stuttgart vom 15. Juli 1898 wurde das von Fabrikant A. Z., Eigentümer des Anwesens Nro. 22 A und B an der Kronenstraße zu Stuttgart, eingereichte Gesuch, nach Abbruch des alten Hauses Nro. 22 ein 18,76 m langes und 15,40—16,40 m tiefes fünfstockiges Doppelwohn- und Wirtschaftsgebäude erstellen zu dürfen, abgewiesen. Gegen diese Entscheidung ist von ꝛc. Z. Rechtsbeschwerde an den Verwaltungsgerichtshof insoweit erhoben worden, als das Baugesuch aus dem Grunde abgewiesen wurde, daß es gegen die Vorschrift des § 40 Abs. 2 des revidierten Ortsbaustatuts für die

Stabt Stuttgart verstoße, weil der geplante Neubau Nro. 22 der Kronenstraße mit seinen beiden Nebenseiten den in der erwähnten Vorschrift verlangten Gebäudeabstand von mindestens 3,0 m gegen die Gebäude Nro. 20 und Nro. 24 derselben Straße nicht einhalte. Die Beschwerde wurde als unbegründet zurückgewiesen. Aus den

Gründen:

Der Beschwerdeführer bestreitet nicht und es ist auch aus dem von ihm eingereichten Lageplan zu ersehen, daß der Neubau vom Gebäude Nro. 20 nur 1,79 m und vom Gebäude Nro. 24 nur 2,97 m absteht, von welchen Maßen auf seinen eigenen Grund und Boden 0,84 m und 2,40 m und auf die Nachbargrundstücke 0,95 m und 0,57 m entfallen. Während aber das K. Ministerium verlangt, daß der Baulustige mit seinem Neubau noch um 1,21 m bezw. 0,03 m abrücke, damit der Abstand von den Nachbargebäuden je 3,0 m betrage, weigert sich der Beschwerdeführer unter Berufung auf die Vorschrift des § 42 Abs. 1 des revidierten Ortsbaustatuts dies zu thun, weil er auf seinem Grundstück schon mehr als 3,0 m an der Baulinie unüberbaut lasse, indem gegen Nro. 24 ein Abstand von 2,40 m vorgesehen sei und er gegen Nro. 20 den seitherigen Abstand von 0,84 m beibehalte und damit der erwähnten Vorschrift genüge.

Nach den vorhandenen Baualten wurden die drei Gebäude an der Kronenstraße Nro. 20, 22 und 24 nach eingeholter baupolizeilicher Genehmigung erstellt und sie bestehen heute noch auch bezüglich der Abstandsverhältnisse zu Recht. Die in § 40 Abs. 2 und § 42 Abs. 1 des revidierten Ortsbaustatuts erteilten Abstandsvorschriften kommen auf Baugesuche zur Anwendung, welche, wie das vorliegende des Beschwerdeführers nach dem 1. Oktober 1897 — dem Tag, mit welchem das revidierte Ortsbaustatut in Wirksamkeit trat — eingereicht werden, und dem Beschwerdeführer erwächst aus diesen Vorschriften darum die Verpflichtung, einen Abstand von mindestens 3,0 m beiderseits von den Nachbargebäuden einzuhalten, weil er das Haus Nro. 22 abbrechen und an seiner Stelle einen Neubau errichten will (cfr. Art. 17 der Neuen Allgemeinen Bauordnung vom 6. Oktober 1872 und § 85 des Revidierten Ortsbaustatuts). Mit § 42 Abs. 1 des Stuttgarter Ortsbaustatuts von 1874 war schon vorgeschrieben, daß zwischen den Vordergebäuden einer und derselben Straßenseite auf die ganze Tiefe der Gebäude ein von Hausgrund zu Hausgrund zu bemessender Abstand von mindestens 2,865 m einzuhalten sei, und in § 44 Abs. 1 desselben Ortsbaustatuts war die Gewinnung des Abstands in der Art geregelt, daß der Bauende mit seinem Gebäude auf der einen Seite 0,565 m, auf der anderen — in der Regel der dem Innern der Stadt näher gelegenen Seite — 2,30 m von der Eigentumsgrenze entfernt zu bleiben habe. In dem revidierten Ortsbaustatut ist in den §§ 40 Abs. 2 und 42 Abs. 1, welche im übrigen denselben Wortlaut haben, nur die Aenderung getroffen, daß der Abstand für die II. Bauzone auf 3,0 m und die Verteilungsmaße entsprechend erhöht worden sind. Eine besondere Vorschrift für solche Fälle, in welchen, wie in dem vorliegenden, schon bestehende angrenzende Gebäude den nach der Regel des § 44 Absatz 1, bezw. § 42 Abs. 1 auf sie entfallenden Abstand von der Eigentumsgrenze nicht haben, findet sich in beiden Ortsbaustatuten nicht, das K. Ministerium des Innern und die Stuttgarter Baupolizeibehörden sind aber bei der Behandlung der Baugesuche davon ausgegangen, daß der Baulustige den Abstand von 2,865 m bezw. 3,0 m gegen die bestehenden seitlich angrenzenden Gebäude zu beschaffen und, wenn das nach der Regel ihm zugeschiedene Maß des Abstands von der Eigentumsgrenze dazu nicht genügt, den Abstand auf seinem Grund und Boden bis zum genügenden Maß zu vergrößern habe. Daß die ortsbaustatutarische Vorschrift in diesem Sinne auf Grund des Art. 24 der Bauordnung erlassen werden konnte, läßt sich nicht in Zweifel ziehen und dafür, daß sie in der That in diesem Sinne erlassen worden ist, spricht nicht nur die Erwägung, daß hiebei der sanitäre Zweck der eingeführten offenen Bauweise, wie zu wünschen, in mehr beschleunigter Weise erreicht wird, sondern auch der Wortlaut

14*

der Vorschrift, und namentlich mangelt, nachdem das Ortsbaustatut von 1874 in dem angegebenen Sinne ausgelegt
und angewendet worden ist, aller Anhalt dafür, daß dem
neuen Ortsbaustatut der gegenteilige Inhalt habe gegeben
werden wollen. Wie § 44 des Ortsbaustatuts von 1874 sagt
§ 42 des neuen Ortsbaustatuts nicht, daß der auf 0,60 m
und 2,40 m bemessene Abstand von der Eigentumsgrenze stets
genüge, sondern für die Verteilung des Abstands, der gewonnen werden muß, wird eine Regelvorschrift gegeben,
deren Anwendbarkeit voraussetzt, daß der Gesamtabstand
wirklich gewonnen wird; es ist denn auch in § 44 Abs. 2 des
Ortsbaustatuts von 1874 und in § 42 Abs. 5 des neuen Ortsbaustatuts vorgesehen, daß der Bauende verpflichtet werden
kann, den größeren Abstand von der Eigentumsgrenze auf
beiden Seiten des Neubaus einzuhalten.

Demnach kann, wenn das K. Ministerium in der angefochtenen Entscheidung vom 16. Juli 1898 dem den Abstand
von 3,0 m nicht einhaltenden Baugesuch des Beschwerdeführers nicht zu entsprechen vermocht hat, der Verwaltungsgerichtshof nicht finden, daß diese Entscheidung rechtlich nicht
begründet und daß der Beschwerdeführer dadurch in einem
ihm zustehenden Recht verletzt oder mit einer ihm nicht obliegenden Verbindlichkeit belastet wäre.

Selbstverständlich regelt die Ministerialentscheidung die
Abstandhaltung nur gegenüber den bestehenden Nachbargebäuden für die Zeit ihres Bestehens. Wenn künftig die Nachbarn auf ihrem Grund und Boden ein neues Bauwesen aus-
führen, welches die Anwendung der Vorschriften des revidierten Ortsbaustatuts gestaltet, haben sie nach § 42 Abs. 1
mit ihren Bauten 0,6 m bezw. 2,40 m von der Eigentumsgrenze gegen Nro. 22 entfernt zu bleiben, was dann dem
Eigentümer des Anwesens Nro. 22 die Möglichkeit bietet,
die jetzt zugelegte Fläche sei es durch Vertrag mit den
Bauenden sei es selbst baulich zu verwerten.

Urteil vom 12. Oktober 1898 in der Rechtsbeschwerdesache des Fabrikanten A. Z. in Stuttgart.

6.

Verwaltung und Verwendung von Baulastenabfindungs-kapitalien.

Der Sachverhalt ergiebt sich aus den
Gründen:

I. In dem zur Entscheidung stehenden Beschwerdefall handelt es sich um die Verwaltung, Verrechnung und Verwendung der Baulastenabfindungskapitalien, welche der Gemeindepflege F., Oberamts B., infolge der nach Erlassung des Komplexlastenablösungsgesetzes vom 19. April 1865 im Jahr 1866 vollzogenen Ablösung der dem Hofkammergut obgelegenen Baulast an den im sogenannten Prinzenbau zu F. eingerichteten Lokalen der evangelischen Volksschule und Lehrerswohnung, sowie dem christlichen Begräbnisplatz teils direkt vom K. Hofkameralamt, teils indirekt nach der im Jahr 1891 geschehenen Ausscheidung des örtlichen Kirchenvermögens von der Stiftung F. zugeflossen sind.

Die Festsetzung der Abfindungsbeträge, nachdem auf ergangene Anmeldung die Ablösbarkeit der Lasten anerkannt worden war, erfolgte im Wege gütlicher Verständigung, welche nach Artikel 14 Abs. 4 des genannten Gesetzes in erster Linie zu versuchen war. Der vom 29. März 1866 datierte Ablösungsvertrag, welcher die Uebernahme einer bleibenden Verbindlichkeit, der Baulast, auf die Gemeinde in sich schloß, bedurfte nach § 66 Ziffer 5 des Verwaltungsedikts der Genehmigung durch die Kreisregierung. Die Genehmigung wurde mit Regierungserlaß vom 13. Juli und — nach vorgängigen Beschlüssen der bürgerlichen und Stiftungs-Kollegien vom 3. August und 7. September — mit Regierungserlaß vom 5. Oktober 1866 erteilt und dazu angeordnet, daß in Beziehung auf die Verwaltung, Verrechnung und Verwendung der nach Neubau- und Bauunterhaltungskapital getrennt festgesetzten Abfindungsbeträge die Vorschriften des Zirkularerlasses des K. Ministeriums des Innern vom 20. März 1860 Punkt II IV und V Z. 1—4 genau einzuhalten seien. Zugleich wurden

im einzelnen die dieſen Vorſchriften entſprechenden Maßnahmen
getroffen und insbeſondere verlangt, daß die Zinſe des Neubaufonds alljährlich zum Kapital geſchlagen und der dadurch erhöhte Kapitalbetrag als Geldgrundſtocksſchuld der
Gemeinde neben dem ſonſtigen Geldgrundſtocksſoll der Gemeindepflege nachgewieſen werde.

In der Folge wurden zwar die Regierungserlaſſe in die
Gemeindepflegrechnungen aufgenommen und bei der Grund-
ſtocksberechnung die Neubaufonds alljährlich mit dem Zinſen-
zuſchlag berechnet, aber es wurde unterlaſſen, den Zinſenzu-
ſchlag auch dem Geldgrundſtocksſoll der Gemeindepflege zuzu-
rechnen, ſo daß die Neubaufonds nur auf dem Papier und
auf Koſten des ſonſtigen Geldgrundſtocks um Zinſe und Zinſes-
zinſe ſich erhöhten, in Wirklichkeit aber die Zinſenbeträge alljährlich von der laufenden Verwaltung zu ihren Ausgaben
verwendet wurden.

Als bei der Prüfung der Gemeindepflegrechnung von
1893/94 die fehlerhafte Verrechnung vom K. Oberamt auf-
gedeckt wurde und es ſich darum handelte, den durch die alljährlich in der Höhe der berechneten Zinſe ſtattgehabten unerlaubten Grundſtocksangriffe entſtandenen Grundſtocksab-
mangel aus Mitteln der laufenden Verwaltung zu erſetzen,
beſchloſſen die Gemeindekollegien von F. am 17. Sept. 1897
unter Bezugnahme auf die im Miniſterialamtsblatt von 1878
S. 226 veröffentlichte Spezialentſcheidung des K. Miniſteriums
des Innern vom 3. Auguſt 1878 die von der Kreisregierung
mit Erlaß vom 5. Oktober 1866 angeordnete Verwaltung.
Verrechnung und Verwendung der Ablöſungskapitalien vom
1. April 1897 an fortfallen zu laſſen und um höhere Genehmigung des Beſchluſſes zu bitten. Mit dem von der Kreisregierung in Ludwigsburg in ihrem Erlaß an das K. Oberamt
B. vom 11. März 1898 darauf erteilten Beſcheid wurde der
Beſchluß der Gemeindekollegien nicht genehmigt, vielmehr angeordnet, daß der Zuſchlag von Zinſen und Zinſeszinſen zu
den Neubaufonds unter Berückſichtigung eines am 15. Juli
1879 geſtatteten Angriffs in Höhe von 500 M. für die Ver-

gangenheit und Zukunft zu erfolgen habe und daß ein etwaiger
die Bauunterhaltungskosten überfteigender Ertrag des Bau-
unterhaltungsfonds nach Abzug der Verwaltungskosten dieses
Fonds dem letzteren künftig zuzuschlagen fei, während hievon
für die Vergangenheit abgesehen werden könne. Dabei wurde
ausgesprochen, daß nach der Entscheidung des K. Ministeriums
vom 3. August 1878, worauf die bürgerlichen Kollegien ihren
Beschluß gründen zu können glauben, allerdings eine Ausscheidung des Neubaufonds und des Unterhaltungsfonds nicht
hätte verlangt werden können, daß aber kein Grund vorliege,
die feiner Zeit im allfeitigen Einverftändnis ftattgefundene Ausscheidung wieder rückgängig zu machen.

Die Gemeindekollegien beschloffen am 24. März 1898,
gegen diefen Bescheid der Kreisregierung Beschwerde an das
K. Ministerium des Innern zu erheben mit der Begründung, daß ihnen zuftehen müffe, den im Jahr 1866 gemachten
Fehler nach Erlaffung einer höheren gegenteiligen Entscheidung rückgängig zu machen. Das Gesuch ging dahin, die
Entscheidung der K. Kreisregierung aufzuheben und die er-
betene Genehmigung zu erteilen.

Das K. Ministerium wies mit Erlaß vom 29. Juni 1898
die Beschwerde gegen die Verfagung der Genehmigung als
unbegründet ab, indem es ausführte, daß die bürgerlichen
Kollegien sich mit Unrecht auf die Ministerialentscheidung vom
3. August 1878 berufen. In dem Fall, welcher diefer Entscheidung zu Grunde gelegen habe, habe es sich darum gehandelt, daß, nachdem im Jahr 1855 die auf gütlichem Wege
zuftandegekommene Baulaftenablösung die Regierungsgeneh-
migung bedingungslos erhalten hatte, später die Kreisregierung die Beftimmungen des Zirkularerlaffes vom 20. März
1860, betreffend die Anlegung der Baulaftenabfindungska-
pitalien der Gemeinden und Stiftungen, zur Anwendung gebracht und die nachträgliche Ausscheidung von Neubau- und
Unterhaltungsfonds verlangt habe, was das Ministerium für
unzuläffig erklärt habe, weil diefer Zirkularerlaß sich nur auf
die nach Maßgabe der gefetzlichen Vorschriften zuftandege-

kommenen Ablösungen, nicht dagegen auf solche beziehe, welche auf gütlichem Uebereinkommen beruhen. Im vorliegenden Fall dagegen liege die Sache insofern wesentlich anders, als die Anwendung der Bestimmungen des genannten Zirkularerlasses von der Kreisregierung schon bei der Erteilung der erforderlichen Genehmigung der Ablösung ausdrücklich verlangt worden sei, also eine Bedingung dieser Genehmigung gebildet habe, zu deren Stellung die Kreisregierung nicht nur formell berechtigt gewesen sei, sondern auch materiellen Anlaß gehabt habe, und als ferner die Gemeinde- und Stiftungskollegien sich seinerzeit diesem Verlangen gefügt haben, so daß die Ausscheidung von Neubau- und Unterhaltungsfonds nicht jetzt erst vorgenommen werden solle, sondern längst auf technischer Grundlage vorgenommen sei und eine Aenderung nicht erfahren solle.

Gegen diese Entscheidung haben die Gemeindekollegien von J. mit Beschluß vom 29. August Rechtsbeschwerde an den Verwaltungsgerichtshof mit der Behauptung eingelegt, daß sie durch die Ministerialentschließung mit einer der Gemeinde nicht obliegenden Verbindlichkeit belastet werden. Dabei haben sie sich auf das in den Akten vorgetragene berufen und weiter geltend gemacht, daß nach den angestellten Berechnungen dem Geldgrundstock der Gemeindepflege rund 2200 M. angewachsene Zinse aus den Ablösungskapitalien zuzuführen wären, welche vollständig durch Gemeindeschabensumlage aufgebracht werden müßten, daß darum bei dem Rückgang der Steuerkraft der Gemeinde diese durch die Maßregeln sehr hart betroffen würde und mehrere notwendige und nützliche Einrichtungen im Gemeindehaushalt zurückgestellt werden müßten, und den Antrag gestellt, die Entscheidung der Kreisregierung aufheben zu wollen, für den Fall aber, daß dem Antrag in vollem Umfange nicht entsprochen werden könnte, demselben mit Rücksicht auf den Bauaufwand auf das Rathaus wenigstens insoweit zu entsprechen, als es sich um den Zinsenzuschlag für die rückwärts gelegene Zeit 1863/1894 handle.

II. Damit eine Rechtsbeschwerde an den Verwaltungs-

gerichtshof Erfolg habe, iſt nach Art. 13 des Verwaltungsrechts-
pflegegeſetzes vom 16. Dezember 1876 erforderlich, daß die
angefochtene Entſcheidung oder Verfügung der Verwaltungsbehörde rechtlich nicht begründet und daß der Beſchwerdeführer dadurch in einem ihm zuſtehenden Recht verletzt oder
mit einer ihm nicht obliegenden Verbindlichkeit belaſtet iſt.

Die beſchwerdeführenden Gemeindekollegien haben nicht
dargethan, daß die Entſcheidung des K. Miniſteriums des
Innern vom 29. Juni 1898, wodurch ihre Beſchwerde gegen
die Entſcheidung der K. Kreisregierung in Ludwigsburg vom
11. März 1898 als unbegründet abgewieſen wurde, rechtlich
nicht begründet iſt.

Der Verwaltungsgerichtshof iſt zur Entſcheidung der
Frage nicht veranlaßt, ob in dem Spezialerlaſſe des Kgl.
Miniſteriums des Innern vom 3. Auguſt 1878 mit Recht
ausgeſprochen iſt, daß nach Art. 29 des Zehntablöſungsgeſetzes
vom 17. Juni 1849 der Art. 40 jenes Geſetzes und folge-
weiſe der Vollzugsvorſchriften hiezu erteilende Zirkularerlaß
vom 20. März 1860 ¹) auf Baulaſtenabfindungskapitalien,
welche nach erfolgter Anmeldung der Ablöſung im Wege güt-
lichen Uebereinkommens feſtgeſetzt worden ſind, ſich nicht beziehe.

Die Gemeindekollegien können ſich auf dieſe Entſcheidung
vom 3. Auguſt 1878 und die darin enthaltene Auslegung der
Art. 29 und 40 des Zehntablöſungsgeſetzes ſchon darum nicht
berufen, weil es ſich bei jener am 3. Auguſt 1878 entſchie-
benen Angelegenheit um ein Baulaſtenablöſungskapital handelte, welches auf Grund des Zehntablöſungsgeſetzes zugewieſen worden war, während es ſich im vorliegenden Fall
um Abfindungskapitalien handelt, welche auf Grund des
Komplexlaſtenablöſungsgeſetzes vom 19. April 1865 zugewieſen
worden ſind. Für die letzteren iſt (abgeſehen von dem hier
nicht vorliegenden Fall des Art. 2 Abſ. 1) mit der Beſtimmung des Art. 8 Abſ. 3 des Komplexlaſtenablöſungsgeſetzes
die Anwendung des Art. 40 des Zehntablöſungsgeſetzes all-

1) Fleiſchhauer, Württemb. Geſetzgebung über die Verwaltung der Gemeinden ꝛc., Beil. nr. 96 S. 557.

gemein und ohne Anhalt für eine Unterscheidung bezüglich
des Wegs, auf welchem die Festsetzung der Beträge erfolgt
ist, vorgeschrieben. War aber diese Gesetzesvorschrift auf
die der Gemeindepflege F. zugewiesenen Abfindungskapitalien
zur Anwendung zu bringen, so war damit auch, worauf in einem Zirkularerlaß vom 21. April 1866 die Ober-
ämter noch besonders aufmerksam gemacht worden sind, die
Anwendbarkeit der zum Vollzug der Vorschrift in dem Zirkularerlaß vom 20. März 1860 getroffenen Vorschriften gegeben; und die von der K. Kreisregierung in den Erlassen vom
13. Juli und 5. Oktober 1866 getroffenen Anordnungen sind
zudem darum um so weniger zu beanstanden, als die bürgerlichen und Stiftungskollegien sich damals denselben gefügt
haben. Mit Grund haben die beschwerdeführenden Kollegien
bei ihrem Beschlusse vom 17. September 1897 sich auf den
Standpunkt gestellt, daß dieser Beschluß der Genehmigung
der K. Kreisregierung bedürfe, und es ist die Behauptung
ganz unrichtig, daß die Versagung dieser Genehmigung rechtlich nicht begründet sei.

Hieraus ergiebt sich die Zurückweisung der erhobenen
Rechtsbeschwerde, wobei dahin gestellt gelassen wird, ob, falls
die angefochtene Entscheidung des K. Ministeriums rechtlich
nicht begründet wäre, die Gemeinde im Sinne des Art. 13
des Gesetzes vom 16. Dezember 1876 in einem ihr zustehenden Rechte verletzt oder mit einer ihr nicht obliegenden Verbindlichkeit belastet wäre.

III. Der mit dem Rückgang der Steuerkraft und der
Höhe der Gemeindeschadensumlage in der Gemeinde F.
begründete eventuelle Antrag der Gemeindekollegien, wenigstens die Unterlassung des Zinsenzuschlags für die rückwärts gelegene Zeit 1865/94 zu gestatten, enthält die Bitte
um nachträgliche Genehmigung der in den bezeichneten Jahren
unerlaubt vorgekommenen Grundstocksangriffe ohne Wieder-
ersatz, zu deren Erledigung nach Art. 15 Abs. 1 Ziff. 7 und
Abs. 2 des Gesetzes vom 21. Mai 1891, betreffend die Verwaltung der Gemeinden, Stiftungen und Amtskörperschaften,

die vorgeſetzte Kreisregierung und keinenfalls der Verwaltungsgerichtshof zuſtändig iſt.

Urteil vom 28. Dezember 1898 in der Rechtsbeſchwerdeſache der Gemeindekollegien von F.

7.

**Kapitalſteuerpflichtigkeit eines Württembergers, der
in Württemberg keinen Wohnſitz oder dauernden Aufenthalt hat.**

Nachdem der Beſchwerdeführer auf den 1. April 1897
ſein Kapitaleinkommen verſteuert hatte, hat er anläßlich der
Zuſtellung des Faſſionsbogens für das Steuerjahr 1898/99
am 10. April 1898 ſeine Steuerpflicht unter dem Vorbringen
beſtritten, daß er jedenfalls ſeit 1. September 1897 ſeinen
Wohnſitz in SL aufgegeben habe und ſeitdem nirgends einen
Wohnſitz oder Aufenthalt im Sinne des Reichsgeſetzes wegen
Beſeitigung der Doppelbeſteuerung vom 13. Mai 1870 habe.
Mit Verfügung vom 25. Juni 1898 hat das K. Steuerkollegium, Abteilung für direkte Steuern, die Beiziehung des
Beſchwerdeführers zur Kapitaleinkommenſteuer in Württemberg angeordnet, davon ausgehend, daß der Beſchwerdeführer
ſeinen Wohnſitz in St. in Wirklichkeit nicht aufgegeben habe ...
Auf eine hiegegen erhobene Beſchwerde hat das K. Finanz-
miniſterium mit ſeiner Entſcheidung vom 18. Januar 1899
zwar anerkannt, daß für den Beſchwerdeführer ein Wohnſitz oder dauernder Aufenthalt in Württemberg nicht zutreffe,
die Beſchwerde aber abgewieſen, weil der Beſchwerdeführer
nach Artikel 2 des Einkommenſteuergeſetzes vom 19. September 1852 als württembergiſcher Landesangehöriger der
Einkommenſteuerpflicht unterliege; das Reichsgeſetz vom 13.
Mai 1870 ſtehe nicht im Wege, da es lediglich die Doppelbeſteuerung der Angehörigen des deutſchen Reiches ausſchließen
wolle, eine ſolche aber bei dem Beſchwerdeführer, der im
deutſchen Reiche weder einen Wohnſitz noch einen Aufenthalt
im Sinne des Geſetzes habe, nicht in Frage kommen könne.

Die gegen dieſe Entſcheidung — die im Hinblick auf

Art. 3 des Gesetzes vom 15. Juni 1853 auf die Gemeindebesteuerung sich nicht erstreckt — erhobene Rechtsbeschwerde
wurde von dem Verwaltungsgerichtshof als unbegründet
abgewiesen.

Gründe:

Der Beschwerdeführer versucht den Nachweis zu erbringen,
daß die Beiziehung seines gesamten Einkommens aus Kapita-
lienbesitz zur württembergischen Einkommensteuer gemäß Art. 2
des Gesetzes vom 19. September 1852 und Art. 2 des
Gesetzes vom 30. März 1872 nicht begründet sei und jedenfalls mit dem Reichsgesetz vom 13. Mai 1870 wegen Beseitigung der Doppelbesteuerung im Widerspruch stehe. In
beiden Beziehungen erscheint jedoch die Beschwerde als unbegründet.

Art. 2 des Gesetzes vom 30. März 1872 bestimmt:

„a) Alle württembergischen Landesangehörigen, sowie
diejenigen Angehörigen anderer Staaten des deutschen Reichs,
welche in Württemberg einen Wohnsitz haben oder sich daselbst aufhalten, sind der Steuer von Kapital-, Renten-, Dienst-
und Berufseinkommen in demjenigen Umfange unterworfen,
in welchem sie nach dem Reichsgesetze wegen Beseitigung der
Doppelbesteuerung vom 13. Mai 1870 in Württemberg zu
den direkten Staatssteuern herangezogen werden dürfen.

b) Diejenigen württembergischen Landesangehörigen,
welche ihren Wohnsitz außerhalb des deutschen Reiches haben,
. . . . werden übrigens, soweit nicht das Reichsgesetz vom
13. Mai 1870 entgegensteht, nach Art. 2 Abs. 1 lit. a bezw.
b des Gesetzes vom 19. September 1852 besteuert".

Der Versuch des Beschwerdeführers, in lit. a den Rela-
tivsatz „welche in Württemberg einen Wohnsitz haben, oder
sich daselbst aufhalten" auch auf die württembergischen Landesangehörigen zu beziehen und mit dieser Auslegung württembergische Staatsbürger, welche in Württemberg weder Wohnsitz noch Aufenthalt haben, von der württembergischen Ein-
kommensteuerpflicht auszunehmen, steht im offensichtlichen
Widerspruch mit dem Wortlaut und den Motiven des Ge-

setzes, welche keinen Zweifel darüber lassen, daß die württembergischen Landesangehörigen als solche ohne Rücksicht auf
ihren Wohnsitz und Aufenthalt zur Einkommensteuer beige-
zogen werden wollen. Ebensowenig kann nach dem Wortlaut des Gesetzes und seiner Begründung ein Zweifel darüber
bestehen, daß die eventuelle Unterstellung des Beschwerdeführers, seine Steuerpflicht sei auf die in Württemberg erwachsenden Einkünfte beschränkt, irrtümlich ist, soferne sich
diese Beschränkung nur auf solche württembergischen Landesangehörigen bezieht, welche ihren Wohnsitz außerhalb des
deutschen Reiches haben, und nicht willkürlich auf solche
Württemberger ausgedehnt werden darf, welche, wie der Beschwerdeführer für sich mit Grund in Anspruch nimmt, ohne
jeden Wohnsitz sind.

Die vom Beschwerdeführer behauptete Unvereinbarkeit
der angefochtenen Entscheidung mit dem Reichsgesetz vom
13. Mai 1870 findet scheinbar eine Unterstützung in dem
§ 1 Absatz 1 dieses Gesetzes, da nach dessen Wortlaut ein
Deutscher zu den direkten Staatssteuern nur in demjenigen
Bundesstaate herangezogen werden darf, in welchem er seinen
Wohnsitz hat. Allein aus der Ueberschrift des Gesetzes, welche
die Beseitigung der Doppelbesteuerung als den Zweck des
Gesetzes bezeichnet, aus den sonstigen Vorschriften, insbesondere dem § 5 des Gesetzes, aus den Motiven und aus
den Verhandlungen des Reichstags ergiebt sich, daß das
Gesetz ausschließlich den Zweck verfolgt, behufs weiterer Sicherstellung der reichsgesetzlichen Vorschriften über die Aufent-
halts- und Niederlassungsbefugnisse und über die Berechtigung
zum Gewerbebetrieb bei der direkten Besteuerung, soweit sie
sich an den Wohnsitz oder Aufenthalt in einem deutschen
Bundesstaate anschließt, eine doppelte Besteuerung der Reichs-
angehörigen nach Thunlichkeit auszuschließen, dagegen über
diesen Zweck hinaus in die Besteuerungsbefugnisse der Einzel-
staaten nicht eingreifen will.

In dieser Richtung ist in den Motiven folgendes bemerkt: „Nachdem das Gesetz über die Freizügigkeit vom

1. November 1867 die Aufenthalts- und Niederlassungsbefugnisse, und nachdem die Gewerbeordnung vom 21. Juni 1869
die Berechtigung zum Gewerbebetrieb innerhalb des Bundesgebiets wesentlich erweitert hat, ist es erforderlich und liegt
es in der Konsequenz der durch die Verfassung und Gesetzgebung des Bundes sanktionierten Prinzipien, diejenigen
Hindernisse, welche die bestehende Doppelbesteuerung der vollen
Verwirklichung dieser Prinzipien noch entgegenstellt, zu beseitigen. Der gegenwärtige Entwurf ist dazu bestimmt, dieses Ziel
vermittelst einer Beschränkung des Besteuerungsrechts der einzelnen Bundesstaaten zu erreichen, welche eine mehrfache Besteuerung des nämlichen Objekts nach Möglichkeit ausschließt[1])".

In der Sitzung des Reichstags vom 8. April 1870 bei der
zweiten Lesung des Gesetzesentwurfs wurde vom Tische des
Bundesrats aus erklärt: „Der gegenwärtige Gesetzentwurf
verfolgt allein die Tendenz, die bisher möglich gewesene
doppelte Heranziehung eines Bundesmitglieds in Beziehung
auf dasselbe Steuerobjekt innerhalb des Bundesgebiets thunlichst auszuschließen" und: „der Entwurf will nur eine Beseitigung der Doppelbesteuerung, d. h. eine Beseitigung derjenigen Mißstände, die dadurch hervorgerufen worden sind,
daß ein und dasselbe Objekt mit einer doppelten Steuer be-
legt worden ist"[2]).

Diese Auffassung ist auch in der Litteratur zum Ausdruck
gekommen; Th. Klauß im Finanzarchiv von Schanz Jahr-
gang 1888 Seite 168 äußert sich folgendermaßen: „Falls
ein Deutscher im Reichsgebiete weder einen Wohnsitz noch
einen Aufenthalt hätte, könnte er nach der Vorschrift des
§ 1 — abgesehen von den in §§ 3 und 4 vorgesehenen Aus-
nahmefällen — gar nicht besteuert werden. Die oben bereits
erwähnte Bestimmung des § 5, derzufolge durch das Reichsgesetz an den Wirkungen, welche der Wohnsitz oder Aufenthalt außerhalb des Bundesgebiets auf die Steuerpflichtigkeit
eines Deutschen äußert, nichts geändert wird, schließt jedoch

1) Verhandlungen des Reichstags, Session 1870, IV. Band
nr. 103 S. 412.   2) Tafelbst II. Band S. 751 und 752.

jene Folge aus und überläßt umgekehrt die Besteuerung solcher
Reichsinländer unbeschränkt den Bundesstaaten. Nur die
Bestimmungen der §§ 3 und 4, welche die Besteuerung nach
dem Steuerobjekte ergeben, müssen auch hier gelten, so daß
auch ein solcher Deutscher für seinen reichsinländischen Grundbesitz und Gewerbebetrieb und das Einkommen aus diesen Quellen
nur von dem Bundesstaate, in welchem der Grundbesitz liegt
und das Gewerbe betrieben wird, und für seine Bezüge an
Gehalt u. s. w. aus der Kasse eines Bundesstaats nur von
diesem Bundesstaate besteuert werden darf. Bezüglich seines
übrigen in- und ausländischen Vermögens und Einkommens
dagegen hindert das Reichsgesetz keinen Bundesstaat an der
Besteuerung, würde also auch gegen die gleichzeitige Besteuerung durch mehrere Bundesstaaten keinen Schutz gewähren
können."

Von dieser einschränkenden Auslegung des § 1 Absatz 1
des Reichsgesetzes haben auch mehrfach die gesetzgebenden
Faktoren in einzelnen Bundesstaaten ohne eine Beanstandung
seitens der maßgebenden Behörden des Reichs Gebrauch gemacht. So hat das zur Anpassung der württembergischen
Vorschriften über die Einkommenbesteuerung an das Reichsgesetz erlassene Gesetz vom 30. März 1873 eine Fassung erhalten, welche die eines Wohnsitzes bezw. Aufenthalts im
deutschen Reich ermangelnden Württemberger der württembergischen Einkommensteuer unterwirft. Das preußische Einkommensteuergesetz vom 24. Juni 1891 läßt durch die Fassung
des § 1 keinen Zweifel darüber aufkommen, daß die preußischen Staatsangehörigen ohne Wohnsitz und ständigen Aufenthalt zur preußischen Einkommensteuer heranzuziehen sind [1]).
Der württembergische Entwurf eines Gesetzes, betreffend die
Einkommensteuer, hat in seinem Artikel 1 ebenfalls die württembergischen Staatsangehörigen, welche weder einen Wohnsitz noch einen ständigen Aufenthalt haben, als steuerpflichtig
erklärt; in dem Bericht der Steuerkommission der Kammer

---

1) Vgl. Fulsting, Komm. zum Einkommensteuergesetz S. 1—11.

der Abgeordneten vom 21. Mai 1897 iſt zu dieſem Artikel 1
unter anderem bemerkt: „Eine Prüfung der Beſtimmungen
des Entwurfs ergiebt, daß dieſelben …. den ausdrücklichen
reichsrechtlichen Vorſchriften entſprechen, daß ſie aber über
manche Punkte eine Entſcheidung enthalten, welche in dem
Reichsgeſetze nicht entſchieden ſind. Es iſt daher vor allem
die Frage zu prüfen, ob ſolche ergänzende Beſtimmungen nach
dem Reichsrecht zuläſſig ſind. Dieſe Frage iſt zu bejahen.
Das Reichsgeſetz vom 13. Mai 1870 wegen Beſeitigung der
Doppelbeſteuerung trifft keine erſchöpfende Regelung der
Doppelbeſteuerung. Dasſelbe behandelt einmal nur die Doppel-
beſteuerungsfrage auf dem Gebiete der Staatsſteuergeſetzgebung
und läßt die ganze Frage der Kommunalbeſteuerung außer
Betracht; es will aber auch auf dem Gebiete der Staats-
ſteuer nur in den praktiſch bedeutſamſten Fällen die Doppelbeſteuerung ausſchließen. Das Reichsgeſetz verbietet nicht
die Doppelbeſteuerung, ſondern ſchließt ſie nur in dem ausdrücklich beſtimmten Umfang aus; ſoweit alſo die Doppelbeſteuerung nicht ausdrücklich ausgeſchloſſen iſt, kann dieſelbe
immer noch durch Landesgeſetz verfügt werden" [1]).

Da der Beſchwerdeführer nach ſeiner eigenen glaubwür-
digen Angabe zur Zeit nirgends einen für die Beſteuerung
in Betracht kommenden Wohnſitz oder Aufenthalt hat, iſt ihm
gegenüber die Möglichkeit einer konkurrierenden, an den
Wohnſitz oder Aufenthalt anknüpfenden Beſteuerung eines
anderen deutſchen Bundesſtaats ausgeſchloſſen; die für die
Beſteuerung des Beſchwerdeführers maßgebenden Verhältniſſe
liegen ſomit außer dem Bereich des von dem Reichsgeſetz
zum Zweck der Beſeitigung der Doppelbeſteuerung berührten
Gebiets und werden in zuläſſiger Weiſe von der württembergiſchen Landesgeſetzgebung geregelt.
Urteil vom 5. April 1899 in der Rechtsbeſchwerdeſache L.

---

1) Verhandlungen der Kammer der Abgeordneten von 1896/97
Beilagen Band VII S. 4.

8.

Unzuläſſigkeit der Zurückſtellung der Erledigung eines Baugeſuchs wegen in Ausſicht ſtehender Erlaſſung eines neuen Ortsbauſtatuts.

A. Sch. Eigentümer der Grundſtücksparzellen No. 646/647 an der Waldſtraße zu D. hat ſein Baugeſuch durch das K. Amtsoberamt Stuttgart am 10. Juni 1898 genehmigt er= halten, obwohl der Eigentümer der angrenzenden Wieſenpar= zelle No. 650 v. L. gegen das Bauvorhaben Einſprache erhoben und verlangt hatte, daß das Baugeſuch bis zur „Erledigung" des von den Gemeindekollegien von D. geplanten, aber noch nicht feſtgeſtellten und genehmigten neuen Ortsbauſtatuts zurückgeſtellt werde.

Gegen den Beſchluß des K. Amtsoberamts legte v. L. die Beſchwerde ein, indem er unter Berufung auf von Schind= ler's Kommentar zur Bauordnung Artikel 1 der Bauordnung Anm. 4 und § 3 der Vollziehungsverfügung Anm. 3 an der Forderung feſthielt, daß das Baugeſuch bis zur Erledigung des neuen Ortsbauſtatuts zurückzuſtellen ſei. Mit Entſchlie= ßung vom 25. Nov. 1898 wies das K. Miniſterium des Innern die Beſchwerde mit der Begründung ab, für die Behandlung eines Baugeſuchs ſeien die zur Zeit ſeiner Genehmigung gil= tigen baupolizeilichen Beſtimmungen maßgebend und auf Grund des den Grundeigentümern durch Artikel 1 der Bau= ordnung eingeräumten Rechts, auf ihrem Eigentum innerhalb der Eigentumsgrenze nach ihrem Ermeſſen zu bauen, ſofern ſie hieran nicht durch Reichsgeſetz oder durch die in der Bauordnung begrün= deten polizeilichen und nachbarrechtlichen Vorſchriften beſchränkt ſind, habe Sch. nach § 71 der Vollziehungsverfügung zur Bau= ordnung mit Recht verlangen können, daß über ſein am 31. Januar angebrachtes Baugeſuch ohne Verzögerung ent= ſchieden werde. Ein Hinausſchieben der Entſcheidung über das Baugeſuch bis nach Inkrafttreten des Statuts wäre auch deshalb höchſtwahrſcheinlich für die Beurteilung desſelben ohne Einfluß geweſen, weil den Beſtimmungen eines Orts= bauſtatuts auf die vor ſeiner Gilligkeit ordnungsmäßig ein=

gereichten Baugesuche keine Wirkung beigelegt zu werden
pflege.   Da nun das Bauvorhaben den bestehenden baupoli=
zeilichen Vorschriften entspreche, habe der Beschwerde eine
Folge nicht gegeben werden können.

Die hiegegen von v. L. erhobene Rechtsbeschwerde wurde
von dem Verwaltungsgerichtshof als unbegründet abgewiesen.

G r ü n d e :

Daß das Baugesuch des ꝛc. Sch. den zur Zeit für D. gel=
tenden baupolizeilichen Vorschriften entspricht und nach diesen
genehmigt werden kann, ist von allen in der Sache thätig
gewesenen Baupolizeibehörden festgestellt und auch vom Be=
schwerdeführer nicht angefochten.   Der Beschwerdeführer ver=
langt aber als Eigentümer der an den Bauplatz angrenzen=
den Wiesenparzelle No. 650 die Zurückstellung des Bauge=
suchs bis nach „Erledigung" des neuen Ortsbaustatuts für
D.   In Verbindung mit der zeitlichen Verzögerung der bau=
polizeilichen Genehmigung bis nach dem Infrasttreten der
neuen ortsbaustatutarischen Bestimmungen beansprucht er mit
seiner Einwendung gegen das Baugesuch die nachherige An=
wendung der neuen Bestimmungen, insbesondere der Vor=
schrift über die Gebäudeabstände für das Baugebiet an der
Waldstraße auf das Baugesuch und damit die Versagung
der Genehmigung, weil das geplante Gebäude den im Ent=
wurf des neuen Ortsbaustatuts vorgesehenen Abstand von
4 Meter nach beiden Seiten nicht einhält, sondern nur 3,7 m
bezw. 3,6 m von den Grenzen absteht.   Mit Unrecht erhebt
jedoch der Beschwerdeführer diesen Anspruch; derselbe findet nicht
einmal in den angeführten Erläuterungen des v. Schindler'=
schen Kommentars zur Bauordnung eine Stütze.   Allerdings
bemerkt v. Schindler in der Anmerkung 4 zu Artikel 1 der
Bauordnung unter Bezugnahme auf mehrere Ministerialer=
lasse: „Wenn ein Baugesuch Anlaß zur Aufstellung ortsbau=
statutarischer Vorschriften giebt oder ein solches während der
Verhandlungen über ein Statut eingereicht wird, so unter=
liegt es keinem Anstand, die Behandlung desselben bis nach
erfolgter Festsetzung der statutarischen Bestimmungen zurück=

zuſtellen. Denn nach Artikel 1 iſt der Eigentümer eines Grundſtücks zur Ueberbauung desſelben nur inſoweit berechtigt, als
er nicht durch die im Geſetz begründeten polizeilichen Vorſchriften beſchränkt iſt. Eine grundlegende polizeiliche Vorſchrift bildet aber auch die des Artikel 2 Abſatz 1, wonach
die erforderlichen weiteren baupolizeilichen Vorſchriften nach
den Bedürfniſſen der einzelnen Gemeinden durch Ortsbau-
ſtatut für alle vorkommenden Fälle nach Maßgabe des Geſetzes aufgeſtellt werden können, und iſt daher die Behandlung eines anhängigen Baugeſuchs davon abhängig, daß die
ſtatulariſchen Vorſchriften, nach welchen es beurteilt werden
ſoll, erſt feſtgeſetzt werden". Allein hier iſt nur von dem
Vorgehen der Baupolizeibehörden die Rede und dieſen nur
die Befugnis zur Zurückſtellung beigelegt; zweifellos iſt aber
damit nicht ausgeſprochen, daß die Zurückſtellung des Baugeſuchs geſchehen müſſe oder daß Nachbarn als ein Recht
die Zurückſtellung verlangen können.

Jedenfalls kann der Verwaltungsgerichtshof von ſeinem
rechtlichen Standpunkte aus ſich nur damit einverſtanden erklären, daß das K. Miniſterium des Innern die Zurückſtellung des Sch.'ſchen Baugeſuchs nicht für zuläſſig erachtet
und demgemäß die Rekursbeſchwerde des Nachbars v. L.
gegen das die Bauerlaubnis erteilende Erkenntnis des K. Amtsoberamts Stuttgart abgewieſen hat.

Urteil vom 25. Januar 1899 in der Rechtsbeſchwerdeſache v. L.

III.

**Die Zuläſſigkeit polizeilicher Strafverfügungen bezüg-
lich der durch die Preſſe begangenen Uebertretungen.**

Im Auftrag des K. Juſtizminiſteriums hatte der Strafſenat des Oberlandesgerichts zu berichten, ob die württembergiſchen Gerichte in letzter Zeit zu der Frage der Zuläſſigkeit polizeilicher Strafverfügungen bezüglich der durch die
Preſſe begangenen Uebertretungen Stellung genommen haben,
und ſich über dieſe Frage gutächtlich zu äußern.

Es ergab ſich, daß ſeit dem 1. Januar 1896 nur bei
zwei Amtsgerichten je e i n e derartige Strafſache anhängig
geworden iſt. In der einen Sache war das Urteil noch nicht
ergangen, in der anderen war auf Freiſprechung erkannt,
ſomit die Befugnis der Polizeibehörde zum Erlaß der Strafverfügung nicht beanſtandet, übrigens in den Gründen die
Frage gar nicht berührt worden. Ein höheres Gericht war
ſeit dem bezeichneten Zeitpunkt noch nicht in der Lage, zu
dieſer Frage in einer Entſcheidung Stellung zu nehmen[1]).

Der Straſſenat ſprach in ſeinem Bericht vom 3. Mai 1899
ſeine Anſicht dahin aus, daß mit dem Inkrafttreten des Reichs-
gerichtsverfaſſungsgeſetzes und der Reichsſtrafprozeßordnung
der nach den Motiven zum Reichspreßgeſetz lediglich als
Uebergangsbeſtimmung gedachte und gegebene § 29 dieſes

---

1) Ein für die Zuläſſigkeit polizeilicher Strafverfügungen in
dieſen Fällen ſich ausſprechendes Berufungsurteil der II. Strafkammer
des Landgerichts Ulm vom 17. April 1899 iſt, da das betreffende
Amtsgericht dieſe Sache dem Straſſenat nicht mitteilte, erſt nachträglich bekannt geworden.

Gesetzes seine gesetzliche Bedeutung verloren hat, und daß für die Zuständigkeit der Gerichte und der Polizeibehörden bezüglich der durch die Presse begangenen Uebertretungen nunmehr die allgemeinen Bestimmungen des Gerichtsverfassungsgesetzes und der Strafprozeßordnung zur Anwendung kommen, demgemäß der Erlassung polizeilicher Strafverfügungen bezüglich derartiger Uebertretungen weder von Seiten des Reichsrechts noch, da auch die württembergische Gesetzgebung für diese Uebertretungen nichts besonderes mehr bestimmt, von Seiten des Landesrechts ein Hindernis im Wege steht.

Die Begründung dieser Ansicht wurde in der folgenden Darstellung gegeben:

Für diese Frage ist maßgebend die Geltung, die dem formell noch zu Recht bestehenden § 29 Abs. 1 des Gesetzes über die Presse vom 7. Mai 1874 zukommt. Diese Gesetzesbestimmung lautet:

„Zur Entscheidung über die durch die Presse begangenen Uebertretungen sind die Gerichte auch in denjenigen Bundesstaaten ausschließlich zuständig, wo zur Zeit noch deren Aburteilung den Verwaltungsbehörden zusteht".

Hiezu mag sofort bemerkt werden, daß nach den Motiven zu diesem Paragraphen (Entwurf § 28) zu den erwähnten Uebertretungen „sowohl die durch den Schlußsatz von § 19 (des Entwurfs, besonderer § 19 des Gesetzes) unter Strafe gestellten Zuwiderhandlungen, als auch die unter das Strafgesetzbuch fallenden Uebertretungen, sofern die Verübung der letzteren durch Verbreitung von Druckschriften geschieht", gehören.

Der Art. 5 des württ. Ausführungsgesetzes zum Reichspreßgesetz vom 27. Juni 1874 (Reg.-Bl. S. 181 f.), der bestimmt, daß über die durch die Presse begangenen Uebertretungen die Oberamtsgerichte erkennen, ist in dem Art. 9 des württ. Ausführungsgesetzes zur Reichsstrafprozeßordnung vom 4. März 1879 (Reg.-Bl. S. 50 ff.) mit dem Inkrafttreten der Reichsstrafprozeßordnung am 1. Oktober 1879 ausdrücklich außer Wirksamkeit gesetzt worden und kommt schon aus

224   Die Zulässigkeit polizeilicher Strafverfügungen 2c.

diesem Grunde für die vorliegende Frage nicht mehr in Betracht. Andererseits erteilt der Art. 9 der württ. Polizeistrafnovelle vom 12. August 1879 (Reg.-Bl. S. 151 ff.) den Polizeibehörden die Befugnis, „nach Maßgabe des § 453 der Reichsstrafprozeßordnung und der folgenden Bestimmungen [der Polizeistrafnovelle] die in den Strafgesetzen gegen Uebertretungen (§ 1 Abs. 3 des Reichsstrafgesetzbuchs) angedrohten Strafen, sowie eine etwa erwirkte Einziehung durch Verfügung festzusetzen", ohne daß in diesem oder einem andern württembergischen Gesetz für die durch die Presse begangenen Uebertretungen eine Ausnahmebestimmung getroffen wäre.

Da hienach das Landesrecht, wie es an und für sich nicht gehindert wäre, die Erlassung polizeilicher Strafverfügungen gegen die durch die Presse begangenen Uebertretungen nicht ausschließt, so kann eine dahin gehende Beschränkung der Zulässigkeit polizeilicher Strafverfügungen nur im Reichsrecht und zwar in Ermanglung einer anderen hieher gehörigen Bestimmung nur in dem § 29 Abs. 1 des Preßgesetzes begründet sein.

Nach den Motiven und dem Kommissionsbericht zu dem entsprechenden, nur in der Fassung geänderten § 28 des Entwurfs zum Preßgesetz soll mit dieser Bestimmung die Entscheidung über die durch die Presse begangenen Uebertretungen den Gerichten zugewiesen und die Strafrechtspflege bezüglich dieser Uebertretungen den Verwaltungsbehörden abgenommen werden. (Württembergische Justizgesetzgebung Bd. 5 S. 303 und 317.) Hienach handelt es sich um die Regelung der Gerichtsbarkeit bezüglich dieser Uebertretungen, eine Materie, die jetzt Gegenstand des zweiten Titels des Gerichtsverfassungsgesetzes, insonderheit der §§ 12 und 13 dieses Gesetzes ist, nicht um eine prozeßrechtliche Vorschrift im Sinne des § 5 Abs. 1 des Einführungsgesetzes zur Strafprozeßordnung, wie Koller, das Reichspreßgesetz (1888) zu § 29 irrtümlich annimmt. Der zweite Abschnitt des sechsten Buchs der St.-P.-O. ordnet nur „das Verfahren nach vorangegangener polizeilicher Strafverfügung". Die Befugnis der Po

lizeibehörden zur Erlassung dieser Strafverfügungen ist reichs-
gesetzlich durch § 13 des Gerichtsverfassungsgesetzes begründet,
wonach vor die ordentlichen Gerichte alle Strafsachen gehören,
für welche nicht u. a. die Zuständigkeit der Verwaltungsbehörden begründet ist. Hiebei erwähnen die Motive zu dem
entsprechenden § 2 des Entwurfs die landesgesetzlich zu regelnde Strafgewalt der Polizeibehörden unter Hinweis auf
die beschränkenden Normen der §§ 381 ff. des Entwurfs der
Strafprozeßordnung (§§ 453 ff. St.P.O.).

Obwohl aber das Einführungsgesetz zum Gerichtsver-
fassungsgesetz keine dem § 5 Abs. 1 des Einführungsgesetzes
zur Strafprozeßordnung entsprechende Bestimmung enthält,
nach welcher letzteren die prozeßrechtlichen Vorschriften der
Reichsgesetze durch die Strafprozeßordnung nicht berührt werden, so sollen nach den Motiven zum Einführungsgesetz des
Gerichtsverfassungsgesetzes (S. 100) keineswegs alle dieses
Gesetz berührenden Reichsgesetze außer Wirksamkeit treten.
Es wird vielmehr hier gesagt: „Die Frage (soll heißen: die
Beantwortung der Frage), welche Vorschriften der bestehenden Reichsgesetze durch das Gerichtsverfassungsgesetz beseitigt
werden, ergibt sich aus dem Inhalt des Gesetzes in Verbindung mit den allgemeinen Rechtsgrundsätzen von selbst." Wenn
unter den im Anschluß hieran von den Motiven als in Geltung bleibend aufgeführten reichsgesetzlichen Bestimmungen
der § 29 des Preßgesetzes sich nicht findet, so kann hieraus
allerdings ein Schluß auf das fernere Nichtgelten dieser Bestimmung nicht gezogen werden. Es muß vielmehr die Frage
nach den hervorgehobenen allgemeinen Gesichtspunkten geprüft
und entschieden werden.

Es weist nun aber schon der Wortlaut und noch mehr
die Entstehungsgeschichte des § 29 Abs. 1 des Preßgesetzes
darauf hin, daß diese Vorschrift mit dem Inkrafttreten des
Reichsgerichtsverfassungsgesetzes und der Reichsstrafprozeßordnung außer Wirksamkeit getreten ist.

Anlangend den Wortlaut so könnte zwar die vom Reichstag beschlossene Einsetzung des Wortes „ausschließlich" in

diesen Paragraphen die Meinung erwecken, als solle ein für
allemal und unter allen Umständen für die durch die Presse
begangenen Uebertretungen jede andere Zuständigkeit ausgeschlossen sein. Allein die Kommission des Reichstags, die
diese Einsetzung vorschlug, bezeichnete sie „nur" als eine
„redaktionelle Aenderung". Daneben wiederholt sie den Inhalt des Paragraphen, „daß zur Entscheidung über die durch
die Presse begangenen Uebertretungen die Gerichte ausschließlich zuständig sind auch da, wo zur Zeit noch deren Aburteilung den Verwaltungsbehörden zusteht." Die beiden Worte
„Entscheidung" und „Aburteilung" weisen für sich
allein schon auf den Gegensatz hin, daß die Uebertretungen
im Wege des Verwaltungsstrafverfahrens zur endgiltigen
und ausschließlichen Erledigung kommen, daß über dieselben die Verwaltungsbehörden und nicht die Gerichte zur
Entscheidung und Aburteilung berufen sind, wie dies namentlich auch in Württemberg nach dem Art. 58 des P.St.G.
vom 27. Dezember 1871 mit wenigen Ausnahmen der Fall
war, zu denen aber die durch die Presse begangenen Uebertretungen nicht gehörten.

Eine Gerichtsbarkeit und Strafgewalt in diesem Sinn
ist den Polizeibehörden in dem durch § 6 Ziff. 3 des Einführungsgesetzes zur Strafprozeßordnung und durch § 453 der
St.P.O. der Landesgesetzgebung anheimgegebenen Verfahren,
in welchem sie eine Strafe durch Verfügung festsetzen können,
nicht gegeben. Eine in diesem Verfahren festgesetzte Strafe
ist in ihrer Rechtswirksamkeit davon abhängig, daß der Beschuldigte nicht in der zugelassenen Weise auf gerichtliche Entscheidung anträgt. Eine derartige polizeiliche Strafverfügung
ist somit nur eine bedingte Entscheidung, bedingt durch
das Nichtanrufen des Gerichts und insofern von einer gerichtlichen Entscheidung und von der früheren ausschließlich polizeilichen Aburteilung wesentlich verschieden. Der
Unterschied zwischen der nunmehrigen polizeilichen Strafgewalt
und derjenigen, die der § 29 Abs. 1 des Preßgesetzes für die
durch die Presse begangenen Uebertretungen beseitigt hat, tritt

in den Motiven zu § 3 Ziff. 6 des Entwurfs des Gerichtsverfaſſungsgeſetzes beſonders deutlich hervor. Dieſe Beſtimmung
des Entwurfs ließ für Uebertretungen der geringfügigſten Art
als „beſondere Gerichte" Polizeirügegerichte zu, für die nach
§ 3 Abſ. 2 des Entwurfs zum Einführungsgeſetz der Strafprozeßordnung durch die Landesgeſetzgebung ein von dem Verfahren
vor den ordentlichen Gerichten abweichendes Verfahren ſollte
beſtimmt werden können. Die Motive (Hahn, Materialen zum
Ger.-Verf.-G. S. 55) begründen dies damit: durch die Befugnis zur polizeilichen Strafſetzung werde dem Bedürfnis
einer unmittelbar eintretenden Verhandlung und Entſcheidung
ſolcher Sachen nicht genügt, weil auf dieſem Wege die Sache
nur vorläufig abgeſchloſſen werde; es ſei deshalb
gerechtfertigt, für kleinere Bezirke innerhalb der Amtsgerichts-
bezirke beſondere Gerichte zur Aburteilung der in Rede
ſtehenden Uebertretungen zu bilden.

Wollte aber gleichwohl auch eine ſolche vorläufige Straffeſtſetzung als eine Entſcheidung und Aburteilung im Sinn
des § 29 Abſ. 1 des Preßgeſetzes angeſehen werden, weil
ſie unter Umſtänden die gleiche Wirkung hat, oder wollte
dieſe Geſetzesbeſtimmung dahin ausgelegt werden, daß ſie,
zumal angeſichts des Wortes „ausſchließlich", alle und jebe
Strafgewalt, auch eine nur vorläufige und bedingte, den
Polizeibehörden bezüglich der durch die Preſſe begangenen
Uebertretungen entziehe, ſo kommt weiter die Entſtehungsgeſchichte dieſer Beſtimmung in Betracht.

Die Motive zum § 28 des Entwurfs des Preßgeſetzes
(Württ. Juſtizgeſetzgebung Band 5 Seite 303) ſagen: Dieſer
Entwurf nehme zur Vorausſetzung, daß bei Einführung des
Preßgeſetzes im ganzen Bereich deſſelben der Strafprozeß
ſowohl für Verbrechen und Vergehen als für Uebertretungen
nach dem Anklageprinzip geordnet und daß auch hinſichtlich der Uebertretungen die Entſcheidung den Gerichten zugewieſen ſein werde.
Es ſei daher nötig für die Zeit bis zur einheitlichen Regelung
des geſamten Strafprozeſſes Uebergangsbeſtimmungen

zu treffen, die dem Strafgesetz eine gleichmäßige Handhabung in den Bundesstaaten sichern. Bei dieser noch nicht erfüllten, aber bereits in Aussicht genommenen Voraussetzung der einheitlichen Regelung des gesamten Strafprozesses konnte nur an die schon vorbereiteten Entwürfe der Reichsstrafprozeßordnung und des Reichsgerichtsverfassungsgesetzes gedacht sein. Nun hat schon der sog. erste Entwurf der Strafprozeßordnung vom Januar 1873 (Berlin, Verlag von v. Decker 1873) in den §§ 342 ff. ein Verfahren nach vorangegangener polizeilicher Strafverfügung vorgesehen, wonach die Befugnis der Polizeibehörden, eine in den Strafgesetzen angedrohte Strafe durch Verfügung festzusetzen, sich fortan nur auf Uebertretungen erstrecke (§ 342) und gegen die Strafverfügung der Beschuldigte binnen einer Woche nach Bekanntmachung auf gerichtliche Entscheidung antragen könne (§ 343). Hiezu bemerken die Motive (S. 282): Der Unterschied zwischen Kriminalgerichtsbarkeit und Polizeigerichtsbarkeit bestehe zwar nicht mehr in der früheren Bedeutung, die neuere Gesetzgebung gehe vielmehr von dem Grundsatz aus, daß in den Strafgesetzen angedrohten Strafen regelmäßig nur durch die Strafgerichte verhängt werden dürfen, doch habe man vielfach das Bedürfnis anerkannt, bei gewissen geringfügigen Gesetzesverletzungen, eine Ausnahme von diesem Grundsatz zuzulassen und den Polizeibehörden die Befugnis zu einer, wenn auch nur bedingten Festsetzung der Strafe beizulegen. Daß für die durch die Presse begangenen geringfügigen Uebertretungen statt dieser Ausnahme der allgemeine Grundsatz der Verhängung der Strafe durch die Gerichte eintreten soll, ist nirgends angedeutet.

Der auf Grund des ersten Entwurfs ausgearbeitete sog. zweite Entwurf (Berlin, Verlag von von Decker, 1873) hat das Verfahren nach vorausgegangener polizeilicher Strafverfügung in den §§ 350 ff. in der Hauptsache in gleicher Weise geregelt und für die durch die Presse begangenen Uebertretungen ebenfalls nichts besonderes bestimmt.

Obgleich diese Entwürfe einer Reichsstrafprozeßordnung,

bereits vorlagen als am 11. Februar 1874 dem Reichstag
der Entwurf des Preßgeſetzes übergeben wurde, erklären die
Motive zu dieſem Geſetz ohne irgend welche Einſchränkung
und ohne Widerſpruch im Lauf der folgenden Beratung, daß
die Beſtimmungen des § 28 des Entwurfs (§ 29 des Ge=
ſetzes) „Uebergangsbeſtimmungen“ ſeien „für die Zeit bis zur
einheitlichen Regelung des geſamten Strafprozeſſes“. So
konnten ſich dieſe Motive unter den obwaltenden Umſtänden
nicht ausbrücken, wenn mit dieſem Paragraphen jede auch
nur vorläufige und bedingte Straffeſtſetzung ſeitens der Poli=
zeibehörden ein für allemal ausgeſchloſſen ſein ſollte. Ent=
weder hätte dieſe weitere Einſchränkung der Befugnis der
Polizeibehörden auch in die dieſe Befugnis regelnden Entwürfe
der Strafprozeßordnung aufgenommen ſein müſſen, oder,
wenn dieſe Entwürfe eine ſolche Einſchränkung nicht vor=
ſehen, nicht von einer Uebergangsbeſtimmung bis zur ein=
heitlichen Regelung des geſamten Strafprozeſſes geſprochen
werden können. Dies beſtätigt, daß jedenfalls für die Zeit
der Geltung eines einheitlichen deutſchen Strafprozeſſes die
in den damaligen Entwürfen der Reichsſtrafprozeßordnung
bereits vorgeſehenen bedingten polizeilichen Strafverfügungen
und die darin liegende beſchränkte Strafgewalt bezüglich der
durch die Preſſe begangenen Uebertretungen nicht ausge=
ſchloſſen werden wollten. An der bloß bedingten Bedeutung
der polizeilichen Strafverfügungen hat auch die geltende Straf=
prozeßordnung nichts geändert. Sie hat zwar in dem § 453
Abſ. 3 dem Beſchuldigten auch noch die weitere Möglichkeit
eröffnet, ſtatt des Antrags auf gerichtliche Entſcheidung eine
nach dem Geſetz zugelaſſene Beſchwerde an die höhere Polizei=
behörde zu ergreifen. Aber dies läßt den Hauptunterſchied,
die endgiltige Entſcheidung und unbedingte Aburteilung, un=
berührt, da es nach wie vor von dem Willen des Beſchul=
digten abhängt, die Sache zu dieſem Zweck an die Gerichte
zu bringen.

Die Materie, die von dem Preßgeſetz bezüglich der durch
die Preſſe begangenen Uebertretungen dahin geregelt worden

ist, daß anstatt der Polizeibehörden die Gerichte zur Entscheidung und Aburteilung zuständig sein sollen, ist im Reichs-
gerichtsverfassungsgesetz § 27 Ziff. 1 mit Ausdehnung dieses
Grundsatzes auf „alle Uebertretungen" geordnet. Die Zulassung polizeilicher Strafverfügungen macht hievon keine
grundsätzliche Ausnahme, da auch diesen gegenüber die Möglichkeit der endgiltigen Entscheidung der Gerichte gewahrt ist.
Zudem hat das Preßgesetz angesichts der vorliegenden Entwürfe der Strafprozeßordnung diese beschränkte polizeiliche
Strafgewalt für die Uebertretungen in Aussicht genommen
und gleichwohl auf die Zeit des Inkrafttretens dahin gehender
Bestimmungen keine Ausnahme für die durch die Presse begangenen Uebertretungen vorgesehen. Das Preßgesetz selbst
geht davon aus, daß die besonderen Bestimmungen seines
§ 29 durch die allgemeinen Bestimmungen wie sie nunmehr
im Gerichtsverfassungsgesetz und in der Strafprozeßordnung
getroffen sind, ersetzt werden sollen. Für den Vorbehalt der
Motive des Gerichtsverfassungsgesetzes, daß es sich aus dem
Inhalt dieses Gesetzes in Verbindung mit allgemeinen Rechtsgrundsätzen ergebe, welche reichsgesetzliche Vorschriften durch
das Gerichtsverfassungsgesetz beseitigt werden, ist sonach um
so weniger Raum.

Die Justizgesetzgebungskommission der württ. Kammer
der Abgeordneten hat zwar in ihrem Bericht über den Entwurf eines Gesetzes, betreffend Aenderungen des Landespolizeistrafgesetzes vom 27. Dezember 1871 (Verhandlung 1877/79
I. Beil. Bd. 2. Abt. S. 848), die übrigens in den Motiven
zu diesem Gesetz nicht erwähnte, Ansicht ausgesprochen, daß
mehrere Uebertretungen durch Reichsgesetze ausdrücklich den
Gerichten zur Aburteilung zugewiesen seien und hierunter
auch den § 29 des Reichspreßgesetzes aufgeführt. Zur Begründung ist aber nur gesagt, diese Ausnahmen verstehen
sich von selbst, und hieraus der Schluß gezogen, ein dies-
fallsiger Beisatz in dem Art. 8 des Entwurfs (Art. 9 des
Gesetzes), der den Polizeibehörden die Befugnis zur Erlassung
von Strafverfügungen gibt, sei nicht nötig. Uebereinstimmend

hiemit äußert sich der Kommissionsbericht der Kammer der Standesherrn (Verhandlung 1877/79 Beil. Bd. S. 376 f.). In den beiderseitigen Verhandlungen dieser Kammern wurde diese Frage nicht weiter berührt. Dies bestätigt, daß die württembergische Landesgesetzgebung v o n s i c h a u s in dem Gesetz, betreffend Aenderungen des Landespolizeistrafgesetzes, vom 12. August 1879 die durch die Presse begangenen Uebertretungen den polizeilichen Strafverfügungen nicht entziehen wollte und demgemäß auch nicht entzogen hat. Dafür aber, daß dies durch die Reichsgesetzgebung geschehen sei, ist die in diesen Berichten niedergelegte und nicht näher begründete Absicht selbstverständlich ohne maßgebende Bedeutung.

Ein richterliches Urteil, das die vorliegende Frage aus- drücklich entschieden hätte, konnte nicht gefunden werden. Wohl aber sprach sich das K. Sächsische Oberappellations- gericht in einer Verordnung vom 17. August 1874 (Steng- lein, Gerichtspraxis, Neue Folge, Bd. 5 S. 244) anläßlich der Frage nach der Bedeutung des Worts „Uebertretungen" in Abs. 1 des § 29 des Preßgesetzes dahin aus, daß der Absatz 2 dieses Paragraphen (was nach den Motiven zu diesem Paragraphen gleichermaßen für den Abs. 1 gilt) eine für die Zeit bis zur einheitlichen Regelung des gesamten Strafprozesses berechnete U e b e r g a n g s b e s t i m m u n g enthalte.

Die Schriftsteller sind geteilter Ansicht.

L ö w e - H e l l w e g, St.P.O. 9. Aufl. S. 984 bemerkt zu § 29 des Preßgesetzes No. 1: Die Bestimmung des Abs. 1 ist in Geltung geblieben (Einführ.Ges. zur St.P.O. § 5 Abs. 1); daher erstreckt sich die Zulässigkeit eines polizeilichen Straf- verfahrens (Einführ.Ges. zur St.P.O. § 6 No. 3, St.P.O. § 453) nicht auf die durch die Presse begangenen Ueber- tretungen.

S c h w a r z e - A p p e l i u s, das Reichspreßgesetz (1896), sagt zu § 29: „Polizeiliche Strafbefehle sind hier unzulässig".

O l s h a u s e n, Textausgabe der Reichsnebengesetze (1893), zu § 29 des Preßgesetzes: Aus der Vorschrift des Abs. 1

folgt die Unzulässigkeit des Erlasses einer Strafverfügung im Sinne des § 453 St.P.O.

Koller, das Reichspreßgesetz (1888), gibt zu § 29 eine mit Löwe übereinstimmende Ausführung.

Marquardsen, das Reichspreßgesetz (1875), sagt zu § 29 No. 3 unter Hinweis auf das von dem Reichstag in den § 29 des Preßgesetzes eingefügte „ausschließlich": Nur die Gerichte sollen fortan über alle durch die Presse begangenen Uebertretungen entscheiden. Aehnlich

Berner, Lehrbuch des deutschen Preßrechts (1876), S. 320: Nirgends soll die Aburteilung solcher Uebertretungen noch den Verwaltungsbehörden überlassen bleiben.

Auch diese beiden letzteren Schriftsteller werden, obwohl sie vor der Einführung der Reichsjustizgesetze geschrieben haben, bei dem Nachdruck und der Allgemeinheit ihres Aus- spruchs als Gegner der Zulässigkeit der polizeilichen Straf- verfügung gegen die durch die Presse begangenen Uebertre- tungen anzusehen sein.

Schicker, württ. Polizeistrafrecht, (1880) S. 90[1] beruft sich wider die von ihm selbst hervorgehobenen Bedenken ledig- lich auf die Ansicht des Kommissionsberichts der Kammer der Abgeordneten mit dem Anfügen, weder die Strafprozeß- ordnung noch das Gerichtsverfassungsgesetz habe den § 29 des Preßgesetzes aufgehoben, damit sei die „Aburteilung" (?) mittels polizeilicher Strafverfügung unverträglich.

Diesen Schriftstellern gegenüber stehen Klöppel, das Reichspreßgesetz (1894) S. 452; Stenglein; die strafrecht- lichen Nebengesetze (1895) das Preßgesetz zu § 29; (S. 450) Mangold, das Gesetz über die Presse (1886) zu § 29, und v. Liszt, das deutsche Reichspreßrecht (1880) S. 21.

Sie anerkennen übereinstimmend den § 29 des Preß- gesetzes als durch die Strafprozeßordnung beziehungsweise das Gerichtsverfassungsgesetz beseitigt oder gegenstandslos geworden und, soweit das Reichsrecht in Betracht kommt, nur die allgemeinen Bestimmungen dieser Gesetze auch für die

1. Ebenso in der inzwischen erschienenen 3. Aufl. (1899) S. 280 f.

durch die Presse begangenen Uebertretungen als maßgebend.

Schließlich mag zu weiterer Rechtfertigung dieser Ansicht noch darauf hingewiesen werden, daß für die Zulässigkeit polizeilicher Strafverfügungen bezüglich der durch die
Presse begangenen Uebertretungen geringfügigster Art dieselben Zweckmäßigkeitsgründe wie bei den anderen Uebertretungen solcher Art sprechen und daß bei den durch das
Gesetz vorgesehenen Beschränkungen und Sicherheiten auch
weder durch die Rücksicht auf das allgemeine Wohl noch
durch die Rücksicht auf die Beschuldigten das Bedürfniß einer
Ausnahme für die durch die Presse begangenen Uebertretungen
als begründet erscheint.

IV.

Abhandlungen.

Sind die Gemeindegerichte zuständig in Prozessen von
Rechtssubjekten der in § 19 C.P.O. (künftige C.P.O.
§ 17) bezeichneten Art, falls die betreffende Gesellschaft
u. f. w. eine Niederlassung (§ 22 — bezw. künftig § 21 —
C.P.O.) in der Gemeinde hat?

Von O.L.G.R. Th. Pfizer.

Die in der Ueberschrift bezeichnete Frage ist neuerdings
wieder streitig geworden. Während nämlich ein auf Grund
einer Plenarberatung beider Civilkammern beschlossenes Urteil
einer Civilkammer in Stuttgart vom 11. Juli 1884 die Frage
verneint hatte und die Untergerichte anscheinend seither
dieser Ansicht gefolgt waren, hat das Landgericht Stuttgart
neuerdings in mehreren Entscheidungen (als Berufungsgericht)
sich für die entgegengesetzte Ansicht erklärt und in Prozessen
einer auswärtigen Handelsgesellschaft, die in Stuttgart eine
Niederlassung hat, als Klägerin gegen einen in Stuttgart
wohnhaften Beklagten (bei einem innerhalb der Zuständigkeit
des Gemeindegerichts liegenden Streitwert) die Unzuständigkeit des Amtsgerichts ausgesprochen; in einem andern sonst
gleichliegenden Fall wurde die Zuständigkeit des Gemeindegerichts nur deshalb verneint, weil Klägerin n i ch t b l o ß
e i n e N i e d e r l a s s u n g, sondern a u ch i h r e n S i ß in Stuttgart habe. Das Gemeindegericht Stuttgart hat anläßlich
dieser Urteile das Oberlandesgericht um eine Entscheidung
der in der Ueberschrift bezeichneten Rechtsfrage gebeten. Dieser

Bitte konnte nicht entsprochen werden. Bei Prüfung der
Sache ist indessen der Einsender zu dem Ergebnis gelangt, daß
die neuere Ansicht des Landgerichts Stuttgart nicht haltbar
ist, und möchte durch Darlegung der gegen sie sprechenden
Gründe zur Herbeiführung einer einheitlichen Praxis der Gerichte über diese Frage beitragen.

Es handelt sich um die Auslegung des Abs. 1 des Art. 3
des württ. A.G. zur C.P.O., der lautet: „Bürgerliche Rechtsstreitigkeiten über vermögensrechtliche Ansprüche", deren Gegenstand an Geld oder Geldeswert einen gewissen Geldbetrag
nicht übersteigt, „sind von den Gemeindebehörden (Gemeindegerichten) zu entscheiden, wofern der Kläger und der Beklagte
in der Gemeinde den Wohnsitz (§§ 12—14, 17 der R.C.P.O.)
oder eine Niederlassung (§ 22) oder im Sinne der §§ 18,
21 den Aufenthalt haben." Diese Bestimmung schließt sich
an den Art. 17 der württ. C.P.O. vom 3. April 1868, worin
gesagt war: „Ueber Klagen, deren Gegenstand eine bestimmte
Schätzung zuläßt, erkennt der Gemeinderat des Orts, in
welchem der Gerichtsstand des Wohnsitzes, des Aufenthalts
oder der Niederlassung begründet ist (Art. 32,38,40,41,56)"—
bis zu einem gewissen Betrag. „Doch ist der Kläger, welcher
seinerseits in der Gemeinde weder wohnt, noch den Aufenthalt oder eine Niederlassung hat (Art. 32, 40, 41) nicht gehindert, seine Klage mit Umgehung des Gemeindegerichts bei
dem Oberamtsgericht anzubringen." Die Bestimmungen des
A.G. zur C.P.O. über die Gemeindegerichte beruhen auf
§ 14 Ziff. 3 G.V.G., wonach Gemeindegerichte zulässig sind
zur Entscheidung über vermögensrechtliche Ansprüche bis zu
60 M. „mit der Maßgabe, daß — der Gerichtsbarkeit des
Gemeindegerichts, als Kläger oder Beklagter, nur Personen
unterworfen werden dürfen, welche in der Gemeinde den
Wohnsitz, eine Niederlassung oder im Sinne der §§ 18, 21
C.P.O. den Aufenthalt haben". Der Entwurf des G.V.G.
(§ 3 Ziff. 3) enthielt diese „Maßgabe" nicht und die Motive
des Entwurfs erwähnen eine derartige Beschränkung der Zuständigkeit der Gemeindegerichte nicht. Die angeführte „Maß-

gabe" kam in das G.B.G. durch einen bei der zweiten Beratung im Plenum des Reichstags gestellten Antrag Blum u.
Genossen, der insoweit nicht näher begründet wurde; in der
Debatte bemerkte der Abgeordnete Lasker: „Der Antrag Blum
fordert, daß das Gemeindegericht — für Gemeindeeinwohner als Parteien das Gericht erster Instanz
werde —"; und der Abgeordnete Gaupp bemerkte: „In diesem Antrag findet sich eine Bestimmung, daß alle diejenigen
von der Gemeindegerichtsbarkeit ausgeschlossen seien, die
nicht der Gemeinde angehören. Das hat einen
ganz eigentümlichen Grund. Man hat nämlich die Erfahrung gemacht, daß Parteien, welche nicht derselben
Gemeinde angehört haben, mehr oder weniger in Gefahr gerieten, als Auswärtige ihr Recht zu verlieren, wenn
sie vor den Gemeinderat traten"[1]).

Der Entwurf des württ. A.G. zur C.P.O. lautete in dem
einschlägigen Abs. 1 des Art. 3 ganz so wie jetzt das Gesetz.
In den Motiven ist gesagt: Der Vorschlag „die Zuständigkeit
der Gemeindebehörden zur Entscheidung von geringfügigen
Streitigkeiten zwischen Ortsangehörigen zu erhalten",
bedürfe keiner besonderen Begründung. „Bei der Bestimmung
der örtlichen Kompetenz an der Hand der reichsgesetzlichen
Vorschrift ist von der Anwendbarkeit der §§ 19. 20 R.C.P.O.
mit Rücksicht auf die reichsgesetzliche Terminologie („Allge-
meiner Gerichtsstand — Sitz") und von der Anwendbarkeit
der §§ 15 u. 16" (Wohnsitz von Militärpersonen und Ex-
territorialen) „aus naheliegenden Zweckmäßigkeitsgründen abgesehen worden." Im Kommissionsbericht der Kammer der
Abgeordneten ist bemerkt: „Mittelst der Einschaltung des
Citats „§§ 12—14, 17 R.C.P.O." hinter dem Wort „Wohnsitz" bezweckt die Vorlage, die in §§ 15, 16, 19, 20 R.C.P.O.
bezeichneten Personen, Gesellschaften Genossenschaften u.s.w.
von der Jurisdiktion der Gemeindegerichte (soweit nicht etwa
das Forum der Niederlassung Platz greift) sowohl in aktiver

---

[1] Vergl. Hahn, Materialien zum G.B.G. 1. Abt. S. 775,
1881; 2. Abt. S. 1000, 1011 ff., 1153, 1157, 1164, 1551.

als in paſſiver Hinſicht auszuſchließen." Es ſei zweifelhaft,
„ob die hierin liegende Einſchränkung der perſönlichen Kompetenz der Gemeindegerichte" — genügend begründet ſei.
„Gleichwohl haben wir gegen den proponierten Zuſatz eine
Einwendung nicht zu machen und zwar um ſo weniger, als die
Folge lediglich die iſt, daß für die hier in Frage kommenden
Streitigkeiten — co ipso Zuſtändigkeit des ordentlichen Gerichts — eintritt. Bezüglich der Gemeinden, Korporationen,
Geſellſchaften u. ſ. w. ſowie des Fiskus (§§ 19, 20 cit.) kommt
noch hinzu, daß es von vornherein zweifelhaft iſt, ob bei
ihnen der Begriff des „Wohnſitzes" im Sinn des § 14 Ziff. 3
G.V.G. überhaupt zutrifft, ob ſie alſo nicht (abgeſehen von
dem Gerichtsſtand der Niederlaſſung) ſchon vermöge geſetzlicher
Vorſchrift der Jurisdiktion der Gemeindegerichte entzogen
ſind"[1]). Zu dieſen Ausführungen des Kommiſſionsberichts,
insbeſondere zu den Bemerkungen über den Gerichtsſtand der
Niederlaſſung, iſt bei der weiteren Beratung des Geſetzent-
wurfs von keiner Seite das Wort ergriffen worden.

Nach dieſer Entſtehungsgeſchichte des Art. 3 A.G. zur
C.P.O. iſt zunächſt ſoviel gewiß, daß das Geſetz beſtimmen
wollte, der „Sitz" einer Handelsgeſellſchaft") u. ſ. w. ſtehe
nicht einem „Wohnſitz" gleich; die Zuſtändigkeit der Gemeindegerichte ſollte ausgeſchloſſen ſein, wenn eine Partei eine
Handelsgeſellſchaft iſt, die in der Gemeinde ihren „Sitz" i. S.
des § 19 C.P.O. hat. Dieſe Abſicht des Geſetzgebers iſt im
Geſetz zum deutlichen Ausdruck dadurch gelangt, daß hinter
dem Wort „Wohnſitz" nur die §§ 12—14, 17, nicht auch die
§§ 19 u. 20 C.C.O. citiert ſind; es kann deshalb dahingeſtellt bleiben, ob dieſe Einſchränkung durch § 14 Ziffer 3
G.V.G. geboten war: ſie beſteht jedenfalls, wenn nicht kraft
Reichsrechts, zufolge ausdrücklicher Beſtimmung des württb.
Ausführungsgeſetzes; eine Handelsgeſellſchaft, die in einer

1) Neue Juſtizgeſetzgebung 6. Band 1. Teil S. 251, 269, 299—300.
2) Im Folgenden wird ſtets ſtatt von „Rechtsſubjekten der in
§ 19 C.P.O. bezeichneten Art" von „Handelsgeſellſchaften" geſprochen
werden, da bei ihnen die erörterte Frage vorzugsweiſe praktiſch wird.

16*

württ. Gemeinde ihren Sitz hat, kann also — soweit ihr all=
gemeiner Gerichtsstand in Frage kommt — vor dem dortigen
Gemeindegericht weder klagen noch verklagt werden, weil ja
nach dem Gesetz b e i d e T e i l e in der Gemeinde ihren Wohn=
sitz u. s. w. haben müssen.

Nun sagt freilich das Gesetz: die Gemeindegerichte seien
zuständig, wofern Kläger und Beklagter in der Gemeinde
den Wohnsitz „o d e r e i n e N i e d e r l a s s u n g (§ 22)“ oder
den Aufenthalt haben. Hieraus scheint dem Wortlaut nach
zu folgen, daß das Gemeindegericht zuständig ist, wenn e i n e
Partei den Wohnsitz, d i e a n d e r e eine Niederlassung in
der Gemeinde hat, sofern es sich um einen vermögensrecht=
lichen Anspruch (abgesehen von den in Abs. 2 des Art. 3
hervorgehobenen Fällen) im Streitwert von nicht über 30,
bezw. 40 oder 50 M. handelt, also innerhalb dieser Grenze
für a l l e Ansprüche der einen Partei und einerlei, ob K l ä =
g e r oder B e k l a g t e r nur eine Niederlassung am Ort hat.
Ein Stuttgarter Fabrikant z. B., der in Salach eine Nieder=
lassung hat, müßte sich wegen einer ihm gegen einen Salacher
zustehenden Forderung von 29 M. an das Salacher Gemeinde=
gericht wenden (das Amtsgericht könnte nach Absatz 3 des
Art. 3 von Amtswegen seine Unzuständigkeit aussprechen)
und könnte, wenn ein Salacher behauptet, der Fabrikant habe
ihm widerrechtlich in Stuttgart seinen Rock zerrissen, vor dem
Salacher Gemeindegericht auf Schadensersatz verklagt werden.

Es kann aber nun kein Zweifel darüber bestehen, daß
der Art. 3 nicht in dieser Weise zu verstehen ist. Nach den
Normen nämlich, die die C.P.O. über die Zuständigkeit trifft,
können gemäß § 22 gegen einen Gewerbetreibenden, der an
einem Ort eine Niederlassung im Sinn des § 22 hat, „a l l e
K l a g e n, w e l c h e a u f d e n G e s c h ä f t s b e t r i e b d e r
N i e d e r l a s s u n g B e z u g h a b e n“, beim Gericht des
Orts der Niederlassung erhoben werden. Um bei dem
obigen Beispiel zu bleiben, so kann der Salacher wegen einer
ihm von dem Stuttgarter Fabrikanten in Stuttgart zuge=
fügten Sachbeschädigung bei einem die Zuständigkeit des Ge=

meindegerichts übersteigenden Streitwert nicht beim Amtsgericht Göppingen oder Landgericht Ulm klagen, sondern
muß sich an das Amts- oder Landgericht Stuttgart wenden,
weil die Schadensersatzklage nicht auf den Geschäftsbetrieb
der Salacher Niederlassung des Fabrikanten Bezug hat. Es
ist nun unbenkbar, daß diese Zuständigleitsnorm der C.P.O.
bei der Gemeindegerichtsbarkeit abgeändert sein, die Niederlassung in soweit die Zuständigleit für alle vermögensrechtlichen Klagen (mit den in Abs. 2 des Art. 3 vorgesehenen
Ausnahmen) gegen den Inhaber der Niederlassung begründen
sollte. Daß das der § 14 Ziff. 3 G.B.G. nicht bestimmen
wollte, ist ohne weiteres klar: es bestand, wie die Reichstagsverhandlungen zeigen, durchaus keine Neigung, die Gemeindegerichtsbarkeit in ausgedehntem Maße zuzulassen, Nichtwürttemberger der württ. Gemeindegerichtsbarkeit zu unterwerfen,
und es kam Niemand in den Sinn, die Zuständigkeit der
Gemeindegerichte für Fälle begründen zu wollen, in
denen bei höherem Streitwert die den betreffenden Gemeindegerichten vorgesetzten Amts- oder Landgerichte nicht
zuständig wären, also z. B. einen Kölner Fabrikanten, der in
Wochenwangen eine Niederlassung hat, wegen einer in Köln an
einem Arbeiter der Niederlassung verübten zum Schadensersatz
verpflichtenden Handlung der Gerichtsbarkeit des Gemeinderats
Wochenwangen zu unterwerfen. Etwas derartiges ließe sich nur
annehmen, wenn eine andere Auslegung des Gesetzes unmöglich
wäre. Das ist aber mit nichten der Fall. Denn wenn § 14 Ziff. 3
des G.B.G. bestimmt: Der Gemeindegerichtsbarkeit dürfen
als Kläger oder Bellagter nur Personen unterworfen werden,
die in der Gemeinde den Wohnsitz, eine Niederlassung oder
im Sinn der §§ 18, 21 C.P.O. den Aufenthalt haben, so
ist die nächstliegende, ungezwungene Auslegung die, daß in
erster Linie festgesetzt werden wollte, daß beide Streitteile in
der Gemeinde ihren allgemeinen Gerichtsstand, also den Wohnsitz oder den Aufenthalt i. S. des § 18 C.P.O. haben müssen,
daneben aber auch bei den Gemeindegerichten der Gerichtsstand der Niederlassung und des Aufenthalts

i. S. der §§ 21 und 22 C.P.O. zugelassen werden wollte.
Mit andern Worten: es wollte bestimmt werden, daß Klagen,
die auf den Geschäftsbetrieb der Niederlassung Bezug haben,
beim Gemeindegericht des Niederlassungsorts erhoben werden
können und in Fällen des § 21 der Beklagte in der Gemeinde nicht den allgemeinen Gerichtsstand i. S. der 12—14,
18 C.P.O. zu haben brauche. Wenn der Wortlaut des § 14
Ziff. 3 G.V.G. diesen Sinn nicht scharf wiedergiebt, so liegt
der Grund augenscheinlich darin, daß eine kurze und bequeme
Fassung angestrebt wurde und der Gesetzgeber als selbstverständlich unterstellte, daß die Zuständigkeitsnormen der C.P.O.
auch für die Gemeindegerichte gelten, soweit nicht mit klaren
Worten etwas Gegenteiliges bestimmt wurde.

Ist aber als Sinn des § 14 Ziff. 3 G.V.G. festzuhalten: „Die Zuständigkeit des Gemeindegerichts setzt im Allgemeinen voraus, daß beide Streitteile ihren allgemeinen
Gerichtsstand in der Gemeinde haben; auf Seite des Beklagten genügt es aber in den Fällen der §§ 21, 22 C.P.O.,
daß er in der Gemeinde seinen Aufenthalt i. S. des § 21
oder eine Niederlassung hat", so folgt daraus: 1) gegen einen
Beklagten, der nur eine Niederlassung in der Gemeinde hat,
sind beim Gemeindegericht Klagen nur zulässig, soweit sie
auf den Geschäftsbetrieb der Niederlassung Bezug haben; 2)
für Klagen eines Klägers, der in einer Gemeinde nur eine
Niederlassung hat, ist die Zuständigkeit des Gemeindegerichts
überhaupt nicht begründet.

Ganz ebenso wie § 14 Ziff. 3 G.V.G. ist auch Art. 9
Abs. 1 des württ. A.G. zur C.P.O. auszulegen: es fehlt
jeder Anhaltspunkt dafür, daß der württ. Gesetzgeber die
Zuständigkeit des Gemeindegerichts durch die Niederlassung
einer Partei in weiterem Umfang begründet werden lassen
wollte, als dies nach dem richtig verstandenen § 14 Ziff. 3
G.V.G. der Fall ist; der württ. Gesetzgeber hätte dies aber
auch gar nicht thun können, denn er war an die in § 14
Ziff. 3 G.V.G. getroffene Abgrenzung der Gemeindgerichts-
barkeit gebunden; er konnte nicht anordnen, daß der Kölner

Fabrikant, der in Mochenwangen eine Niederlassung hat, gegen einen Mochenwanger wegen einer Forderung von 30 M. beim Gemeindegericht in Mochenwangen klagen muß, während das G.V.G. — wie oben dargelegt ist — bestimmt, daß, soweit nicht der Gerichtsstand der Niederlassung oder des Aufenthalts i. S. der §§ 22 und 21 C.P.O. zutrifft, beide Teile ihren allgemeinen Gerichtsstand in der Gemeinde haben müssen. Auch der Bericht der Kommission der Kammer der Abgeordneten spricht nur von dem „Gerichtsstand der Niederlassung", geht also anscheinend ebenfalls davon aus, daß die Niederlassung nach Maßgabe des § 22 C.P.O. einen Gerichtsstand bei dem Gemeindegericht zu begründen geneigt sei, deutet aber mit keinem Wort an, daß, abgesehen von den Fällen des § 22 C.P.O. eine Niederlassung einer Partei die Zuständigkeit des Gemeindegerichts begründen könne [1].

Kann nach dem Bisherigen ein Einzelkaufmann, der in einer Gemeinde nicht den allgemeinen Gerichtsstand, sondern nur eine Niederlassung hat, beim Gemeindegericht dieser Gemeinde überhaupt nicht klagen und nur insoweit verklagt werden, als die Klagen auf den Geschäfts-betrieb der Niederlassung Bezug haben, so kann natürlich die Niederlassung einer Handelsgesellschaft die Zu-ständigkeit des Gemeindegerichts nicht in größerem Umfang begründen. Vielmehr käme man zu einem ganz widersinnigen Ergebnis, wenn man (mit der neueren Ansicht des Landge-richts Stuttgart) annehmen wollte, eine Handelsgesellschaft könne dann gegen einen Ortseinwohner beim Gemeindege-richt klagen, wenn sie in der Gemeinde eine Niederlassung habe. Denn, wie oben gezeigt worden ist, kann eine Handels-gesellschaft dann, wenn sie ihren Sitz in einer Gemeinde hat, das Gemeindegericht des Orts nicht angehen; sie sollte es aber können, wenn sie bloß eine Niederlassung in der Gemeinde hat! Eine derart sonderbare Bestimmung, für die

1) Vergl. auch Goscher's Zeitschrift Bd. 26 S. 180—142.

sich kein vernünftiger Grund denken ließe, ist dem Gesetzgeber gewiß nicht zuzutrauen.

Fraglich kann nur sein, ob eine Handelsgesellschaft beim Gemeindegericht ihrer Niederlassung verklagt werden kann (wie ein Einzelkaufmann) soweit die Klage auf den Geschäftsbetrieb der Niederlassung Bezug hat, wie dies der Bericht der Kommission der Kammer der Abgeordneten angenommen zu haben scheint. Auch hier kommt man aber sofort, wenn man die Frage bejaht, auf den eben berührten Widersinn: gegen eine Handelsgesellschaft, die ihren Sitz in der Gemeinde hat, soll eine Klage in Bezug auf den Geschäftsbetrieb des Sitzes beim Gemeindegericht nicht zulässig sein, wohl aber gegen eine Handelsgesellschaft, die eine Niederlassung in der Gemeinde hat, eine auf den Geschäftsbetrieb der Niederlassung bezügliche Klage. Das ist offenbar ein unmögliches Ergebnis. Man wird daher entweder sagen müssen: „Der Art. 3 des A.G. läßt den Gerichtsstand der Niederlassung bei den Gemeindegerichten zu, ohne bezüglich der Handelsgesellschaften u. s. w. eine Ausnahme zu machen, somit sind Klagen gegen Handelsgesellschaften unter den Voraussetzungen des § 22 C.P.O. bei Gemeindegerichten zulässig; daraus folgt aber, daß auch gegen eine Handelsgesellschaft, die ihren Sitz in der Gemeinde hat, Klagen beim Gemeindegericht zulässig sein müssen, soweit sie auf den Geschäftsbetrieb des Sitzes Bezug haben: denn für die Haupt-Niederlassung kann nichts anderes gelten, als für die Zweigniederlassung" — oder aber ist zu folgern: „gegen Handelsgesellschaften kann nach dem unzweifelhaften Inhalt des Art. 3 des württ. A.G. zur C.P.O. eine Klage beim Gemeindegericht des Orts, an dem sie ihren Sitz haben, nicht erhoben werden, daraus ergiebt sich mit Notwendigkeit, daß auch unter den Voraussetzungen des § 22 C.P.O. eine Klage beim Gemeindegericht gegen eine Handelsgesellschaft nicht statthaft ist, wenn sie in der Gemeinde nur eine Niederlassung haben". Nach Ansicht des Einsenders ist die letztere Auffassung ohne Frage die richtige: die Niederlassung wird, was die auf ihren Geschäftsbetrieb bezüglichen

Klagen anlangt, beim Einzelkaufmann dem W o h n f i ß, bei
der Handelsgesellschaft dem S i ß gleichgeachtet¹); wenn und
soweit der S i ß einer Gesellschaft keine Zuständigkeit für
Klagen gegen sie begründet, kann dies auch die N i e d e r -
l a f f u n g nicht. Damit, daß Art. 3 a. a. O. bestimmt hat,
Handelsgesellschaften können nicht einmal an dem Ort vor
die Gerichtsbarkeit der Gemeindegerichte gezogen werden, wo
sie ihren allgemeinen Gerichtsstand haben, hat er j e b e Gerichtsbarkeit der Gemeindegerichte in betreff der Handelsgesellschaften ausgeschlossen; die Erwähnung des Gerichtsstands
der Niederlassung in Art. 3 ist nur auf die Rechtssubjekte
zu beziehen, die überhaupt der Gemeindegerichtsbarkeit unterliegen; wenn die Kommission der Kammer der Abgeordneten
auch für die Handelsgesellschaften einen Gerichtsstand der
Niederlassung vor den Gemeindegerichten gemäß Art. 3 A.G.
für möglich angesehen hat, so ist sie eben von einer irrigen
Anschauung ausgegangen, die weder im Gesetz noch auch nur
in einer Aeußerung eines sonstigen Gesetzgebungsfaktors zum
Ausbruck gelangt ist.

1) Vergl. Gaupp, Komm. zur C.P.O. (2. Aufl.) Anm. I zu
§ 22 C.P.O.; Motive zu § 22 des Entwurfs der C.P.O.

V.

**Einige Bemerkungen zu dem „Erbrecht des B.G.B.
Ein Hand- und Nachschlagebuch für jedermann von
A. Pelargus, Oberlandesgerichtsrat"** [1]).

Von O.L.G.R. Th. Pfizer.

Die Bearbeitung des Erbrechts des B.G.B. von Pelargus wird
mutmaßlich — und mit Recht — in der württ. Praxis die Stelle ein-
nehmen, die bisher das in 6 Auflagen erschienene „Handbuch des
württ. Erbrechts" von Stein-Kübel-Pohl eingenommen hat. Das Buch
zeugt von eindringendem Studium aller Teile des B.G.B. und seiner
Nebengesetze, die Darstellung ist sehr übersichtlich, klar und gründlich,
den Anhang bildet in erwünschter Weise eine Reihe von Beispielen;
bei jedem Satz des Textes sind die einschlägigen Bestimmungen des
B.G.B. u. s. w. angeführt, so daß jeder Leser die Richtigkeit der Sätze
des Texts ohne weiteres nachprüfen kann; eine Verweisung auf die
Vorarbeiten des Gesetzes und auf die (im Erbrecht — soviel Einsender weiß — noch spärliche) Litteratur ist (von wenigen Bezug-
nahmen auf die Motive abgesehen) im Einklang mit dem Zweck des
Werks unterblieben. Das Buch wird sich als trefflicher Berater der
Praxis — nicht bloß der württembergischen — bewähren; bei einer
neuen Auflage dürfte es sich empfehlen, in Zusätzen die auf das Erbrecht bezüglichen Bestimmungen des württ. Ausführungsgesetzes zum
B.G.B. zu berücksichtigen, um für Württemberg die Brauchbarkeit des
Werks noch zu erhöhen.

Eben wegen der Autorität, die das Buch voraussichtlich in der
württ. Praxis genießen wird, dürfte es angebracht sein, an dieser
Stelle auf einige Punkte hinzuweisen, in denen sich Bedenken gegen
die Darstellung von Pelargus ergeben. Aus diesem Grund erlaubt
sich Einsender, obwohl er sich bewußt ist, daß er den Stoff weit nicht
so beherrscht wie der Verfasser, die nachfolgenden Bemerkungen —
nicht etwa im Sinn einer „abfälligen Beurteilung" wie sie die Vor-

---

1) Stuttgart, Verlag von J. J. Steinkopf. Preis geb. 5 M., ungeb.
4 M. 20 Pf.

rede des Verfassers in Rechnung zieht, sondern um die Praxis zur
Prüfung der betreffenden Sätze anzuregen.

1) In § 10 (S. 13) ist gesagt: Das Erbrecht des Ehegatten falle
weg, wenn zur Zeit des Erbfalls eine gerechtfertigte Klage des Erblassers auf Scheidung der Ehe — 1) wegen schwerer Geisteskrankheit (§ 1569 B.G.B.) anhängig sei. Dabei dürfte übersehen
sein, daß § 1933 das Erbrecht des Ehegatten nur ausschließt, wenn
der Erblasser „wegen Verschuldens des Ehegatten" auf Scheidung zu
klagen berechtigt war; eine Scheidungsklage wegen Geisteskrankheit des
überlebenden Ehegatten wird daher dessen Erbrecht nicht ausschließen.

2) In § 18 l heißt es: Der Nießbrauch des überlebenden Ehegatten an den Erbteilen von gemeinschaftlichen Nachkommen unterliege gemäß Art. 203 Satz 2 E.G. zum B.G.B. den Vorschriften des
B.G.B. und endige insbesondere, wenn der Abkömmling sich mit elter-
licher Zustimmung verheirate. Wenn der Satz richtig wäre, dürfte
hervorgehoben werden, daß der Nießbrauch vor allem mit der Volljährigkeit des Kinds endigt (§§ 1626, 1681). Die Richtigkeit des
Satzes ist aber überhaupt zu beanstanden. Die Auslegung des Art.
203 E.G. ist bestritten[1]. Er lautet: „Das Rechtsverhältnis zwischen
den Eltern und einem vor dem Inkrafttreten des B.G.B. geborenen
Kinde bestimmt sich schon von dem Inkrafttreten des B.G.B. an nach
dessen Vorschriften. Dies gilt insbesondere auch in Ansehung des
Vermögens, welches das Kind vorher erworben hat." Nun will man
schließen: das einem Kind vor dem 1. Januar 1900 angefallene Vater-
oder Muttergut, woran die statutarische Nutznießung des überlebenden
Ehegatten besteht, hat das Kind vor dem Inkrafttreten des B.G.B.
erworben; also endigt dieser Nießbrauch nach Maßgabe der Bestimmungen des B.G.B. über die elterliche Gewalt (§§ 1626 ff.), folglich
mit der Volljährigkeit (oder der früheren Heirat) des Kindes. Aber
dieser Schluß erscheint unzutreffend: der statutarische Nießbrauch des
württ. Rechts wenigstens ist kein Ausfluß des „Rechtsverhältnisses
zwischen Eltern und Kindern", der elterlichen Gewalt, sondern beruht auf erbrechtlichen Vorschriften oder auf Vorschriften
über die erbrechtlichen Wirkungen des Güterstandes;
das ergibt sich klar daraus, daß ja der statutarische Nießbrauch auch
an andern Erbteilen als denen von Kindern stattfindet und beidemal
auf demselben Grund beruht. Von dieser Auffassung des Art. 203
geht auch der Entwurf des württ. A.G. aus[2] und auch die Kom-

---

1) Vergl. Bolscher's Zeitschrift Bd. 39 S. 178, 210; Bd. 41
S. 4, 77, 80.

2) Vergl. Art. 246 und Mot. S. 609 (Vorbemerkungen zum
Familienrecht Ziff. II a. E.), Kommissionsbericht (Beil. 48) S. 554
zu Art. 246.

miſſion der Kammer der Abgeordneten hat ſie nicht beanſtandet.

3) § 28 I, 2 (S. 35) iſt geſagt: unfähig, ein Teſtament zu errichten, ſei 2), wer ſich in einem dauernden, die freie Willensbeſtimmung ausſchließenden Zuſtand krankhafter Störung der Geiſtesthätigkeit befinde, ohne Rückſicht darauf, ob im Zeitpunkt
der Errichtung die krankhafte Störung durch einen
lichten Zwiſchenraum unterbrochen geweſen ſei.
Der letzte Satz iſt nicht unzweifelhaft: angeſichts des Wortlauts des
§ 104 Ziff. 2 B.G.B. ſcheint es eben darauf anzukommen, ob der Erblaſſer ſich zur Zeit der Teſtamentserrichtung in einem die
freie Willensbeſtimmung ausſchließenden Zuſtand krankhafter Störung
der Geiſtesthätigkeit befunden hat. Pelargus beruft ſich auf „Mot. 1
S. 130"; Einſender kann hier aber nur den Satz finden, daß bei einem
wegen Geiſteskrankheit Entmündigten die Berückſichtigung
lichter Zwiſchenräume ausgeſchloſſen ſein ſoll[1].

4) In § 29 II (S. 36), § 86 III (S. 104—5), § 138 I, 2, d (S. 178),
§ 188 III S. 263 wird gelehrt: Das Vermächtnis eines beſtimmten,
zur Zeit des Erbfalls nicht zur Erbſchaft gehörigen Gegenſtands ſei
(ausnahmsweiſe) dann wirkſam, wenn der Belaſtete ſelbſt das Verfügungsrecht über den Gegenſtand habe und das Vermächtnis geneh-
mige oder zugleich Erbe ſei und für die Nachlaßverbindlichkeiten unbeſchränkt hafte; letzterenfalls habe beim Vorliegen mehrerer aufein-
anderliegender, mit einander nicht in Einklang ſtehender Vermächt-
niſſe ausnahmsweiſe das ältere Giltigkeit. Dieſer Satz, der ſich aus
§ 2169 B.G.B. nicht ergiebt, wird auf § 185 Abſ. 2 B.G.B. geſtützt,
woſelbſt es heißt: „Die Verfügung" eines Nichtberechtigten über einen
Gegenſtand „wird wirkſam, wenn der Berechtigte ſie genehmigt oder
wenn der Verfügende — von dem Berechtigten beerbt wird und dieſer
für die Nachlaßverbindlichkeiten unbeſchränkt haftet". In dem letzteren
Fall „wird, wenn über den Gegenſtand mehrere miteinander nicht in
Einklang ſtehende Verfügungen getroffen worden ſind, nur die frühere
Verfügung wirkſam". Es fragt ſich, ob die Beſtimmung des § 185
Abſ. 2 trotz ihres ſcheinbar allgemeinen Wortlauts ſich auf letztwillige
(Vermächtnis-)Verfügungen bezieht. Für die Verneinung der
Frage läßt ſich m. E. Folgendes anführen: Der § 2169 B.G.B. regelt
den Fall, da der Erblaſſer eine nicht zur Erbſchaft gehörige Sache
vermacht, nach ſeinem Wortlaut ganz allgemein, nicht bloß hinſichtlich
der durch § 185 Abſ. 2 nicht getroffenen Fälle, er ſtellt ſich alſo als
eine ſpezielle Geſetzesbeſtimmung in Betreff des Vermächtniſſes
fremder Sachen dar, durch welche die Anwendung der im allgemeinen
Teil enthaltenen Vorſchrift des § 185 Abſ. 2 ausgeſchloſſen wird.
Für dieſe Auffaſſung ſpricht auch die Entſtehungsgeſchichte des Ge-

[1] Vergl. auch Denkſchrift (Guttentag'ſche Ausgabe) S. 292, 293.

setzes. Der erste Entwurf hatte im allgemeinen Teil (1. Buch) keine
dem § 185 entsprechende Vorschrift, sondern nur im 2. und 3. Buch
eine Reihe von Einzelvorschriften über die Behandlung von Verfügungen Nichtberechtigter; die Motive zu §§ 900—10 des ersten Entwurfs [1] bemerkten dabei: „Aus der Wiederholung der Vorschrift in
den §§ 312 u. f. w. ergiebt sich, daß der Grundsatz der Konvaleszenz
die sämtlichen Verfügungen (unter Lebenden) [2] über das Recht
eines Andern beherrscht". In der zweiten Kommission wurde eine
dem jetzigen § 185 entsprechende Vorschrift in den allgemeinen Teil
aufzunehmen beschlossen; dabei wurde erwogen [3], „den in den §§ 810,
830, 870 behandelten Konvaleszenzfällen liege ein allgemeines Prinzip
zu Grunde, das auch auf andere Fälle, für welche die Konvaleszenz
nicht ausdrücklich bestimmt sei, Anwendung zu finden habe. Es emp-
pfehle sich, dieses Prinzip durch eine allgemeine Vorschrift auszusprechen. Für einzelne, besonders geartete Fälle, in denen eine Konvaleszenz nicht angezeigt erscheine, könne sie durch Spezialbestimmungen
ausgeschlossen werden". Die Motive zu den §§ 1818—32 [4], an deren
Stelle der § 2168 B.G.B. getreten ist, erwähnen die Anwendung der
Grundsätze über Konvaleszenz nicht, ebensowenig wurde in den Be-
ratungen der zweiten Kommission, auf denen die jetzige Fassung des
§ 2169 beruht, die Anwendbarkeit des jetzigen § 185 erwähnt, vielmehr die Auffassung gebilligt, „daß der letzte Wille des Erblassers
entscheiden müsse; es sei davon auszugehen, daß der Erblasser dem
Vermächtnisnehmer eine Zuwendung aus der Erbschaft habe machen
wollen. — Nur wenn der Bedachte nachweise, daß ihm der Erblasser
die Sache habe zuwenden wollen ohne Rücksicht darauf, ob sie sich
in der Erbschaft befinde oder nicht, müsse der Beschwerte verpflichtet
sein, die Sache dem Bedachten zu verschaffen" [5]. Praktischer und einfacher gestaltet sich die Sache m. E. jedenfalls, wenn man die Anwendbarkeit des § 185 verneint.

6. In § 45 I (S. 55) vgl. auch § 27 III, 3 (S. 84) und § 03 II
(S. 112) ist gesagt: Der an Stelle eines geschäftsunfähigen Bedachten oder Belasteten bei einem Erbvertrag auftretende gesetzliche
Vertreter bedürfe zu seinem Handeln der Genehmigung des Vormundschaftsgerichts — gemäß § 1822 Ziff. 1 B.G.B. Es wird hier aber
keineswegs notwendig, vielmehr höchstens ausnahmsweise der Fall des
§ 1822 Ziff. 1 vorliegen, nämlich ein Rechtsgeschäft, das den Mün-
del zu einer Verfügung über sein Vermögen im Ganzen oder über

---

1) Bd. 2 S. 139.
2) Diese Worte sind in den Motiven nicht gesperrt gedruckt.
3) Prot. S. 960—61.
4) Bd. 5 S. 142 ff.
5) Prot. S. 6894.

eine ihm angefallene Erbschaft oder über seinen künftigen gesetzlichen Erb- oder Pflichtteil oder zu einer Verfügung über den Anteil des Mündels an einer Erbschaft verpflichten würde; die Genehmigung des Vormundschaftsgerichts wird daher (in der Regel) nicht erforderlich sein.

6. Die Fassung des Eingangs der Ziff. I des § 46: zur Errichtung eines Ehe- und Erbvertrags von Verlobten und Ehegatten genüge die Einhaltung der für den Ehevertrag vorgeschriebenen Form, „die darin besteht, daß der Vertrag bei gleichzeitiger persönlicher Anwesenheit beider Teile vor Gericht u. s. w. geschlossen wird", kann zu dem Mißverständnis verleiten, daß der Ehevertrag persönliche Anwesenheit beider Teile erfordere; das ist aber zweifellos nicht der Fall: vergl. §§ 1434, 925 mit §§ 1317, 2274, 2276 B.G.B., auch beim Ehe- und Erbvertrag von Ehegatten und Verlobten ist die persönliche Anwesenheit beider Teile (gemäß § 2274) nur erforderlich, wenn beide als Erblasser auftreten.

7. In § 67 III, 2 (S. 73) dürften den rechtsfähigen und deßhalb bedenkfähigen inländischen Vereinen mit wirtschaftlichem Zweck noch die Gesellschaften mit beschränkter Haftung beizufügen sein (vgl. § 15 des R.Ges. v. 20. April 1892).

8. § 69 III (S. 86—87) sagt: „Gebricht dem Ersatzerben zur Zeit des Erbfalls noch die Lebensfähigkeit, so ist die Verfügung unwirksam, wenn der Gegner des Eingesetzten nachweist, daß dieser von dem Erblasser nicht als Nacherbe berufen werden wollte, ohne diesen Beweis wird die Ersatz- in eine Nacherbeinsetzung umgedeutet"; von diesem Fall abgesehen streite die Vermutung dafür, daß der Erblasser eine Ersatz- nicht eine Nacherbeinsetzung beabsichtigt habe. Für den ersten Satz beruft sich Pelargus auf § 2084 B.G.B.: „Läßt der Inhalt einer letztwilligen Verfügung verschiedene Auslegungen zu, so ist im Zweifel, diejenige Auslegung vorzuziehen, bei welcher die Verfügung Erfolg haben kann." Aber es dürfte fraglich sein, ob diese allgemeine Auslegungsregel im vorliegenden Fall nicht ausgeschlossen wird durch die spezielle Vermutung des § 2102 Abs. 2: „Ist zweifelhaft, ob jemand als Ersatzerbe oder als Nacherbe eingesetzt ist, so gilt er als Ersatzerbe", so daß in dem Fall, da zweifelhaft ist, ob eine Person als Nacherbe oder als Ersatzerbe eingesetzt ist, die Verfügung auch dann unwirksam wäre, wenn die betreffende Person zur Zeit des Erbfalls noch nicht erzeugt ist, ohne daß den Gegner des Eingesetzten die ihm von Pelargus auferlegte Beweislast träfe. Die Einschränkung, die Pelargus der Vermutung des § 2102 Abs. 2 geben will, erscheint nicht genügend gerechtfertigt[1]) (§ 2101 Abs. 1 behandelt einen anderen Fall, nämlich

---

1) Möglich wäre allerdings, die Beweisregel des § 2102 Abs. 2

die Umdeutung einer Einsetzung als „Erbe" in eine solche als
„Nacherbe").

9. Dem Schlußsatz des Abs. 1 des § 88 I: „Beweist" bei einem
Gattungsvermächtnis „der Bedachte, daß die" von einem Dritten „getroffene Bestimmung seinen Verhältnissen offenbar nicht entspricht,
so kann er von dem Beschwerten Leistung einer andern, entsprechenden
Sache verlangen" dürfte beizufügen sein: beweist der Beschwerte,
daß die vom Bedachten oder einem Dritten getroffene Bestimmung
den Verhältnissen des Bedachten offenbar nicht entspricht (d. h. auf
eine für diese Verhältnisse offenbar zu kostbare Sache geht), so hat
er eine andere, entsprechende Sache zu leisten.

10. § 100 I, 2 (S. 191) lehrt: wenn bei einer Auflage die Bestimmung der Person, an welche die Leistung erfolgen soll, einem
Dritten überlassen ist und der Dritte innerhalb der ihm gesetzten
Frist die betreffende Person nicht bestimmt, so werden diejenigen, aus
welchen der Leistungsberechtigte gewählt werden sollte, Gesamtgläubiger. Wenn also die Auflage lautet: „zur Erziehung eines elternlosen Knaben werfe ich 5000 M. aus", so würden in dem bezeichneten Fall alle elternlosen Knaben Gesamtgläubiger. Das kann nicht
sein. Das Gesetz sagt das auch nicht, es dürfte vielmehr ein durch
die unglaublich erbärmliche Gesetzesfassung hervorgerufener Irrtum
vorliegen. § 2103 Abs. 3 sagt nämlich: „Kann der Dritte" — in dem
bezeichneten Falle — „die Bestimmung nicht treffen, so geht das Bestimmungsrecht auf den Beschwerten über. Die Vorschrift des § 2151
Abs. 3 Satz 2 findet entsprechende Anwendung". § 2151
Abs. 3 lautet: „Kann" — falls mehrere mit einem Vermächtnis in
der Weise bedacht sind, daß der Beschwerte oder ein Dritter zu bestimmen hat, wer von den Mehreren das Vermächtnis erhalten soll
— „der Beschwerte oder der Dritte die Bestimmung nicht treffen, so
sind die Bedachten Gesamtgläubiger. Das Gleiche gilt, wenn das
Nachlaßgericht dem Beschwerten oder dem Dritten — eine Frist zur
Abgabe der Erklärung bestimmt hat" und die Frist unbenützt verstreicht. Nun soll in dem von Pelargus hervorgehobenen Fall nach
§ 2103 Abs. 3 nur Satz 2 nicht auch Satz 1 des Absatz 3 des § 2151
entsprechende Anwendung finden, also nur der Satz: „das Gleiche
gilt"; dieser Satz besagt nun freilich in § 2151: „die Bedachten
sind auch dann Gesamtgläubiger, wenn die dem Beschwer-
ten oder dem Dritten gesetzte Frist unbenützt verstreicht"; versetzt man
aber diesen Satz in Abs. 3 des § 2103, so besagt er etwas ganz anderes, dann lautet der Absatz 3 des § 2193: „— Kann der Dritte
die Bestimmung nicht treffen, so geht das Bestimmungsrecht auf den

auf den Fall zu beschränken, daß eine Erbeinsetzung an sich wirksam ist, d. h. einen Bedenkfähigen betrifft.

Beschwerten über. Das Gleiche gilt", b. h. das Bestimmungsrecht geht ebenfalls auf den Beschwerten über, „wenn
das Nachlaßgericht dem Dritten eine Frist erteilt und diese unbenützt
verstreicht"[1]). So ergiebt sich ein vernünftiger Sinn, freilich zugleich
auch ein trauriges Beispiel verfehlter Gesetzesredaktion.

11. In § 121 I dürften in dem Satz: „Das Pflichtteilsrecht geht —
darauf, daß der Berechtigte als Erbe immer den halben Wert seines
gesetzlichen — Erbteils — erhält", die Worte „als Erbe" zur Vermeidung von Mißverständnissen zu streichen sein; denn — wie § 126
II ganz richtig hervorhebt — „der Pflichtteil hat nicht die Eigenschaften
eines Erbteils" und begründet keine Erbfolge: vgl. § 1967, 2303,
2304 B.G.B.

12. § 196 I, 1 (S. 179) lehrt, wenn der Erblasser, der einen Erbvertrag geschlossen, durch Rechtsgeschäfte unter Lebenden über sein
Vermögen in der Absicht verfüge, den vertragsmäßig Bedachten zu
benachteiligen, so könne letzterer gemäß § 826 B.G.B. „von dem, der
die rechtswidrige Absicht des Erblassers gekannt und gleichwohl mit
ihm einen unentgeltlichen oder entgeltlichen, dem Bedachten nachtei-
ligen Vertrag abgeschlossen hat, vollen Ersatz des dadurch veranlaßten Schadens begehren." Der im Titel „Unerlaubte Handlungen"
stehende § 826 sagt: „Wer in einer gegen die guten Sitten verstoßen-
den Weise einem Anderen vorsätzlich Schaden zufügt, ist dem Anderen
zum Ersatze des Schadens verpflichtet." Eine Auslegung des § 826
ist aber nicht unbedenklich, wonach auch der Abschluß eines Vertrages
denjenigen schadensersatzpflichtig macht, der weiß, daß der andere
Teil den Vertrag in der Absicht schließt, einen Dritten zu schädigen.
Man denke folgenden Fall: A hat vertragsmäßig den B zum Erben
eingesetzt, C ist Liebhaber des Hauses des A; A verkauft es ihm um
den billigen Preis von 100000 M., indem er bemerkt: es sei ihm gerade recht, daß er das Haus versilbern könne, er habe sich mit B
überworfen und wolle dafür sorgen, daß B möglichst wenig erbe;
beim Tod des A hat das Haus einen Wert von 200000 M.; soll nun
C dem B 100000 M. bezahlen müssen, weil der Hauskauf als zu bil-
ligem Preis abgeschlossen dem B nachteilig war und B 100000 M.
mehr erhalten hätte, wenn C den Kauf nicht abgeschlossen hätte?
Man wird vielleicht, um ungeheuerliche Ergebnisse zu vermeiden,
sagen können: derjenige verstößt nicht gegen die guten Sitten, der
einen Inhaltlich unbedenklichen Vertrag abschließt, auch wenn
er weiß, daß der andere Teil mit der Absicht handelt, einen
Dritten zu schädigen (oder läßt sich sagen: ein solcher fügt dem Dritten nicht vorsätzlich Schaden zu). Man könnte daran denken,

1) Vergl. Buchka: Vergleichende Darstellung des B.G.B. und
des gemeinen Rechts § 50 XVII.

zu sagen: der Erblasser, der in der Absicht handelt, den vertragsmäßig Bedachten zu benachteiligen, verstößt gegen § 826 und ist deshalb dem Bedachten schadensersatzpflichtig, diese Schadensersatzpflicht
geht als Nachlaßverbindlichkeit auf den Vertragserben über. Indessen
dürfte auch hiegegen der Inhalt der §§ 2286—87 B.G.B. und der
Vorarbeiten zum Gesetz sprechen; näheres Eingehen auf diese Fragen
würde zu weit führen. (Eine weitere nicht unzweifelhafte Anwendung des § 826 f. § 148 I, 2 S. 191).

13. Ob nicht wechselseitige Verfügungen, die in gemeinschaftlichen
Testamenten von Ehegatten getroffen sind, durch gemeinschaftliches Testament widerrufen werden können (was § 141 II, 1 dem
Wortlaut nach verneint) wird mindestens zweifelhaft sein, ebenso
ob Ehegatten nicht auch einen im Brautstand abgeschlossenen Erbvertrag durch gemeinschaftliches Testament aufheben können (was
§ 145 I, 2 verneint), der Wortlaut des § 2292: „ein zwischen Ehegatten geschlossener Erbvertrag —" steht nicht unbedingt entgegen[1])
und die Natur der Sache spricht dafür.

14. In § 80 I, 1 ist gesagt: mit einem Vermächtnis könne bedacht
werden, wer zur Zeit des Anfalls lebe oder mindestens gezeugt sei;
in § 91 ist gesagt, der Anfall eines Vermächtnisses erfolge regelmäßig
mit dem Zeitpunkt des Erbfalls, ausnahmsweise 1) bei bedingten ꝛc.
Vermächtnissen mit Eintritt der Bedingung, 2) „wenn der Bedachte
zur Zeit des Erbfalls noch nicht erzeugt war, (frühestens) mit seiner
Geburt". Es dürfte sich empfehlen, schon in § 80 unzweideutig hervorzuheben, daß auch Personen, die zur Zeit des Erbfalls noch nicht
gezeugt sind, mit Vermächtnissen bedacht werden können, sofern sie
(von den Ausnahmen des § 2163 abgesehen) innerhalb 30 Jahren
nach dem Erbfall erzeugt werden (§ 2162 Abs. 2, § 2178).

15. § 157 I, 1 lehrt: Der berufene Erbe könne die Annahme
und Ausschlagung der Erbschaft anfechten, wenn er sich bei Abgabe
seiner Erklärung in einem wesentlichen Irrtum, insbesondere über
die Zulänglichkeit oder Unzulänglichkeit des Nachlasses
befunden habe. Das wäre eine mißliche Bestimmung; es ist aber
m. E. fraglich, ob sie aus § 119 Abf. 2 B.G.B., worauf Pelargus
sie stützt, abzuleiten ist, die Zulänglichkeit oder Unzulänglichkeit des
Nachlasses wird kaum als „Eigenschaft der Sache" anzusehen
sein (die im Verkehr als wesentlich angesehen wird).

16. Daß, wenn einer von mehreren Erben die Erteilung eines
Erbscheines beantragt, die in § 2356 vorgeschriebene Versicherung an

---

1) Diese Worte lassen sich dahin verstehen: ein zwischen
Personen, die jetzt Ehegatten sind, geschlossener Erbvertrag.
— Man könnte auch die Bestimmung des § 2292 auf einen zwischen
Verlobten geschlossenen Ehevertrag analog anwenden.

Eidesstatt „immer von allen Miterben abzugeben ist" (§ 167 II, 3
S. 228), dürfte sich aus Abs. 4 des § 2357 nicht ergeben, der sich
nur auf den Fall bezieht, daß Erteilung eines gemeinschaftlichen
Erbscheins beantragt wird¹).

17. § 168 II (S. 229—80) lehrt: Der Erbschein begründe für den
darin als Erbe Bezeichneten die in § 2365 bezeichnete gesetzliche Vermutung „gegenüber jedem Dritten mit Ausnahme des Erb-
schaftsbesitzers" (ebenso § 171 I). Diese Einschränkung ergiebt
sich aus dem ganz allgemein lautenden § 2365 nicht und die Motive²)
sprechen nicht dafür; Res. vermag auch keinen inneren Grund dafür
zu entdecken.

18. Auf S. 239 Z. 7 von oben scheint ein Druckfehler vorzuliegen
statt: „und wieder zurückgiebt" wird es heißen sollen: „und nicht
wieder zurückgiebt".

19. § 175 I lautet in seinem ersten Satz: „Der Erbe haftet als
solcher mit dem Nachlaß unbedingt, mit seinem eigenen Vermögen
nur beim Nichtzutreffen gewisser Voraussetzungen, für die auf dem
Nachlaß ruhenden nicht gegenüber einem Miterben begründeten Verpflichtungen." Das kann den Schein erwecken, als
ob gesagt werden wollte, der Erbe hafte auch mit dem Nachlaß nicht für diejenigen auf dem Nachlaß ruhenden Verbindlichleiten,
die gegenüber einem Miterben begründet seien; das ergiebt aber der
angezogene § 2063 Abs. 2 nicht und wäre unrichtig; es wollte wohl
gesagt werden: „Für die Nachlaßverbindlichleiten haftet der Erbe
unbedingt mit dem Nachlaß, mit seinem eigenen Vermögen nur unter gewissen Voraussetzungen und keinesfalls seinen
Miterben gegenüber, soweit sie Nachlaßgläubiger sind" (vgl. § 197 II
S. 280).

20. Bei Ziff. II des § 165 (S. 258), wo gesagt ist, der Erbe sei
zur Inventarerrichtung den Nachlaßgläubigern gegenüber verpflichtet,
dürfte es sich empfehlen, hervorzuheben, daß diese Verpflichtung nur
auf Antrag eines Nachlaßgläubigers eintritt.

21. Ob die Klage auf Herausgabe der Erbschaft gegenüber dem
Nachlaßbesitzer regelmäßig — in (analoger) Anwendung des § 2040
Abs. 1 — nur allen Miterben gemeinschaftlich zusteht, wie § 100 I
(S. 267) lehrt, oder ob nicht — in analoger Anwendung des § 2039
— jeder Erbe auf Herausgabe an alle Erben klagen kann,
dürfte zweifelhaft sein³).

22. § 205 I sagt: Der Vorerbe, der ein zur Erbschaft gehöriges
Grundstück verpachtet oder vermietet habe, werde von der Haftung

1) Vergl. Haiblen Bd. 4 S. 395 oben.
2) Bd. 5 S. 567 Abs. 3 Entwurf (s. aber auch S. 563 zu § 2073).
3) Vergl. Komm. Prot. S. 8109 unten.

für Vertragswidrigkeiten des Nacherben frei, wenn er den Mieter
oder Pächter von dem Eintritt der Nacherbfolge in Kenntnis setze
und jener das Miet- und Pachtverhältnis nicht auf den ersten Termin kündige, auf den die Kündigung g e s e t z l i ch zulässig sei. Der
einschlägige § 571 Abs. 2 lautet aber dahin, daß die Haftung aufhöre, wenn der Mieter nicht auf den ersten Termin kündige, „für
den die Kündigung zulässig ist.“ Das Wort „gesetzlich“ dürfte daher
zu streichen sein, es kann das Mißverständnis hervorrufen, als ob in
dem bezeichneten Fall der Mieter und Pächter unter Einhaltung der
gesetzlichen Frist v o r z e i t i g — vor der im Vertrag festgesetzten Zeit —
kündigen dürfte (wie in den Fällen der §§ 567, 569, 570 u. f. w.¹);
in diesem Sinne wird aber § 571 Abs. 3 nicht zu verstehen sein, sondern dahin, daß die Haftung des Vorerben aufhört, wenn der Pächter
oder Mieter nicht auf den ersten Termin kündigt, für den er nach
seinem Pacht- ob. Mietvertrag kündigen kann²).

1) Vergl. C o s a c k , Lehrbuch des deutschen bürg. Rechts (1. Aufl.)
Bd. 1 § 137 I, 4.

2) Vergl. neben C o s a c k a. a. O., der den Fall des § 571 nicht
aufführt, Komm. Prot. zu § 571 bei H a i b l e n Bd. 1 S. 639.

Litterarische Anzeigen.

Civilrechtspraktikum zum Selbststudium und zum Lehrgebrauch. Von L.R. Dr. Schück. Berlin, J. J. Heine (Preis 2 M.). Das Büchlein enthält 480 „teils der Praxis entlehnte, teils konstruierte" Civilrechtsfälle „so weit thunlich nach der Reihenfolge des B.G.B. geordnet". Seiner Natur nach vor allem für Studierende und Referendäre zweiter Klasse bestimmt, mag es doch auch in der Uebergangszeit einen in der Praxis stehenden Juristen anregen, sich an konkreten Fällen den Unterschied des neuen Rechts vom bisherigen oder die Uebereinstimmung beider klar zu machen.

Schicker, Das Polizeistrafrecht und Polizeistrafverfahren im Königreich Württemberg 3. Auflage (Stuttgart, Kohlhammer, 821 S. und 29 S. Register). Das besonderer Empfehlung nicht bedürftige, inhaltreiche Werk enthält zunächst einen eingehenden die Praxis bis zur neuesten Zeit verwertenden Kommentar des die Uebertretungen behandelnden Abschnitts des R.Str.G.B. und des württ. Pol.Str.G.B. in der Gestalt, die es durch das Gesetz vom 4. Juli 1808 erlangt hat, sowie des Ges. v. 12. August 1879 betr. Aenderungen des Landes-Polizeistrafrechts, dann folgen Vollzugsbestimmungen in Bezug auf das Strafverfahren und sodann 100 Beilagen, die einschlägigen Gesetze, Verordnungen, Verfügungen, Instruktionen u. s. w. enthaltend, vom Volksschulgesetz vom 29. September 1836 an bis zur Verfügung des Minist. des Innern vom 14. Februar 1890 betr. das Verbot der öffentlichen Ankündigung von Geheimmitteln. Ein ausführliches Register erleichtert die Benützung des Buchs, das jedem unentbehrlich sein wird, der sich mit den einschlägigen Materien zu befassen hat. Pf.

I.

Entscheidungen des Oberlandesgerichts.

A. in Civilfachen.

34.

1. Ist auch eine nichtige Rechtshandlung paulianischer Anfechtung zugänglich?

2. Ist die auf Rechtsnotwendigkeit beruhende Sicherstellung oder Nachgewähr von Heiratgut oder gesetzlich in die Verwaltung des Ehemanns gekommenen Vermögens der Ehefrau Seitens des Ehemanns – wie der Anfechtung aus § 25 Nr. 2, so auch der Anfechtung aus § 23 Nr. 1 der Konk.-O. entzogen?

3. Hat der auf der Quote eines Grundstücks versicherte Nachpfandgläubiger dem auf dem ganzen Grundstück versicherten Vorpfandgläubiger gegenüber Anspruch darauf, daß der auf seine Quote entfallende Teil des Gesamterlöses aus dem Grundstück zur Befriedigung des Vorpfandgläubigers nur insoweit herangezogen werde, als für diese Befriedigung der sonstige Erlös nicht ausreicht?[1])

Das Beibringen der mit ihrem Ehemann in landrechtlicher Errungenschaftsgesellschaft lebenden Beklagten war in

---

1) Diese Frage ist von dem Gemeinderat St. in einer Kaufschillingsverweisung (c. Kieß 1898) dahin entschieden worden, daß der Vorpfandgläubiger gleichmäßig aus allen Quoten des Kaufschillings zu befriedigen sei, und daß dem auf einzelnen Quoten versicherten

Höhe von 2000 M. von dem Ehemann auf der zu ¹/₆ zu
seinem Sondervermögen, zu ⁴/₆ zur Errungenschaft gehörigen
Liegenschaft mit 3. Recht unterpfändlich sichergestellt worden.
In dem in der Folge gegen den Ehemann eröffneten Konkurse hat die Beklagte die ihr von seiner Seite beanstandeten
weiblichen Freiheiten angerufen. Die Liegenschaft wurde verkauft und es verblieb über Abzug der Kosten und der vorgehenden Pfandschulden ein restlicher Erlös von 1000 M.,
welchen der Konkursverwalter auf Grund des § 23 Nr 1
der Konk.-O. ganz für die Konkursmasse in Anspruch nahm.

Aus den Gründen:

Der Kläger nimmt den im Streit befangenen restlichen
Pfanderlös von 1000 M. für die Konkursmasse des Ehe-

Nachpfandgläubiger zu seiner Befriedigung lediglich der Rest verbleibe,
welcher nach solcher Tilgung der Vorpfandschuld von dem auf die
mit Nachhypothek belasteten Quoten entfallenden Erlöse er-
übrige, wogegen der Nachpfandgläubiger eine dem Art. 98 des Pfandges. analoge Behandlung verlangt, d. h. beansprucht hatte, daß der
Vorpfandgläubiger zunächst aus den unbelasteten Quoten voll befrie-
digt werde. Auf erhobene Beschwerde überwies das Amtsgericht St.
dem Nachpfandgläubiger den vollen Ueberrest des Erlöses über Befriedigung der Vorpfandgläubiger, da dieser Ueberrest (in concr.) nicht
mehr als den auf die Nachhypothek entfallenden Teil des Gesamterlöses betrage und zu deren Tilgung nicht ausreiche. — Die hiegegen
erhobene Rekursbeschwerde wurde von dem Landgericht endgültig
(Pfd.Ges. Art. 240 Abs. 2) verworfen. (Beispiel: einer Ehefrau ist ihr
Weibringen auf der Errungenschaftsliegenschaft sichergestellt worden.
In der Folge hat sie die weiblichen Freiheiten angerufen. Der Gesamterlös aus der Liegenschaft hat 100000 M., die Vorpfandschuld
incl. Verkaufskosten 70000 M., das Weibringen 40000 M. betragen.
Hat die Ehefrau nur auf 15000 M., den Ueberrest des Erlöses aus
der ihr verpfändeten (ideellen) Hälfte der Liegenschaft über Abzug
der hälftigen Vorpfandschuld nebst Kosten, wie der Gemeinderat entschieden hat, oder hat sie auf 30000 M. Anspruch, wie Amtsgericht
und Landgericht entschieden haben, da der nach Zahlung der Vorpfandschuld nebst Kosten sich ergebende Uebererlös von 80000 M.
einerseits die auf ihre Nachhypothek entfallende Hälfte des Gesamterlöses (50000 M.) nicht übersteigt und andrerseits auch hinter dem
Betrag ihrer Pfandforderung (40000 M.) zurückbleibt?)

manns der Beklagten in Anspruch, weil das Pfandrecht der
Beklagten, auf Grund dessen d i e s e benselben Erlös f ü r s i ch
in Anspruch nimmt, nach § 23 Nr. 1 der Konk.=O. den
Konkursgläubigern gegenüber unwirksam, der zu Folge dieses
Pfandrechts aus dem Vermögen des Gemeinschuldners aus=
scheidende, wegveräußerte restliche Erlös aus dem Pfandob=
jekt mithin gemäß § 30 Konk.=O. zur Konkursmasse zurück=
zugewähren sei. Der erhobene Anspruch ist sonach überall
ein Anfechtungsanspruch im Sinne der §§ 22 und 30 der
Konk.=O. und hat begrifflich zur Voraussetzung eine an sich
gültige Pfandbestellung. Soweit die Pfandbestellung nichtig
sein würde, wäre Nichts aus dem Vermögen des Verpfänders
wegveräußert und könnte von einer Rückgewähr im Sinne des
§ 30 cit. so wenig die Rede sein, als es eine Konbiktion
der eigenen Sache giebt.

Vor Allem ist hienach — und zwar unabhängig von den
diesbezüglichen Rechtsmeinungen der Parteien — zu prüfen,
ob und inwieweit eine an sich gültige Pfandbestellung erfolgt
ist und ob die gültig erfolgte den Anspruch der Beklagten
auf den Erlös von 1000 M. an sich rechtfertigen würde.
Insoweit dies nicht der Fall sein sollte, wäre die Klage ab=
zuweisen, weil die erst in dieser Instanz erfolgte eventuelle
Inanspruchnahme des Erlöses wegen Nichtigkeit der Pfand=
bestellung als neuer, bzw. ganz anderer Anspruch nach Vor=
schrift der §§ 489. 491 Abs. 2 der C.P.O. unbeachtet bleiben
müßte.

1) Unzweifelhaft ist nun, daß das Pfandrecht, welches
der Beklagten von ihrem Ehemanne auf der diesem damals
nur zu ³/₅, ihr selbst aber zu ²/₅ unabgeteilt zugehörigen Lie=
genschaft schlechthin bestellt worden ist, sich nur auf jene ³/₅
erstrecken konnte und nur insoweit zu rechtlicher Existenz ge=
langt ist, und daß hieran auch dadurch Nichts geändert werden
konnte, daß der Verpfänder nachgehends — zu Folge der
Anrufung der weiblichen Freiheiten Seitens der Beklagten —
gemäß Art. 68 des württ. Pfandentw.Ges. Eigentümer auch
der restlichen, von ihm verpfändeten ²/₅ des Pfandobjekts

17*

geworben ist. Denn maßgebend[1]) sind die Rechtsverhältnisse
zur Zeit der Pfandbestellung und an den ihr selbst gehörigen
³/₈teln der Liegenschaft konnte der Ehemann der Beklagten
dieser selbst mit ihrer Zustimmung ein Unterpfand auch nicht
für den Fall bestellen, daß er dereinst Eigentümer auch dieser
³/₈tel werden sollte. Es ist also die Sache ganz so anzusehen,
als ob von vorneherein der Beklagten ein Pfandrecht ausdrücklich nur an ³/₈teln der betr. Liegenschaft bestellt worden
sein würde (Pfandges. Art. 9).

Hieraus folgt nun aber nur, daß die Beklagte zu ihrer
Befriedigung das Pfandobjekt und den Gesamterlös aus demselben nur zu einer ³/₈tel Quote (s. Pfandges. Art. 90) in
Anspruch nehmen kann, nicht aber, daß sie zu ihrer Befriedigung nur ³/₈tel des — nach Befriedigung der auf dem
Ganzen unbeschränkt versichert gewesenen Vorpfandgläubiger
verbliebenen — Resterlöses beanspruchen könne. Es
kommt in Betracht, daß das Pfandrecht auf dem unabgeteilten (ideellen) Teil an einer Sache nicht minder den ganzen
Körper der Sache ergreift, als das diesem ideellen Teil entsprechende Miteigentum des Verpfänders an der ganzen Sache
haftet[2]). Dem mit ideeller Quote beteiligten Pfandgläubiger
ist daher die Sache insoweit als Ganzes verpfändet, daher die auf einem ideellen Teile der Sache sichergestellte Schuld
— im Sinne des Art. 102 des Pfandges.[3]) zu den auf (dem
ganzen Körper) der Sache überhaupt ruhenden Pfandschulden
zu zählen ist. Demgemäß hat der mit ideeller Quote betei-
ligte Nachpfandgläubiger von dem ihm an sich zustehenden,
seiner Quote entsprechenden Teil des Gesamterlöses (vorliegend ³/₈teln) einerseits an die Vorpfandgläubiger gemäß Art.

---

1) s. Art. 5. Art. 6 Abs. 2 des württ. Pfandges.
2) s. Römer, württ. Unterpf.R. § 116 Note 13 Abs. 2; Windscheid, Pand. § 229a bei Note 9; Dernburg, Pfandbr. 1 S. 430.
3) Abs. 1: „Uebersteigt der Erlös von einem verpfändeten Gute
die Summe der darauf versicherten Schulden, so
wird bei einem Konkurse der Ueberschuß für die gemeine Masse
ausgeschieden".

96 des Pfandgef. soviel abzugeben, als diese zu ihrer Voll=
befriedigung noch bedürfen, um was also der dem Nachpfand=
gläubiger nicht zustehende Teil des Gesamterlöses (hier $^2/_6$tel)
zu ihrer Befriedigung nicht ausreicht, und andrerseits an den
Verpfänder bzw. dessen Konkursmasse nur das auszufolgen,
was ihm (dem Nachpfandgläubiger) h i e n a ch und n a ch
seiner eigenen Befriedigung von dem ihm zustehenden Anteil
am Gesamterlös (von jenen $^3/_6$teln) übrig bleibt. Nur diese
Art der Verteilung des Gesamterlöses entspricht dem Art.
102 des Pfandgesetzes, dessen Abf. 1 den Erlös von einem
verpfändeten Gute ganz allgemein nur insoweit der gemeinen
Masse überweist, als derselbe d i e S u m m e d e r a u f d e m
G u t e v e r ſ i ch e r t e n S ch u l d e n überſteigt, ohne zwiſchen
voll b. h. auf dem ganzen Gute oder nur auf einer ideellen
Quote verſicherten Schulden zu unterſcheiden, deren Sicher=
ſtellung auf dem Gut im einen wie im andern Fall, wie ge=
zeigt, auf den ganzen Körper des Gutes ſich erſtreckt.

Wollte man hiegegen einwenden, der auf einer Quote
verſicherte Nachpfandgläubiger könne doch unmöglich, wie
vorliegend der Fall wäre, dasſelbe erhalten, wie wenn er
auf der Sache ohne Beſchränkung auf eine Quote derſelben
verſichert wäre, ſo würde man überſehen, daß der unbeſchränkt
nachverſicherte Pfandgläubiger den nach Befriedigung der
Vorpfandgläubiger verbleibenden reſtlichen Erlös, inſoweit es
ſeine Befriedigung erfordert, ganz erhält, während zum glei=
chen Zweck der nur auf einer Quote verſicherte Nachpfand=
gläubiger von jenem reſtlichen Erlös überall nur einen ſeiner
Quote am G e ſ a m t erlös entſprechenden Betrag, welcher
nach Umſtänden hinter dem Betrag des Reſterlöſes zurück=
bleiben kann, zu beanſpruchen hat.

Unſtichhaltig wäre auch der Einwand, Art. 98 des Pfand=
geſetzes könne doch nicht auf jeden Nachpfandgläubiger, gleich=
viel ob dieſer auf einem reellen oder ideellen Teile einer
Sache ſichergeſtellt ſei, Anwendung finden — m. a. W. der
Vorpfandgläubiger ſei doch einem quotativen Nachpfandgläu=
biger nicht ohne Weiteres dieſelbe Rückſicht ſchuldig, welche

ihm das Geſetz (Art. 98) nur einem auf einem realen Teil
der Sache verſicherten Nachpfandgläubiger gegenüber auferlege, ſo iſt daran zu erinnern, daß Art. 98 l. c. lediglich
das freie, übrigens ſchon gemeinrechtlich beſtrittene [1]) Auswahl-
recht des Vorpfandgläubigers bezüglich der ihm verpfändeten
Objekte, aus denen er Befriedigung verlangen will, ein-
ſchränkt, während ein ſolches Wahlrecht dem auf demſelben
ganzen Körper des Pfandobjekts haftenden quotativ nach-
verſicherten Pfandgläubiger gegenüber gar nicht in Frage
kommen kann. Sollte aber je das württ. Pfandgeſetz durch
die Zulaſſung der Verpfändung ideeller Teile dieſen Teilen
inſoweit einen ſelbſtändigen rechtlichen Charakter beigelegt und ſie inſoweit, wie reale Teile, zu ſelbſtändigen Ver-
mögensobjekten gemacht haben, ſo läge auch „kein Grund vor,
weshalb dieſe durch Teilung gebildeten Rechtsobjekte anders
als reale Teile in Betreff der Pfandhaftung beurteilt werden ſollten" (zu vgl. Entſch. des R.G. Bd. 20 S. 272),
wonach die vorliegend zum gleichen Reſultate führenden Art.
98 und 99 des Pfandgeſ. ſinngemäße Anwendung zu finden
hätten.

Nach dem Ausgeführten hat alſo die Klägerin auf Grund
der (angefochtenen) Pfandbeſtellung an ſich den vollen, ihre
Pfandforderung nicht überſteigenden Reſterlös von 1000 M.
anzuſprechen und es iſt die Klage für den Fall, daß die Anfechtung durchbringt, voll begründet, wenn gleich jene Pfandbeſtellung an ſich nur auf ³/₃tel der verpfändeten Sache gültig
erfolgt iſt. —

2) Mit Recht iſt die Pfandbeſtellung ſchon nach § 23
Nr. 1 der Konk.-O. angefochten. (Es wird des Näheren ausgeführt, daß der Thatbeſtand des § 23 Nr. 1 vorliegend zutreffe.)

Mit Unrecht hat der Unterrichter unter Berufung auf

---

1) J. Wächter, Pfandr. (Tübingen bei Eibert) § 88 Ziff. 2;
Dernburg, Pfandr. II § 435/87; Vangerow, Pand. § 389
Anm. 2 lit. a letzt. Abſ.; Windſcheid, Pand. § 241 Nr. 1.

die Entsch. des R.G. Bd. 31 S. 123/24 die Anfechtung auf
Grund des § 23 Nr. 1 durch § 25 Nr. 2 der Konk.-O. für
ausgeschlossen erklärt. Das Reichsgericht hat a. a. O. lebiglich ausgesprochen und entschieden, daß § 24 Nr. 2 der Konk.-
O. für die Anfechtung der Rückgewähr rc. von Frauengut
der in Rede stehenden Art durch § 25 Nr. 2 ausgeschlossen
sei bzw. daß die b e i d e n s p e z i e l l e n Anfechtungsgründe
des § 24 Nr. 2 und des § 25 Nr. 2 für d e r l e i Rechts-
handlungen nicht neben einander elektiv Platz greifen können.
Damit ist aber nicht gesagt und es ist dies dem Gesetze
(§§ 22 – 25 Konk.-O.) auch nicht zu entnehmen, daß auch die
allgemeinen Anfechtungsgründe des § 23 und des § 24 Nr. 1
in solchen Fällen nicht Platz greifen können; hinsichtlich des
§ 24 Nr. 1 ist vielmehr ausdrücklich das Gegenteil ausgesprochen[1]. Auch die Motive des Gesetzes sprechen nicht für,
sondern — richtig verstanden — gegen die Ansicht des Unterrichters. Nach ihnen soll die Sicherstellung rc. des Frauen-
vermögens dann, wenn sie ohne Rechtsnotwendigkeit b. h.
freiwillig — ohne gesetzliche Verpflichtung hiezu — geschieht,
einer unentgeltlichen Verfügung im Sinne des § 25 Konk.-O.
gleich behandelt und damit der erleichterten Anfechtung des
§ 25 unterworfen werden. Es wird dies noch besonders
damit begründet, daß die Ehefrau zwar im Falle einer Sicherstellung oder Rückgewähr ihres v o r b e h a l t e n e n Vermögens,
mit welchem sie dem Ehemanne vorkommenden Falls, wie
jeder dritte Kreditgeber, als Gläubigerin gegenübersteht, nur,
wie jeder Dritte, einer Anfechtung aus § 23 N. 2, § 24 Nr. 1
und Nr. 2 der Konk.-O. ausgesetzt sei, daß dies aber anders
sei, (und daß die Anfechtung den Gläubigern dann e r l e i ch-
t e r t werden müsse), wenn der Mann gemäß seinem gesetzlichen Verwaltungsrecht über das (b e i g e b r a ch t e) Vermögen
der Frau verfügt habe. Hier sollen die Gläubiger darauf
rechnen können, daß er dieses Vermögen, mit dem er sich
Kredit verschafft habe, nicht plötzlich (bzw. nicht in den letzten

_____

1) eod. S. 123 u.

2 Jahren vor Konkurseröffnung) restituiere oder sicherstelle.
„Die H ä r t e n , welche die Vorschrift zu Anfang für die
Ehefrauen mit sich bringen könnte, müssen durch das Einf.-
Gesetz vermieden werden." Mot. a. a. O. S. 1424 Sp. r.
und S. 1443 Sp. l. —

Hienach hat es sich keinen Augenblick darum gehandelt,
die Anfechtung der Sicherstellung rc. von Frauenvermögen
zu erschweren oder den allgemeinen Anfechtungsgründen gar
ganz zu entrücken, sondern nur darum, für den Fall der Rück=
gewähr oder Sicherung o h n e R e c h t s n o t w e n d i g k e i t ,
welche der unentgeltlichen Aufgabe von Rechten gleichgestellt
werden wollte (Mot. l. c.), die Anfechtung mehr zu erleichtern,
als dies nach den Vorschriften der §§ 23 und 24 der Fall
gewesen wäre. Für die a u f R e c h t s n o t w e n d i g k e i t
beruhende Rückgewähr und Sicherstellung war eine besondere
Bestimmung nicht gewollt und wurde eine solche nicht getroffen;
es ist in § 25 Nr. 2 nur erklärt, daß s i e einer unentgeltlichen Verfügung nicht gleichzustellen und nicht gleichgestellt
sei. Der auch in der reichsg. Entscheidung citierte Satz der
Motive „Mit rechtlicher Notwendigkeit, a l s o — abgesehen
von betrüglichen Kollusionen (Konk.-O. § 24 Nr. 1) — u n -
a n f e c h t b a r erfolgt die Sicherstellung rc." rc. läßt freilich,
da nur § 24 Nr. 1, nicht auch § 23 citiert ist, die Auffassung
zu, als ob eine Anfechtung aus § 23 ausgeschlossen wäre.
Das Gegenteil ergiebt sich aber schon aus der obigen Aus=
führung der Motive und daraus, daß dieselben ausdrücklich
den § 23 Nr. 1 für den „allgemeinsten Anfechtungsgrund"
(S. 1415 r.) erklären, und nicht abzusehen ist, warum zwar
der allgemeine Anfechtungsgrund des § 24 Nr. 1 (S. 1421 r.)
und nicht auch der — innerhalb Konkurses — nicht minder
allgemeine Anfechtungsgrund des § 23 durch die Bestimmungen
des § 25 Konk.-O. an sich unberührt bleiben sollte. Das
Gegenteil würde geradezu zu einem Privilegium der Frau
dahin führen, daß zwar jeder andere Gläubiger, der noch
in der kritischen Zeit des § 23 Nr. 1 Sicherstellung für eine
Forderung nach gesetzlicher Vorschrift erhält, das Erhaltene

im Fall nachherigen Konkursausbruchs reſtituieren müßte,
nicht aber auch die Frau, wenn ihr in dieſer Zeit ihre Bei=
bringensforderung geſetzlicher Vorſchriſt zur Folge ſichergeſ
ſtellt wurde. Mit der vom Geſetzgeber grundſätzlich gewoll=
ten Beſeitigung aller und jeder Vorzugsrechte der Frau im
Konkurſe des Mannes (zu vgl. Konk.=O. § 54 Nr. 5; Einſ.
Geſ. § 13 und Motive hiezu) wäre eine derartige Ausſchei=
bung bzw. ein derartiges Privilegium unvereinbar. —
Urteil des 2. Civilſenats in Sachen Großmann c. Groß=
mann vom 29. Juli 1899.

95.

Zur Auslegung des Art. 240 des Pfandgeſetzes.

Am 25. September 1895 hat Kläger den Teilhabern der
(nicht kaufmänniſchen) Firma G. und U. Wertpapiere im No=
minalbetrag von 7800 M. mit der Ermächtigung übergeben,
ſie dem Beklagten als Fauſtpfand für Forderungen desſelben
an G. und U. zu geben. Dieſe Fauſtpfandbeſtellung iſt am
26. September 1895 erfolgt. Kläger hat aber behauptet, ſie
ſei ungiltig und hat gegen den Beklagten Klage auf Heraus=
gabe des Erlöſes aus dieſen vom Beklagten nach Ausbruch
des Konkurſes über G. und U. verkauften Papieren erhoben.
In Betreff dieſer Fauſtpfandbeſtellung und ihrer Vorge=
ſchichte ſteht Folgendes feſt. Am 1. April 1892 ſchrieben
G. und U. an den Beklagten „Im Beſitze Ihres Schreibens
von heute haben wir aus bemſelben erſehen, daß Sie bereit
ſind, uns auf Grund der Verfauſtpfändung unſerer gemein=
ſchaftlichen Zielerforderung im Betrage von 9500 M. — bei
J. F. — einen Kontokorrentkredit in der Höhe von 7000 M.
zu gewähren. Für dieſen Kredit erklären wir uns kraft
unſerer nachſtehenden Unterſchrift als Selbſtſchuldner und
Selbſtzähler ſolidariſch haftbar ꝛc.". Mit Schreiben vom
8. März 1895 „beſtätigten" G. und U., daß die dem Be=
klagten früher übergebenen 2000 Dollar Atlantic Pacific Cer-

tifikate dem Beklagten als Faustpfand für den ihnen laut
Vertrag vom 1. April 1892 bewilligten Kontokorrentkredit
haften. Am 14. März 1895 schrieb Beklagter an G. und U.
„Bezugnehmend auf mein ergebenes Gestriges beehre ich mich,
Ihnen mitzuteilen, daß sich die in meinem Schreiben vom
1. April 1892 festgestellte Vereinbarung bezüglich eines Konto-
korrentskredits dahin nunmehr abgeändert hat, daß Sie auf
Grund der mir verfaustpfändeten Dollar 2000 Atlantic-Pa-
cific Cortifikate, M. 3000 Tivoli-Brauerei Prior-Aktien,
M. 5000 4% Obligationen der Stuttgarter Brauereigesellschaft nunmehr über einen Gesammtkredit von 11000 M. verfügen können rc." G. und U. erwiderten hierauf im März
1895: „Im Besitze Ihres Schreibens vom 14. b. M. sind
wir mit den uns damit kundgegebenen Bedingungen bezüglich der Erhöhung unseres Konto-Korrent-Kredits einverstanden". Nunmehr folgt die in Frage stehende Urkunde
vom 26. September 1895, welche lautet: „Hrn. H. G. hier.
Stuttgart 26. Sept. 95. Zur Einreihung in unser Faustpfand-Depot übergeben wir Ihnen beifolgend" — folgt die
Aufzählung der Eingangs erwähnten Papiere des Klägers —
„und ermächtigen Sie ausdrücklich, die von uns in Händen
habenden Effekten bei Ihrer Frankfurter oder Berliner Verbindung weiter zu deponieren. Dagegen bestätigen wir aus
unserem Depot M. 3000 Tivoli-Brauerei-Prioritäts-Aktien,
M. 5000 Stuttgarter Brauerei Ges. Obligationen empfangen
zu haben. — G. u. U. C. G." — Am gleichen Tag schrieb
Beklagter an G. und U.: „Ich empfing heute von Ihnen"
(folgt eine mit dem Schreiben von G. und U. gleichlautende
Aufzählung) „welche ich Ihrem Sicherheitsdepot einreihe.
Dagegen gebe ich aus ihrem Depot zurück" — die von
G. und U. in ihrem Schreiben erwähnten Wertpapiere im
Nominalbetrag von 8000 M.

Kläger hat an der Urkunde vom 26. September 1895
bemängelt, daß sie nicht die Unterschrift des Gläubigers trage
und die Bezeichnung der zu sichernden Forderung nicht enthalte, während Beklagter jene Unterschrift für entbehrlich

erachtete und die Ansicht vertrat, daß die in Rede stehende
Urkunde — insbesondere im Hinblick auf das seit 1892 zwischen
ihm und G. und U. bestehende Kontokorrentverhältnis — die zu
sichernde Forderung durch Bezugnahme auf das bestehende
Schuldverhältnis genügend bezeichne. Im Berufungsverfahren
ist die Klage abgewiesen worden. Aus den

Gründen:

Es fragt sich, ob Beklagter am 26. September 1895
ein nach den Vorschriften des Pfandgesetzes vom 15. April
1825 gültiges Faustpfandrecht erworben hat.

In dieser Beziehung ist außer Streit, daß die fraglichen
Wertpapiere dem Beklagten übergeben worden sind und zugleich eine schriftliche Urkunde über die Faustpfandbestellung
ausgestellt worden ist. Daß diese Urkunde nicht neben der
Unterschrift des E. G. (als Vertreters der Gesellschaft G. und U.)
auch die des Pfandgläubigers, des Beklagten, trägt, ist unerheblich, wie das Oberlandesgericht schon früher ausgesprochen hat[1]). In der Urkunde ist der verpfändete Gegenstand bezeichnet. Dagegen streiten die Parteien darüber, ob
darin auch die in Art. 246 P.G. weiter vorgeschriebene „Bezeichnung der Forderung" zu finden ist.

Zunächst ist nun zu diesem Punkt hervorzuheben, daß
die Angabe des Betrags der zu sichernden Forderung
nicht notwendig ist: das ergiebt klar der Unterschied der
Fassung des Art. 246 P.G. von der des Art. 11 P.G. („die
Forderung, für welche durch Unterpfand Sicherheit geleistet wird, muß der Summe nach bestimmt sein —"
vgl. auch § 1113 im Gegensatz zu § 1204 B.G.B.); es kann
deshalb ein Faustpfand bestellt werden auch für „unbestimmte
Forderungen, deren Höhe erst von künftigen Ereignissen bezw.
vom jeweiligen Stande des beiderseitigen Soll und Haben
abhängt[2])." Rücksicht auf etwaige Nach-Faustpfandgläubiger

---

1) vergl. W.J.B. Bd. 4 S. 51 nr. 16.
2) Lang, Würt. Sachenrecht Bd. 2 § 197 II, 3; vgl. auch Bollen,
Kommentar zum Pfandgesetz Bd. 2 § 316 Ziff. II S. 618; § 494
S. 1052—53.

nimmt also das Gesetz nicht, es verlangt nicht, daß von vornherein feststeht, für welchen Geldbetrag das Faustpfand haftet.
Weiter liegt kein Grund vor, den Art. 246 P.G. dahin auszulegen, daß die Forderung in der Faustpfandurkunde
so genau bezeichnet sein muß, daß aus der Urkunde allein,
ohne jede Zuhilfenahme eines außer ihr liegenden Auslegungs-
mittels, mit voller Sicherheit ersehen werden kann, um welche
Forderung es sich handelt: auch in Beziehung auf Art. 1
des Liegenschaftsgesetzes vom 23. Juni 1853, der „die b e-
st i m m t e Bezeichnung der Vertragsgegenstände in der schriftlichen Vertragsurkunde verlangt, ist anerkannt, daß es genügt,
wenn die Urkunde so gefaßt ist, daß „an der Hand derselben"
die Vertragsgegenstände erkannt werden können, das Gleiche
muß um so mehr für die Faustpfandurkunde gelten, als das
Pfandgesetz nicht wie das Liegenschaftsgesetz von einer „bestimmten" Bezeichnung der Forderung spricht. Wie in einer
Liegenschaftskaufsurkunde der Hinweis auf den Beschrieb des
Kaufgegenstands im Güterbuch genügt, so muß bei einer
Faustpfandurkunde der Hinweis auf eine andere Urkunde
genügen in der die zu sichernde Forderung deutlich angegeben ist.
      In der Urkunde vom 26. September 1895 erklären nun
G. und H., sie übergeben die Wertpapiere dem Beklagten
zur Einreihung in ihr Faustpfand-Depot, wogegen sie aus
ihrem Depot Wertpapiere in annähernd gleichem Nominalbetrag zurückempfangen haben. Eine unbefangene Auslegung
läßt dies nicht anders verstehen als dahin: an Stelle der
bisher verfaustpfändeten, vom Beklagten zurückgegebenen Wertpapiere übergeben ihm G. und H. die in Rede stehenden
Wertpapiere als Faustpfand für eben dieselbe Forderung,
die durch ihr bisheriges Faustpfand-Depot gesichert gewesen
sei. Erwägt man, daß es sich um die Forderung eines Bankiers
an Geschäftsleute handelt, die — wie der Inhalt der Faustpfandurkunde selbst ergiebt — mit ihm in Geschäftsverbindung
standen, so läßt sich schon aus der Urkunde selbst entnehmen,
daß es sich um die durch diese Geschäftsverbindung für den

Beklagten begründete Forderung handelte, wobei der nächstliegende Gedanke der ist, daß dies die jeweilige Saldo-For-
derung des Beklagten aus einem bestehenden Kreditvertrag
(Kontokorrentverhältnis) war.

Diese aus der Urkunde selbst zu entnehmende, mindestens
aber durch sie nahe gelegte Auffassung wird nun aber durchaus bestätigt und zur vollen Gewißheit erhoben durch die
weiteren, das Faustpfanddepot von G. und U. betreffenden
Urkunden, auf die die Urkunde selbst durch ihre Erwähnung
des bestehenden Faustpfanddepots („zur Einreihung in unser
Faustpfanddepot") deutlich hinweist. Aus den im Thalbestand angeführten Urkunden vom 1. April 1892 und März
1895 ergiebt sich, daß Beklagter der Firma G. und U. einen
laufenden Kredit (Kontokorrentkredit) in Höhe von Anfangs
9500 M., später 11000 M. eröffnet hat gegen Verpfändung
von Wertpapieren Seitens der Kreditnehmer; dabei ist außer
Zweifel, daß das Pfand für alle Forderungen aus dem Kontokorrentverhältnis, für den jeweiligen zu Gunsten des Beklagten bestehenden Saldo bestellt werden wollte, und die
Zulässigkeit und Möglichkeit einer solchen (Kredit-) Pfandbestellung unterliegt keinem Bedenken, insbesondere auch nach
württ. Recht nicht[1]). Zur Sicherung dieser Saldoforderung
wurden nun am 26. September 1895 an Stelle der damals
dem G. und U. vom Beklagten ausgefolgten Wertpapiere
die in der Urkunde vom genannten Tag aufgeführten Wertpapiere dem Beklagten zu Faustpfand gegeben. Es muß
nach all dem in dieser Urkunde eine genügende Bezeichnung
der zu sichernden Forderung gefunden werden, weil aus der
Urkunde oder mindestens an der Hand der Urkunde — aus
Urkunden, auf die sie hindeutet — sich mit voller Sicherheit
ergiebt, welche Forderung durch die Faustpfandbestellung gesichert werden sollte.

Ist aber am 26. September 1895 in betreff der fraglichen Wertpapiere eine giltige Faustpfandbestellung erfolgt,
so kann Beklagter durch Berufung hierauf den Anspruch des

---

1) vgl. Lang, a. a. O.

Klägers zurückweisen, der sich auf das Eigentum an diesen
Wertpapieren stützt: so wenig angesichts dieses Faustpfand-
rechts Kläger die verpfändeten Papiere selbst vom Beklagten
herausverlangen könnte, so wenig kann er den aus deren Verkauf erzielten Erlös beanspruchen.

Urteil des I. Civilsenats vom 15. November 1898 in
Sachen Gutmann gegen Stengelin.

36.

**Zum Begriff der höheren Gewalt in Anwendung auf
einen beim Betrieb einer elektrischen Straßenbahn
vorgekommenen Unfall.**

Der Kläger B. hat am 16. Dezember 1897 Abends ³/₄8
einen Unfall dadurch erlitten, daß auf der Kreuzung der
Schloß- und Seidenstraße zu Stuttgart eine Droschke, auf
deren Bock er, neben dem Kutscher J. sitzend, fuhr, mit einem
Motorwagen der von der Beklagten betriebenen elektrischen
Straßenbahn zusammenstieß. An der bezeichneten Stelle überschreitet die Straßenbahnlinie Eugenstraße — Seidenstraße
— Traubenstraße mit ziemlich bedeutendem Gefälle die Schloßstraße. Während nun der Motorwagen Nr. 106 in der Richtung von der Gartenstraße herkommend über die Schloßstraße fuhr, wollte J. mit der von ihm geleiteten Droschke,
die von der äußeren Schloßstraße herkam, vor dem Straßenbahnwagen noch über das Geleise fahren. Hiebei wurde jedoch die Droschke am rechten hinteren Rad von dem Vorder-
teil des Straßenbahnwagens erfaßt und zur Seite geschleudert,
wodurch Kläger vom Bock fiel und eine Verletzung des rechten
Schultergelenks erlitt. Der gegen die auf Grund des § 1
des Haftpflichtgesetzes erhobene Klage vorgeschützte Einwand,
daß der Unfall durch höhere Gewalt herbeigeführt worden
sei, ist verworfen worden, vom Berufungsgericht aus folgenden
Gründen:

Die Beklagte haftet als Unternehmerin der Straßenbahn,

bei deren Betrieb der Kläger unstreitig Verletzungen erlitten
hat, auf Grund des § 1 des Haftpflichtgesetzes, sofern sie
nicht beweist, daß der Unfall durch höhere Gewalt oder durch
eigenes Verschulden des Klägers verursacht ist.

Wie schon der erste Richter zutreffend angenommen hat,
kann zwar höhere Gewalt auch dann vorliegen, wenn
Handlungen dritter Personen störend in den Betrieb eingegriffen haben, jedoch nur unter der, mit der herrschenden
Ansicht aus dem Begriff der „höheren Gewalt" abzuleitenden Voraussetzung, daß die störende Handlung von dem Be-
triebsunternehmer oder seinen Angestellten ungeachtet aller
irgend möglichen und durch die Umstände gebotenen Vorsicht
weder abzuwenden, noch abzuwehren, noch in ihren schädlichen
Folgen vermeidlich war[1]).

Diese Voraussetzung ist keineswegs, wie die Beklagte
anzunehmen scheint, dann ohne weiteres gegeben, wenn eine
schuldhafte Handlung eines Dritten in Frage steht. Denn
auch eine durch fremdes Verschulden herbeigeführte Gefahr
ist nicht stets unabwendbar, sondern läßt sich möglicherweise
durch geeignete Maßregeln noch vermeiden oder beseitigen.
Selbst wenn also bei einem Betriebsunfall das schuldhafte
Eingreifen einer dritten Person feststeht, ist der Betriebsunter-
nehmer nur dann von der Haftung befreit, wenn er nachweist, daß er jenes Eingreifen oder dessen schädigende Folgen
trotz aller Vorsorge nicht zu verhüten vermocht habe.

Im vorliegenden Falle nun ist nach dem Ergebnisse der
Beweisaufnahme nicht zu bezweifeln, daß es den Angestellten
der Beklagten, insbesondere dem Wagenführer M., möglich
gewesen wäre, den Zusammenstoß mit der von Z. geleiteten
Droschke zu vermeiden. Wie von M. selbst bezeugt ist, hat
er diese Droschke auf eine Entfernung von etwa 30 Schritten
gegen das Geleise herfahren sehen. Die Fuhrwerke mußten,
wenn sie beide ihre Fahrt mit gleicher Schnelligkeit fortsetzten,

1) Vgl. Entschdg. d. R.O.H.G.'s Bd. 2 S. 259 f., Bd. 8 S. 27 f.
S. 159 f. Entsch. d. R.G.'s Bd. 1 S. 276 f. Bd. 14 S. 82, Bd. 10
S. 97 f. Bd. 21 S. 13 f. Jurist. Wochenschrift v. 1898 S. 295.

auf dem Geleise zusammentreffen; dagegen war eine Gefahr
dadurch zu vermeiden, daß einer der beiden Wagenführer
anhielt, um den andern vorüberfahren zu lassen, oder daß
er es doch durch langsames vorsichtiges Fahren und durch
beständiges Achtgeben auf die Bewegung des andern ermög=
lichte, ohne Zusammenstoß vorüberzukommen.

Die Beklagte macht nun in erster Linie geltend, ihr
Wagenführer M. habe annehmen müssen und dürfen, daß
Z. anhalte oder ausweiche, weil dieser fahrlässig und einem
ausdrücklichen polizeilichen Verbote zuwider gehandelt habe,
indem er noch vor dem Straßenbahnwagen über das Geleise
zu fahren versuchte; auch bei Anwendung aller Vorsicht habe
daher M. keine Veranlassung gehabt, anzuhalten oder auch
nur langsamer zu fahren.

Hierin kann jedoch der Beklagten nicht Recht gegeben
werden.

Denn bei Anwendung des von der Beklagten und ihren
Angestellten erforderten höchsten Maßes von Vorsicht muß
von diesen beim Fahren durch verkehrsreiche Straßen auch
die Möglichkeit eines ungeeigneten, ja selbst eines fahrlässigen
Verhaltens der Leiter begegnender Fuhrwerke in Rechnung
gezogen und einer hieraus sich ergebenden Gefahr nach Mög=
lichkeit vorgebeugt werden. Das polizeiliche Verbot sodann,
auf das die Beklagte sich beruft, geht nicht etwa allgemein
dahin, daß Fuhrwerke beim Herannahen von Straßenbahn=
wagen zu halten haben und erst nach deren Vorüberfahrt
das Geleise überschreiten dürfen, sondern untersagt nur, „das
Weiterfahren von Straßenbahnwagen mutwillig zu verhin=
dern, z. B. — mit einem Fuhrwerk rasch noch über das Ge=
leise fahren zu wollen, so daß der Straßenbahnwagen, wenn
auch kurz, aufgehalten wird".

Daß nun im vorliegenden Fall das Verhalten des Kut=
schers Z. ein mutwilliges gewesen sei, ist von der Be=
klagten nicht behauptet. Im übrigen aber ist es dem Leiter
eines Fuhrwerks unbenommen, beim Herannahen eines Stra=
ßenbahnwagens noch über das Geleise zu fahren, sofern ihm

dies, ohne jenen Wagen aufzuhalten, möglich ist. Eine feste, jedes eigene Ermessen ausschließende Regel über das Verhalten der Fuhrleute bei Begegnungen mit Straßenbahnwagen ist sonach nicht aufgestellt, und die Führer der letzteren sind daher nicht der Verpflichtung enthoben, selbst auch die größte Vorsicht anzuwenden, um namentlich bei Straßenkreuzungen Zusammenstöße zu vermeiden. Im vorliegenden Falle kommt hinzu, daß die Stelle des Unfalls von einem Angestellten der Beklagten selbst, dem als Zeugen vernommenen Schaffner K., wegen des starken Verkehrs von Fuhrwerken als eine g e f ä h r l i c h e bezeichnet worden ist. Wenn an dieser Stelle trotzdem und ungeachtet der auf das Bahngeleise zufahrenden Droschke des Z., wie gleichfalls von K. bezeugt und von dem Wagenführer M. selbst bestätigt worden ist, nicht langsamer als gewöhnlich gefahren wurde, so ist seitens der Angestellten der Beklagten n i c h t die durch die Umstände gebotene äußerste Vorsicht beachtet worden. Denn wenn auch nicht verlangt werden kann, daß ein Straßenbahnwagen bei Begegnung mit einem Fuhrwerk anhalte und letzteres vorüberfahren lasse, so muß doch in solchen Fällen, um die Gefahr eines Zusammenstoßes zu vermindern, die Geschwindigkeit der Bewegung, wie schon früher ausgeführt wurde, soweit verringert werden, daß es möglich ist, nötigenfalls den Wagen augenblicklich zum Stillstand zu bringen, was bei einem in voller Fahrt begriffenen Wagen, zumal auf einer abschüssigen Strecke und wenn, wie an dem fraglichen Abende, die Schienen feucht sind, naturgemäß nicht zu ermöglichen ist. Hienach ist mindestens von der Beklagten nicht widerlegt, daß der Unfall durch Anwendung größerer Vorsicht hätte verhütet werden können.

Die Außerachtlassung der erwähnten Vorsichtsmaßregeln könnte allerdings der Beklagten dann nicht zur Last gelegt werden, wenn deren Anwendung, wie die Beklagte weiterhin geltend macht, die Aufrechterhaltung eines ordnungsmäßigen Bahnbetriebs ausschließen würde[1]).

1) vgl. R.G.E. Bd. 21. No. 4 S. 17.

Daß dies jedoch der Fall wäre, ist von der Beklagten gleichfalls nicht überzeugend dargethan. Ein langsames Fahren der Straßenbahnwagen ist schon aus technischen Gründen an vielen Stellen — z. B. bei allen Weichen, Geleiskreuzungen und scharfen Biegungen — geboten; es ist daher nicht abzusehen, weshalb ein solches nicht auch an besonders gefährlichen Stellen, wie bei Kreuzungen verkehrsreicher Straßen, thunlich sein sollte. Im Gegenteil ist davon auszugehen, daß gerade bei einer Straßenbahn, die keinen eigenen abgeschlossenen Bahnkörper hat, deren Wagen vielmehr sich inmitten des allgemeinen Straßenverkehrs bewegen, der Betrieb darauf besonders einzurichten ist, daß die durch mechanische Triebkraft in verhältnismäßig rasche Bewegung gesetzten schweren Motorwagen den übrigen Verkehr möglichst wenig gefährden. Es ist deshalb ein Gebot der Vorsicht, bei Anordnung des Fahrplanes darauf Rücksicht zu nehmen, daß auch bei zeitweise langsamerem Fahren ein geordneter Betrieb noch aufrecht erhalten werden kann, und wenn die Beklagte es etwa unterlassen hat, in dieser Hinsicht Vorsorge zu treffen, so kann sie sich hierauf nicht zu ihrer Entlastung berufen.

War hienach aber die Anwendung größerer Vorsicht seitens der Beklagten und ihrer Angestellten, durch die der Unfall hätte vermieden werden können, durch die Gefährlichkeit des Straßenbahnbetriebs geboten und mit dem berechtigten Interesse dieses Betriebs nicht unvereinbar, so kann der den Unfall bedingende Zusammenstoß nicht als unabwendbar angesehen werden und daher nicht als höhere Gewalt in Betracht kommen.

Urteil des I. Civilsenats vom 5. Mai 1899 in Sachen Aktiengesellschaft Stuttgarter Straßenbahnen gegen Blind. Die Revision gegen dieses Urteil ist zurückgewiesen worden.

37.

Zu § 3 Ziff. 1 des Haftpflichtgesetzes.

Die Klägerin, K. Schw., hat am 12. September 1896
ein uneheliches Kind, den jetzigen Mitkläger G. L. Schw.,
geboren. Der natürliche Vater dieses Kindes ist, wie nicht
bestritten ist, der Eisenbahnarbeiter L. W., welcher am 5. Juni
1896 in der Nähe des Bahnhofs Göppingen beim Ueberschreiten eines Bahngeleises von einer Lokomotive überfahren
und getötet worden ist.

Die Kläger haben nun gemäß §§ 1 und 3 des Haftpflichtgesetzes gegen die Beklagte als Unternehmerin des Eisen-
bahnbetriebs, in welchem W. seinen Tod gefunden hat, Scha-
denersatzansprüche erhoben und am 22. Februar 1898 ein
Urteil des Prozeßgerichts erwirkt, wodurch die Beklagte verurteilt wurde, der Klägerin K. Schw. die von ihr bei Geburt ihres Kindes aufgewendeten Tauf= und Entbindungs=
kosten mit 50 M. und die von ihr in der Zeit von der Geburt des Kindes bis zur Erhebung der Klage aufgewendeten
Kosten der Ernährung des Kindes zu ersetzen und weiterhin dem Kinde selbst bis zur Zurücklegung seines 14ten Lebens-
jahrs bezw. bis dasselbe sich selbst ernähren kann, jährlich
die Summe von 120 M. zu bezahlen. Im Berufungsverfahren ist der Anspruch auf Ersatz der Tauf= und Entbindungskosten abgewiesen, im Uebrigen dem Klagantrag entsprochen worden. Aus den

G r ü n d e n :

Die Berufung der Beklagten auf § 95 des Unfallver-
sicherungsgesetzes geht fehl, wie dies schon der Vorrichter in
zutreffender, auch in dieser Instanz nicht widerlegten Ausführung nachgewiesen hat. Die Kläger sind, wie ja die Beklagte selbst mit Recht annimmt, im Sinne des Unfallver-
sicherungsgesetzes nicht als „Hinterbliebene" des getöteten
L. W. anzusehen; sie sind daher auch der Wohlthat des Un-
fallversicherungsgesetzes nicht teilhaftig. Soweit aber ein durch
dieses Gesetz begründeter Entschädigungsanspruch überhaupt

nicht beſteht, kann auch der cit. § 95 keine Anwendung finden, und bleiben anderweite, insbeſondere haftpflichtrechtliche Ent-ſchädigungsanſprüche völlig unberührt. Dieſer Grundſatz iſt dann auch in der Auslegung und Anwendung des Unfall-verſicherungsgeſetzes wie auch des Haftpflichtgeſetzes anerkannt.

Anlangend ſodann die Legitimation der Kläger zur Gel-tendmachung von haftpflichtrechtlichen Schadenserſatzanſprüchen und die Rechtmäßigkeit der erhobenen Anſprüche, ſo iſt § 3 3. 1 Satz 2 des Haftpflichtgeſ. maßgebend, welcher beſagt: „War der Getötete zur Zeit ſeines Todes vermöge Geſetzes verpflichtet, einem anderen Unterhalt zu gewähren, ſo kann dieſer inſoweit Erſatz fordern, als ihm infolge des Todesfalls der Unterhalt entzogen worden iſt".

a. Der Kläger G. L. Schw. gehört als natürlicher Sohn des Getöteten unzweifelhaft zu denjenigen Perſonen, denen dieſer, falls er noch leben würde, kraft Geſetzes Unterhalt zu gewähren hätte. Die Frage iſt aber, ob er auch ſchon zur Zeit ſeines Todes: am 5. Juni 1896 unterhaltspflichtig geweſen iſt? Zur bezeichneten Zeit war der Kläger, wenn auch ſchon empfangen, doch noch nicht geboren, ſo daß eine gegenwärtige Unterhaltungspflicht des Getöteten zur Zeit ſeines Todes gegenüber dem Kläger jedenfalls nicht beſtand. Gleichwohl iſt die Berechtigung des Klägers nicht zu bean-ſtanden. Der Satz, daß die Exiſtenz des Kindes im Mutter-leibe in Abſicht auf deſſen Rechtserwerb ſchon vom Zeitpunkt ſeiner Erzeugung gerechnet werde, tritt allerdings im Römiſchen Recht zunächſt nur in Abſicht auf Status- und Erbrechte des Kindes hervor. Allein eine Beſchränkung auf Rechte dieſer letzteren Art iſt — abgeſehen davon, daß auch der Unterhaltungsanſpruch des unehelichen Kindes gegenüber ſeinem natürlichen Vater zu den Statusrechten im weiteren Sinn gerechnet werden kann, — aus inneren Gründen nicht angezeigt, wie denn auch l. 26 D de ſtat. hom. 1, 5 beſagt: „qui in utero ſunt, in toto paene jure civili intelligun-tur in rerum natura eſſe". Jedenfalls iſt die Anwendung jenes Rechtsgedankens auch auf ſonſtige, nicht dem Gebiet

des Erb- und Familienrechts angehörige, Privatrechte in der
gemeinschaftlichen Doktrin und Praxis durchgedrungen und
entspricht dem heutigen Rechte [1]).

Demgemäß erscheint auch der Kläger G. L. Schw. als
zur Klage legitimiert und berechtigt, von der Beklagten insoweit Ersatz zu fordern, als ihm durch den Tod W's. der
Unterhalt entzogen worden ist. Daß nun W. nach seinen
Einkommensverhältnissen wohl im Stande war und voraussichtlich auch künftig gewesen wäre, seinem Kinde den üblichen
Alimentationsbeitrag in dem geforderten Betrag von 120 M.
pro Jahr zu gewähren, ist mit Sicherheit anzunehmen.

Nicht begründet sind dagegen die weiteren Ansprüche
der Klägerin K. Schw. auf Ersatz der Tauf- und Entbindungskosten im Betrag von 50 M. Das Württ. Recht gewährt
in Art. 28 des Gesetzes vom 5. September 1839 der Mutter
eines unehelichen Kindes keinen anderen Anspruch gegen den
Erzeuger desselben, als den Anspruch auf Ersatz von Tauf-
und Entbindungs- (event. auch Beerdigungs-)kosten. Diese
Kosten haben aber weder in Absicht auf die Person der
Mutter noch auf diejenige des Kindes die Natur von
Unterhaltungskosten. Der Aufwand für die Taufe
eines Kindes kann nicht zu den Kosten des (nothdürftigen)
Lebensunterhalts gerechnet werden. Ueber die Natur
und den Rechtsgrund der Entbindungskosten ist gemeinrechtlich Streit, nach der herrschenden Lehre wird er als
ein auf Billigkeit gegründeter Legalanspruch, nicht aber als
Alimenten-Anspruch aufgefaßt. Dies ist auch vom Standpunkt des Württ. Rechts anzunehmen. Hätte der Anspruch
auf Ersatz der Entbindungs- (und Tauf-)kosten den Charakter
einer Alimentenforderung, so könnte er nur im Falle eigener
Bedürftigkeit der Mutter Platz greifen, während das
Gesetz den Ersatz dieser Kosten schlechtweg und ohne Rücksicht auf die Bedürftigkeit der Mutter vorschreibt. Da hienach insoweit ein Anspruch auf Gewährung des Unter-

1) vergl. Windscheid, Pand. I § 52, Lang Personenrecht §2,
Mandry civilrechtl. Inhalt § 49 Note 29; B.G.B. § 844 letzter Satz.

h a l t s nicht besteht, so ist die Klägerin auch nicht befugt, gegenüber der Beklagten einen Ersatzanspruch auf Grund des Haftpflichtgesetzes geltend zu machen.

Urteil des 1. Civilsenats vom 12. Juli 1898 in Sachen Staatsfinanzverwaltung gegen Schweizer.

Die Revision gegen dieses Urteil ist zurückgewiesen worden.

38.

Zu § 1 des Gesetzes zur Bekämpfung des unlautern Wettbewerbs.

a.

Das Thatsächliche ergiebt sich aus den

Gründen:

Die Beklagte hat sich, wie unbestritten ist, vielfach in Zeitungsinseraten, Katalogen, Prospekten und sonstigen für einen weiteren Personenkreis bestimmten Bekanntmachungen bei Ankündigung ihrer Firma und ihrer Fabrikate des Beisatzes bedient: „Stammhaus gegründet 1781", „Stammhaus J. D. Sch. gegründet in Erlangen 1781", „Stammfirma gegründet 1781". Sie hat dies, wie sie nicht bestreitet, bis heute, also auch nach dem Inkrafttreten des Gesetzes zur Bekämpfung des unlauteren Wettbewerbs vom 27. Mai 1896 gethan. Mit Recht hat der vorige Richter angenommen, daß die Klägerin nach § 1 des cit. Gesetzes berechtigt ist, die Beklagte auf fernere Unterlassung dieser Bezeichnung in Anspruch zu nehmen.

Ueber Sinn und Bedeutung der fragl. Bezeichnung kann kein Zweifel obwalten. Die Bell. gibt, indem sie das im Jahr 1781 gegründete Sch.'sche Geschäft als ihr „Stammhaus" bezeichnet, sich selbst als einen Z w e i g jenes im Jahr 1781 von J. D. Sch. gegründeten S t a m m hauses zu erkennen: sie behauptet, daß ihr eigenes Geschäft aus jenem im Jahr 1781 gegründeten hervorgegangen, daß sein Ursprung auf jene im Jahr 1781 erfolgte Geschäftsgründung zurückzuführen sei.

Damit hat die Beklagte eine Angabe thatsächlicher Art
„über geschäftliche Verhältnisse", nämlich über das Alter und
den Ursprung ihres Fabrikgeschäfles gemacht, welche n i ch t
der Wahrheit entspricht. (Dies wird näher ausgeführt, so=
dann fahren die Gründe fort.) Erscheint sonach die Angabe
der Beklagten über ihr „Stammhaus" als objektiv unwahr,
so fragt sich noch, ob sie auch geeignet ist, „den Anschein eines
besonders günstigen Angebots hervorzurufen".

Es handelt sich bei der fraglichen Angabe nicht etwa
um eine harmlose, leicht auf ihren wahren Wert zurückfüh=
rende und zu Täuschungen nicht geeignete Anpreisung. Sie
betrifft vielmehr eine bestimmte Thatsache, deren Richtigkeit
vom Publikum nicht kontroliert werden kann, die eben auf
Treu und Glauben hingenommen werden muß. Sie betrifft
ferner ein spezielles Moment, auf welches im Handel und
Wandel erfahrungsgemäß ein erheblicher Wert gelegt wird
und welches geeignet ist, das Urteil des kaufenden Publikums
über die Güte und Preiswürdigkeit der angebotenen Ware
zu beeinflussen. Das Alter einer Firma, ihr Ursprung und
ihr organischer Zusammenhang mit einem altbewährten, seit
mehr als einem Jahrhundert bestehenden und im Vertrauen
seines Kundenkreises festgewurzelten Geschäfte gilt nach den
im Verkehr herrschenden Anschauungen als eine Garantie
der Reellität und Vertrauenswürdigkeit. Die Berufung auf
einen solchen Zusammenhang mit einem altangesehenen Fabrik=
geschäft begründet in den Augen des Publikums die Vermu=
tung, daß die besonderen Eigenschaften und Vorzüge, welche
das Fabrikat dieses Geschäfts auszeichnen und ihm seither
die Anerkennung seiner Kunden erworben haben, auch bei
dem Angebot des Zweiggeschäfts vermöge der auf dieses über=
gegangenen geschäftlichen Erfahrungen und Ueberlieferungen
vorausgesetzt werden dürfen. Unzutreffend ist es und beruht
auf Verkennung der im Erwerbsleben herrschenden Gewohn=
heiten und Anschauungen, wenn die Beklagte geltend macht,
daß die Frage, ob ein Geschäft früher oder später gegründet

worden sei, ohne Einfluß auf die Entschließung der Kauf-
lustigen bei der Auswahl unter den verschiedenen Konkurrenz-
geschäften sei. Der Käufer wird freilich sein Augenmerk in
erster Linie darauf richten, wo er zu gleichem Preis die beste
Ware zu finden hoffen darf; und es ist richtig, daß das
höhere Alter und der längere Bestand eines Geschäfts an
sich noch keine Gewähr dafür bietet, daß sein Angebot den
Vorzug verdiene vor denjenigen der Mitbewerber. Wenn
daher auch der Kenner oder überhaupt derjenige, der in der
Lage ist, sich ein eigenes Urteil zu bilden, bei seiner Entschließung dem höheren Alter einer Firma kaum eine maßgebende Bedeutung beimessen wird, so ist dies doch keineswegs entscheidend, weshalb auch die von der Beklagten beantragte Vernehmung von Sachverständigen aus den Kreisen
der Konkurrenz und der Musikverständigen nicht in Frage
kommen kann. Für die Beurteilung der Frage, ob die unwahre Angabe geeignet ist, das eigene Angebot als ein besonders günstiges erscheinen zu lassen, ist nicht der Standpunkt der Kenner und Fachmänner, sondern das durchschnitt-
liche Urteilsvermögen des konsumierenden Publikums maßgebend [1]).

Steht sonach fest, daß die geübte unwahre Reklame wohl
geeignet ist, der Beklagten ein Uebergewicht über andere Kon-
kurrenzgeschäfte, die von solchen Reklamemitteln keinen Gebrauch machen, zu verschaffen, so kann es nicht weiter darauf
ankommen, ob das Gleiche auch im Verhältnis zu der Klägerin, die sich ja selbst auch als „gegründet im Jahr 1781"
bezeichnet, zutreffe. Ob das Angebot der Beklagten speziell
auch im Verhältnis zu der Klägerin als ein besonders
günstiges dargestellt worden ist, ist für die Anwendung des
cit. § 1 ohne Bedeutung. Weder der Wortlaut des Gesetzes,
noch die Quellen desselben geben Grund zu einer derartigen
Unterscheidung. Es genügt nach der Fassung des Gesetzes,
daß sich, wie im vorliegenden Fall festgestellt ist, die Be-

---

1) Hauß, Das Gesetz zur Bekämpfung des unlaut. Wettbewerbs
S. 46.

flagte unwahrer Weise eines Vorzugs berühmt hat, der ihr
Angebot gegenüber demjenigen der Mitbewerber in ihrer
Allgemeinheit als das günstigere erscheinen läßt.
Demgemäß ist nach § 1 des cit. Gesetzes der Anspruch
auf Untersagung der mehrerwähnten Bezeichnung gerechtfertigt.
Gleiche Beurteilung muß auch bezüglich der weiteren
Ankündigung Platz greifen, welche die Beklagte in öffent=
lichen Bekanntmachungen gebraucht: daß ihr nämlich im
Jahr 1854 die Württemb. golbene Medaille für Kunst= und
Wissenschaft verliehen worden sei. Diese Ankündigung fällt
unter die in § 1 ausdrücklich hervorgehobenen und ver=
pönten Fälle einer falschen Angabe „über den Besitz von
Auszeichnungen". Daß nämlich die am 8. Januar 1854 von
Sr. Maj. dem König verliehene goldene Medaille, welche dem
„Instrumentenfabrikanten Sch." bezw. dem Pianofortefabrikan=
ten Sch. zugedacht war, nicht für die beklagte Firma, die damals
kaum erst ins Leben getreten war, bestimmt gewesen ist, kann mit
voller Ueberzeugung ausgesprochen werden. (Nach einer näheren
Ausführung hierüber fahren die Gründe fort): Der Besitz einer
solchen, in Anerkennung verdienstlicher industrieller Leistungen
höchsten Orts verliehenen Auszeichnung gilt, wie auch die
Beklagte nicht verkennt, in den Augen des Publikums als
Beweis besonderer Wertschätzung und Vertrauenswürdigkeit,
und ist deshalb in hervorragendem Maße geeignet, der betr.
Firma den Anschein der Ueberlegenheit über den Wettbewerb
in seiner Allgemeinheit bezw. eines besonders günstigen An=
gebots zu verschaffen. Warum dies im vorliegenden kon=
kreten Falle nicht ebenso zutreffen sollte, ist nicht einzusehen.
Wenn die Beklagte geltend macht, sie sei im Besitz von 37 Aus=
zeichnungen, so daß es auf eine mehr oder weniger nicht an=
komme, so ist zu bemerken, daß die fragliche Medaille einen
besonderen und individuellen Wert in denjenigen Gebieten
und Kreisen hat, in welchen deren Bedeutung als einer nur
für hervorragende Leistungen verliehenen Auszeichnung be=
kannt ist. Der Thatbestand des § 1 cit. ist somit auch in
diesem Falle erfüllt und der Anspruch auf Unterlassung der

erwähnten Reklame begründet.

Urteil des I. Civilsenats vom 24. Dezemb. 1897 i. S.
Schiedmayer Pianofortefabr. gegen Schiedmayer und
Söhne.

Die Revision gegen dieses Urteil ist zurückgewiesen worden.

b.

In einem zwischen denselben Parteien (mit umgekehrten
Parteirollen) geführten Rechtsstreit handelte es sich darum,
ob Beklagte berechtigt sei, ihrer Firma den Zusatz „gegründet
1781" beizufügen. In den

Gründen:

des Berufungsurteils ist zunächst ausgeführt, daß und warum
das Berufungsgericht für erwiesen erachtet hat, daß das zur
Zeit von der Beklagten betriebene Geschäft nicht 1781, sondern 1809 gegründet worden ist. Sodann wird fortgefahren:

Auf Seite der Beklagten liegt sonach der Gebrauch
einer „unrichtigen Angabe thatsächlicher Art in Beziehung auf geschäftliche Verhältnisse" im Sinne des § 1 des
Reichs-Gesetzes betr. die Bekämpfung des unlauteren Wettbewerbs vor. Diese Angabe ist auch geeignet, den Anschein
eines besonders günstigen Angebots hervorzurufen. Schon
im Vorprozeß derselben Parteien ist dargelegt worden, daß
das Alter und der langjährige Bestand eines Geschäfts zu
denjenigen Momenten gehört, welche nach den im Verkehr
herrschenden Anschauungen geeignet sind, das Urteil des Publikums über Reellität und Leistungsfähigkeit einer Firma
zu deren Gunsten zu beeinflussen. An dieser Auffassung ist
auch bei Entscheidung des gegenwärtigen Rechtsstreits festzuhalten. Zwar ist hier zu beachten, daß auch schon die
wahrheitsgemäße Bezeichnung „gegründet 1809" ausgereicht
hätte, um der Beklagten den Anschein eines besonders günstigen
Angebots zu sichern. Daraus folgt jedoch nicht, daß die
Angabe eines noch um weitere 28 Jahre zurückreichenden
Alters nicht geeignet wäre, eine relativ noch stärkere An-
ziehungskraft zu üben. Durch die Zurückdatierung bis ins
vorige Jahrhundert wurde, wie die Klägerin mit Recht be-

merkt, der Anschein erweckt, daß das Geschäft der Beklagten bis in die Anfänge des modernen Klavierbaus zurückreiche und sich durch alle Krisen bis zu ihrer jetzigen Entwicklung emporgearbeitet habe. Eben hiedurch wird ihr ein weiteres Merkmal besonderer Erprobtheit und Vertrauenswürdigkeit beigelegt, welches wohl geeignet ist, ihr Ansehen im Verhältnis zu Konkurrenten, die dieses Vorzugs sich nicht berühmen können, zu erhöhen und den Anschein besonders günstigen Angebots noch zu verstärken. Daß denn auch die Beklagte der Angabe „gegründet 1781" eine gewisse Zugkraft beigemessen hat, läßt sich daraus entnehmen, daß sie sich neuerdings entschlossen hat, ihre bisherige Angabe über die Gründungszeit mit der eben erwähnten zu vertauschen, was sie wohl kaum gethan hätte, wenn sie sich nicht hiervon einen für ihr Angebot günstigen Erfolg versprochen hätte.

Gemäß § 1 Abs. 1 des cit. Reichsgesetzes ist daher die Klägerin, welche Waren gleicher Art wie die Beklagte herstellt, zu dem Anspruch berechtigt, daß die Beklagte den Gebrauch der mehrerwähnten Bezeichnung unterlasse.

Urteil des I. Civilsenats vom 30. Dezemb. 1898 i. S. Schiedmayer Pianofortefabr. g. Schiedmayer und Söhne.

Die Revision der Beklagten gegen dieses Urteil ist zurückgewiesen worden, dagegen hat das Reichsgericht auf die Anschlußrevision der Klägerin im Gegensatz zum Berufungsgericht erkannt, daß Beklagter den Gebrauch des Zusatzes „gegründet 1781" auch in ihrer Firma zu unterlassen und die Löschung dieses im Handelsregister eingetragenen Firmenzusatzes herbeizuführen habe. In dieser Richtung besagen die

Gründe

des Revisionsurteils: Dem weiteren Antrage der Klägerin, die Beklagte auch für verpflichtet zu erklären, in ihrer Firma den Zusatz „gegründet 1781" zu unterlassen, insbesondere die Löschung des im Handelsregister eingetragenen Firmenzusatzes „gegründet 1781" herbeizuführen, ist von dem Berufungsgericht nicht stattgegeben worden und hat sich hier wegen die Klägerin der Revision der Beklagten angeschlossen. Das Oberlandesgericht begründet die Abweisung dieses klägerischen Anspruchs auf Löschung damit, daß ein privatrechtlicher Anspruch hierauf der Klägerin weder auf Grund des § 1 des Wettbewerbgesetzes noch auf Grund des Art. 27 des Handelsgesetzbuchs zustehe, da beide Gesetzesbestimmungen nur einen Anspruch auf Unterlassung der unrichtigen Angabe gewährten. Letztere Vorschrift könne überhaupt keine Anwendung finden, weil sie voraussetze, daß der Kläger durch unbefugten Gebrauch einer Firma in seinen Rechten verletzt sei, während im vorliegenden Falle die Klägerin durch die von der Beklagten gewählte Bezeichnung ihrer Gründungszeit nicht in einem eigenen Rechte verletzt sei.

Diesen Ausführungen kann mit Rücksicht auf die Erweiterung, welche die Rechte der Geschäftsinhaber durch das Gesetz vom 27. Mai 1896, insbesondere auch gegenüber der unlauteren Reklame erfahren haben, nicht beigetreten werden. Es ist einleuchtend, daß die bisher erwirkte Verurteilung der Beklagten der Klägerin einen sehr ungenügenden Schutz bieten würde, wenn die Beklagte nach wie vor in der Lage wäre, sich ihrer mit dem Zusatze „gegründet 1781" eingetragenen Firma zu bedienen. Dieser Zusatz kann nicht, wie Art. 16 des Handelsgesetzbuchs — dessen Absatz 2 Satz 2 zufolge Artikel 5 des Handelsgesetzbuchs auch für Handelsgesellschaften gilt — zur Voraussetzung macht, zur näheren Bezeichnung des Geschäfts dienen, denn er enthält, wie das Oberlandesgericht festgestellt hat, eine thatsächliche Unrichtigkeit. Der Zusatz dient zur Täuschung und ist als geeignet erklärt, in öffentlichen Bekanntmachungen oder in Mitteilungen, welche für einen größeren Kreis von Personen bestimmt sind, den Anschein eines besonders günstigen Angebots hervorzurufen. Die Klägerin, welche Waren gleicher Art herstellt, ist daher durch den unbefugten Gebrauch dieses Zusatzes in ihrem Recht auf Schutz gegen unlauteren Wettbewerb, durch welchen in ihr Absatzgebiet eingegriffen wird, verletzt und muß deshalb gemäß Art. 27 des Handelsgesetzbuchs für be-

fügt erachtet werden, die Unterlaſſung der erwähnten Bezeichnung auch als Firmenzuſatz zu verlangen. Da der
Zuſatz im Handelsregiſter eingetragen iſt, ergiebt ſich hieraus
zugleich der Anſpruch auf Herbeiführung der Löſchung
desſelben.

39.

In Art. 83 der Wechſelordnung¹).

Kläger hat als Zeſſionar des H. St. gegen die beklagten
Eheleute auf Grund des Art. 83 W.O. auf Bezahlung von
663 M. geklagt. Einen von St. auf die Beklagten gezogenen,
in blanco indoſſierten Wechſel über dieſen Betrag haben die
Beklagten 1887 acceptiert. Zur Begründung der Klage hat
Kläger vorgetragen: die Wechſel ſeien von den Beklagten
zahlungshalber behufs Befriedigung des St. für eine Forderung aus Unterſchlagung gegen den beklagten Ehemann aus-
geſtellt worden, für welche Schuld ſich die beklagte Ehefrau
als Selbſtſchuldnerbürgin haſtbar gemacht habe; Kläger habe
die Wechſel von St. gegen Bezahlung der Valuta der Wechſelbeträge erhalten; da bei Verfall die Wechſel mangels Zahlung
unter Proteſt gegangen ſeien und Kläger auch ſonſt die
Wechſelbeträge nicht erhalten habe, ſeien die Beklagten um
die eingeklagten Wechſelbeträge (nebſt Zinſen) bereichert.
Die Klage iſt abgewieſen worden, vom Berufungsgericht
aus folgenden
Gründen:
Art. 83 W.O., auf den die Klage allein noch geſtützt
iſt, beſtimmt: „Iſt die wechſelmäßige Verbindlichkeit des Aus-
ſtellers oder des Acceptanten durch Verjährung oder dadurch,
daß die zur Erhaltung des Wechſelrechts geſetzlich vorge-
ſchriebenen Handlungen verabſäumt ſind, erloſchen, ſo bleiben
dieſelben dem Inhaber des Wechſels nur ſo weit, als ſie ſich
mit deſſen Schaden bereichern würden, verpflichtet".

1) Vgl. nunmehr auch R.G. in J.W.S. 1899 S. 702 nr. 18.

Geht man nun auch davon aus, die in Rede stehenden
Wechsel seien giltig, und die Beklagten demzufolge aus ihnen
wechselmäßig verpflichtet gewesen, so ist zwar die erste Voraus=
setzung der Anwendbarkeit des Art. 83 W.O. gegeben näm=
lich daß wechselmäßige Verbindlichkeiten der Acceptanten durch
Verjährung (vergl. Art. 77 W.O.) erloschen sind. Aber es
fehlt der Nachweis, daß, wenn auch Kläger hieburch ge=
schädigt sein mag, die Beklagten infolge dieses Erlöschens
ihrer wechselmäßigen Verbindlichkeiten (mit dem Schaden des
Klägers) b e r e i ch e r t sind. Nach der Darstellung des Klägers
haben sie die Wechsel dem St. behufs Deckung einer Schuld
des beklagten Ehemanns, für die sich die beklagte Ehefrau
als Selbstschuldner=Bürgin verpflichtet haben soll, z a h l u n g s=
h a l b e r gegeben. Hienach besteht das unterliegende Schuld=
verhältnis der Beklagten gegen St. (oder dessen Rechtsnach=
folger) unbeeinflußt durch das Erlöschen der w e ch s e l m ä ß i=
g e n Verbindlichkeiten der Beklagten fort; sie sind infolge
der eingetretenen Wechselverjährung nicht reicher als zuvor,
es ist hieburch weder etwas in ihr Vermögen gekommen,
noch sind sie von einer Schuld befreit. Ihre Lage mag zu=
folge der Wechselverjährung insofern eine vorteilhaftere ge=
worden sein, als sie nur noch der Klage aus dem unterliegen=
den Rechtsverhältnis ausgesetzt sind, also alle hieraus für
sie zu entnehmenden Einreden vorbringen können, womit sie
gegenüber der Wechselklage eines Indossatars ausgeschlossen
gewesen wären: aber eine günstigere prozessualische Stellung
ist keine Bereicherung.

Urteil des I. Civilsenats vom 25. November 1898 in
Sachen Rosenberg gegen Westberg.

40.

**Verlagsvertrag: Ramschverkauf; Ursache; deren Fest=
stellung.**

Beklagte hat 1888 einen Roman des Klägers in Verlag
genommen und in 2000 Exemplaren gedruckt: nach dem Ver=

trag der Parteien ſollte als Honorar Kläger für jedes verkaufte Exemplar 3 M. erhalten. Bis 1894 ſind 691 Exemplare verkauft werden, nach dem Gutachten eines in einem
Vorprozeß vernommenen Sachverſtändigen iſt ein weiterer
Abſatz des Werks nicht mehr zu erwarten. Im Oktober
1896 hat Beklagte die noch bei ihr vorrätigen 999 Exemplare an einen Antiquar um 400 M. verkauft, der darauf
das Werk zum herabgeſetzten Preis von 2 M. 50 Pf. für
das gebundene Exemplar ausbot. Zuvor hatte Beklagte dem
Kläger den Reſtvorrat um 80 Pf. für das broſchierte und
1 M. 20 Pf. für das gebundene Exemplar angeboten, Kläger
aber dieſes Angebot mit dem Bemerken abgelehnt, daß er
nicht geſonnen ſei, mehr als den Makulaturwert mit 100 M.
zu bezahlen. Gegen den Verkauf an den Antiquar hat
Kläger Einſpruch erhoben, als ihm Beklagte mitteilte, daß
ſie den Antrag des Antiquars annehme, falls nicht Kläger
binnen 8 Tagen das Vorkaufsrecht ausüben wolle. Kläger
hat nun von der Beklagten für jedes der an den Antiquar
verkauften Exemplare das Honorar von 3 M. verlangt.
Die Klage iſt abgewieſen worden. In den
        Gründen
wird zunächſt ausgeführt, daß die Beſtimmung des Vertrags,
wonach Kläger „von jedem verkauften Exemplar eine Quote
von 3 M.“ anzuſprechen habe, ſich nur auf den ordnungsmäßigen Verkauf zum Ladenpreis (von 8 bezw. 10 M.) bezogen habe, auf den vorliegenden Ramſchverkauf an den Antiquar daher nicht anwendbar ſei, ſodann wird fortgefahren:
    In zweiter Linie ſtützt Kläger ſeinen Anſpruch auf die Be-
hauptung, daß nach einer im Verkehr zwiſchen Schriftſteller
und Verleger beſtehenden „Uſance“ der Verleger auch dann,
wenn er wegen Unverkäuflichkeit des verlegten Werks berechtigt wäre, dasſelbe zu makulieren, nicht berechtigt ſei, dasſelbe
ohne Einwilligung des Verfaſſers im Weg des Ramſchverkaufs abzuſetzen, und daß in ſolchem Fall der Verfaſſer „neben
ſeinem Schadenserſatzanſpruch“ auch „einen Anſpruch auf Entrichtung des vollen vertragsmäßigen Honorars“ habe.

Eine solche Usance besteht nun aber nicht — mag man
einen Handelsgewohnheitsrechtssatz oder einen nur thatsächlichen Geschäftsgebrauch dieses Inhalts als behauptet annehmen; ein solcher Gebrauch ist weder der Rechtslehre vom
Verlagsrecht bekannt noch in den einschlägigen Erörterungen
derjenigen Berufsvereine, welche mit der Ausgestaltung
und Anwendung des Verlagsrechts befaßt sind, irgend erwähnt. Die ältere Litteratur des Verlagsrechts spricht überhaupt nicht vom Ramschverkauf auch da, wo notwendig von
ihm die Rede sein müßte. O. v. Wächter, Verlagsrecht
(1857) S. 354 sagt: „Unter Beobachtung der Interessen
seines Kontrahenten mag der Verleger den Absatz durch Verkauf (im Kleinen oder in größeren Partieen), durch Tausch
oder durch sonstige Veräußerungsgeschäfte betreiben. Nur
kann es zweifelhaft sein, ob er durch einen Gesamtverkauf
seiner Auflage an Einen oder Wenige seiner Verpflichtung einer gehörigen buchhändlerischen Verbreitung seines
Werks nachgekommen sein würde". Ebenso S. 370: „Keinem Anstand unterliegt es, abgesehen von speziellen Vere-
bungen, daß der Verleger seinen Vorrat von Exemplaren
an einen Dritten veräußere, sofern er nur die in dem Verlagsvertrag begründete Verbindlichkeit einer gehörigen buchhändlerischen Verbreitung des Werks erfüllte". S. 353
unten „(es) geht auch der Vertrieb auf Kosten und Gefahr
des Verlegers. Deshalb muß auch die Bestimmung des
Preises für den Verkauf der Exemplare dem Verleger an-
heimgegeben sein; nur ist er hier an die Grenzen des Ueb-
lichen und Sachgemäßen gebunden. Als Preis kommt der
Ladenpreis in Betracht" u. s. w. Von dem Fall, daß das
Werk unverkäuflich geworden ist, spricht v. Wächter auf
S. 353, behandelt aber nur das Recht zur Makulierung sowie die Rechtsfolgen einer vorzeitigen, unberechtigten Makulierung (zu Note 39 und 40), ohne den Ramschverkauf zu erwähnen und die Folgen eines etwa unberechtigten Ramschverkaufs zu bestimmen. Auch Klostermann, Urheber-
recht (S. 149) sagt: „Nach der Herausgabe kann der Ver-

leger einſeitig vom Verlagsvertrag zurücktreten, indem er
den Vorrat der Auflage als Makulatur verkauft. Er
iſt hiebei nicht an die Zuſtimmung des Verfaſſers gebunden,
doch iſt er zur Schabloshaltung verpflichtet, wenn er durch
eine voreilige Handlung dieſer Art das Intereſſe des
Verfaſſers verletzt". Vom Recht zum Ramſchverkauf und
von den Folgen eines unberechtigten Verkaufs dieſer Art
ſpricht auch Aloſtermann nicht. Eine Erwähnung des Ramſchverkaufs findet ſich bei A. Schürmann, Organiſation
und Rechtsgewohnheiten des deutſchen Buchhandels, 2. Aufl.
1881 Bd. II unter dem Titel: „die Uſancen des deutſchen Buchhandels" S. 205 unten: „Erwirbt der Antiquar als ſolcher
ſämtliche noch vorhandene Exemplare eines Artikels (Auflage-
reſt), ſo geht damit nur das Recht an dieſen Exemplaren,
aber keinerlei verlagsrechtliche Befugnis auf ihn über". Dazu
in Note 1, „Ankauf von Auflagereſten ohne Verlagsrecht —
Ramſch". Von vorzeitiger und ſonſt vertragswidriger Vornahme ſolchen Ramſchverkaufs und deren Rechtsfolgen ſpricht
Schürmann nicht; (auch nicht im III. Band ſeines Werks
mit dem Titel: „die Rechtsverhältniſſe der Autoren und Verleger" (1889); ſein Entwurf einer „Grundordnung der Rechtsverhältniſſe zwiſchen Autoren und Verlegern" ſpricht nur vom
Makulierungsrecht des Verlegers und ſagt von dieſem nur:
„Wenn der Verleger die Auflage vor der Zeit ganz oder
teilweiſe makuliert, ſo hat er damit auf ſein volles Auflage-
recht verzichtet" — § 45 Abſ. 2 S. 332). — Der „Börſen-
verein der deutſchen Buchhändler", der bekanntlich faſt alle
namhaften deutſchen Verleger (im Jahr 1890 rund 2400 Mitglieder) umfaßt, ließ in den Jahren 1890—93 den „Entwurf einer Verlagsordnung" unter Zuziehung juriſtiſcher
Autoritäten entwerfen, welcher unter Berückſichtigung der von
Juriſten, Schriftſtellern und Verlegern dazu abgegebenen
Aeußerungen in 4 Leſungen beraten und in den Hauptver-
ſammlungen des Vereins vom 15. Mai 1892 und 30. April
1893 einſtimmig angenommen worden iſt. In der Begrün-

bung desselben¹) ist gesagt: „„Der Entwurf lehnt sich möglichst eng an das bestehende Recht an und an die vor-
wiegend gellende juristische Lehrung; Abweichungen hievon
waren aber da geboten, wo jene den buchhändlerischen Ge-
schäftsgebräuchen nicht entsprechen“. Im Entwurf
3. Lesung²) ist in § 15 bestimmt: „Dem Verleger steht die
Festsetzung, nachträgliche Abänderung und Aufhebung des
Ladenpreises unter Benachrichtigung des Verfassers zu“. Hiezu
ist in der Begründung bemerkt: „Auch die nachträgliche
Herabsetzung des Ladenpreises soll dem Verleger zu-
stehen. Unzweifelhaft kann eine solche, als ziemlich sicheres
Zeichen der Ungangbarkeit des Werks, dem Verfasser unter
Umständen nicht angenehm sein. Es ließe sich das vermeiden,
wenn man in solchen Fällen dem Verfasser ein Vorkaufsrecht
einräumen wollte. Die Verlagsordnung weist indes derartige
Vereinbarungen dem besonderen Vertrage zu und giebt im
Allgemeinen den Vorrang dem erheblicheren Interesse des
Verlegers, mit seinem Verlag jederzeit das kaufmännisch
Richtige thun zu können“. Daß es gebräuchlich sei, in solchen
Fällen die Herabsetzung des Ladenpreises mittelbar durch
Ramschverkauf herbeizuführen und daß ein Gebrauch bestehe,
wonach der Verleger, der gegen bestehende Vertragsbe-
stimmungen, welche die einseitige Herabsetzung des Ladenpreises
mit oder ohne Ramschverkauf verbieten, einen solchen vorgenommen hat, verpflichtet sei, das nach der Zahl der verkauften Exemplare im Vertrag bedungene Honorar so zu bezahlen, als ob die mittels Ramschverkauf veräußerten Exemplare im ordnungsmäßigen Vertrieb zum ursprünglichen Laden-
preise abgesetzt worden wären, ist weder hier noch sonst
in der angeführten „Verlagsordnung“ gesagt. —
    Der (dem § 15 der 3. Lesung entsprechende) § 16 der
endgiltig angenommenen 4. Lesung lautet: „Dem Verleger
steht die Festsetzung und, unter Benachrichtigung des Ver-

---

¹) 3. E. III Lesung v. J. 1891.
²) Veröffentl. im „Börsenblatt für d. Teutsch. Buchhandel“ vom
30. Dez. 1891 Beil. zu nr. 301.

fassers, die nachträgliche Ermäßigung des Ladenpreises zu". Hiezu ist in der Begründung bemerkt: „Die Vorschrift des § 15 3. Lesung, wonach schon von der e r st e n Festsetzung des Ladenpreises der Verfasser zu benachrichtigen sei, wurde gestrichen. Von schriftstellerischer Seite wurde (die Bestimmung) gefordert, daß der Verleger den einmal festgesetzten Ladenpreis ohne Zustimmung des Verfassers nicht ermäßigen dürfe; dieses tiefeingreifende Recht hat sich, nach Ansicht des Ausschusses, der Verfasser ausdrücklich im Vertrag auszubedingen". Zu § 15 der Verlagsordnung: „der Verleger hat das zum Verlag übernommene Werk in der üblichen buchhändlerischen Weise, durch Bekanntmachung und Versendung, zu vertreiben" ist, — auch in der „Begründung" des § 16 4. Lesung — nichts näheres über die Art des dem Verleger gestatteten Absatzes bemerkt, insbesondere vom Ramschverkauf nicht die Rede. Der Verlagsbuchhändler Rob. Voigtländer in Leipzig, welcher die Ausarbeitung der „Verlagsordnung" angeregt und gefördert, auch die Begründung der 4. Lesung redigiert hat, hat in dem ihrer Erläuterung gewidmeten Teil seines Werks: „Das Verlagsrecht" u. s. w. [1]) zu § 15 bemerkt: „Auflagereste darf der Verleger nicht voreilig vernichten (makulieren). Thut er es doch und kann er die Nachfrage nicht mehr befriedigen, so kann der Verfasser die Wiederherstellung des Vernichteten oder eines angemessenen Vorrats verlangen. Ein Ramschverkauf der Auflage kann als Unterlassung der Verbreitung aufgefaßt werden, wenn der Ramschkäufer den gehörigen Vertrieb unterläßt, was dieser darf (Wächter, Verlagsr. S. 354 und 370). Vergl. § 16".

Zu § 16 bemerkt Voigtländer (S. 71): „der Verleger kann den Ladenpreis vorübergehend und dauernd h e r a b s e h e n. Ein neuerdings häufiger werdendes, aber wegen vieler Unzuträglichkeiten im Buchhandel angefeindetes Verfahren ist der R a m s ch v e r k a u f (vergl. zum § 15), die Abgabe von Auflageresten oder Auflageteilen an Restbuch-

---

1) 2. Aufl. 1899 S. 49 ff.

händler, die das Werk mit ausdrücklicher oder stillschweigender Genehmigung des Verlegers u n t e r dem Ladenpreis vertreiben. Dem Ansehen des Verfassers sind solche Preisherabsetzungen nicht vorteilhaft; daher wird von den Schriftstellern vielfach gefordert, daß der Verleger den einmal festgesetzten Ladenpreis nicht ermäßigen dürfe. Diese in das Verfügungsrecht des Verlegers tief eingreifende Befugnis hat nach der Verlagsordnung der Verfasser ausdrücklich im Vertrag zu bedingen". „Auch ein Vorkaufsrecht des Verfassers ist gegenüber den Ramschverkäufen vorgeschlagen worden. (Entwurf des Schriftstellerverbands § 15; Dr. K. Schäfer in der deutschen Presse abgedruckt im Börsenblatt von 1892 No. 34)". „Ein Antrag, die Herabsetzung des Ladenpreises von der Genehmigung des Verfassers abhängig zu machen, wenn dieser auf Gewinnanteil gestellt ist, wurde im Ausschuffe abgelehnt".

Trotzdem daß hier von Ramschverkauf ausdrücklich die Rede, auch seine Natur und seine Würdigung in den Kreisen der Buchhändler und der Schriftsteller besprochen ist, findet sich von einem Geschäftsgebrauch, der dem Verleger den Ramschverkauf überhaupt, oder doch im Fall eines vereinbarten Ladenpreises oder im Fall der Festsetzung des Honorars nach der Zahl der verkauften Exemplare v e r b i e t e und ihn für den Fall des Zuwiderhandelns der vom Kläger behaupteten Rechtsfolge unterwerfe — lediglich nichts erwähnt.

Der hier angeführte „Entwurf des Schriftsteller-Verbands" ist von dem am 26. September 1887 gegründeten „Deutschen Schriftstellerverband" als „Entwurf eines Gesetzes über den Verlagsvertrag" „zu dem Zweck, dem Reichskanzler und dem Reichstag zur Berücksichtigung bei gesetzgeberischen Arbeiten überwiesen zu werden" aufgestellt und in seiner Hauptversammlung vom 15. September 1891 angenommen, auch im Börsenblatt für den deutschen Buchhandel vom 6. Januar 1892 (No. 4) veröffentlicht worden. § 14 desselben bestimmt: „Der Verkaufspreis des Werks wird vom Verleger festgesetzt, doch darf dieser nicht durch übermäßige Preisforderung den Absatz hindern. Falls das Honorar

in einem Gewinnanteil besteht, bedarf eine Aenderung des
Preises der Genehmigung des Urhebers". § 15: „der Verleger ist verpflichtet die im gewöhnlichen Geschäftsgang un-
verkäuflichen Exemplare eines Werks, bevor er dieselben in
anderer Weise verwertet, dem Urheber zu dem Preise anzu-
bieten, zu welchem der Sortimentsbuchhändler das Werk bezogen hat. Veräußert der Verleger den ganzen Rest einer
Auflage, so steht dem Urheber das Vorkaufsrecht zu". Auch
hier wird das Recht des Ramschverkaufs (für Reste, die „im
gewöhnlichen Geschäftsgang nicht verkäuflich sind") dem Verleger nicht versagt, sondern nur an die Bedingung der Vor-
kaufseinräumung geknüpft; von dem vom Kläger behaupteten Geschäftsgebrauch dagegen findet sich keine Andeutung.
An diesem Orte aber, wie an sämtlichen angeführten Stellen
war nach dem Zusammenhang b r i n g e n d e r Anlaß gegeben,
dieses Gebrauches, falls er wirklich bestand — sei es zu-
stimmend sei es ablehnend — Erwähnung zu thun; daß dies
nirgends geschehen, rechtfertigt den Schluß, daß ein derartiger
Gebrauch nicht besteht und es war bei der hieraus gewonnenen Ueberzeugung des Gerichts vom Nichtbestand desselben
die beantragte Vernehmung von Sachverständigen abzulehnen [1]).

Urteil des I. Civilsenats vom 18. Februar 1898 in
Sachen Beyer gegen Süddeutsches Verlagsinstitut.

Die Revision gegen dieses Urteil ist zurückgewiesen worden.

41.

**Ausschlagung einer Erbschaft oder Verzicht auf die
Erbschaft nach deren Antretung?**

Die C. K.'schen Eheleute haben in einem gemeinschaft-

1) Vergl. Thöl, Handelsr. (6. Aufl.) 1 § 13 Note 7 S. 45;
Goldschmidt, Handelsr. (2. Aufl.) I § 35 S. 347 3. 2 zu Note 51. 52;
Fr. Stein, Das private Wissen des Richters 1893 S. 183 oben;
auch O. Trib. Stuttg. bei Seuffert, Archiv Bd. 13 nr. 75; Sodann:
Goldschmidt a. a. O. S. 343 zu Note 99 und R.G. Bd. 3 nr. 42
S. 149 und Bd. 10 nr. 46 S. 170.

lichen Testament bestimmt:

„Nach dem Ableben des Ueberlebenden soll unser Nach-
„laß landrechtlicher Erbfolgeordnung gemäß unter unsere
„Kinder verteilt werden und sind dabei unter dem Aktivstand
„diejenigen 3500 M., welche wir in dem Gante unseres Sohnes
„Fr. K., Bäcker in SL, für denselben bezahlen mußten, auf-
„zunehmen, auf welche dieses Kind mit seinem Erbteil zu-
„nächst anzuweisen ist."

Von dem in Amerika wohnenden Sohn F. K. ist eine
in Württemberg wohnende Tochter vorhanden. F. K. hat
nach dem Tod seines Vaters (der seine Frau überlebt hatte)
einem seiner Brüder für die Nachlaßsache eine Vollmacht
übersandt, an deren Schluß es heißt: „Ich verzichte auf alle
Ansprüche der Hinterlassenschaft meiner Eltern"; er hat sich
ferner über die Angelegenheit in einem an eben diesen Bruder
gerichteten Brief vom 15. August 1897 geäußert, dessen Inhalt sich aus den unten folgenden Gründen ergiebt. Während
nun die Tochter des F. K. (die Beklagte) den Erbteil ihres
Vaters für sich beanspruchte, weil er die Erbschaft ausgeschlagen habe, haben die Geschwister des F. K. (die Kläger)
diesen Erbteil für sich in Anspruch genommen, weil er die
Erbschaft angetreten und zu ihren Gunsten auf das verzichtet
habe, was ihm zufallen würde. Im Berufungsverfahren ist
zu Gunsten der Kläger erkannt worden aus folgenden

Gründen:

Die auf der Vollmachtsurkunde angebrachte Erklärung
des F. K. ist an und für sich zweideutig. Sie kann besagen
wollen, daß F. K. überhaupt keinen Erbanspruch an die Hinterlassenschaft geltend machen wolle, also die Erbschaft aus-
schlage, sie kann aber auch bedeuten sollen, daß er auf die
Ansprüche, die ihm als antretendem Erben an die Hinterlassenschaft zustehen, Verzicht leiste, daß er also die Erbschaft
antrete und nur auf die infolge davon ihm zufallenden
Vermögensstücke verzichte. Schon wegen dieser Undeutlich-
keit ist es zum Verständnis erforderlich und bei einer ein-
seitigen Willenserklärung, wie die vorliegende, auch vollkommen

zuläſſig, den Brief vom 15. Auguſt 1897 zur Auslegung
heranzuziehen. Dieſer Brief iſt vor der Vollmacht geſchrieben
und der Teilungsbehörde zwar nicht gleichzeitig mit der Vollmacht, aber in der Folge vorgelegt worden; er enthält
Ausführungen darüber, wie Fr. K. die Erbſchaftsangelegenheit
behandelt haben will, und darf von der Vollmacht um ſo
weniger getrennt werden, als in demſelben ausdrücklich aus-
einandergeſetzt iſt, was in die Vollmacht hineingeſchrieben
werde und warum es hineingeſchrieben werde. Nachdem zunächſt erörtert iſt, daß und warum in der Vollmacht der
im Entwurf eingeſetzte Name des Bevollmächtigten durch-
ſtrichen werde, wird dazu übergegangen, den Geſchwiſtern
zu ſagen: „teilt die Hinterlaſſenſchaft im Frieden" „ihr braucht
doch kein Gericht". Der Briefſchreiber fügt an: „ich be-
komme ja nichts davon und bin auch zufrieden". Dabei denkt
der Briefſchreiber offenbar an den Abzug der 3500 M. Nach
der Bitte, einen Bruder beſonders zu belohnen, wird fortgefahren: „Für mich rechne Zinſen auf Zinſen an und ſo
hoch, daß ja nichts für mich übrig bleibt". Es iſt alſo einmal der Abzug der 3500 M. vom Erbbetreff des F. K. in
Ausſicht genommen, ſodann aber die Möglichkeit ins Auge
gefaßt, es könnte trotzdem noch etwas für den Briefſchreiber
übrig bleiben und damit nun „ja nichts" für ihn übrig bleibt,
wird die Anrechnung von Zinſen und Zinſeszinſen bis zur
ſicheren Erſchöpfung des Erbbetreffs angeſonnen und angenommen. Dieſes ganze Verfahren iſt nicht anders möglich,
als indem F. K. Erbe wird und nun die 3500 M. und Zinſe
daraus auf ſein Erbteil bis zu der Höhe desſelben an- und
aufgerechnet werden. Mit der Ausſchlagung der Erbſchaft
iſt dieſes Verfahren unvereinbar. Im unmittelbaren An-
ſchluß an dieſe Erklärung wird nun fortgefahren: „Ich werde
auf die Vollmacht noch extra hinſchreiben, daß ich auf Alles
verzichte". „Noch extra", damit iſt noch einmal zu deutlichem
Ausdruck gebracht, daß die Bemerkung auf der Vollmacht
nur eine Wiederholung und Zuſammenfaſſung des eben zuvor Auseinandergeſetzten ſein ſoll. F. K. mag darüber nicht

völlig im Klaren gewesen sein, unter welche Rechtsbegriffe
die von ihm gewollte Gestaltung der Angelegenheit falle und
hat keine erschöpfende begriffliche Bezeichnung gegeben, aber
dies ist auch nicht erforderlich, wie die Bestimmungen in
L.R. III, 21 über Antretung der Erbschaft zeigen. Die Erb=
schaft wird nicht nur angetreten durch ausdrückliche Willens=
erklärungen dieses Inhalts, sondern ebenso durch Handlungen
(stillschweigend), auch Erklärungen über Einzelheiten, aus
welchen der Wille, Erbe zu sein, zu entnehmen ist. Die hier
vorliegende Verzichtserklärung mit ihren näheren Ausführungen
enthält die hervorgehobenen Bestimmungen über Einzelheiten,
welche den Willen zeigen, die Angelegenheit so zu gestalten,
wie sie durch Antretung der Erbschaft (und nachherigen Ver=
zicht auf Erlangung von Vermögensstücken im Weg einer
zugelassenen Aufrechnung) gestaltet wird, wie sie aber durch
Ausschlagung der Erbschaft nicht gestaltet würde. Deshalb
ist anzunehmen, daß F. K. den Willen gehabt hat, welchen
das Gesetz (verallgemeinert) als den Willen, Erbe zu sein,
bezeichnet, und diesen Willen in Brief und Vollmacht erklärt
hat. F. K. hat also den Erbschaftsantritt erklärt. Der
gleichfalls erklärte Verzicht erfolgt (wie bemerkt) mittels Zu=
lassung der erwähnten Aufrechnung. Zu wessen Gunsten
er erfolgt, geht aus dem Brief ebenfalls hervor: zu Gunsten
der Geschwister, sie sollen ja den Nachlaß teilen, und damit
sie auch den Betrag des Erbbetreffs des F. K. über 3500 M.
bekommen, sollen Zinsen auf Zinsen angerechnet werden.

Urteil des I. Civilsenats vom 28. Oktober 1898 in Sachen
Kellner gegen Kellner.

42.

Vermächtnis einer Schuld (legatum debiti) oder Ver=
mächtnis einer Geldsumme?

Der Vater der Klägerin, die mit ihrem Ehemann in
landrechtlicher Errungenschaftsgemeinschaft lebte, hat in seinem
Testament bestimmt: „Meiner Tochter C. B. Ehefrau des

J. F. O. setze ich für die mir schon seit acht Jahren von ihr geleistete treue Wart und Pflege den Betrag von 1500 M. aus, welchen Betrag ich ihr schulde und welcher nach meinem Tode vor aller Teilung aus meinem Nachlasse zu bezahlen ist". Bei Teilung des Nachlasses des Ehemanns der Klägerin ist diese Zuwendung als Bestandteil der Errungenschaft behandelt worden. Klägerin hat nun diese Teilung als unrichtig angefochten mit der Behauptung: die Zuwendung hätte, da sie ein Vermächtnis darstelle, als Bestandteil ihres Sonderguts behandelt werden sollen, während die beklagten Miterben die Richtigkeit der Teilung vertreten haben. Die Klage ist abgewiesen worden. Aus den

Gründen:

Der Beweis, daß der Erwerb der 1500 M. in das Sondergut der Klägerin gefallen ist, ist nicht erbracht. Hält man sich zunächst lediglich an den Wortlaut der in Frage stehenden letztwilligen Bestimmung, so ist der Klägerin darin die Zahlung einer Summe vermacht, welche ihr der Erblasser für gewisse Gegenleistungen schuldete, die Bestimmung enthält also ein sog. legatum debiti, dessen Gültigkeit nach heutigem Rechte[1] keinem Zweifel unterliegt, wie denn auch die Parteien die Gültigkeit der Zuwendung an sich unter keinem rechtlichen Gesichtspunkt beanstandet haben.

Weiter ist nun aber nicht zu bezweifeln, daß, wenn die Klägerin für die in ihrem ehelichen Haushalt ihrem Vater geleistete „Wart und Pflege" einen Ersatzanspruch gegen ihn erworben hat, dieser Anspruch von Anfang an zur Errungenschaft und nicht zu ihrem Sondergut gehört hat. An dieser rechtlichen Eigenschaft ist dadurch nichts geändert worden, daß die Schuld des Erblassers zum Gegenstand eines legatum debiti gemacht wurde. Denn durch ein solches Vermächtnis soll dem Bedachten nichts anderes zugewendet werden, als was er ohnedies zu fordern hat, und es fehlt an allen Anhaltspunkten dafür, daß der Erblasser an dem güterrechtlichen Verhältnis des Anspruchs seiner Tochter — Zuge-

---

[1] Vergl. Dernburg, Pandekten 3. Band § 112 nr. 3.

hörigkeit zur Errungenſchaft — etwas habe ändern wollen.

Nun iſt allerdings denkbar, daß der Erblaſſer R. der
Klägerin für die in ihrem ehelichen Haushalt genoſſene Verpflegung und Verköſtigung in der That nichts ſchuldig geworden war und trotzdem aus irgend einem Grunde ſich in
ſeinem Teſtamente als deren Schuldner bekannt hat oder daß
er mit den Worten: „welchen Betrag ich ihr ſchulde" nur
eine moraliſche Verpflichtung und damit den Beweggrund
zu der Zuwendung der 1500 M. hat ausdrücken wollen. In
der That ſpricht auch einige Wahrſcheinlichkeit dafür, daß
R. darauf bedacht war, den Pflichtteil ſeines in Amerika befindlichen Sohnes möglichſt herabzudrücken, ja ihn thatſächlich leer ausgehen zu laſſen, und alles der Klägerin zuzu-
wenden, und zur Erreichung dieſes Zweckes bot allerdings
die Aufſtellung einer fingierten Schuld an die Klägerin eine
geſchickte Handhabe.   Allein dieſe Erwägung genügt nicht,
um die Möglichkeit zu beſeitigen, daß in Wirklichkeit eine
Rechtsverpflichtung des Erblaſſers R. gegenüber der Klägerin
zur Erſatzleiſtung beſtanden hat und daß er mit den Worten:
„welchen Betrag ich ihr ſchulde" in der That einer beſtehenden
Rechtsverpflichtung hat Ausdruck geben wollen.   Dieſe Verpflichtung ergibt ſich zwar keineswegs aus der bloßen
Thatſache, daß R. während einer Reihe von Jahren im
Hauſe der Klägerin Unterhalt und Verpflegung genoſſen hat.
Eine Vergütung für derartige Leiſtungen von Kindern an
Eltern kann vielmehr mangels einer beſonderen Vereinbarung,
welche im vorliegenden Fall nicht behauptet iſt, nur dann
verlangt werden, wenn aus den Umſtänden zu entnehmen
iſt, daß die Willensmeinung der Beteiligten dahin ging, es
ſolle eine Vergütung beanſprucht werden können[1]).   Ein
ſolcher Umſtand, durch welchen dieſe Willensmeinung mindeſtens wahrſcheinlich gemacht iſt, bildet nun aber im vorliegenden Fall eben das von dem Erblaſſer R. in ſeinem Teſtamente niedergelegte und auf andere Weiſe nicht genügend
zu erklärende Anerkenntnis, der Klägerin für „Wart und

1) Vergl. Württ. Archiv Bd. 14 S. 379.

"Pflege" 1500 M. zu schulden.

Auch die Vermögens- und Erwerbsverhältnisse der klägerischen Ehegatten und des Erblassers R. während seines
Aufenthalts in ihrem Hause stehen der Annahme nicht entgegen, daß die drei Beteiligten davon ausgegangen sind, es
solle von R. eine Vergütung geleistet werden. Selbst wenn
man unterstellt, daß die Leistungen der Ehegatten und die
Gegenleistungen des R. — Arbeitsleistungen, Beisteuer der
Erträgnisse seiner Arbeit und seines Vermögens — je den
von der Klägerin behaupteten Umfang gehabt haben, so wäre
damit die Möglichkeit nicht widerlegt, daß trotzdem nach Ansicht der Beteiligten die Leistungen der klägerischen Ehegatten
die des R. überwogen und er deshalb zu einem Ersatze verbunden sein sollte.

Nach dem Ausgeführten besteht mindestens die Wahrscheinlichkeit, daß eine Rechtsverpflichtung des Erblassers des
R., der Klägerin Ersatz für „Wart und Pflege" zu leisten,
bestand. Wenn nun der Klägerin der Nachweis obliegt, daß
es sich bei der in Frage stehenden Zuwendung um ein in
ihr Sondergut gehöriges Vermächtnis d. h. um ein gewöhn-
liches Vermächtnis einer Geldsumme gehandelt habe, so gehört zu diesem Nachweise nach den besonderen Verhältnissen
des Falles der Beweis, daß eine Rechtsverpflichtung des R., der Klägerin Ersatz für „Wart und Pflege"
zu leisten, nicht bestand: dieser Beweis ist aber wie sich aus
obigem ergibt nicht erbracht und läßt sich auch nicht erbringen.
Urteil des I. Civilsenats vom 3. Februar 1899 in Sachen
Ottmüller gegen Ottmüller.

43.

Zur Auslegung des § 2 Abs. 2 des Reichsgesetzes vom 29. Juli 1890 betreffend die Gewerbegerichte.

Kläger war beim Bellagten, der seines Berufs Kaufmann
ist, als „Zuschneider" mit einem Jahresgehalt von 2400 M.
angestellt. Seine Klage auf Entschädigung wegen angeblich

ungerechtfertigter Entlassung ist wegen Unzuständigkeit der
ordentlichen Gerichte abgewiesen worden.

Gründe:

In erster Linie war die Frage zu entscheiden, ob der
Kläger zu den Arbeitern im Sinne des § 2 Abs. 1 des Gesetzes vom 29. Juli 1890 betreffend die Gewerbegerichte oder
zu den in Abs. 2 daf. und in § 133 a Gew.-O. aufgeführten
Angestellten gehört. Im erstern Fall wäre die Zuständigkeit
der ordentlichen Gerichte nach § 5 des cit. Gesetzes ausgeschlossen, während sie andernfalls begründet wäre. Daß der
Kläger mit „höhern technischen Dienstleistungen" im Sinne
der genannten Bestimmungen betraut gewesen sei, kann, wie
die zur Erläuterung dieses Begriffs in § 133 a cit. angeführten Beispiele „Maschinentechniker, Bautechniker, Chemiker,
Zeichner" (und dergleichen) beweisen, keinenfalls angenommen
werden. Das Zuschneiden setzt allerdings einen höheren Grad
von Geschicklichkeit voraus als die sonstige Schneiderarbeit,
ist aber der Art nach von dieser nicht unterschieden. Die
Thätigkeit des Zuschneiders ist eine rein handwerksmäßige,
auch ist die soziale Stellung des Zuschneiders an sich keine
andere als die des gewöhnlichen Schneiders, während die
Thätigkeit des „Technikers" eine mehr oder minder wissen-
schaftlich-technische Ausbildung voraussetzt und der Techniker
auch — wenigstens in der Regel — eine höhere soziale Stellung einnimmt, als der gewöhnliche gewerbliche Arbeiter[1]).

Es kann sich daher nur noch darum handeln, ob der
Kläger zu denjenigen Personen zu rechnen war, welche (nicht
lediglich vorübergehend) „mit der Leitung oder Beaufsichtigung des Betriebs oder einer Abteilung desselben beauftragt
sind". Schon die Motive zu § 133 a S. 20 sprechen aus,
daß nicht jeder Arbeiter, dessen Thätigkeit eine gewisse eng-
begrenzte Aufsicht einschließt, unter die Personen fällt, deren
Verhältnisse durch die §§ 133 a ff. geregelt werden sollen.
Die Leitung und Beaufsichtigung kann neben der sonstigen
(handwerksmäßigen) Thätigkeit des Arbeiters verhältnismäßig

---

1) Vergl. Motive zu § 133a bis 133e Gew.O. S. 20.

geringfügig und von so untergeordneter Bedeutung sein, daß
dadurch am Wesen seiner Stellung als eines gewöhnlichen
Arbeiters nicht geändert wird. Im übrigen stellt das Gesetz keine Merkmale auf, welche die eine Kategorie von Angestellten von der andern unterscheiden, die Grenze ist anerkanntermaßen eine flüssige und ist im einzelnen Falle unter
Berücksichtigung seiner besondern konkreten Verhältnisse zu
ziehen. Maßgebend können hiebei die verschiedensten Gesichtspunkte sein. Unter anderem wird es namentlich auf die Art
und den Umfang der Leitung und Beaufsichtigung und darauf
ankommen, ob und inwieweit eine leitende und beaufsichtigende
Thätigkeit des Arbeitgebers oder eines Dritten konkurriert,
ob die Zeit des Angestellten hauptsächlich durch die Leitung
und Beaufsichtigung oder durch seine handwerksmäßige Thätigkeit in Anspruch genommen wird; ferner kann erheblich sein
der Umfang der Befugnisse, welche dem Angestellten gegenüber andern Arbeitern in Beziehung auf deren Anstellung
und Entlassung, die Zuweisung der Arbeit, die Zeiteinteilung,
die Kontrolle und Genehmigung der abgelieferten Arbeit, die
Ausbildung der jugendlichen Arbeiter, die Aufrechterhaltung
der Sitte und Ordnung in den Werkstätten eingeräumt sind.
Von Bedeutung kann sodann auch sein die Größe des Betriebs, die Zahl der Arbeiter, endlich das Maß von Ab-
hängigkeit, in welchem sich der Angestellte bei Ausübung seiner
Funktion gegenüber dem Arbeitgeber befindet.

Soweit die oben bezeichneten Gesichtspunkte im vorliegenden Falle in Betracht kommen, sind die unbestrittenen Thatsachen und die weiteren Behauptungen des Klägers für seine
Auffassung nicht schlüssig. Nach dem Anstellungsvertrag ist
der Kläger zunächst eben als „Zuschneider" d. h. zur Ausführung der einem solchen zukommenden handwerksmäßigen
Leistungen verpflichtet worden. Ein entscheidendes Gewicht
ist allerdings auf diesen Inhalt des Vertrags nicht zu legen;
denn es ist damit nicht ausgeschlossen, daß nach der nachherigen thatsächlichen Gestaltung der Verhältnisse der Kläger
doch zu den Angestellten im Sinne des § 133 a Gew.-O.

zu rechnen wäre. Es kann dies aber nicht angenommen
werden. Unrichtig ist zwar die Annahme des ersten Richters,
daß der Begriff „Werkmeister" sich nur auf Angestellte in
Fabriken beziehe; diese Annahme hat ihre Begründung weder
im Sprachgebrauch noch in der Entstehungsgeschichte des Gesetzes; die Bezeichnung „Werkmeister" wird zweifellos auch
auf die verschiedensten nichtfabrikmäßigen Betriebe angewendet. Es kann übrigens dahingestellt bleiben, ob die Bezeichnung „Werkmeister" für die in Frage stehende Kategorie
von Angestellten auch im Schneidergewerbe üblich oder passend
ist. Die in § 133a aufgeführten Bezeichnungen „Betriebs-
beamte, Werkmeister" sind offenbar nur Beispiele und nicht
auf die Bezeichnung sondern auf das Sachverhältnis selbst
— Beauftragung mit der Leitung oder Beaufsichtigung —
kommt es an.

Daß das Maßnehmen, Aufstellen der Modelle, Anprobieren — auch das auswärts erfolgende — keine Leitungs-
und Beaufsichtigungsfähigkeit enthalten, hat der Unterrichter
mit Recht hervorgehoben.

Wenn der Kläger weiter vorgebracht hat, er habe die
anprobierten Stücke den Arbeitern übergeben mit genauer
Anweisung über Art und Zeit der Fertigstellung, er habe
bei Uebergabe der Stücke an die Arbeiter überlegen müssen,
welcher Schneider sich zu der betreffenden Arbeit gerade am
besten eigne, er habe zu bestimmen gehabt, welcher Schneider
die Arbeit machen solle und habe diesem dann die Instruktion
erteilt, er habe die fertig gemachten Stücke wieder in Empfang genommen und weiter verfügt was noch zur vollständigen Herstellung zu thun gewesen sei, so ist allerdings zuzugeben, daß in dieser Thätigkeit eine „Leitung" und „Beaufsichtigung" in gewissem Sinne liegen würde. Dabei ist
aber zu berücksichtigen, daß neben dieser Thätigkeit der Kläger
das ganze Geschäft des Zuschneidens besorgt, Maß genommen,
die Modelle aufgestellt, im Geschäft und außerhalb anprobiert,
nach seiner Darstellung sogar zum Anprobieren nach auswärts gefahren ist. Nimmt man dazu, daß die Zahl der

Arbeiter des Beklagten nur etwa 4 bezw. 10 betragen hat,
ſo ergiebt ſich — ſelbſt wenn man die Darſtellung des Klä=
gers als richtig unterſtellt —, daß ſeine leitende und beauf=
ſichtigende Thätigkeit gegenüber ſeiner Thätigkeit als eigent=
licher Zuſchneider nach Zeit und Umfang die weit unterge=
ordnete war. Wenn aber der Schwerpunkt der Thätigkeit
des Klägers im Zuſchneiden lag, ſo war er eben gewerblicher
Gehilfe, und die daneben ausgeübte Thätigkeit hebt ihn weder
dienſtlich noch geſellſchaftlich zu der höhern Stellung des Be=
triebsbeamten empor[1]).

Schon der Unterrichter hat ferner richtig ausgeführt,
daß aus den Behauptungen des Klägers noch nicht folgt,
daß der Beklagte dem Kläger die techniſche Leitung ſeines
Geſchäfts überlaſſen und dieſe nicht vielmehr ſelbſt beſorgt habe.

Die vom Kläger für ſich angeführten Entſcheidungen
legen bei Bejahung der Frage, ob der betreffende Angeſtellte
Betriebsbeamter ſei, das Hauptgewicht auf Umſtände, welche
in der Perſon des Klägers gar nicht zutreffen, nämlich darauf,
daß der Zuſchneider befugt war, die Arbeiter anzuſtellen und
zu entlaſſen oder wenigſtens einen Einfluß auf deren An=
ſtellung und Entlaſſung ausübte und ſodann darauf, daß
der Zuſchneider neben ſeiner handwerksmäßigen Thätigkeit
zugleich auch „kommerzielle“ Dienſte leiſtete.

Urteil des I. Civilſenats vom 13. Mai 1898 in Sachen
Dietz gegen Lang.

44.

**Anerkenntnisurteil; ein ſolches iſt nicht zu erlaſſen,
wenn der beantragte Ausſpruch keinerlei Rechts=
wirkung hätte.**

Klägerin hat mit ihrem nunmehrigen Ehemann gegen
ihr durch einen Pfleger vertretenes Kind aus ihrer erſten,
geſchiedenen Ehe Klage erhoben mit dem Antrag: feſtzuſtellen,
daß der Beklagte kein aus der Ehe der Mitklägerin mit

1) Vgl. hiezu Entſcheidung d. R.G. in Seuff. Arch. Bd. 44 nr. 45.

ihrem ersten Ehemann stammendes, vielmehr ein mit dem mitklagenden zweiten Ehemann erzeugtes Kind sei. Der Prozeßbevollmächtigte des Beklagten hat erklärt, er erkenne den erhobenen Anspruch an; Kläger haben darauf in erster Linie ein Urteil auf Grund Anerkenntnisses beantragt. Die Klage der Klägerin ist abgewiesen worden, der Klage des Ehemanns ist im Wesentlichen — jedoch nicht durch Anerkenntnisurteil — entsprochen worden:

Gründe:

Dem Antrag der Kläger, den Beklagten seinem Anerkenntnis gemäß (nach § 278 C.P.O.) zu verurteilen, konnte nicht entsprochen werden. Man kann zugeben, daß das im Klagantrag gestellte Verlangen einen „Anspruch" im Sinn der Civilprozeßordnung darstellt (vergl. § 230 Abf. 2 3. 2 C.P.O.). Aber die Gerichte sind nicht verpflichtet und nicht berechtigt, jedem in einer Klage gestellten Begehren mittels Urteils dann zu entsprechen, wenn der Beklagte dieses Begehren, diesen „Anspruch" anerkennt; vielmehr ergiebt sich aus der Natur der den Gerichten gestellten Aufgabe eine Schranke ihrer Urteile dahin, daß sie keinen Spruch zu erlassen befugt sind, der nach seinem Inhalt keinerlei Rechtswirkung hervorbringen könnte — mögen auch beide Parteien einen solchen Spruch verlangen. Ein Urteil z. B. dahin, daß sich zwischen irgend welchen dritten Personen ein gewisser Vorgang zugetragen habe oder daß zwischen beliebigen dritten Personen ein die Parteien nicht berührendes Rechtsverhältnis bestanden habe oder bestehe, wäre abzulehnen, auch wenn der Beklagte einen darauf gerichteten Antrag („Anspruch") des Klägers „anerkannt" hätte.

Schon von diesem Gesichtspunkt aus kann der Klage der Mitklägerin nicht entsprochen werden, trotz dem Anerkenntnisse des Beklagten. Denn ein in einem Rechtsstreit zwischen Mutter und Kind ergehendes Urteil dahin, daß das Kind nicht vom ersten, sondern vom zweiten Mann der Mutter erzeugt sei (und daher den Familiennamen des zweiten Manns zu tragen habe), würde aller und jeder Rechtswirkung ent-

behren: das Rechtsverhältnis zwischen Mutter und Kind bleibt
völlig das gleiche, mag das Kind vom ersten oder vom zweiten
Mann erzeugt sein; für das Rechtsverhältnis des Kinds zum
einen wie zum andern Ehemann der Mutter aber wäre der
beantragte in einem Prozeß zwischen Mutter und
Kind ergehende Ausspruch rechtlich durchaus bedeutungs=
los. Die Klage der Mitklägerin war daher abzuweisen, weil
ein dieser Klage entsprechendes Urteil rechtlich inhaltslos wäre.

Sodann ist aber ein Urteil auf Grund Anerkennt=
nisses nicht möglich, soweit es sich um Feststellung des Fa=
milienstands einer Person handelt. (Dies wird näher aus=
geführt, diese Ausführung hat aber angesichts der vom 1. Ja=
nuar 1900 an geltenden Bestimmung der (neuen) §§ 640 ff.
E.P.O. kein erhebliches Interesse mehr; ebensowenig — an=
gesichts der §§ 1593 ff. B.G.B. — die Ausführung, daß
nach dem derzeit in Württemberg geltenden Recht der mit=
klagende Ehemann berechtigt ist, die Feststellung zu verlangen,
daß der Beklagte sein Kind ist.)

Urteil des I. Civilsenats vom 23. Dezember 1898 in
Sachen Röder gegen Schäfer.

45.

**Umfang der Rechtskraft eines Urteils und der Fest=
stellung einer Forderung in einem Konkurs.**

Durch Vertrag vom 10. August 1892 hat Kläger sein
Anwesen in E. im Anschlag von 10 000 M. gegen ein Hof=
gut des Beklagten in E. im Anschlag von 25 000 M. ver=
tauscht, wobei er sich verpflichtete, dem Beklagten ein Auf=
geld von 15 000 M. in Zielern zu bezahlen. Beklagter hatte
das Hofgut, das früher einem G. H. gehört hatte, in dessen
Konkurs, wo es zu 24 279 M. angeschlagen war, um 14 800 M.
erkauft und vor dem Tausch mit dem Kläger ein darauf
ruhendes Wohnungsrecht um 1700 M. abgelöst. Noch 1892
hat Kläger gegen den Beklagten Strafanzeige wegen Betrugs
erstattet, weil ihm Beklagter vor Abschluß des Tauschs vor=

gespiegelt habe, eine in Wirklichkeit nicht zu dem Hofgut gehörige Wiese im Wert von 2000 M. gehöre zum Gut und
dieses habe ihn selbst 24 279 M. gekostet. Das Strafverfahren endete mit Freisprechung des Beklagten. Nunmehr
erhob Kläger gegen den Beklagten Klage auf Aufhebung des
Tauschs, in zweiter Linie auf Minderung des Aufgelds um
2000 M. Diese Klage stützte Kläger ausschließlich auf die
Behauptung, es sei ihm eine fremde Wiese als zum Gut gehörig bezeichnet worden; daß Beklagter als den von ihm für
das Gut bezahlten Kaufpreis die Summe von 24 279 M.
genannt habe, erwähnte Kläger mit der Erklärung, daß er
hieraus für diesen Rechtsstreit keinen Klagegrund entnehme.
Es wurde nach dem vom Kläger in zweiter Linie gestellten Antrag erkannt, woneben auf Widerklage des Beklagten Kläger zur Bezahlung der verfallenen Raten des Aufgelds verurteilt wurde.

Am 3. Januar 1895 ist auf Antrag des Klägers das
Konkursverfahren über sein Vermögen eröffnet worden; im
Konkurs hat Beklagter seine Aufgeldsforderung von (15 000
minus 2000) 13 000 M. nebst Zinsen und Kosten, zusammen
14 610 M. 15 Pf. angemeldet; im Prüfungstermin, dem der
Kläger nicht angewohnt zu haben scheint, ist die Forderung
des Beklagten, soweit sie nicht mit Absonderungsrecht zur
Befriedigung gelangte, festgestellt worden. Das Konkursverfahren wurde gemäß § 190 K.O. eingestellt. Im April 1895
ist auf Antrag des Beklagten wegen dessen Aufgeldsforderung
Zwangsvollstreckung in das unbewegliche Vermögen des Klägers verfügt worden; in diesem Verfahren hat Beklagter das
ganze mehrerwähnte Hofgut um 14 000 M. ersteigert und
zugeschlagen erhalten. Nunmehr erhob Kläger abermals Klage
gegen den Beklagten auf Bezahlung von 14 000 M. Schadensersatz, die er auf die Behauptung stützte, Beklagter habe ihn
zu dem Vertrag vom 10. August 1892 dadurch bestimmt, daß
er ihm vorgespiegelt habe, ihn selbst habe das Gut 24 270 M.
gekostet und er habe noch 3000 M. hineingebaut. Beklagter
hat der Klage u. a. die Einrede entgegengesetzt, daß über

den erhobenen Anspruch schon rechtskräftig entschieden sei.
Die Klage ist abgewiesen, über diese Einrede aber in den
Gründen
des Berufungsurteils bemerkt worden:
Der Ansicht des vorigen Richters, die Klage sei unstatthaft, weil über den erhobenen Anspruch bereits rechtskräftig
entschieden sei, vermochte man nicht beizutreten. Eine solche
Entscheidung könnte gefunden werden wollen einmal in dem
im Vorprozeß der Parteien ergangenen Urteil, sodann in der
Feststellung der Aufgeldsforderung des Beklagten im Konkurs
des Klägers.
Was nun zunächst die Feststellung anlangt, so steht durch
sie gemäß § 152 Abs. 2 K.O. rechtskräftig gegenüber dem
Kläger, der die Forderung im Prüfungstermin nicht bestritten
hat, fest, daß dem Beklagten gegen den Kläger eine Aufgeldsforderung von 14610 M. 15 Pf. aus dem fraglichen Tauschvertrag damals zustand und ebendamit, daß dieser Tauschvertrag zu Recht besteht. Damit sind aber dem Kläger keineswegs die etwaigen selbständigen Gegenforderungen aberkannt,
mit denen er gegen die Aufgeldsforderung hätte aufrechnen
können. Als eine solche selbständige Gegenforderung stellt
sich aber auch die vom Kläger im gegenwärtigen Prozeß geltend gemachte dar. Sie wurzelt zwar ebenfalls in dem Tauschvertrag, dessen Rechtsgiltigkeit — wie bemerkt — rechtskräftig
feststeht; aber sie ist mit dieser Rechtsgiltigkeit nicht unverträglich (wie dies allerdings der im Verfahren vor dem Landgericht in erster Linie erhobene Anspruch auf Aufhebung
des Tauschvertrags war). Denn eine solche Schadensersatzforderung läßt die aus dem Vertrag entspringende Forderung
des Gegners auf Erfüllung an sich unberührt, mindert nicht
etwa ohne weiteres den Betrag dieser Forderung; der Kläger
stellt sich — was er darf — auf den Standpunkt, daß der
Tauschvertrag trotz des angeblich betrüglichen Verhaltens des
Beklagten bei Abschluß des Vertrags zu Recht besteht und
fordert nur Ersatz des Schadens, den er durch dieses Verhalten des Beklagten erlitten haben will. Damit aber, daß

die Rechtsgiltigkeit des Tauschvertrags feststeht, ist nicht zugleich festgestellt, daß dem Kläger keine (von ihm nicht geltend gemachten) Forderungen aus dem Vertrag gegen den
Beklagten zustehen, mit denen er gegen die Forderung des
Beklagten hätte aufrechnen können; aus allgemeinen Rechtsgrundsätzen folgt nicht, daß die spätere Geltendmachung von
Gegenforderungen im Wege der Klage ausgeschlossen ist, die
in einem früheren Prozeß im Weg der Aufrechnung hätten
geltend gemacht werden können, und eine positive Gesetzesvorschrift dieses Inhalts besteht nicht.

Ist aber die nunmehr eingeklagte Schadensersatzforderung dem Kläger nicht aberkannt oder ihre Geltendmachung
ausgeschlossen, so ist Kläger an der Erhebung der jetzt von
ihm angestrengten Klage durch die erwähnte Feststellung im
Konkurs nicht gehindert. Zwar könnte er, wenn das Konkursverfahren durchgeführt worden wäre, diese Forderung
wohl nur geltend machen, wenn sie ihm zur eigenen Geltendmachung überlassen worden wäre[1]); da aber das Konkursverfahren auf Grund des § 190 K.O. e i n g e s t e l l t worden
ist, kann das nachträgliche Auftauchen einer angeblichen Forderung des Gemeinschuldners nicht zu einer N a c h t r a g s -
v e r t e i l u n g führen, sondern nur etwa einen erneuten Antrag auf Konkurseröffnung veranlassen, die Legitimation zur
Erhebung der gegenwärtigen Klage fehlt also dem Kläger nicht.

Durch das Urteil im Vorprozeß der Parteien ist rechtskräftig festgestellt worden, einmal, daß infolge der Täuschung
des Klägers über die Zugehörigkeit einer gewissen Wiese zu
dem H.'schen Anwesen dem Kläger kein Anspruch auf Aufhebung des Tauschvertrags, wohl aber ein solcher auf Minderung des Aufgelds um 2000 M. zusteht, sodann daß dem
Beklagten ein Anspruch auf die verfallenen Raten des Aufgelds zusteht. Daß durch letzteren Ausspruch eine vom Kläger
(und damaligen Widerbeklagten) nicht geltend gemachte Gegenforderung nicht aberkannt oder deren spätere Geltendmachung
ausgeschlossen ist, folgt aus dem unter Ziff. 1 Ausgeführten.

--
1) vgl. §§ 5. 151 Abs. 2 K.O. W.J.B. Bd. 8 S. 335 ff.

Fraglich kann aber erscheinen, ob Kläger noch einen Schadensersatzanspruch wegen Betrugs gegen den Beklagten erheben
kann, nachdem er schon im Vorprozeß einen solchen in Gestalt eines Anspruchs auf Minderung des Aufgelds erhoben
hatte. In dieser Beziehung ist zunächst außer Zweifel, daß
Kläger nicht auf d i e s e l b e betrügliche Vorspiegelung, auf
die er seinen früheren Anspruch gestützt hatte — die angebliche Zugehörigkeit einer fremden Wiese zu dem H.'schen Anwesen —, nunmehr abermals einen Schadensersatzanspruch
gründen kann. Dagegen erscheint es zulässig, daß Kläger
einen solchen Anspruch auf a n d e r e angebliche betrügliche
Vorspiegelungen des Beklagten stützt, die er im Vorprozeß
nicht, jedenfalls nicht als Klagegrund, geltend gemacht hatte,
also insbesondere auf die Behauptung, Beklagter habe ihn
über den seinerseits für das H.'sche Anwesen bezahlten Kaufpreis getäuscht.

Nach § 293 Abs. 1 C.P.O. sind Urteile der Rechtskraft
nur in s o weit fähig, „als über den durch die Klage oder durch
die Widerklage erhobenen A n s p r u c h entschieden ist". Der
jetzt erhobene Anspruch auf Bezahlung einer Schadensersatz-
summe von 14000 M. ist nun nicht der gleiche Anspruch,
wie der im Vorprozeß erhobene auf Bezahlung oder Nachlaß von 2000 M. Er stützt sich auf a n d e r e betrügliche
Vorspiegelungen als der letztgenannte Anspruch, aus denen
der Kläger a n d e r e Rechte für sich ableitet, als er aus der
Vorspiegelung in Betreff der Wiese gethan hat. Wenn auch
vielleicht der Klagegrund, je nachdem man diesen Begriff auffaßt, in beiden Prozessen derselbe ist, so können doch aus
einem und demselben Klagegrund mehrfache Ansprüche abgeleitet werden; wenn sich daher vielleicht auch sagen ließe,
Klagegrund sei im jetzigen wie im Vorprozeß „die Mangel-
haftigkeit des durch die Lüge des Beklagten veranlaßten
rechtsgeschäftlichen Willensentschlusses" des Klägers, so ist
doch der durch die im Vorprozeß behandelte Vorspiegelung
erwachsene Schaden ein anderer als derjenige, der durch die
im gegenwärtigen Prozeß in Betracht kommenden angeblichen

betrüglichen Vorspiegelungen des Beklagten entstanden wäre, und deshalb der jetzt erhobene Anspruch des Klägers verschieden von dem im Vorprozeß erhobenen. Kläger hat zwar schon im Vorprozeß die Behauptung aufgestellt, Beklagter habe ihn über den seinerseits bezahlten Kaufpreis getäuscht, er hat aber hieraus für den damaligen Rechtsstreit keinen Klagegrund entnehmen zu wollen erklärt; über den aus solcher Täuschung etwa abzuleitenden Anspruch ist somit noch nicht entschieden.

Nach all dem liegt eine rechtskräftige Entscheidung, die der nunmehrigen Klage entgegenstünde, bisher nicht vor.

Urteil des I. Civilsenats vom 7. Januar 1899 in Sachen Fischer gegen Gutmann.

46.

Zu § 276 C.P.O.[1]

In der Klage war in erster Linie der Antrag gestellt, zu erkennen, Beklagter sei schuldig, den Kläger gegen Rückgabe des ihm vom Kläger abgekauften Hauses den dafür gewährten Kaufpreis von 78000 M. zurückzuerstatten, in zweiter Linie war auf Minderung des Kaufpreises geklagt. Beklagter hat den Klaganspruch nach Grund und Betrag bestritten und insbesondere geltend gemacht: die Klage berücksichtige nicht, daß Kläger seit 1. Juli 1897 aus dem Wirtschaftsbetrieb in dem erkauften Hause (einer Wirtschaft) Nutzen gezogen habe. Die hierauf sich gründenden Ansprüche hat Beklagter vorläufig nicht näher bezeichnet. Die Civilkammer hat durch ein als Zwischenurteil gemäß § 276 C.P.O. bezeichnetes Urteil erkannt: die zwischen den Parteien über das fragliche Haus abgeschlossenen Kaufverträge seien nichtig. Auf Berufung des Beklagten ist dieses Zwischenurteil aufgehoben und die Sache zur weiteren Verhandlung und Entscheidung an die Civilkammer zurückverwiesen worden aus folgenden

---

1) Neue Fassung § 304.

Gründen:

Ein Zwischenurteil nach § 276 C.P.O. ist nur zulässig, wenn über den Grund des Anspruchs vollständig entschieden werden kann und entschieden wird und außer dem Betrage nichts mehr zu entscheiden bleibt [1]. Im vorliegenden Fall ist vom Landgericht eine Entscheidung aus § 276 erlassen nur über den ersten von zwei geltend gemachten Ansprüchen und zwar von solchen, die hintereinander geltend gemacht sind. Trotz dieses Verhältnisses der beiden Ansprüche [2] kann dies gerechtfertigt erscheinen, da durch die getroffene Entscheidung der zweite Anspruch miterledigt ist, insofern er für den Fall, daß der erste für begründet erklärt wird, gar nicht als erhoben gelten soll.

Dagegen ist auch über den Grund des in erster Linie geltend gemachten Anspruchs zunächst dem Wortlaut der Entscheidung nach nicht voll entschieden, denn zur Begründung eines Rückforderungsanspruchs des Klägers ist jedenfalls das Zutreffen noch weiterer Voraussetzungen erforderlich, als derjenigen der Nichtigkeit von Vereinbarungen. Diese letztere ist aber im vorliegenden Fall allerdings die wesentlichste Voraussetzung und die Entscheidung über sie könnte als Entscheidung über den vollen Grund des klägerischen Anspruchs dann angesehen werden, wenn die sonstigen zu seiner Rechtfertigung dem Grunde nach erforderlichen Voraussetzungen als selbstverständlich mitvorhanden anzunehmen oder als unbestritten keiner, wenigstens keiner materiellen, Entscheidung bedürftig wären. Das letztere könnte angenommen werden für die Voraussetzung des Rückforderungsanspruchs, daß der Kläger Leistungen auf Grund des Kaufvertrags an den Beklagten gemacht haben muß. Die Entscheidung des Landgerichts könnte mit Rücksicht darauf dem Sinne nach dahin aufgefaßt werden: „Der Beklagte ist verpflichtet, an den Kläger zurückzuerstatten, was dieser auf Grund der bezeich-

[1] zu vergl. u. a. R.G. 31 S. 802. R.G. 35 S. 414. Gaupp C.P.O. 3te Aufl. zu § 276 Bem. I.
[2] zu vergl. Pland C.P.Recht § 140 I B 4b Bd. II S. 497.

nelen Kaufverträge an den Beklagten geleistet hat"[1]).

Der Beklagte soll jedoch nur gegen Leistungen auch des Klägers hiezu verpflichtet oder nicht zur vollen Rückerstattung des Geleisteten verpflichtet sein, wie teils zugegeben, teils jedenfalls geltend gemacht ist. Wenn diese Beschränkungen zutreffen, so geht die eben angeführte, der Rechtskraft fähige Entscheidung über den Anspruch zu weit. Es ist daher, ehe diese Entscheidung getroffen wird, zu prüfen, ob sie zutreffen oder nicht, und im ersteren Fall wäre mindestens die Beschränkung mit auszusprechen. Die eine Beschränkung, daß der Beklagte nur gegen Rückgabe des von ihm dem Kläger übergebenen Hauses und wohl auch der übergebenen Wirtschaftsfahrnis zu leisten verpflichtet ist, wird vom Kläger selbst angeführt und kann als unbestritten und hieburch erledigt gelten, könnte auch in der erwähnten Fassung der Entscheidung durch den Beisatz angebracht werden: „gegen Rückgabe der Leistungen des Beklagten aus dem Kaufvertrage".

Das Berufungsgericht hat aber insbesondere Anstand genommen an der weiteren vom Beklagten geltend gemachten Beschränkung des klägerischen Anspruchs, daß auch der aus dem Wirtschaftsbetrieb vom Kläger inzwischen gezogene Nutzen erstattet oder abgezogen werden solle. Ob der Kläger hiezu verpflichtet ist oder nicht, ist nicht entschieden, als unbestritten oder selbstverständlich kann ein solcher Abzug auch nicht angesehen werden, vielmehr ist diese behauptete Verpflichtung des Klägers, die seinen fraglichen Anspruch beschränken würde, sowohl dem Grund als dem Betrage nach ungewiß und noch gar nicht näher erörtert.

Bei solchen Beschränkungen, die nur den Betrag des Anspruchs, nicht seinen Bestand zu beeinflussen scheinen, indem, wie hier, der volle Betrag des Anspruchs durch die Beschränkung jedenfalls nicht erreicht wird, könnte man der Ansicht sein, die Beschränkung, z. B. eine als Einrede geltend gemachte Gegenforderung von jedenfalls geringerem Betrag, dürfe auch ihrem Grunde nach bei einem Urteil aus § 276

1) zu vergl. Entsch. des R.G. Bd. 39 S. 390.

C.P.O. zunächst dahin gestellt und der Entscheidung über
den Betrag vorbehalten bleiben. Aber eine derartige Tren-
nung entspricht nicht dem Sinne der Bestimmungen der C.P.O.
Aus den Vorschriften über das Teil-Urteil § 274, 273 ergibt sich, daß außer den dort vorgesehenen besonderen Fällen,
die hier jedenfalls nicht zutreffen, sogar einredeweise geltend
gemachte Gegenforderungen, die aufrechnungsfähig sind, also
unter Umständen nur einen Teilbetrag des Anspruchs beeinflussen und sich so mehr als andere Einreden gegen den fraglichen Anspruch zu selbständiger Behandlung eignen würden,
offenbar mit Rücksicht auf die wünschenswerte Einheitlichkeit
der Entscheidung nicht durch Abtrennung des Klag-Anspruchs
zu rechtskräftig werdender Sonderentscheidung von dem Klaganspruch getrennt werden dürfen. Dagegen ist für solche
und andere Einreden, „Verteidigungsmittel", die Absonderung
nach § 275 C.P.O. vorgesehen.

Schon vermöge dieser Bestimmungen der §§ 274, 273
C.P.O. ist auch für § 276 davon auszugehen, daß bei einem
Urteil auf Grund dieses § nicht noch eine einredeweise geltend gemachte Gegenforderung und noch weniger ein sonstiges
gegen den fraglichen Anspruch vorgebrachtes Verteidigungsmittel im Streit bleiben und dadurch getrennt von der sonstigen rechtskräftig werdenden Entscheidung (über den Grund
des Anspruchs) zur Entscheidung gelangen soll, vielmehr ist
der Sinn des § 276 C.P.O. auch nach dem oben über seine
Bedeutung Ausgeführten der, daß der ganze Streitstoff, die
Gesamtheit der Angriffs- und Verteidigungsmittel erledigt
sein muß bis auf den Betrag, der sich ergiebt, indem die
Entscheidung „über den Grund" im Einzelnen angewendet wird.[1])

Da nun der mehrerwähnte Einwand des Beklagten bei
der Entscheidung unentschieden bleiben würde, kann diese
nicht gemäß § 276 C.P.O. ergehen und ist unzulässiger Weise

1) zu vgl. Planck C.P.Recht § 140 I B 4 b Bd. II S. 437 u. 438
Gaupp, C.P.O. zu § 276 Bem. I, Jurist. Wochenschrift 1893 S. 379,
1896 S. 690, Grichol Beiträge Bd. 34 S. 347.

auf Grund dieser Bestimmungen vom Landgericht getroffen
worden. Es könnte sich fragen, ob die Entscheidung des
Landgerichts nicht als Zwischenurteil des § 273 C.P.O. bestehen bleiben kann. In diesem Fall wäre die Berufung
nach § 497 C.P.O. als unzulässig zu verwerfen. Nach fest-
stehender Rechtsprechung[1]) ist jedoch die Erlassung des Urteils gemäß § 276 C.P.O., wenn sie auch unrichtig ist, genügend[2]) für die Zulässigkeit der Berufung und es bleibt
nichts anderes übrig, als das Urteil wegen wesentlichen
Mangels im Verfahren, bestehend in Anwendung des § 276
C.P.O., gemäß § 501 C.P.O. aufzuheben und die Sache zu
weiterer Verhandlung und Entscheidung an das Landgericht
zurückzuverweisen.

Urteil des I. Civilsenats vom 17. Januar 1899 in Sachen
Schlerath gegen Günther.

_____

1) zu vgl. Entsch. des R.G. Bd. 7 S. 420. Bd. 81 S. 362, Jurist. Wochenschrift 1898 S. 46 No. 8.

2) vgl. R.G. Bd. 39 S. 891.

B. in Straffachen.

C.

Gehört zum gefetzlichen Begriff des Geheimmittels, daß seine Zusammensetzung allgemein unbekannt ist?

Diese Frage hat der Straffenat verneint mit folgender Begründung:

Die württembergische Gesetzgebung hat zwar nach der Begründung des Entwurfs eines Gesetzes, betreffend die Abänderung des Polizeiftrafrechts, zu Art. 28 a (Verhandlungen der Kammer der Abgeordneten 1895/97 Beil. Bd. 5 S. 298 f.) ausdrücklich von der Feststellung dieses Begriffs abgesehen und auf die bisherige, den praktischen Bedürfnissen des Lebens entsprechende Auslegung des Wortes Geheimmittel in anderen Gesetzen und Verordnungen seitens der Gerichte hingewiesen, daneben in Rücksicht auf mögliche zweifelhafte Fälle in dem nunmehrigen § 28 a des Pol.Str.Gef. das K. Ministerium des Innern ermächtigt, auch andere Stoffe und Zubereitungen, die zur Verhütung oder Heilung von Menschen- und Tierkrankheiten zu dienen bestimmt sind, den Geheimmitteln gleichzustellen.

Ist hiemit bezüglich dieses Begriffs eine gewisse Unsicherheit und damit in besonderer Weise die Notwendigkeit gegeben, nach den Umständen des einzelnen Falles zu prüfen, ob und inwiefern ein Geheimmittel vorliege, so läßt doch die Entstehungsgeschichte des Art. 28 a des Pol.Str.Gef. in Verbindung mit der sonstigen Anwendung und Auslegung dieses Begriffs keinen Zweifel, daß er das behauptete einschränkende

Merkmal nicht enthält.

In der angeführten Begründung zum Art. 28 a des Pol.Str.Ges. sind Geheimmittel als „solche angebliche Heilmittel bezeichnet, aus deren Namen sich ihre Natur und Beschaffenheit nicht erkennen läßt oder welchen fälschlicherweise besondere Wirkungen zugeschrieben werden". In dem Kommissionsbericht der Abgeordnetenkammer (daselbst 1895/98 Beil. Bd. 7 S. 491) bemerkt der Berichterstatter: „Geheimmittel nennt man vorzugsweise die in betrügerischer Absicht verkauften wirklichen oder angeblichen Arzneimittel". In der Verhandlung der Abgeordnetenkammer erklärte der Berichterstatter (das. Prot. Bd. 6 S. 3564): „der Begriff Geheimmittel ist freilich ein etwas vager; man kann unter Geheimmittel etwas zulässiges verstehen. Arzneimittel oder angebliche ärztliche Heilmittel, deren Zusammensetzung geheim gehalten wird und unbekannt ist, wobei es dahin gestellt bleibt, ob nun diese Mittel wirklich eine Heilkraft haben oder nicht. In der Regel aber, und so haben es auch nach der Erklärung der Regierung die Gerichte herkömmlich aufgefaßt, versteht man darunter solche Heilmittel, die fälschlich als solche ausgegeben werden oder deren Natur und Wirksamkeit aus ihrem Namen gar nicht erkannt werden, die gewöhnlich auch marktschreierisch angepriesen und zu Preisen feilgeboten werden, die weit über den wirklichen Wert hinausgehen". Der Staatsminister des Innern bezeichnete in dieser Verhandlung (das. S. 3566) die Geheimmittel kurz als „diejenigen Mittel, deren Zusammensetzung nicht allgemein bekannt ist". Diese Bezeichnung nahm der Berichterstatter der Kammer der Standesherrn sowohl in dem Kommissionsbericht (Verhandlungen der Kammer der Standesherrn 1895/99 Beil. Bd. 2 S. 405) als auch in der Verhandlung (das. Prot. Bd. 2 S. 677) auf. Eine weitere Erklärung über diesen Begriff ist in den ständischen Verhandlungen nicht abgegeben worden. Daß Geheimmittel nur solche Heilmittel seien, die in ihrer Zusammensetzung und Bereitungsweise überhaupt d. h. allgemein geheim gehalten werden, ist hieraus nicht zu entnehmen.

Hiemit stehen auch die früheren württembergischen Be=
stimmungen im Einklang. Die Ziff. 1 der Verfügung des
K. Ministeriums des Innern vom 31. Oktober 1837, be=
treffend den Verkauf von ärztlichen Geheimmitteln, (Reg.Bl.
S. 551) sagt zwar: „Als ärztliches Geheimmittel ist jedes
zum innerlichen oder äußerlichen Gebrauche für Menschen
oder Tiere bestimmte Heilmittel zu betrachten, dessen Natur,
Zusammensetzung oder Bereitung ganz oder teilweise geheim
gehalten werden". Nach Ziffer 3 aber ist dem Gesuch um
die Erlaubnis des Verkaufs eines ärztlichen Geheimmittels
eine Probe und genaue Beschreibung des Mittels beizulegen
und nach Ziff. 4 ist diese Erlaubnis erst nach der Erkennung
der Wirksamkeit des Mittels zu erteilen. Gleichwohl wird
in Ziff. 6 und im Schlußsatz auch nach erteilter Erlaubnis
ein solches der Behörde genau beschriebene und von dieser
untersuchte Heilmittel als Geheimmittel bezeichnet. Auch dies
weist darauf hin, daß für den Begriff des Geheimmittels
nicht das Geheimhalten seiner Beschaffenheit gegenüber den
Behörden, also nicht das Geheimhalten „überhaupt" und im
allgemeinen wesentlich ist, sondern das Geheimhalten gegen=
über dem Publikum.

So wenig für das Publikum ein Heilmittel aufhört,
Geheimmittel zu sein, weil seine Beschaffenheit einer Behörde
bekannt gegeben worden ist, ebensowenig ist dies der Fall,
wenn sonst irgendwo und irgendwann diese Beschaffenheit
mitgeteilt worden ist, und mitgeteilt wird. Indem vielmehr
der Art. 28 a des Pol.Str.Ges. dem Geheimmittelunwesen
namentlich in der öffentlichen Ankündigung der Geheimmittel
entgegentreten will, so erscheint nach ihm als Geheimmittel
jedes Heilmittel, das nicht gerade bei seiner Ankündigung
nach seiner Beschaffenheit vom Publikum erkannt werden
kann. Ist die Beschaffenheit eines Heilmittels nicht schon
aus seinem Namen zu entnehmen oder ist ein Heilmittel unter
seinem Namen nicht auch nach seiner Beschaffenheit allge=
mein bekannt, so erscheint dasselbe als Geheimmittel, wenn
bei seiner Ankündigung seine Beschaffenheit, namentlich sein

Stoff oder seine Stoffe, deren Zusammensetzung und Mengeverhältnisse nicht angegeben sind. Daß im einzelnen Fall infolge der geeigneten Angaben ein Heilmittel nicht als Geheimmittel zu behandeln ist, das ohne diese Angaben als Geheimmittel erscheint, ist kein Widerspruch, sondern folgt aus der Natur der Sache.

In Uebereinstimmung hiemit steht auch die deutsche Rechtsprechung, wie sie neuerdings in dem Aufsatz von Kronecker, die Geheimmittelfrage, deutsche Juristenzeitung Bd. 3 S. 295 ff. dargelegt ist.

Urteil des Strafsenats vom 14. Juni 1899 in der Strafsache gegen Viktor Krämer und Gen.

7.

Anwendung des § 328 St.G.B. auf die Verletzung von Absperrungs- und Aufsichtsmaßregeln, welche im Viehseuchengesetze selbst getroffen sind.

Die Strafkammer hat den Angeklagten, der entgegen der Vorschrift der §§ 9 Abs. 1 und 65 Ziff. 2 des Reichsgesetzes vom $\frac{23.\ \text{Juni } 1880}{1.\ \text{Mai } 1894}$ betreffend die Abwehr und Unterdrückung von Viehseuchen (Reichsgesetzblatt von 1894 S. 410 ff.) von dem Ausbruch der Maul- und Klauenseuche unter seinem Viehstande nicht binnen 24 Stunden, sondern erst einige Tage nach erlangter Kenntnis Anzeige bei der Ortspolizeibehörde erstattet, auch das erkrankte Vieh zum Tränken an den Ortsbrunnen, wo auch anderes Vieh getränkt wurde, geführt hat, trotz der gegen den Angeklagten erfolgten Feststellung der wissentlichen Verletzung der zur Unterdrückung der Viehseuchen im Inlande erlassenen Vorschrift des § 9 Abs. 1 vergl. mit § 10 Ziff. 4 und § 65 Ziff. 2 des erwähnten Gesetzes unter Ablehnung der Anwendung des § 328 St.G.B. nur wegen Uebertretung im Sinne des § 65 Ziff. 2 des genannten Reichsgesetzes verurteilt.

Auf die Revision der Staatsanwaltschaft ist das Urteil

der Strafkammer aufgehoben worden aus folgenden
Gründen:

Die Ansicht, daß § 328 des St.G.B. eine von einer zuständigen Behörde erlassene Absperrungs= und Aufsichtsmaß=
regel voraussetze, bei Verletzung der im Viehseuchengesetze
selbst getroffenen Maßregeln dieser Art aber nicht Platz greifen
könne, beruht auf einer irrtümlichen Auslegung des § 328
St.G.B., wie sie sich auch in den — für die Auslegung des
viel älteren St.G.Bs. übrigens selbstredend nicht als Aeuße=
rung eines der gesetzgebenden Faktoren in Betracht kommen=
den und verwertbaren — Motiven zu den Strafbestimmungen
des Viehseuchengesetzes (Stenogr. Ver. des Reichstags 4. Le=
gislaturperiode III. Seff. 1880, Bd. 3. Anl. S. 422) findet
und auch sonst Aufnahme gefunden hat. Allerdings spricht
§ 328 St.G.B. von Absperrungs= oder Aufsichtsmaßregeln
oder Einfuhrverboten, welche zur Verhütung des Einführens
oder Verbreitens von Viehseuchen „von der zuständigen Behörde" angeordnet worden sind und es können bei diesem
Wortlaute wohl Zweifel über die Frage entstehen, ob auch
gesetzliche, insbesondere die in dem Viehseuchengesetz enthaltenen, zur Verhütung der Einschleppung oder Verbreitung
von Viehseuchen getroffenen Anordnungen unter die in § 328
gemeinten Anordnungen zu zählen seien.

Nun kann zugegeben werden, daß, wenn auch die gesetzgebenden Faktoren des Reiches: Bundesrat, Reichstag und
Kaiser die Eigenschaft von Organen des Reichs haben und
in diesem Sinne den mit gewissen staatlichen Aufgaben be-
trauten sonstigen Organen des Staates, den Behörden, gleich-
stehen, es immerhin etwas Gezwungenes an sich trägt, auch
den Gesetzgeber als eine Behörde im Sinn des § 328 St.G.B.
anzusehen. Ebenso ist einzuräumen, daß die Entstehungs=
geschichte des § 328 St.G.B. keinen Grund für die Annahme
an die Hand giebt, daß bei der Ersetzung der im Entwurf
vorgeschlagenen Fassung, welche ihrerseits abweichend von
dem eine Anordnung der „Regierung" verlangenden § 307
preuß. St.G.B. eine Anordnung der „Landespolizeibehörde"

als Vorausſetzung aufſtellte, durch den allgemeinen, in das
Geſetz übergegangenen Ausdruck „zuſtändige Behörde" auch
an eine künftighin von der Geſetzgebung ſelbſt getroffene
Anordnung gedacht worden wäre. Faßt man jedoch den
klaren Zweck der ganzen Vorſchrift des § 328 ins Auge, ſo
kann unmöglich angenommen werden, daß auf den Ausdruck „Behörde" irgend welche Betonung zu legen ſei. Vielmehr iſt davon auszugehen, daß allen von zuſtändiger Seite
zur Verhütung der Einſchleppung und Verbreitung von Viehſeuchen getroffenen Anordnungen Folge geſichert werden ſollte.
Die Zuſtändigkeit zum Erlaß einer ſolchen Anordnung iſt
das weſentliche Erfordernis ihrer Rechtsverbindlichkeit und
der Strafbarkeit einer trotz ihrer Kenntnis geſchehenen Zuwiderhandlung. Daß aber dem Geſetzgeber ſelbſt in aller-
erſter Linie die Zuſtändigkeit zu Anordnungen der bezeichneten
Art zukommen muß, kann einem begründeten Zweifel nicht
unterliegen, wie ja auch die Befugnis anderer ſtaatlicher
Organe, ſolche Maßnahmen mit der nachdrücklichen Folge
der kriminellen Strafbarkeit des Zuwiderhandelns zu treffen,
nur als eine aus dem Rechte des Geſetzgebers abgeleitete,
ihnen vom Geſetzgeber übertragene anzuſehen iſt. Durch die
Ermächtigung einer Behörde zum Erlaß ſolcher Anordnungen
hat ſich der Geſetzgeber ſeines Rechtes, in gleicher Richtung
Maßregeln von ſich aus zu treffen, nicht begeben, und wenn
er von dieſem Rechte Gebrauch machend in der Folge ein
die Abwehr und Unterdrückung von Viehſeuchen bezweckendes
Geſetz erlaſſen und darin die ihm zur Erreichung des an-
geſtrebten Zweckes beſonders wichtig und hauptſächlich geeignet erſchienenen Abſperrungs- und Aufſichtsmaßregeln ſelbſt
angeordnet hat, ſo darf dieſen geſetzlichen Anordnungen keine
geringere Kraft und Bedeutung, kein weniger fühlbarer Nachdruck verliehen werden, als denjenigen Anordnungen zukommt,
die von einer Verwaltungsbehörde auf Grund der ihr vom
Geſetze verliehenen Ermächtigung getroffen worden ſind.
Würde man aber an dem Wortlaute des § 328 feſthaltend
die Subſumtion geſetzlicher Vorſchriften unter die in § 328

gemeinten Anordnungen als unzulässig ausschließen, so müßte
dies zu dem unhaltbaren Ergebnis führen, daß die wissent=
liche Verletzung eines im Viehseuchengesetz enthaltenen Ge=
botes oder Verbotes nur als eine Uebertretung im Sinn der
§§ 65—67 dieses Gesetzes, also viel milder als die wissent=
liche Verletzung einer gleichartigen behördlichen Anordnung
zu ahnden wäre und daß daher die Vorschriften des Gesetzes
erst dadurch den erforderlichen Nachdruck erlangen würden,
daß ihnen durch die zuständige Behörde, unter Umständen also
der Bezirkspolizeibehörde, mittels einer der gesetzlichen Vorschrift
gleichen Anordnung gewissermaßen die Sanktion erteilt würde.

Um einen solchen unerträglichen Rechtszustand, der, wenn
er bestünde, sofortige gesetzliche Abhilfe erfordern würde, als
vorhanden anzunehmen, müßten zwingende Gründe vorliegen.
Solche können aber in dem Gebrauch des Wortes „Behörde"
in § 328 nicht erblickt werden, da aus dem gesetzgeberischen
Zwecke der Vorschrift des § 328 mit Sicherheit erhellt, daß
der Gesetzgeber, wenn er auch zunächst nur an behördliche
Anordnungen gedacht haben mag, nicht bloß diesen, sondern
allen zur Verhütung des Einführens oder Verbreitens von
Viehseuchen von zuständiger Seite getroffenen Anordnungen
durch die Strafandrohung des § 328 den erforderlichen Nach=
druck verleihen wollte.

Dem ausgeführten zufolge muß (— in Uebereinstimmung
mit Stenglein, strafrechtl. Nebengesetze, 2. Aufl. S. 299 und
den beiden Entscheidungen des R.G.E. 27, 357 und 31, 380,
denen gegenüber die früheren, eine andere Ansicht bekundende,
die Frage übrigens nur beiläufig berührende Entscheidung
des R.G.E. 6, 159 außer Betracht zu bleiben hat —) an=
genommen werden, daß § 328 St.G.B. auch bei wissentlicher
Verletzung von Absperrungs= und Aufsichtsmaßregeln, welche
in dem Viehseuchengesetze selbst angeordnet sind, Platz greife.

Urteil des Strafsenats vom 1. November 1899 in
der Strafsache gegen den Bauern Johann S. von Lichtel
Gde. Oberrimbach O.A. Mergentheim.

II.

Entscheidungen des Perwaltungsgerichtshofs.

9.

Streit über die Eigenschaft einer Quelle als öffentlichen Wassers.

Der Sachverhalt ergiebt sich aus den
Gründen:

I. Kläger beantragt zunächst: die Beklagte habe anzuerkennen, daß die sogenannte „äußere Quelle" des Längenbachs ein öffentliches Gewässer sei.

Wie beim Augenschein und in der mündlichen Verhandlung I. Instanz konstatiert wurde, entspringt, verläuft und mündet die äußere Quelle auf einem Grundstück der Beklagten. Nach konstanter Rechtsprechung des Reichsgerichts (s. Entscheidungen des Reichsgerichts Bd. 12. S. 183, Bd. 36, S. 185 und Seuffert's Archiv Bd. 47 Nr. 261) ist die auf der Erdoberfläche zu Tage tretende Quelle ebenso wie die unterirdische Wasserader *pars agri* und steht daher im Eigentum des Grundeigentümers; an der aus der Quelle in einem natürlichen oder künstlichen Rinnsal abfließenden Wasserwelle ist allerdings ein Eigentum nicht möglich, das Wasser steht jedoch, solange es das Terrain des Eigentümers der Quelle nicht verlassen hat, zu dessen freiester Verfügung und für seine öffentliche Natur innerhalb des Eigentums des Quellenbesitzers kann die Thatsache, daß es einen bestimmten längeren oder kürzeren Lauf eingehalten hat, oder besonders mächtig gewesen ist, nicht entscheidend werden. Auch Lang, Handbuch des in Württemberg geltenden Sachenrechts, lehrt in § 17

zu Not. 12 und 13, daß die Quellen stets im Privateigentum
desjenigen seien, auf dessen Grund und Boden sie entspringen,
und daß ganz kleine Quellenabflüsse, ganz unbedeutende Bäch-
lein, welche entweder kein Gerinne haben, sondern nur den
Boden versumpfen oder ein nicht bestimmtes Gerinne haben oder
doch so klein sind, daß sie ohne ganz besondere künstliche Vorrichtung keine Nutzung durch Wässerung oder als Triebkraft
gewähren, im Zweifel ebenfalls im Privateigentum desjenigen
Grundeigentümers stehen, auf dessen Grundstück sie laufen;
daneben anerkennt er aber in § 23 Ziffer 2 die Möglichkeit,
daß Quellen, die auf einem Privatgrundstück entspringen, vermöge der Stärke ihres Wasserlaufs sofort von ihrem Ursprung
an einen öffentlichen Bach bilden. Allein wenn man auch
von dieser letzteren Ansicht ausgeht (vergl. Jahrbücher der
Württ. Rechtspflege Bd. 8 S. 379 i. f.), so sind doch die
schließlich immer den Ausschlag gebenden faktischen Verhältnisse des einzelnen Falles bei der in Frage stehenden äußeren
Quelle nicht derart, daß dieselbe zu der Kategorie der öffentlichen Gewässer gezählt werden könnte.

Kläger behauptet, die Quelle breche mit solcher Mächtig-
keit aus der Erde, daß sie nicht weniger als 13 Liter Wasser
in der Sekunde zu Tage fördere und gleich mit dem Hervor-
treten einen ständig fließenden Bach bilde, der bei seiner
Mündung in den Längenbach die Hälfte des in demselben
fließenden Wassers darstelle.

Inzwischen ergab die Messung beim Augenschein eine
Ergiebigkeit der ge faß ten Quelle, die nach der Behauptung
der Beklagten mehr Wasser liefern soll, als vor der Fassung
zu Tage trat, von nur 8,4 Liter pro Sekunde. Diese Messung
soll zwar, weil bis zur Schließung der Leitung nach der Stadt
einige Sekunden verflossen, nicht vollständig genau sein, so
daß die Ergiebigkeit der Quelle eher höher als niedriger anzunehmen sei; der Wasserstand zur Zeit des Augenscheins
überstieg aber um ein Geringes den mittleren Wasserstand
und in seinem Gutachten berechnet der Sachverständige alles
aus der Quelle zu Tage tretende Wasser auf 8 Liter pro

Sekunde, während die Betriebswassermenge des oberhalb der klägerischen Fabrik gelegenen Gwinner'schen Werks zu 60 Liter pro Sekunde berechnet wurde. Die klägerische Behauptung über die Ergiebigkeit der Quelle und das Verhältnis ihrer Wassermenge zu derjenigen des Längenbachs selbst stellt sich sonach unter allen Umständen als übertrieben dar.

Es kommt aber, wie auch der Sachverständige richtig hervorhebt, für den Begriff eines Baches nicht bloß auf die Menge des Wassers, sondern wesentlich auch noch darauf an, ob das Wasser in einem beständigen Bette mit ausgesprochener Sohle und Ufern abfließe (Jahrbücher der Württ. Rechtspflege Bd. 8 S. 379), und hieran hat es bei der äußeren Quelle gefehlt, mag man nun bezüglich des früheren Zustandes der Quelle, der durch den Augenschein nicht mehr klar erhoben werden konnte, die Sachdarstellung des Klägers oder diejenige der Beklagten zu Grunde legen. Beide Teile stimmen darin überein, daß die Quelle früher an zwei getrennten Stellen zu Tage trat, und der Augenschein stellte weiter fest, daß außer einem direkt dem Längenbach zu führenden Graben auf dem Wiesenareal, auf welchem die Quelle entspringt, drei weitere Gräben sichtbar waren. Nach der Behauptung der Beklagten hätte nun der erstere Graben nicht sämtliches Quellwasser aufzunehmen vermocht, so daß sich dasselbe strahlenförmig auf der Parz. Nr. 349 in einer Breite von wenigstens 20 Meter in der Art verteilte, daß die Wiese dadurch vollständig versumpft war. Bei dieser Sachlage wäre der Abfluß des Wassers zum Längenbach ohne ein bestimmtes Gerinne oder in mehreren Gräben erfolgt und damit die Annahme eines einen öffentlichen Bach bildenden Gewässers unbedingt ausgeschlossen. Kläger behauptet dagegen, nach Vereinigung des aus den beiden Ausbruchstellen entspringenden Wassers in einem natürlich gebildeten Bassin habe der Abfluß in einem dem Längenbach zu führenden 40—50 cm breiten Graben stattgefunden, wobei, falls die Werkbesitzer am Längenbach das Wasser für ihre Werke nicht benötigten, die Wiesenbesitzer das zu Tage tretende Wasser in zwei von

den Ausbruchstellen ausgehenden Gräben zur Wässerung ihrer
Wiesen haben benützen können. Es hat aber der Sachverständige mit überzeugenden Gründen dargelegt, daß auch in
diesem Falle von einem Bette des Wasserlaufs mit ausgesprochener Sohle und Ufern nicht die Rede sein könne.
Dazu kommt noch der ungemein kurze Lauf der Quelle
von ihrem Ursprung bis zu ihrer Einmündung in den Längenbach und das starke Gefäll des abfließenden Wassers. Kläger
gibt die Entfernung in der Klagschrift selbst nur auf 15 m
an und auch nach dem Augenschein ist die Länge des Wasser-
grabens, in welchem nunmehr das Uebereich der Quellstube
in den Längenbach mündet, nur ca. 15 m. Dieser Graben
fällt aber rasch und der Sachverständige nimmt an, daß bei
dem starken Thalgefäll die Wassergeschwindigkeit des Grabens,
in welchem nach der Behauptung des Klägers das Wasser
der äußeren Quelle in den Längenbach floß, mindestens 1 m,
eher 2 m pro Sekunde betragen habe.

All' das spricht nicht für den Charakter der Quelle als
eines öffentlichen Gewässers und es bedarf kaum der Bemerkung, daß diese unbestrittener Maßen dem Längenbach zukommende Eigenschaft nicht von selbst auf die ihm zu-
fließenden Quellen sich erstreckt; s. Württ. Archiv Bd. 9.
S. 57 not. 3, Jahrbücher der Württ. Rechtspflege Bd. 8.
S. 382 f.

Das fragliche Gewässer, das keinerlei sonstigen Zufluß
hat, wird auch überall nur als „Quelle", in dem Kaufvertrag
vom 14. Februar 1862 sogar nur als „Brunnen" bezeichnet.
Die Oberamtsbeschreibung von Calw (1860), welche S. 11—18
die Flüsse und Bäche des Bezirks, unter letzteren auch solche
mit nur einviertelstündigem Lauf und ohne besonderen Namen
aufführt, gedenkt der äußeren Quelle nicht. Daß dieselbe
irgend einmal dem gemeinen Gebrauch gedient hätte, ist nicht
angezeigt; ebensowenig ist bekannt, daß jemals die Staats-
gewalt über das Wasser der Quelle verfügt habe. Durch
die Verleihung des Wassernutzungsrechts an einem öffentlichen Flusse hätte aber noch keineswegs auch ein Recht an

den der Verfügung kraft Privatrechts unterliegenden Quellen
und Quellabflüssen erteilt werden können; s. Jahrbücher der
Württ. Rechtspflege Bd. 7 S. 214 i. s. und Bd. 8. S. 383 i. s.

Hiernach kann die in ihrem ganzen, nur 15 m langen
Laufe auf Privatboden fließende äußere Quelle als ein öffent-
liches Gewässer nicht anerkannt werden und der diesfällige
Feststellungsanspruch des Klägers ist somit nicht begründet.

II. Mit dem weiteren Antrag, zu erkennen: die Beklagte
sei nicht berechtigt, die äußere Quelle zum Zweck einer Wasser-
leitung ganz oder teilweise in einer den Betrieb der kläger'-
schen Fabrik schädigenden Weise abzuleiten, wird anscheinend
ein negatorischer Anspruch erhoben, der neben dem Verbietungs-
rechte des Klägers einen Eingriff in dasselbe von Seiten des
Beklagten voraussetzen würde.

Nach dem Gutachten des Sachverständigen ist der Zustand des früheren Wasserablaufs durch die Fassung der
Quelle in einem Sammelschacht wesentlich verändert worden;
man gewinnt aber durch das Augenscheinsprotokoll kein klares
Bild von der Art dieser Veränderung, sondern erfährt nur,
daß, während früher die Quelle auf der der Beklagten gehörigen Wiesenparzelle Nr. 349 zu Tage trat, nunmehr von
der Beklagten auf der ihr ebenfalls gehörigen Waldparzelle
Nr. $\frac{603}{1}$, 6 Schritte von dem früheren Ursprung der Quelle
entfernt, eine Brunnenstube angelegt wurde, in der die Quelle
gefaßt wird.

Hätte nun die Veränderung nur darin bestanden, daß
die Beklagte auf der genannten Waldparzelle die dort befindlichen Wasseradern der äußeren Quelle abgraben und daselbst eine Brunnenstube errichten ließ, in welcher sie das
vordem auf Parz. Nr. 349 zu Tage getretene Wasser sammelte,
ohne an der Quelle selbst eine Aenderung zu treffen, so wäre,
auch wenn die Quelle unter die Kategorie der öffentlichen
Gewässer fiel, Kläger zu einem Einspruche nicht berechtigt,
da die Beklagte unzweifelhaft befugt war, in der geschilderten
Weise auf ihrem Eigentum nach Quellen zu graben, ohne

Rücksicht darauf, daß hieburch bem Kläger bas ihm bisher
zugeflossene Wasser entzogen wurbe (s. Jahrbücher ber
Württ. Rechtspflege Bb. 7. S. 210 ff. unb Bb. 8. S. 376—378),
wofern nur, was vom Kläger nicht behauptet wurbe, Beklagte
nicht lebiglich aus Chikane bie Quelle abgraben ließ.

Wenn aber, wie wahrscheinlicher ist, bie von ber Beklagten vorgenommene Aenberung bie Quelle selbst betraf, so
läge, vorbehältlich ber von ber Beklagten in ber Berufungs-
beantwortung eventuell geltend gemachten Einwenbungen, allerbings ein Eingriff in bas vom Kläger in Anspruch genommene
Recht vor. Dieses Recht, ber Beklagten bie Ableitung ber
äußeren Quelle zu untersagen, gründet Kläger teils auf beren
schon gewürdigte Eigenschaft als öffentliches Gewässer unb
ben hiermit gegebenen Gemeingebrauch besselben, ber nicht
zum Nachteil konzessionierter Werkbesitzer beliebig geänbert
werben bürfe, teils auf ein ihm bezüglich ber Benützung ber
Quelle zustehenbes Sonberrecht, bas er burch außerorbentliche
Ersitzung unb unvorbenkliche Zeit erworben haben will. Es
ist jeboch klar, baß mit ber Verneinung ber Eigenschaft ber
Quelle als eines öffentlichen Gewässers jebe Folgerung aus
bem angeblich an ber Quelle stattfinbenben Gemeingebrauch
hinfällig wirb, baher insoweit ber Anspruch bes Klägers ber
Begründung entbehrt. Wenn aber Kläger neben bem Gemeingebrauch bas kaum gebachte Sonberrecht auf ben ungeschmälerten Zufluß bes Wassers ber äußeren Quelle geltend
macht, so würbe auch ein solches Recht, soll überhaupt noch
von einem bie Benützung öffentlicher Gewässer betreffenben
Streite bie Rebe sein können, in erster Linie bie Eigenschaft
ber äußeren Quelle als eines öffentlichen Gewässers voraussetzen; jebenfalls wäre nach ber vom Kläger seinem Anspruch
gegebenen Begründung ber Streit über bas Bestehen bieses,
vom Kläger als Grunbbienstbarkeit bezeichneten Rechts von
privatrechtlicher Art unb baher nach Art. 10 Ziff. 24 bes
Gesetzes vom 16. Dezember 1876 bie Zuständigkeit ber Verwaltungsgerichte ausgeschlossen.

III. Der fernere Klageantrag: Beklagte habe bie Ableitung

der äußeren Quelle zu unterlassen und alle zur Ableitung
des Wassers bestimmten und geeigneten Vorrichtungen zu beseitigen, ruht nicht auf einer selbständigen Grundlage, sondern
stellt sich lediglich als eine Folgerung aus dem vom Kläger bezüglich jener Quelle teils vermöge Gemeingebrauchs, teils
vermöge besonderen Rechts in Anspruch genommenen Ver-
bietungsrechte dar und wird daher mit der Verneinung des
letztern von selbst hinfällig.

IV. Der Anspruch des Klägers auf Ersatz des durch die
Ableitung des Wassers der äußeren Quelle entstehenden, noch
zu liquidierenden Schadens ist zweifellos privatrechtlicher Art
(s. Jahrbücher der Württ. Rechtspflege Bd. 7. S. 354) und
daher die Zuständigkeit der Verwaltungsgerichte nicht begründet.
Dies hat schon der Unterrichter ausgesprochen. Wenngleich
der Schluß seiner Entscheidungsgründe nicht besonders zum
Ausdruck bringt, daß er bei seinen Ausführungen über die
verwaltungsrichterliche Zuständigkeit auch den Anspruch auf
Schadensersatz im Sinne hatte, so sind doch mit der ganz
allgemein erfolgten Abweisung der Klage sämtliche Ansprüche
des Klägers abgewiesen und, da der Unterrichter materiell
nur über die Frage entscheiden wollte, ob der äußeren Quelle
die Eigenschaft eines öffentlichen Gewässers zukomme, so muß
angenommen werden, daß er im übrigen die Klage wegen
Unzuständigkeit der Verwaltungsgerichte abgewiesen habe. Dies
war, wie bemerkt, richtig und es ist deshalb nicht von hier aus
eine Unzuständigkeitserklärung auszusprechen, sondern die Berufung auch in diesem Punkte als unbegründet zurückzuweisen.

Wenn endlich Kläger sein Recht auf Untersagung jeglicher
Ableitung des Quellwassers auch für den Fall geltend gemacht
wissen will, daß die äußere Quelle als ein im Privateigentum
der Beklagten befindliches Gewässer angesehen werden sollte,
so verhält es sich hiermit ebenso, wie mit dem kaum gewür-
digten Anspruch auf Schadensersatz.

Urteil vom 11./18. Oktober 1899 in der Berufungssache
des Spinnereibesitzers A. Weif zu Liebenzell gegen die
Stadtgemeinde Liebenzell.

10.

**Streit zwischen Teilgemeinde und Gesamtgemeinde über
Teilnahme an den Kosten der Farren- und Bockhaltung.
(Beweis des Herkommens.** Erfordernis für die Zurückforderung
einer Nichtschuld ist Entschuldbarkeit des Irrtums.)

In der Berufungssache der K. Hofdomänenkammer in
Stuttgart als Eigentümerin des eine Teilgemeinde (mit ab-
gesonderter Markung und eigener juristischer Persönlichkeit)
bildenden Hofguts Hohebuch Klägerin, Berufungsklägerin,
gegen die Gesamtgemeinde Walbenburg O.A. Oehringen, Beklagte, Berufungsbeklagte, wurde von dem Verwaltungsgerichtshof unter Abänderung des Urteils der K. Regierung
des Jagstkreises vom 23. Mai 1898 erkannt:

Die Beklagte sei nicht berechtigt, die Farren- und Bockhaltungskosten unter die Ausgaben der Gesamtgemeinde aufzunehmen, und die Beklagte sei schuldig, der Klägerin an
bezahlten Farren- und Bockhaltungskosten den Betrag von
285 M. 9 Pf. zurückzuerstatten.

Der Sachverhalt ergiebt sich aus den

Gründen:

I. Mit Unrecht hat der Unterrichter die Klage, soweit
in derselben eine Verfügung an das K. Oberamt Oehringen
beantragt war, daß der Gemeinde Walbenburg untersagt
werden solle, die Farren- und Bockhaltungskosten künftig unter
die Ausgaben der Gesamtgemeindeverwaltung aufzunehmen,
wegen Unzuständigkeit der Verwaltungsgerichte abgewiesen.

Allerdings kann es den Verwaltungsgerichten nicht zukommen, eine Weisung an die Verwaltungsbehörden zu erlassen. Der unzweifelhafte Sinn und Zweck des Antrags
war aber in erster Linie der, eine verwaltungsrichterliche
Feststellung dahin zu erwirken, daß die Beklagte nicht berechtigt sei, die Farren- und Bockhaltungskosten unter die
Ausgaben der Gesamtgemeinde aufzunehmen. Hierauf lautet
denn auch der in dieser Instanz gestellte Klageantrag. Eine
unzulässige Klageänderung liegt in dieser Aenderung des An-

trags nicht. Der Klagegrund ist derselbe geblieben und durch
die Weglassung der beantragten Verfügung an das Oberamt
hat der Antrag nur eine nach § 240 nr. 2 der C.P.O. zu-
lässige Beschränkung erfahren. Im übrigen ergiebt sich die
Zuständigkeit der Verwaltungsgerichte aus den Ziffern 7 und
12 des Art. 10 des Gesetzes über die Verwaltungsrechtspflege
vom 16. Dezember 1876.

Da auch ein Fall des § 500 nr. 2 der C.P.O. nicht
vorliegt, so kommt eine Zurückverweisung der Sache an das
Gericht erster Instanz nicht in Frage und es steht der Erlassung einer materiellen Entscheidung durch das Berufungsgericht nach § 499 der C.P.O. nichts im Wege.

II. Die nach Vorstehendem erhobene Feststellungsklage,
deren prozessuale Voraussetzungen nicht zu beanstanden sind,
erscheint auch materiell als begründet und zwar sowohl bezüglich der Farren- als bezüglich der Bockhaltungskosten.

1. Da in Teilgemeinden, welche mit eigener Markung
versehen sind, die Farrenhaltung nach der Regel des Art. 1
Abs. 2 des Gesetzes über die Farrenhaltung vom 16. Juni
1882 Obliegenheit der Teilgemeinde ist, so kann kein Zweifel
darüber obwalten, daß, wie man auch sonst bei der nega-
tiven Feststellungsklage die Beweislast verteilen mag, die Beklagte für das Zutreffen der vom Gesetz zugelassenen Ausnahme: „soweit nicht durch Herkommen oder Vertrag etwas
anderes festgesetzt ist", beweispflichtig sei.

Ein Vertrag ist nicht geltend gemacht, der Beweis eines
Herkommens aber nicht geführt.

Das Ortsstatut vom 9. Juli 1855 enthält eine Bestimmung über die Farrenhaltung nicht. Daß nach Emanation
des Gesetzes vom 16. Juni 1882 eine Vereinbarung zwischen
der Teilgemeinde Hohebuch und der Beklagten, etwa in Gemäßheit des § 1 Abs. 5 der zum Vollzug dieses Gesetzes ergangenen Verfügung des Ministeriums des Innern vom
31. Oktober 1882, zu gemeinsamer Farrenhaltung getroffen
worden wäre, ist nicht behauptet, ebensowenig eine sonstige
Festsetzung durch Vertrag.

Eine Festsetzung der Obliegenheit zur Farrenhaltung
durch Herkommen würde vor allem eine Uebung voraussetzen,
wornach bis zum 1. Mai 1883, an welchem Tage das Farrenhaltungsgesetz in Kraft trat, die Gesamtgemeinde Waldenburg auch für den Viehstand der Teilgemeinde Hohebuch die
erforderlichen Farren gehalten hätte. Für diese Annahme
fehlt es aber an aller und jeder thatsächlichen Begründung;
es steht vielmehr das Gegenteil fest. In seiner auf die Beschwerde der Klägerin beim K. Oberamt Oehringen abgegebenen Aeußerung vom 8. Juni 1897 erklärte der Gemeinderat
Waldenburg: der Aufwand auf die Farrenhaltung sei bis
1865/66 von der Stadtpflege getragen und dann ohne vor-
herige Beschlußfassung in der Gesamtgemeinde verrechnet
worden, weil sämtliche Parzellen das Recht haben, die ge-
meinsame Farrenhaltung zu benützen, wovon auch alle Teilgemeinden excl. Hohebuch Gebrauch machen. Auf den Erlaß des Oberamts vom 14. April 1898 berichtete ferner das
Stadtschultheißenamt Waldenburg unterm 20. deßf. Mts.:
nach Auskunft des Gemeinderats habe der † Hofgutsbesitzer
M. eigene Farren gehabt und diese in der Regel zur Be-
gattung seiner Kühe und die hiesigen nur aushilfsweise benützt, dann, wenn er vielleicht gerade keinen Farren hatte
oder seine Kühe von seinen eigenen Farren nicht trächtig
wurden. Es kann davon abgesehen werden, ob, da nach der
ersten Aeußerung die Farrenhaltung erst seit dem Jahre
1865/66 auf die Gesamtgemeinde verrechnet wurde, hiermit
die Bildung eines Herkommens nicht überhaupt als ausgeschlossen erscheint. Jedenfalls ist es, wenigstens im Verhältnis
zur Teilgemeinde Hohebuch, nicht richtig, wenn es in dem von
der Beklagten in Bezug genommenen Gemeindebeschluß vom
16. Mai 1883 heißt: „die Farrenhaltung sei herkömmlich
eine Last der Gesamtgemeinde", wofern damit gesagt werden
wollte, es seien die Farren der Gesamtgemeinde Waldenburg
herkömmlich für den Viehstand der Teilgemeinde Hohebuch
gehalten worden; richtig ist auf der Grundlage der eigenen
Erklärungen der Beklagten jene Bemerkung nur in dem Sinne,

daß der Aufwand für die Farrenhaltung herkömmlich
b. h. seit 1865/66 in der Gesamtgemeinde, mit Einschluß
der Teilgemeinde Hohebuch, verrechnet worden sei. Eine
auf Herkommen begründete Verpflichtung der Teilgemeinde
Hohebuch zur Benützung der Gemeindefarren kann hiernach
um so weniger angenommen werden, als nach Art. 1 Abs. 1
des Farrenhaltungsgesetzes die Gemeinden zur Haltung von
Farren nur insoweit verpflichtet sind, als hiefür nicht auf
andere Weise genügend gesorgt ist. Letzteres war aber und
ist nach Ausweis der Güterbesichtigungsprotokolle für die
Teilgemeinde Hohebuch der Fall, ob nun Klägerin ihrem
Pächter die Haltung von Farren anbedungen hat oder nicht,
und weil eben in Beziehung auf die Haltung von Farren
im Gegensatz zu dem für sie zu bestreitenden Aufwand
ein Herkommen, wie man es im Sinne der Klägerin zu verstehen hätte, überhaupt nicht vorliegt, so ist hieher auch der
Streit der Parteien darüber ein müßiger, ob für die Frage
des Bestehens eines Herkommens die Zeit des Inkrafttretens
des Gesetzes vom 17. September 1853 entscheidend oder ob
auch noch die nachherige Uebung berücksichtigt werden dürfte.
Indem aber Art. 1 Abs. 2 des Farrenhaltungsgesetzes auf
Art. 7 des Gesetzes vom 17. September 1853 verweist, wornach, soweit nicht durch Herkommen oder Vertrag zwischen
den Beteiligten etwas Anderes bestimmt ist, die Verwaltung
der rein örtlichen Angelegenheiten sowie die Bestreitung der
Kosten derselben der Teilgemeinde zukommt, giebt jenes Gesetz deutlich zu erkennen, daß, wie dies auch aus allgemeinen
Rechtsgrundsätzen zu folgern wäre, die Verpflichtung zur
Tragung der Kosten der Farrenhaltung demjenigen obliegt,
für welchen nach dem Herkommen die Farren gehalten wurden.
Wenn also, wie ausgeführt, die Beklagte niemals die für den
Viehstand der Teilgemeinde Hohebuch erforderlichen Farren
hielt, sondern eben nur erklärte, daß sie die Farrenhaltung für die Gesamtgemeinde besorge, so kann erstere nicht
für verpflichtet erachtet werden, an dem diesfälligen Aufwand
der Gesamtgemeinde Teil zu nehmen.

Die Beklagte gründet denn auch den Anspruch auf Heran=
ziehung der Klägerin zu den Kosten für die Farrenhaltung
nicht sowohl auf ein Herkommen, wornach sie die für den
Viehstand der Teilgemeinde Hohebuch erforderlichen Farren
gehalten habe, als auf ein Herkommen, wornach die Kosten
der Farrenhaltung, obwohl solche auf die Teilgemeinde Hohe=
buch sich nicht erstreckte, seit 1865/66 stets von der Klägerin
mitgetragen worden seien. So erklärt Beklagte in der Klage=
beantwortung die Klage für unbegründet, da die Bock= und
Farrenhaltung seit 33 bezw. 32 Jahren ununterbrochen von
der Gesamtgemeinde b e z a h l t worden sei und die Teilge=
meinde Hohebuch insbesondere beim Inkrafttreten des Farren=
haltungsgesetzes gegen die ferner B e s t r e i t u n g der Kosten
der Farrenhaltung durch die Gesamtgemeinde keinen Ein=
spruch erhoben habe, vielmehr der damalige Besitzer M. mit
diesem Herkommen einverstanden gewesen sei. Auch in ihrer
Erklärung vom 17. Mai 1898 sucht Beklagte auszuführen,
daß M., um die Uebernahme der Farrenhaltungskosten auf
die Gesamtgemeide gewußt habe. Ebenso wird in der Be=
rufungsbeantwortung der Beklagten die Behauptung, daß
sich der Rechtsvorgänger der Klägerin dem Herkommen unter=
worfen habe, wesentlich darauf gestützt, daß die Gemeinde=
rechnung der versammelten Gemeinde vorgelesen worden sei
und daher dem Besitzer der Teilgemeinde Hohebuch nicht habe
unbekannt bleiben können, wie auch er an den Kosten der
Farrenhaltuug bezahlt habe. Prüft man nun den Anspruch
der Beklagten von diesem Gesichtspunkte aus, so mag dahin
gestellt bleiben, ob Jemand dadurch, daß er lange Zeit eine
Nichtschuld bezahlt, überhaupt zum Schuldner werden kann.
Jedenfalls erfordert ein derartiges Herkommen als ein die
vertragsmäßige Abmachung ersetzender Titel eines subjektiven
Rechts eine Ausübung in der Weise, daß auch durch das
Verhalten von der andern, der subjektiv verpflichteten Seite
die Anerkennung jenes Rechts sich unzweideutig ergibt. Dazu
ist aber vor allem nötig, daß derjenige, dessen Wille durch
das Herkommen gebunden werden soll, von der thatsächlichen

Uebung Kenntnis habe; fehlt es hieran, so kann sich ein
Herkommen im gedachten Sinne nicht bilden, sollte auch die
Unkenntnis eine nicht zu entschuldigende sein, da auch im
letzteren Falle das erforderliche Einverständnis nicht vorhan=
den ist. Es müßte also, um das von der Beklagten behaup=
tete Einverständnis M's. mit dem Herkommen annehmen zu
können, klar vorliegen, daß M. von der im Jahr 1865/66
veränderten Art der Verrechnung der Kosten der Farrenhal=
tung Kenntnis gehabt habe. Eine Benachrichtigung M's. ist
nicht behauptet; soll doch die neue Verrechnung ohne vor=
herige Beschlußfassung ins Leben getreten sein. Jene Kennt=
nis wird vielmehr nur darum vermutet, weil dem M. die
nicht unerhebliche Mehrbelastung seines Hofguts, die Er=
höhung des Betreffs am Gemeindeschaden von 274 fl. im
Jahre 1864/65 auf 311 fl. im Jahre 1865/66, nicht habe
entgehen können. Letzteres mag richtig sein, berechtigt aber
nicht zu dem Schluß, daß M., dem der Beitrag zu den Kosten
der Farrenhaltung nicht speziell angefordert, sondern unaus=
geschieden unter der Summe seines Anteils am Gesamtge=
meindeschaden zur Last gelegt wurde, auch den Grund der
Mehrbelastung, die veränderte Verrechnung der Farrenhal=
tungskosten, gekannt habe. Auch ist die öffentliche Vorlesung
der Gemeiderechnungen ohne jeglichen Beweiswert, da fest=
steht, daß hiebei niemand zugegen war. Die allgemeine Ver=
mutung spricht vielmehr dafür, daß M., der von der Ge=
meindefarrenhaltung keinen Gebrauch machte, im Fall der
Kenntnis seiner Heranziehung zu den Kosten derselben hie=
gegen sofort protestiert hätte, daß er somit, wenn ein Protest
nicht einlief, von dem Vorgehen der Beklagten keine Kennt=
nis hatte. Eine Unterwerfung M's. unter das in Frage
stehende Herkommen ist somit nicht dargethan, bezüglich der
Klägerin aber eine solche nicht einmal behauptet.

2. Im wesentlichen dasselbe gilt auch bezüglich der Kosten
der Bockhaltung. Eine gesetzliche Verpflichtung zur Bock=
haltung besteht nicht. Indem aber das Farrenhaltungsgesetz
unter ausdrücklicher Bezugnahme auf Art. 7 des Gesetzes

vom 17. September 1853 in zusammengesetzten Gemeinden
die Farrenhaltung für die Regel den mit eigener Markung
versehenen Teilgemeinden zuweist, trifft es nicht eine beson=
dere Bestimmung, sondern bringt nur das allgemeine Prin=
zip des letztern Gesetzes, wornach die Verwaltung der rein
örtlichen Angelegenheiten und die Bestreitung ihrer Kosten
den Teilgemeinden zukommt, auf die Farrenhaltung als eine
örtliche Angelegenheit der Teilgemeinden mit eigener Markung
zur Anwendung. Ist also vom Gesetze die Farrenhaltung
als eine örtliche Angelegenheit behandelt, so wird man un=
bedenklich auch die Bockhaltung den rein örtlichen Angelegen=
heiten beizuzählen haben, und die Frage ist daher nach dem
angeführten Art. 7 auch hier die, ob durch Herkommen oder
Vertrag zwischen den Beteiligten etwas anderes bestimmt sei.

Diese Frage ist aus denselben Gründen wie bei der
Farrenhaltung zu verneinen und mag hier nur noch bemerkt
werden, daß, da nach den Aeußerungen der Beklagten gegen=
über dem Oberamt Oehringen vom 8. Juni 1897 und 22.
April 1898 auf dem Hofgut Hohebuch niemals Ziegen ge=
halten wurden, eine herkömmliche Bockhaltung für dasselbe
seitens der Beklagten überhaupt nicht in Frage kommen kann.

III. Ist dem Ausgeführten zufolge die Beklagte nicht
berechtigt, die Farren= und Bockhaltungskosten unter die Aus=
gaben der Gesamtgemeinde aufzunehmen, so stellt sich die
Zahlung, welche unbestrittener Maßen in den Jahren 1893/94
bis 1896/97 im Betrag von 285 M. 9 Pf. an den Farren=
und Bockhaltungskosten von der Klägerin an die Beklagte
geleistet worden ist, als die Zahlung einer Nichtschuld dar.

Ein solche Zahlung unterliegt der Zurückforderung, wenn
der Zahlende hinsichtlich des Bestehens seiner Verbindlichkeit
sich in einem entschuldbaren Irrtum befunden hat. Der Irr=
tum selbst braucht nicht bewiesen zu werden und es ist Klä=
gerin fernerhin unter Berufung auf die Praxis der württem=
bergischen Gerichte der Ansicht, daß auch Entschuldbarkeit
des Irrtums nicht erforderlich sei; wie indessen in dem Ur=
teil des Verwaltungsgerichtshofs vom 22. September 1897

334 Entſcheidungen des Verwaltungsgerichtshofs.

(Jahrbücher der Württb. Rechtspflege Bd. 10. S. 107) des
näheren ausgeführt iſt, folgt die Praxis der württembergiſchen
Gerichte neuerdings der entgegengeſetzten Anſicht und läßt
die Zurückforderung des irrtümlich Gezahlten nur bei Ent-
ſchuldbarkeit des Irrtums zu. Nun gründete ſich aber die
Forderung der Beklagten für die Koſten der Farren- und
Bockhaltung auf den Etat der Geſamtgemeinde Walbenburg;
dieſer Etat war von dem K. Oberamt Oehringen genehmigt
worden; bezüglich der der Klägerin mitgeteilten Steuerzettel
hat Beklagte nicht behauptet, daß darin jene Koſten beſonders
ausgeſchieden geweſen wären, und ſo kann es der Klägerin
nicht zur Schuld angerechnet werden, wenn ſie im Vertrauen
auf die Richtigkeit der Steuerzettel ohne vorgängige Erkundigungen jeweils die ganzen von ihr erforderten Steuerbe-
träge an die Beklagte bezahlt hat. Letztere iſt daher zur
Zurückerſtattung der zuviel empfangenen 285 M. 9 Pf. verpflichtet (vgl. württemb. Archiv Bd. 14 S. 273 ff., Bd. 20
S. 296/97, Bd. 23 S. 380).

Urteil vom 7. Juni 1899 in der B.S. der K. Hof-
bomänenkammer gegen die Geſamtgemeinde Walbenburg.

11.

Zu Art. 16 und 98 des Geſetzes vom 28. April 1873,
betreffend die Grund-, Gebäude- und Gewerbeſteuer.
(Nachforderung einer erſt nachträglich zur Veranlagung gekommenen Gewerbeſteuer.)

Die Aktiengeſellſchaft „Pulverfabrik R.-H." hatte bis
zum Jahre 1890 ihren Sitz in R. und iſt letztmals im Jahre
1887 zur Gewerbeſteuer neu eingeſchätzt worden mit einem
Steuerkapital von 143975 Mark. Im Juni 1890 haben ſich
die Aktiengeſellſchaften „B.Rh.W. Pulverfabriken" in K. und
die „Pulverfabrik R.-H.", die durch Verträge und durch eine
gemeinſame Generaldirektion ſchon bisher eng verbunden waren,
nach Maßgabe der Art. 215, 247 des Handelsgeſetzbuches
vereinigt und ſind mit allen Aktiven und Paſſiven an die

neu gegründete Aktiengesellschaft „B.K.R.-Pulverfabriken" mit
dem Sitz in K. übergegangen. R. wurde neben H. und D.
bei H. Zweigniederlassung der neuen Aktiengesellschaft. Diesen
Vorgang haben in einem gedruckten Cirkular vom Juni 1890
die beiden vereinigten Aktiengesellschaften und die neue Aktien=
gesellschaft bekannt gemacht, letztere mit dem Bemerken, daß
sie die Geschäfte dieser beiden Gesellschaften in bisheriger
Weise unter der Leitung des unterzeichneten Generaldirektors
fortführen werde und den Prokuristen der alten Gesellschaften
nunmehr für ihre Firma Prokura erteilt habe. Ein Exemplar
des Cirkulars ist, wie in der mündlichen Verhandlung vor
dem Verwaltungsgerichtshof von dem Vertreter des K. Finanz=
ministeriums zugegeben wurde, in die Hände des Ortsvor=
stehers und des Kameralamts in R. gekommen. Nach dem
am 9. August 1890 erfolgten Eintrag in das Handelsregister
in R. ist die beschlossene Erhöhung des Grundkapitals auf
16 200 000 M. durch Ausgabe von 13 500 auf den Inhaber
lautenden Aktien à 1 200 M. im Nennwerte zur Ausführung
gekommen. Davon sind 6 000 Stück von der Aktiengesellschaft
„B.Rh.W.Pulverfabriken" durch Einbringung des gesamten
Vermögens dieser Gesellschaft und 3750 Stück von der Ak=
tiengesellschaft „Pulverfabrik R." durch Einbringung des ge=
samten Vermögens dieser Gesellschaft voll eingezahlt und
für 3 750 Stück ist von letzterer Gesellschaft eine Einzahlung
von 40 % geleistet. Eine Fassion seitens der neuen Aktien=
gesellschaft in Gemäßheit des Art. 98 Abs. 1 (Art. 93) des
Gesetzes vom 28. April 1873, betreffend die Grund= Gebäude=
und Gewerbesteuer, ist nicht eingekommen ebensowenig eine
Anzeige wegen nachhaltiger Ausdehnung des Gewerbebetriebs
(Art. 14 Abs. 3, Art. 93 Ziff. 4, Art. 98 Abs. 3 des an=
geführten Gesetzes). Die neue Aktiengesellschaft hat die Steuern
fortentrichtet, welche die „Pulverfabrik R.H." auf Grund
der letzten Einschätzung vom Jahr 1887 ohne ihre zufolge
der Fusion eingetretene Auflösung hätte entrichten müssen,
und erst auf den 1. April 1896 ist die neue Aktiengesellschaft
mit ihrer Zweigniederlassung in R. und den anderen in

Württemberg befindlichen Werken mit einem Steuerkapital von 797 605 M. zur Gewerbesteuer veranlagt worden. Aus diesem Anlaß tauchte auch die Frage der Nachholung der zurückgebliebenen Steuern auf (Art. 12 des angeführten Gesetzes), und es hat die Bezirksschätzungskommission in R. am 7. September 1897 für die Zweigniederlassung in R. — bei den übrigen Werken ist das Steuerkapital gleich geblieben — für die 3 Jahre, für welche die Verjährung der Nachforderung noch nicht eingetreten war, nämlich für das Jahr 1893/94 das Steuerkapital auf 197 875 M., für das Jahr 1894/95 auf 497 875 M., für das Jahr 1895/96 auf 597 875 M. festgesetzt und die Steuernachholung für

1893/94 auf . . . . . 12 386 M. 50 Pfg.

1894/95 auf . . . . . 13 802 M. 10 Pfg.

1895/96 auf . . . . . 17 702 M. 10 Pfg.

zusammen auf 43 890 M. 70 Pfg.

berechnet die gegen diese Verfügung erhobene Beschwerde ist durch Erlaß des K. Steuerkollegiums (Abt. für direkte Steuern) vom 23. Oktober 1897 als unbegründet abgewiesen und die hiegegen weiter erhobene Beschwerde durch Erlaß des K. Finanzministeriums vom 14. Dezember 1897 verworfen worden.

Gegen diese am 13. Januar 1898 dem Prozeßbevollmächtigten der Beschwerdeführerin zugestellte Entscheidung hat derselbe am 12. Februar 1898 die Rechtsbeschwerde eingelegt.

Der Verwaltungsgerichtshof hat dieselbe als unbegründet abgewiesen.

Gründe:

1. Das K. Finanzministerium erhebt in dem Schreiben vom 18. Februar 1898, womit die Akten mitgeteilt worden sind, sowie in der mündlichen Verhandlung durch seinen Vertreter die Einwendung der Unstatthaftigkeit der Beschwerde bei dem Verwaltungsgerichtshof (Gesetz über die Verwaltungsrechtspflege vom 16. Dezember 1876 Art. 16 Ziff. 1). Das Finanzministerium geht davon aus, daß in der Beschwerdeschrift die Steuerpflicht an sich nicht bestritten, sondern die Befugnis zur Nachholung der Steuer in Abrede gezogen werde; die Steuernachholung sei aber lediglich die Folge der Fest

stellung des Steuerkapitals, welches für die Jahre 1893/96
auf einen höheren Betrag bestimmt worden sei, als denjenigen
der alten Aktiengesellschaft „Pulverfabrik R.-H.", aus welchem
die Steuerentrichtung seitens der neuen Aktiengesellschaft thatsächlich erfolgt sei, und welchen die letztere auch für i h r e
Steuerpflicht als maßgebend behandelt haben möchte; die Feststellung der Höhe des Steuerkapitals aber erfolge durch die
Steuerbehörde, und über eine Beschwerde gegen die Höhe
des Steuerkapitals, als welche sich die vorliegende Beschwerde
in Wahrheit charakterisiere, habe das Finanzministerium nach
Maßgabe der Art. 16, 97 (57) und 98 des Gesetzes vom
28. April 1873, betreffend die Grund- Gebäude- und Gewerbesteuer, endgiltig zu entscheiden. Allein wenn auch letzteres
sonst zutrifft, so kann doch die Einwendung nicht für begründet
erachtet werden. Die Beschwerdeführerin stellt allerdings nicht
jede Gewerbesteuerpflicht überhaupt in Abrede; sie erkennt ihre
Steuerpflicht insoweit, als sie auf der auf den 1. April 1887
erfolgten Einschätzung der alten Aktiengesellschaft beruht, auch
für die Zeit nach der Vereinigung dieser Gesellschaft mit ihr
bis zu der auf den 1. April 1896 geschehenen neuen Einschätzung an. Aber sie stellt in Abrede, daß ein darüber
hinausgehender Steueranspruch gegen sie bestehe, indem sie
in ihren verschiedenen Schriftsätzen den Standpunkt vertritt,
daß die Steuerbehörde nicht befugt sei, sie n a c h t r ä g l i c h
und r ü c k w ä r t s zu der nachgeforderten Steuer zu veran-
lagen und heranzuziehen. Was sie bestreitet, ist also nicht
die eventuell anerkannte Höhe der zum Zwecke der Steuernachholung nachträglich festgestellten Steueranschläge, sondern
das Bestehen und der zeitliche Umfang einer gewerblichen
Steuerpflicht auf Grund einer Neueinschätzung, sofern mit
der Beschwerde geltend gemacht wird, daß die verfügte Steuernachholung im Rechte nicht begründet und die Beschwerdeführerin, was diese Steuer betrifft (von der die Steuer aus
der Einschätzung der Pulverfabrik R.-H. in Abzug gebracht
wird), mit einer ihr nicht obliegenden Verbindlichkeit belastet sei
(Art. 13 Abs. 1 des Gesetzes über die Verwaltungsrechtspflege).

23*

2. Die Beschwerde ist jedoch sachlich unbegründet. Zur
Begründung der Nachforderung der wegen nicht rechtzeitiger
Veranlagung zurückgebliebenen Steuern hat die Steuerverwaltung darzuthun, daß die Steuer für die 3 Jahre, für welche
sie rückwärts nachgeholt werden soll, schon vorher hätte zur
Veranlagung kommen sollen und demgemäß das Unterbleiben
der Veranlagung, — gleichviel, ob mit oder ohne Verschulden
des Steuerpflichtigen, wie nachher noch zu zeigen ist, — nicht
gerechtfertigt gewesen sei. Die Nachforderung ist begründet,
wenn die Behauptung der Steuerverwaltung sich als richtig
erweist, daß zufolge der Vereinigung der früheren Gesellschaften die Beschwerdeführerin im Juni 1890 ein der Gewerbesteuer unterworfenes Gewerbe angefangen habe, das auf
Grund der Bestimmungen des Art. 98 des angeführten Steuergesetzes vom 28. April 1873 am 1. Oktober 1890, spätestens
auf den 1. April 1891 zur Einschätzung hätte kommen müssen,
was von dem Ortsvorsteher und von dem Kameralamt in R.
übersehen worden sei, während auch die Beschwerdeführerin
die mit der Anzeige des Geschäftbeginns bei dem Ortsvorsteher zu verbindende Fassion nicht abgegeben habe. Die Beschwerdeführerin bestreitet ihre Verbindlichkeit zur Nachsteuer,
da der angeführte Art. 98 nur einen neu eröffneten Gewerbebetrieb im Auge habe, nicht aber die Nachfolge in ein bereits
bestehendes Geschäft, die Vereinigung (Fusion) aber nur
einen Besitzwechsel zur Folge gehabt habe, so daß sie als
Besitznachfolgerin der früheren Aktiengesellschaft „Pulverfabrik
R.-H." weder zu einer Anzeige bei dem Ortsvorsteher, die
überdem durch Uebersendung des Cirkulars erfolgt sei, noch
zu einer Fassion verbunden gewesen sei. Indessen welche
Bedeutung man auch der Vereinigung in Beziehung auf die
Rechtsnachfolge in das gesamte Aktiv- und Passivvermögen
der ehemaligen Aktiengesellschaft in R. beilegen will, in steuer-
licher Beziehung ist die Annahme eines bloßen Besitzwechsels
und einer bloßen Fortsetzung des Gewerbebetriebs dieser
Gesellschaft schon aus dem Grunde ausgeschlossen, weil in
die neue Aktiengesellschaft zugleich auch die ehemalige Aktien-

gesellschaft „B.Rh.W.Pulverfabriken" aufgenommen worden
ist. Durch die Vereinigung in der e i n e n Hand der Beschwerdeführerin sind die beiden bisher selbständigen, wenn
gleich eng verbundenen Gewerbebetriebe in einen einzigen und
einheitlichen Gewerbebetrieb aufgegangen, wodurch dieser das
Gepräge und den Charakter eines n e u e n Gewerbebetriebes
erlangte, zumal da besondere Bilanzen für die Zweignieder-
lassungen nicht aufgestellt werden. Denn wenn auch durch
die Vereinigung der Gegenstand der Fabrikation, die Personen
des Generaldirektors und der Prokuristen, die örtlichen Be-
triebsstätten u. s. w. im allgemeinen keine Veränderung erfahren haben, so ist doch das gewerbliche Unternehmen selbst,
das die Beschwerdeführerin seit der Vereinigung mit erhöhtem
Grundkapital und mit zufolge der baren Einzahlung von
40 % auf einen beträchtlichen Teil der Aktien erhöhten Be-
triebsmitteln (Art. 91 Ziff. 1 lit. f. des Gesetzes vom 28. April
1873) betreibt, ein anderes, als was die „Pulverfabrik R.-H."
bis dahin betrieben hat, ganz abgesehen von der Verwandlung des bisherigen Sitzes der Gesellschaft in R. in den einer
bloßen Zweigniederlassung.

Hiernach ist durch die Vereinigung nicht blos ein neues
Steuersubjekt, sondern auch ein neues Steuerobjekt geschaffen
worden, wie auch das Finanzministerium in seiner Entscheidung
andeutet. Wie man nun auch sonst den Art. 98 des angeführten Steuergesetzes auslegen mag, so kann doch darüber
kein Zweifel bestehen, daß dieses n e u e gewerbliche Unternehmen von dem auf den Beginn des Gewerbebetriebes folgenden Vierteljahr an hätte zur Veranlagung und Versteuerung kommen sollen (Art. 98 Abs. 1, 3). Es kann deshalb
dahin gestellt bleiben, wie es sich in dem Falle verhielte,
wenn eine bloße Aenderung im Besitz, ein Besitzwechsel z. B.
zufolge einer Vererbung oder Veräußerung ohne erhebliche
Aenderung im Betriebe in Frage stünde (Verfügung der Ka-
tasterkommission vom 17. Januar 1878, betreffend die Fortführung der Gewerbesteuerkataster, § 6 Abs. 2 und im wesentlichen übereinstimmend Preuß. Gewerbesteuergesetz vom

24. Juni 1891 § 41). Ebenso scheidet die ganze Frage bezüg=
lich der Wirkung der nachhaltigen Ausdehnung des Gewerbe=
unternehmens, für deren nachträgliche Versteuerung immer
nur derjenige Gewerbeinhaber, in dessen Betriebszeit die Aen=
derung fällt, mangels eines weitergehenden selbständigen Ver=
pflichtungsgrundes haften würde, aus der Erörterung aus;
denn für einen Steuerbetrag, welchen die frühere Aktienge=
sellschaft in R. aus diesem Grunde bis zur Vereinigung etwa
schuldig geblieben wäre, wird die Beschwerdeführerin nicht
in Anspruch genommen und für die Nachsteuer, für welche
sie nach der Vereinigung in Anspruch genommen wird, haftet
sie bereits aus dem Grunde der nicht rechtzeitig erfolgten
Veranlagung.

3. Für den Gewerbeunternehmer wird die Steuerpflicht
schon durch die Thatsache des Betriebes des Gewerbes in
Württemberg begründet (Art. 1 Ziff. 3, Art. 3 Abs. 2 des
angeführten Steuergesetzes), wenn auch die Verpflichtung zur
Leistung eines bestimmten Steuerbetrages erst durch den
Steueranschlag in Verbindung mit dem Steueransatz entstehen
kann. Mit der Nachforderung wird daher eine Forderung
auf Entrichtung einer an sich begründeten, jedoch nicht recht=
zeitig, sondern erst nachträglich veranlagten Steuer geltend
gemacht, und es ist deshalb unerheblich, aus welchem Grunde
die rechtzeitige Veranlagung unterblieben ist, und ob dies auf
einem Verschulden des Steuerpflichtigen — von einem straf=
baren Verschulden könnte ohnehin keine Rede sein, da das
bloße Unterlassen der Fassion anerkanntermaßen nicht unter
Strafe gestellt ist (vgl. Motive S. 46 zu dem anläßlich des
im Jahre 1895 unternommenen Steuerreformversuchs ein=
gebrachten Gesetzesentwurf betreffend Abänderungen des Ge=
setzes vom 28. April 1873) — mit oder ohne zusammen=
treffendes Verschulden der Steuerbehörde beruht oder nicht.
Das Gegenteil hätte in dem Gesetz seinen Ausdruck finden
müssen, was nicht der Fall ist. Insbesondere darf aus dem
Umstand, daß bei den Strafbestimmungen hinsichtlich der Ge=
werbesteuer sowohl bei der Steuergefährdung als bei der

Ordnungsstrafe die Nachholung der zurückgebliebenen Abgabe
ausdrücklich vorgesehen ist (Art. 102, 104, 106 des angeführten Steuergesetzes; vergl. auch württ. Gewerbeordnung
vom 12. Febr. 1862 Art. 4 Abs. 3), nicht geschlossen werden,
daß nur in diesen Straffällen die Nachholung zulässig sei.
Dafür geben diese Bestimmungen keinen Anhaltspunkt (vergl.
auch den Kommissionsbericht, Verhandlungen der Kammer
der Abgeordneten 1870—72 1. Beil. Bd. 2 Abt. S. 1045,
1046). Vielmehr erhellt die Selbständigkeit des Nachforde-
rungsrechts daraus, daß der die Abgabennachholung regelnde
Art. 12 im ersten Titel des Steuergesetzes sich findet, welcher
die allgemeinen Bestimmungen enthält und nicht nur auf die
Gewerbesteuer, sondern auch auf die Grund- und Gebäude-
steuer sich bezieht, für welche besondere Strafbestimmungen
nicht bestehen (vergl. auch Art. 14 Abs. 2 des Steuergesetzes).
Auch das K. Finanzministerium spricht in seiner Entscheidung
aus, daß die Fälle, wo die Einschätzung und Besteuerung
eines Gewerbetreibenden aus Versehen unterblieb, das Haupt-
anwendungsgebiet des Art. 12 bilden, und hat der Vertreter
des Finanzministeriums in der mündlichen Verhandlung ausdrücklich ausgeführt, daß es für das Nachforderungsrecht unerheblich sei, ob den Steuerpflichtigen oder wen sonst an dem
Unterbleiben der Veranlagung eine Schuld treffe.

Wenn in dem ersten, mit der nachhaltigen Ausdehnung
des Betriebs sich befassenden Teil der Entscheidung des K.
Finanzministeriums für die teilweise Steuernachholung unter
Anführung des Art. 101 und des Art. 104 Ziff. 4 ein Verschulden des Steuerpflichtigen erfordert wird, so kann dahin
gestellt bleiben, ob diese Unterscheidung gerechtfertigt ist. Die
Auslegung der Bestimmung des Art. 12 steht im wesentlichen
auch im Einklang mit dem Preuß. Gewerbesteuergesetz vom
24. Juni 1891. Dieses Gesetz schreibt vor, daß neben den
Strafen wegen Hinterziehung der Steuer die vorenthaltene
Steuer zu entrichten sei (§§ 70, 71, § 73 Abs. 6), legt aber
auch denjenigen Steuerpflichtigen, welche entgegen den gesetzlichen Vorschriften bei der Veranlagung übergangen

ober st e u e r f r e i g e b l i e b e n sind, ohne daß eine straf-
bare Hinterziehung der Steuer stattgefunden hat, die Verpflichtung zur Entrichtung des der Staatskasse entzogenen
Betrags auf (§ 78), wobei die g ä n z l i c h e Uebergehung
oder Freilassung vorausgesetzt wird (Fuisting, das Preuß.
Gewerbesteuergesetz S. 194, 195, 198, 199).

Urteil vom 21. Juni 1899 in der Rechtsbeschwerdesache
der V.R.R.=Pulverfabriken, Aktiengesellschaft in R., Zweigniederlassung in R.

12.

**Kann die Entscheidung der obersten Steuerbehörde
darüber, ob ein staatssteuerpflichtiges Gewerbe der ordentlichen Gewerbesteuer aus dem stehenden Gewerbe
oder der Wandergewerbesteuer unterliegt, von der
Gemeinde- und der Amtskörperschaft wegen ihres Besteuerungsrechts im Verwaltungsrechtswege angefochten
werden?**

Zufolge Entschließung des K. Ministeriums der auswärtigen Angelegenheiten, Abteilung für die Verkehrsanstalten,
vom 1. Juli 1896, bekannt gemacht im Staatsanzeiger vom
15. Juli, wurden sämtliche in Stuttgart während einer bestimmten Zeit in den Herbstmonaten in Wagenladungen ein-
treffenden Obstsendungen auf den Nord- und Westbahnhof
daselbst verwiesen, so daß die Abfertigung der nach Stuttgart bestimmten Obstwagen in der gedachten Zeit ausschließlich auf dem Nordbahnhof, insoweit nicht Stuttgart-West-
bahnhof in den Frachtbriefen vorgeschrieben war, zu erfolgen
hatte. Der Nordbahnhof liegt zum größten Teil auf der
Markung Cannstatt. Die Verfügung hatte zur Folge, daß
der ganze Obstverkehr, welcher sich zuvor auf dem zur Markung und zum Steuerdistrikt Stuttgart gehörigen Güterbahn-
hof abgewickelt hatte, im Herbst 1896 auf den Nordbahnhof
und die Erhebung der Wanderlagersteuer von dem Obstver-

lauf auf diesem Bahnhof auf das Kameralamt Cannstatt
überging, und daß die in Stuttgart zur ordentlichen Gewerbesteuer eingeschätzten Obsthändler wegen ihrer Obstverkäufe auf dem „außerhalb ihres Niederlassungsortes" gelegenen Nordbahnhof nicht mehr als wanderlagersteuerfrei
behandelt wurden. Gegen die Heranziehung zur Wanderlagersteuer wandte sich der Mostobsthändlerverein in Stuttgart in
einer Eingabe vom 9. September 1897 an das K. Steuerkollegium mit dem Ersuchen, das Steueramt Cannstatt zu
veranlassen, die im vorigen Jahr eingezogenen Wanderlager-
steuern an die Stuttgarter Obsthändler zurückzubezahlen und
die Wanderlagersteuer fernerhin nicht mehr zu erheben. Mit
Erlaß vom 21. September 1897 hat das K. Steuerkollegium,
Abteilung für direkte Steuern, „mit Genehmigung des K. Finanzministeriums" verfügt, daß unter den vorliegenden besonderen Umständen für die in Stuttgart ansässigen und daselbst zur stehenden Gewerbesteuer veranlagten Obsthändler
der Nordbahnhof als ein Teil des Stuttgarter Hauptbahnhofs zu betrachten, daß demgemäß die Obstverkäufe der gedachten Händler, wenn sie gleich auf dem zur Markung Cannstatt gehörigen Nordbahnhof erfolgen, für diese als Verkäufe
innerhalb des Ortes ihrer gewerblichen Niederlassung anzusehen und daher von der Wanderlagersteuer freizulassen
seien. In Beziehung auf die Gesuche um den Rückersatz der
Wanderlagersteuer hat sodann das K. Finanzministerium am
21. Januar 1898 auf die Anfrage des Steuerkollegiums verfügt, daß nur die Staatssteuer zurückzuerstatten und die Ge-
suchsteller bezüglich der Amtskörperschafts- und Gemeindesteuer
an die Amtskörperschaft und Gemeinde zu verweisen, letztere
außerdem von der Aufhebung des Steueransatzes und von
der erfolgten Zurückerstattung der Staatssteuer zu benachrichtigen seien. In einer Eingabe vom 21. Januar 1899 rich-
tete der Bevollmächtigte der Amtskörperschaft und der Stadtgemeinde Cannstatt unter Beziehung auf den Erlaß des
Steuerkollegiums vom 21. September 1897 und mit dem Bemerken, daß in demselben die Amtskorporation und die Stadt-

gemeinde Cannstatt eine Schädigung ihrer Interessen zu
Gunsten der Stuttgarter Obsthändler erblicken und daß er beauftragt sei, gemäß § 13 des Gesetzes über die Verwaltungsrechtspflege gegen diesen Erlaß Rechtsbeschwerde einzu-
legen, das Gesuch an das K. Finanzministerium, dasselbe,
das laut dem Erlaß mit der Anschauung des Steuerkollegiums
einverstanden sei, wolle zunächst einen offiziellen Bescheid ergehen lassen, auf Grund dessen die Rechtsbeschwerde und
damit der Austrag der streitigen Frage im Verwaltungsrechtswege möglich sei. Mit Erlaß vom 29. März 1899
wurde durch das Finanzministerium das zum Bericht über
die Eingabe aufgeforderte Steuerkollegium beauftragt, dem
Bevollmächtigten zu eröffnen, daß das Finanzministerium
gegen die Verfügung des Steuerkollegiums vom 21. September 1897 nichts zu erinnern habe, da auch nach der Ansicht des Finanzministeriums unter den vorliegenden besonderen Umständen für die in Stuttgart ansäßigen und daselbst
zur stehenden Gewerbesteuer veranlagten Obsthändler der
Nordbahnhof als ein Teil des Stuttgarter Hauptbahnhofs
zu betrachten sei und daher die Obstverkäufe dieser Händler
für diese als Verkäufe innerhalb des Ortes der gewerblichen
Niederlassung anzusehen und von der Wandergewerbesteuer
freizulassen seien. Gegen diesen Bescheid hat der Bevollmächtigte, dem er nach seiner Angabe Mitte April eröffnet
worden ist, in einem am 4. Mai 1899 bei dem Verwaltungsgerichtshof eingekommenen Schriftsatz Rechtsbeschwerde
erhoben und gebeten, unter Abänderung der Entscheidung des
K. Finanzministeriums auszusprechen, daß den Beschwerde-
führerinnen das Recht zustehe, den Obstverkauf der in Stuttgart zur stehenden Gewerbesteuer veranlagten Obsthändler als
Wanderlager zu besteuern.

Durch Urteil vom 1. November 1899 hat der Verwaltungsgerichtshof diese Rechtsbeschwerde als unbegründet abgewiesen.

Gründe:
Bei der Frage, ob die Stuttgarter Obsthändler bezüg-

lich des auf dem Nordbahnhof auf Cannftaller Marfung
ftattfindenden vorübergehenden Gewerbebetriebs nur der ordentlichen Gewerbefteuer aus dem ftehenden Gewerbe oder
der Wandergewerbefteuer unterworfen find, kommt es aus-
fchließlich auf die Anwendung des Artikels 99 Ziff. 1 des
Gefeßes vom 28. April 1873, betreffend die Grund-, Ge-
bäude- und Gewerbefteuer, an. Die Auslegung der Worte
„außerhalb ihres Niederlaffungsortes" in der Richtung, ob
der Nordbahnhof, auch foweit er auf der Marfung Cannftatt gelegen ift, fteuerlich als ein Teil des Stuttgarter Ge-
famtbahnhofs angefehen werden kann (in gewerbepolizei-
licher Beziehung vergl. § 55 Abf. 1 der Gewerbeordnung
in der Faffung der Novelle vom 1. Juli 1883), entfcheidet
über die Wandergewerbefteuerpflichtigkeit gegenüber den Be-
fteuerungsrechten des Staats, der Amtskörperfchaft Cannftatt
und der Stadtgemeinde Cannftatt. Aus dem in Artikel 12
Abf. 2 des Gefeßes vom 23. Juli 1877 über die Befteue-
rungsrechte der Amtskörperfchaften und Gemeinden aufge-
ftellten Grundfaße, daß bei ftaatsfteuerpflichtigen Gegen-
ftänden — und um einen folchen Gegenftand handelt es fich
vorliegend — die für die Staatsbefteuerung ausgelegten Ka-
tafter die Grundlage für die Amtskörperfchafts- und Ge-
meindebefteuerung bilden, ift jedenfalls die Folgerung abzuleiten, daß die Frage der Wandergewerbefteuerpflichtigkeit der
Stuttgarter Obfthändler für die Befteuerung des Staats, der
Amtskörperfchaft und der Gemeinde übereinftimmend
zur Entfcheidung gebracht werden muß. Eine folche einheit-
liche Entfcheidung wollte auch von dem K. Steuerkollegium
in dem mit Genehmigung des K. Finanzminifteriums ergangenen Erlaß vom 21. September 1897 und von dem
K. Finanzminifterium in dem ihn beftätigenden Befcheid vom
29. März 1899 getroffen werden. Es fragt fich, ob der Stadtgemeinde und der Amtskörperfchaft Cannftatt ein Recht der
Anfechtung diefer einheitlichen Entfcheidung im Verwaltungsrechtswege zufteht.

Nach Artikel 10 Ziff. 7 des Gefeßes über die Verwaltungs-

rechtspflege unterliegen dem verwaltungsgerichtlichen **Parteistreitverfahren** die Beiziehung zu Abgaben, zu Beiträgen
oder sonstigen Leistungen für öffentliche Zwecke der Gemeinde
oder Amtskorporation, sowie Ansprüche auf Rückvergütung
von zu viel oder unberechtigter Weise bezogenen Abgaben
oder Leistungen dieser Art. Der Artikel 16 des Gesetzes sieht
jedoch vor: „Wenn ein nach Art. 10 zur Verhandlung und
Entscheidung durch die Kreisregierung in erster Instanz sich
eignender Gegenstand im Wege der Beschwerde nach Maßgabe des Art. 13 an den Verwaltungsgerichtshof gebracht
wird, so kann dieser von der Zurückweisung der Sache an
die Kreisregierung Umgang nehmen und zur Verhandlung und
Entscheidung in den Formen des durch Art. 69 u. ff. vorgeschriebenen Verfahrens schreiten." Im Hinblick auf diese
Vorschrift wird die **prozessualische** Statthaftigkeit der
von der Stadtgemeinde und der Amtskörperschaft Cannstatt
erhobenen Rechtsbeschwerde nicht beanstandet; andererseits
wird aber bei der bloß fakultativen Zulassung dieser Form
der verwaltungsgerichtlichen Klage der Stadtgemeinde und
Amtskörperschaft eine materielle Klagberechtigung, die nicht
schon im verwaltungsgerichtlichen Parteistreitverfahren verfolgt werden könnte, nicht verschafft.

Nun hat in Bezug auf die zur Grund-, Gebäude- und
Gewerbesteuer beizuziehenden, zugleich staats- amts- und gemeindesteuerpflichtigen Gegenstände das bestehende Recht bei
der Einräumung der zur **Herbeiführung** einer einheitlichen Entscheidung dienenden **Rechtsbehelfe** in dem **Ein-
schätzungsverfahren** die Steuerpflichtigen einerseits und
die Amtskörperschaft und die Gemeinde andererseits nicht gleichgestellt. Nach Art. 9 und 11 des Gesetzes vom 23. Juli 1877
sind nach Feststellung der Steueranschläge der nur amts- und
gemeindesteuerpflichtigen Gegenstände dieselben sowohl dem
Steuerpflichtigen als auch dem Amtsversammlungsausschuß
und dem Gemeinderat zu eröffnen und steht das Recht der
Beschwerde an das Steuerkollegium und die weitere Beschwerde an das K. Ministerium des Innern nicht nur den

Steuerpflichtigen, sondern auch der Amtskörperschaft und der
Gemeinde zu. Anders verhält sich dies nach dem Gesetz vom
23. Juli 1877 in Verbindung mit dem Gesetz vom 28. April 1873
für die a l l g e m e i n steuerpflichtigen Gegenstände. Das Recht
der Beschwerde an das Steuerkollegium und der weiteren Be=
schwerde an das K. Finanzministerium ist in Art. 74 Abs. 4,
Art. 84 Abs. 4, Art. 98 Abs. 4 und Art. 90 Ziff. 10 des
Gesetzes vom 28. April 1873 nur den Steuerpflichtigen,
nicht auch der Amtskörperschaft und der Gemeinde (von einer
vereinzelten Ausnahme bei der Grundsteuer — Art. 63 ver=
bunden mit Art. 74 Abs. 4 — abgesehen) eingeräumt, ob=
wohl nach Art. 12 Abs. 2 des Gesetzes vom 23. Juli 1877
in diesem Fall die Staatssteuerkataster die Grundlage für
die Amtskörperschafts= und Gemeindebesteuerung bilden. Was
aber die A n f e c h t b a r k e i t der Entscheidungen der Staats=
steuerbehörden und speziell des K. Finanzministeriums im
V e r w a l t u n g s r e c h t s w e g e betrifft, so sind hiefür die
Bestimmungen des Art. 16 des Gesetzes vom 28. April 1873
maßgebend, und würde demgemäß, falls das Steuerkollegium
und bei weiterer Beschwerde das K. Finanzministerium die
Wandergewerbesteuerpflichtigkeit der Stuttgarter Obsthändler
für den Staat und zugleich damit für die Amtskörperschaft
und die Gemeinde b e j a h t hätten, den hievon betroffenen
S t e u e r p f l i c h t i g e n die Befugnis, die Ministerialent=
scheidung mit der Beschwerde des Art. 13 des Gesetzes vom
16. Dezember 1876 anzufechten, zugestanden haben, da es
sich um die Frage der Steuerpflicht und nicht um das bloße
Verfahren bei der Einschätzung gehandelt haben würde. Da=
bei wäre nach Artikel 64 Abs. 2 des Gesetzes vom 16. De=
zember 1876 den Steuerpflichtigen die rechtliche Möglichkeit
geboten gewesen, die Beiladung der Amtskörperschaft und
der Gemeinde zu beantragen; auch hätte deren Beiladung
von Amtswegen verfügt werden können.

Darüber, ob die Entscheidung des K. Finanzministeriums
a u c h v o n d e r S t a d t g e m e i n d e u n d d e r A m t s k ö r=
p e r s c h a f t C a n n s t a t t im Verwaltungsrechtswege angefochten

werden kann, ist die Bestimmung des Art. 12 Abj. 2 des
Gesetzes vom 29. Juli 1877, aus der sich ergiebt, daß die
Frage der Wandergewerbesteuerpflicht der Stutgarter Obsthändler für Staat, Amtskörperschaft und Gemeinde übereinstimmend entschieden werden muß, für sich allein nicht maßgebend. Vielmehr ist für die Frage, ob zur Herbeiführung einer solchen Entscheidung von der Amtskörperschaft
und der Gemeinde der Verwaltungsrechtsweg beschritten
werden kann, das Gesetz vom 16. Dezember 1876, an dem
das Gesetz vom 29. Juli 1877 nichts geändert hat, maßgebend. Nun ist zwar in Art. 10 Ziffer 7 des Gesetzes vom
16. Dezember 1876 allgemein und ohne Beschränkung auf
die nur amts- und gemeindesteuerpflichtigen Gegenstände ausgesprochen, daß die Beiziehung zu Abgaben, zu Beiträgen
oder sonstigen Leistungen für öffentliche Zwecke der Gemeinde
oder Amtskorporation, sowie Ansprüche auf Rückvergütung
von zu viel oder unberechtigter Weise bezogenen Abgaben
oder Leistungen dieser Art im verwaltungsgerichtlichen Parteistreitverfahren, so daß die Gemeinde bezw. Amtskorporation
eine Parteistellung einnimmt, zum Austrag zu bringen sind.
Auch sieht der Art. 20 für dieses Verfahren vor, daß in
Fällen, in welchen eine Beteiligung des öffentlichen Interesses
stattfindet, der vermöge seiner dienstlichen Obliegenheiten zur
Wahrung desselben berufene Beamte oder ein von dem zuständigen Ministerium für denselben aufgestellter Vertreter
an den Prozeßverhandlungen teilnehmen kann, auch die Aufstellung eines Vertreters des öffentlichen Interesses in den
dazu geeigneten Fällen von dem Verwaltungsgericht veranlaßt werden kann. Gleichwohl läßt sich aus der Ziffer 7
des Art. 10 und Art. 20 nicht ableiten, daß auf eine von
der Stadtgemeinde und der Amtskorporation Cannstatt oder
gar von der Stadtgemeinde allein oder von der Amtskorporation allein gegen die Obsthändler bei dem Verwaltungsgericht anhängig gemachte Klage in diesem Parteistreitverfahren die Frage, ob der erwähnte Gewerbebetrieb der
Obsthändler wandergewerbesteuerpflichtig ist, für die Besteue-

rung des Staats, der Amtskorporation und der Gemeinde
übereinstimmend zur Entscheidung gebracht werden könne.
Denn unter der Beteiligung und Wahrung des öffent=
lichen Interesses ist doch sicherlich nicht in einem sol=
chen Streit gegen den Steuerpflichtigen in Betreff der Be=
steuerungsansprüche der Amtskörperschaft und der Gemeinde
die Beteiligung des Staats wegen des dem Fiskus
zustehenden Besteuerungsrechts und dessen Wah=
rung zu verstehen. Es würden also bei Erhebung der ver=
waltungsgerichtlichen Klage (Artikel 10 Ziff. 7) gegen den
Steuerpflichtigen die Amtskorporation und die Stadtge=
meinde Cannstatt die Einwendung, daß eine präjudizielle
Entscheidung des K. Finanzministeriums bereits vorliege, zu
gewärtigen haben, und in der Beziehung allerdings, daß
diese Einwendung erhoben und zur Geltung gebracht wird,
würde eine Wahrung des öffentlichen Interesses sich bethä=
tigen können.

Nach dem Ausgeführten kann die eingelegte Rechtsbe=
schwerde einen Erfolg nicht haben und war sie als unbegründet
zurückzuweisen.

Urteil vom I. November 1899 in der Rechtsbeschwerde=
sache der Stadtgemeinde und der Amtskorporation Cann=
statt.

13.

Zu Art. 15 Ziff. 3 des Gesetzes vom 16. Dezember 1876 über die Verwaltungsrechtspflege.
(Schulaufsicht in der Kirche.)

Der Sachverhalt ergibt sich aus den
Gründen:

Durch Beschluß vom 10. Februar 1899 hat die Orts=
schulbehörde in K. den Beschwerdeführer zur Beaufsichtigung
der Volksschüler während des sonntäglichen Gottesdienstes
in der Kirche für verpflichtet erklärt. Gegen diesen Beschluß

hat Schullehrer R. Beschwerde zunächst an das K. Konsi-
storium als Oberschulbehörde und des weiteren an das K.
Ministerium des Kirchen= und Schulwesens erhoben. Von
beiden Behörden ist die Beschwerde als unbegründet zurück=
gewiesen worden. In der Entscheidung des K. Ministeriums
vom 4. Juli 1899 ist ausgeführt: Bei der Beaufsichtigung
der die Gottesdienste gemeinsam besuchenden Schulkinder
handle es sich nicht um einen mit einer bestimmten Schulstelle
verbundenen niederen Kirchendienst im Sinne des Art. 34
des Volksschulgesetzes von 1836, vielmehr um eine mit dem
Schulamt als solchem verbundene Amtsobliegenheit des Lehrers,
welche den Volksschullehrern schon in der mit der großen
Kirchenordnung verbundenen Schulordnung von 1559 und
sodann wieder in der Schulordnung von 1782 auferlegt,
seither durch keine allgemeine Bestimmung wieder abgenommen
worden sei und daher in allen den Orten, in welchen sie
nicht im Laufe der Zeit ausdrücklich oder stillschweigend auf=
gehoben worden sei, als fortbestehend angenommen werden
müsse. Der Einwand, daß der Besuch des Sonntagsgottes=
dienstes für die Kinder nicht obligatorisch sei und deshalb
auch ihre Beaufsichtigung den Lehrern nicht zur Pflicht ge=
macht werden könne, sei nicht stichhaltig. Denn wenn auch
der Kirchenbesuch der Schulkinder nicht durch staatliche Zwangs=
mittel erzwungen werden könne, so werde derselbe doch so=
wohl seitens der Kirche als seitens der Schule von den Kindern
verlangt und finde auch thatsächlich in weitaus den meisten
Gemeinden statt.

Gegen diese am 12. Juli 1899 eröffnete Ministerialent=
scheidung hat der Beschwerdeführer rechtzeitig am 18. Juli
die Rechtsbeschwerde beim Verwaltungsgerichtshof eingelegt
und um weitere Prüfung seiner Beschwerde gebeten.

Gemäß Art. 15 Ziff. 3 des Gesetzes über die Verwal=
tungsrechtspflege vom 16. Dezember 1876 findet die Rechts=
beschwerde an den Verwaltungsgerichtshof nicht statt „gegen
Verfügungen der Dienstaufsichtsbehörde hinsichtlich der amt=
lichen Befugnisse und Obliegenheiten der öffentlichen Diener":

in den Motiven ist hiezu bemerkt: „Zu den Fällen, welche
der Entwurf in Ziff. 3 bei den Verfügungen der Dienstaufsichtsbehörde in Beziehung auf amtliche Befugnisse oder Obliegenheiten öffentlicher Diener im Auge hat, gehören bei-
spielsweise Verfügungen über die Art der Verwendung eines
Beamten, über einzelne Geschäftsaufträge, Feststellung der Dienst-
altersverhältnisse (Vorrücken in eine höhere Gehaltsklasse),
Urlaubsverweigerung, Austeilung des Feriengenusses u. dgl.
In Fällen dieser Art ist, abgesehen davon, inwieweit hiebei
es sich um ein wirkliches Recht des einzelnen Beamten handelt,
die Zulassung einer Beschwerde gegen die Dienstaufsichtsbehörde bei dem Verwaltungsgerichtshof und eine Verhandlung
hierüber im öffentlich-mündlichen Verfahren mit der dienstlichen Unterordnung unvereinbar."

Die vorbezeichnete Bestimmung findet unzweifelhaft auf
die Volksschullehrer Anwendung; denn, wie sich sowohl aus
dem Wortlaut der einschlägigen Vorschriften des Gesetzes über
die Verwaltungsrechtspflege als ganz unzweideutig aus den
landständischen Verhandlungen über den Art. 2 Ziff. 1 dieses
Gesetzes ergiebt, gehören die Volksschullehrer zu den öffentlichen Dienern im Sinne der Art. 2 und 15 des bezeichneten
Gesetzes. Die vom Beschwerdeführer angefochtene Ministerial-
entscheidung stellt fest, daß die von dem Beschwerdeführer
bestrittene Verpflichtung zur Beaufsichtigung der Volksschüler
während des sonntäglichen Gottesdienstes in der Kirche sich
als eine mit dem Schulamt als solchem verbundene Amtsobliegenheit des Lehrers darstelle, enthält somit eine Verfügung der Dienstaufsichtsbehörde hinsichtlich der amtlichen
Obliegenheiten der Volksschullehrer, gegen welche eine Beschwerde an den Verwaltungsgerichtshof nach der ausdrücklichen Vorschrift des Gesetzes unstatthaft ist.

Hienach war die Beschwerde als unstatthaft zurückzuweisen.

Urteil vom 20. September 1899 in der Rechtsbeschwerdesache des Schullehrers R. in K.

III.

Abhandlungen.

Zur Zuständigkeit der Gemeindegerichte.
Von L.G.R. Romeick in Stuttgart.

I. Der Aufsatz auf Seite 234 ff. dieser Blätter zielt auf Herbeiführung einer einheitlichen Praxis der Gerichte über die spezielle Frage, — ob die Gemeindegerichte zuständig sind in Prozessen von Handelsgesellschaften (= Rechtssubjekten der in § 19 C.P.O. bezeichneten Art), welche in der betreffenden Gemeinde eine Niederlassung haben. — Die Erreichung dieses Ziels ist freilich aufs innigste zu wünschen, — an der Schlüssigkeit des in dem Aufsatz geführten Beweises wird jedoch füglich gezweifelt werden müssen. —

II. Der Rückgrat der gegebenen Darlegung besteht in den Sätzen:

es sei undenkbar, daß die Zuständigkeitsnorm des § 22 C.P.O. bei der Gemeindegerichtsbarkeit abgeändert sein sollte;

es sei insbesondere der § 14 Z. 3 G.V.G. trotz der nicht scharfen Fassung dahin auszulegen, daß neben der Notwendigkeit des allgemeinen Gerichtsstandes (Wohnsitz oder Aufenthalt i. S. des § 18 C.P.O.) beider Streitteile auch bei den Gemeindegerichten der Gerichtsstand der Niederlassung und des Aufenthalts i. S. der §§ 21 und 22 C.P.O. zugelassen werden wollte; S. 239/240. —

Die Zuständigkeitsnormen der C.P.O. aber bestimmen naturgemäß den Ort, an welchem die Klage den Beklaglen zu suchen hat; dieser Ort bestimmt den Gerichtsstand des Beklagten; Wohnsitz, Aufenthalt und Niederlassung des Klägers sind gleichgültig.

Anders bei der Gemeindegerichtsbarkeit: hier müssen nach der „Maßgabe" in § 14 Ziff. 3 G.V.G. beide Teile zu der Gemeinde, um deren Gerichtsbarkeit es sich handelt, in einem gewissen örtlichen Verhältnis stehen. —

Wenn der Gesetzgeber bei Bestimmung dieses örtlichen Verhältnisses beider Teile die direkte Anwendung der Zuständigkeitsnormen der C.P.O. über den Gerichtsstand des Beklagten gewollt hat, — so hat er diese seine Absicht geflissentlich verschwiegen: weder in § 14 Ziff. 3 des G.V.G. noch in Art. 3 des Württ. A.G. zur C.P.O. findet sich das Wort „Gerichtsstand", — im Gegensatz zu Art. 17 der Württ. C.P.O. vom 3. April 1868, welcher in Absatz 1 den Gerichtsstand zu Grunde legt und in Abs. 2 zum Betreff des sei's eingesessenen sei's auswärtigen Klägers besonders disponiert.

Nach dem Aufsatz geht der Sinn des Gesetzes dahin: der nunmehr auf Gemeindegenossen beschränkten Gemeindegerichtsbarkeit ist unterworfen als Kläger, wer in der Gemeinde Wohnsitz oder Aufenthalt im Sinne des § 18 C.P.O. hat, — als Beklagter, wer in der Gemeinde seinen allgemeinen Gerichtsstand oder den Gerichtsstand der Niederlassung oder den Gerichtsstand des Aufenthalts im Sinne des § 21 C.P.O. hat. —

Also:

Die physische Person, welche in der Gemeinde eine Niederlassung oder den Aufenthalt im Sinne des § 21 C.P.O. hat, — soll von jedem Gemeindeinsassen mit Niederlassungsklagen bezw. mit allen vermögensrechtlichen Klagen bis zu 50 M. verklagt werden dürfen, selbst vor dem Gemeindegericht zu klagen aber soll sie überhaupt nicht berechtigt sein; S. 241. —

Eine so eigenartige Neuschöpfung — eine derart hinkende Gemeindegerichtsstandschaft — darf von vornherein als

24*

Wille des Gesetzgebers nicht unterstellt werden, — es muß
angenommen werden, daß, — wer vor dem Gemeindegericht
verklagt werden kann, insoweit auch als Kläger aufzutreten
berechtigt sein sollte.

Diese Annahme wird bestätigt durch den Wortlaut des
Art. 3 Abs. 1 A.G.: „wofern der Kläger und der Beklagte
in der Gemeinde den Wohnsitz (§§ 12—14. 17) oder eine
Niederlassung (§ 22) oder im Sinne der §§ 18, 21 C.P.C.
den Aufenthalt haben": eine Kluft trennt diesen Wortlaut
von der Auffassung, — klagen dürfe nur, wer in der
Gemeinde wohne oder sich im Sinne des § 18 C.P.C. aufhalte, beklagt werden aber dürfe außerdem auch, wer
in der Gemeinde eine Niederlassung habe oder sich im Sinne
des § 21 C.P.C. aufhalte; — was hilft es bei solcher Auslegung dem Kläger, wenn er, — was doch ohne jede Einschränkung auch für ihn als nötig und ausreichend bezeichnet ist, — eine Niederlassung oder den Aufenthalt im
Sinne des § 21 C.P.C. hat? er dürfte dennoch nicht klagen;
und es bestünde zwischen Aufenthalt im Sinne des § 18 und
Aufenthalt im Sinne des § 21 C.P.C. ein fundamentaler
Unterschied, welchen der Gesetzeswortlaut förmlich versteckt
haben würde. —

Angenommen beide Teile (immer nur von physischen
Personen gesprochen) haben in der Gemeinde nur eine Niederlassung oder nur den Aufenthalt im Sinne des § 21 C.P.C.:
dann wären Streitigkeiten zwischen ihnen der Gemeindegerichtsbarkeit völlig entzogen, und zwar, weil kein
Teil klagen kann, obwohl jeder Teil als Beklagter den
andern Gemeindeinsassen gegenüber vor dem Gemeindegericht (für Niederlassungsklagen bezw. für alle vermögensrechtlichen Klagen bis zu 50 M.) Recht nehmen muß.

Und wie ist es verständlich, daß der vagierende Hand-
werksbursche, der überall zu Hause ist und nirgends einen
Wohnsitz hat, — für die Paar Tage, während deren eine
Gemeinde ihn Gast nennt (C.P.C. § 18), — vor dem Gericht dieser Gemeinde unbeschränkt klagen und verklagt werden

kann, — während der ehrsame Hand= und Fabrikarbeiter, der Jahre lang in der Gemeinde sein Brot verdient (C.P.O. § 21), vor der bequemen Gemeindeinstanz nur als Beklagter, nicht auch als Kläger soll stehen dürfen? ihn soll der Vagant auf dem Rathaus, — er den Vaganten nur beim nächsten Amtsgericht belangen dürfen? — die Unleiblichkeit dieses — der Württ. C.P.C. von 1868 durchaus fremden — Resultats dürfte auf der Hand liegen.

Hienach führen Zweckbestimmung und Wortlaut zu dem Schluß, daß § 14 Ziff. 3 G.V.G. und Art. 3 Abs. 1 A.G. aus den §§ 12—14, 17, 22, 18 und 21 C.P.C. nur die Begriffe des Wohnsitzes, der Niederlassung, des Aufenthalts entnommen haben, nicht aber den an diese Begriffe geknüpften Gerichtsstand des Beklagten, — daß sie die örtliche Beziehung beider Teile zur Gemeinde selbständig und gleichmäßig regeln wollen und regeln.

III. In Konsequenz des Ausgeführten erstreckt sich die Gemeindegerichtsbarkeit auf alle vermögensrechtlichen Rechtsstreitigkeiten bis zu 50 M., insbesondere ist die Belangbarkeit des kraft seiner Niederlassung der Gemeindegerichtsbarkeit Unterworfenen nicht auf Klagen, welche auf den Geschäftsbetrieb der Niederlassung Bezug haben, § 22 C.P.O., beschränkt.

Dagegen hebt der Aufsatz hervor, — „es sei Niemand in den Sinn gekommen — z. B. einen Kölner Fabrikanten, der in Mochenwangen eine Niederlassung hat, wegen einer in Köln an einem Arbeiter der Niederlassung verübten, zum Schadensersatz verpflichtenden Handlung der Gerichtsbarkeit des Gemeinderats Mochenwangen zu unterwerfen", S. 239.

Unsachgemäß wäre dies zuvörderst nicht: warum soll nicht auch unter diesen Voraussetzungen der Mochenwanger Arbeiter seinen Prinzipal, — welcher, — gleichviel ob Württemberger oder Nichtwürttemberger, S. 239 Zeile 14/15 — in Mochenwangen im Oberamt Ravensburg Prinzipal ist, — vor dem Gemeindegericht Mochenwangen verklagen dürfen? eine solche vorläufige Behandlung der

Bagatellsache ist sowohl für den Arbeiter, der andern=
falls sofort das Amtsgericht Köln angehen müßte, als für
den Prinzipal das Einfachste; für Bagatellsachen wollte ge=
rade ein einfacher und bequemer Weg gemeinbegerichtlicher,
durch Berufung auf den ordentlichen Rechtsweg zu besei=
tigender Vorentscheidungen eröffnet werden; ein höherer
Streitwert bedingt einen innerlich verschiedenen Rechts=
zug, nämlich den ordentlichen Rechtsweg; — von der Zu=
ständigkeit bei höherem Streitwert auf die Zuständigkeit der
Gemeindegerichtsbarkeit zu schließen, geht also nicht an; —
und ob es wirklich Niemand „in den Sinn gekommen ist,
die Zuständigkeit der Gemeindegerichte für Fälle be=
gründen zu wollen, in denen bei höherem Streitwert die den
betreffenden Gemeindegerichten vorgesetzten Amts= oder
Landgerichte nicht zuständig wären", S. 239, — das
beantwortet sich eben erst aus der Entscheidung der vor=
würfigen Frage über den Sinn des Gesetzes; — übrigens
umgekehrt: wohnt der Fabrikant mit der Wochenwanger Nie=
derlassung in Ravensburg, so ist das dem Wochenwanger
Gemeindegericht vorgesetzte Amtsgericht Ravensburg für die
unterstellte Klage des Arbeiters bei höherem Streitwert zu=
ständig, — gleichviel ob die Schadenshandlung in Ravens=
burg oder Köln oder wo immer verübt ist: und trotzdem
soll doch das Gemeindegericht Wochenwangen bis zu 30 M.
nicht zuständig sein: der Gesetzgeber soll also im Sinne
gehabt haben, die Gemeindegerichtsbarkeit auszuschließen nicht
nur da, wo sie sich mit der amts= und landgerichtlichen Zu=
ständigkeit (bezirksweise) nicht deckt, sondern auch in Fällen,
wo sie sich deckt: vielleicht hat der Gesetzgeber an das
Letztere noch weniger gedacht; — vielleicht ist es auch Niemand
in den Sinn gekommen, daß zwischen ein und denselben
Parteien die Zuständigkeit in Bagatellsachen
gespalten sein solle, derart, daß in solchen Sachen
eine Partei teilweise vor dem Gemeindegericht teilweise vor
dem Amtsgericht verklagt werden müsse, und selbst nur beim
Amtsgericht klagen könne. —

Desgleichen baut sich die Folgerung des Aufsatzes, der württembergische Gesetzgeber hätte die Zuständigkeit des Gemeindegerichts durch die Niederlassung einer Partei in weiterem Umfang als nach § 22 C.P.O. gar nicht begründen können, S. 240, — auf der Prämisse auf, — der bie Landesgesetzgebung bindende § 14 Ziff. 3 G.V.G. enthalte diese Beschränkung auf den Gerichtsstand des § 22 C.P.O.; falls das hier Ausgeführte zutreffend ist, entfällt die Prämisse, weil der § 14 Ziff. 3 des G.V.G. die Gerichtsstands-bestimmungen der C.P.O. eben nicht wiederholen will und nicht wiederholt. —

Das oben erwähnte Beispiel des Aufsatzes von dem Arbeiter in der Wochenwangener Niederlassung des in Köln wohnhaften Kaufmannes entbehrt weiter deswegen der Schlüssigkeit, weil es einen zwar leicht konstruierbaren aber äußerst seltenen und praktisch kaum in Rechnung zu nehmenden Fall herausgreift, — während es bei der Gemeindegerichtsbarkeit darauf ankam, die gewöhnlichen, im normalen Verlauf der Verhältnisse entstehenden Bagatellsachen zu treffen und zu einer möglichst schnellen und möglichst billigen Erledigung zu bringen; das Gewöhnliche wird aber sein, daß die meisten hier in Betracht kommenden Klagen von Seiten einer Niederlassung und gegen eine Niederlassung allerdings auf den Geschäftsbetrieb der Niederlassung Bezug haben; für dieses Streitmaterial ist — quoad Niederlassung — die Gemeindegerichtsbarkeit geschaffen; wenn zugleich damit auch noch vereinzelte anders liegende Fälle unter diese Gerichtsbarkeit gezogen werden, — so scheint das von dem hervorgehobenen Gesichtspunkt eines nur vorläufigen, dem ordentlichen Rechtsweg nicht präjubizierenden Bagatellverfahrens aus nicht von Uebel; von Uebel aber wäre es gewesen, die Gemeindegerichte mit der oft schwierigen Frage zu beschweren[1]), ob die er-

1) Zusammenfassend ist zu Ziffer II und III anzumerken:
1. Abs. 2 des Art. 17 der Württ. C.P.O. von 1868 lautet: „Doch ist der Kläger, welcher seinerseits in der Gemeinde weder wohnt,

hobene Bagatellklage auf den Geschäftsbetrieb
der Niederlassung Bezug hat; vgl. Entsch. des Reichs=
gerichts Bd. XXIII S. 428. —

noch den Aufenthalt oder eine Niederlassung hat, (Art. 32. 40. 41),
nicht gehindert, seine Klage mit Umgehung des Gemeinderats bei
dem Oberamtsgericht anzubringen". — Also: der, welcher in der Ge=
meinde wohnt oder sich dauernd aufhält oder eine Niederlassung hat
darf nicht nur, sondern muß vor dem Gemeinderat klagen. —

2. Abs. 1 dieses Art. 17 hatte im Entwurf folgende Fassung:
„Ueber Klagen . . . . . . erkennt, wenn es sich vom Gerichts=
stande des Wohnsitzes, des Aufenthalts oder der Nie=
derlassung handelt, (Art. 31—37, 39, 40, 55), der Gemeinde=
rat . . ."

Dazu bemerkte der Bericht der Justizgesetzgebungskommission
vom Oktober 1867 (Kammerverhandlungen von 1866/1868 I. Beilagen=
band 2. Abtheilung Seite 1045): „Hinsichtlich der Gerichtsbarkeit der
Gemeinderäte müssen nach dem Grund und Zweck derselben, den Ge=
richtsstand der gelegenen Sache ausgenommen Abs. 3, die übrigen
besonderen Gerichtsstände, der des Vertrags u. s. w. (Art. 41. 42.)
ausgeschlossen sein. Daher ist die Klage, wenn ein solcher besonderer
Gerichtsstand an sich auch begründet wäre, dennoch bei dem Gemeinde=
rat des Orts, wo der Beklagte den Wohnsitz, den Aufenthalt oder
die Niederlassung hat, anzustellen. Dies ist, wie die Motive deutlich
ergeben, unzweifelhaft die Absicht des Abs. 1; da aber die Fassung
desselben in dieser Beziehung den Schein erregen könnte, nur wenn
es sich um den Gerichtsstand des Wohnsitzes, des Aufenthalts oder
der Niederlassung handle, sei in geringfügigen Sachen die Zuständig=
keit der Ortsgerichte begründet, beantragen wir:

im Abs. 1 statt der Worte: „wenn es sich von dem Gerichtsstande..
und zwar" zu setzen: „Der Gemeinderat des Orts, vor welchem der
Gerichtsstand des Wohnsitzes, des Aufenthalts oder der Niederlassung
begründet ist, in Gemeinden I. Klasse" u. s. w. — Diese zum Gesetz
gewordene Fassungsänderung wollte also gerade dem Mißverständ=
nis vorbeugen, — als ob hier mit dem Citat der Gerichtsstände
des Wohnsitzes, des Aufenthalts und der Niederlassung die Beschrän=
kung der Gemeindegerichtszuständigkeit auf die sonst diesen Gerichts=
ständen zufallenden Klagen gesetzt sein sollte.

Zum Beispiel: Der Gerichtsstand der Niederlassung beschränkte
sich auf „Klagen, welche Ansprüche an die Niederlassung betreffen",
Art. 40 der C.P.O. von 1868, — der Gerichtsstand des dauernden
Aufenthalts auf Klagen, welche . . . . . wegen der durch Verträge,
Handlungen oder Unterlassungen daselbst (am Ort des Aufent=

IV. Anlangend die Handelsgesellschaften ist von jeher außer Streit, daß das württ. A. G. die Handelsgesellschaften, welche in der Gemeinde ihren Sitz haben (§ 19 C.P.O.), von der Gemeindegerichtsbarkeit ausgenommen hat und zwar dürfte für die gegenwärtige Erörterung Nichts mehr darauf ankommen, ob der württembergische Gesetzgeber in dieser Beziehung, — wie der Bericht der Kommission der Kammer

halts) für sie (die Beklagten) entstandenen Verbindlichkeiten erhoben werden", Art. 41 der C.P.O. von 1868 (anders § 21 der Reichs-C.P.O. „für alle Klagen, welche... wegen vermögensrechtlicher Ansprüche erhoben werden"):

vor dem Gemeindegericht aber sollte, wer sich in der Gemeinde dauernd aufhält oder eine Niederlassung hat, auch belangt werden dürfen und müssen, wenn es sich um Vertragsklagen mit anderweitem forum contractus oder um Klagen aus der Verwaltung fremden Vermögens mit anderweitem forum administrationis gesne handelte.

3. Die Württ. C.P.O. von 1868 dürfte also mit der bisher gegebenen Darlegung übereinstimmen.

Uebrigens, — sobald anerkannt wird, daß der Niederlassungsinhaber vor dem Gemeindegericht klagen darf, muß wohl auch zugegeben werden, daß seine Beklagtenrolle nicht auf Niederlassungsklagen beschränkt werden kann:

Denn es ist weder möglich, die aktive und passive Zuständigkeit zwar als vorhanden, aber als in verschiedenem Umfange vorhanden anzunehmen, — noch ist es möglich, den Niederlassungsinhaber als Kläger auf den Geschäftsbetrieb der Niederlassung zu beschränken. —

4. Nunmehr, unter der Herrschaft der Reichs-C.P.O., kommt eine Beschränkung der passiven Zuständigkeit nur noch bezüglich des Niederlassungsinhabers in Frage, nachdem wie bemerkt, der Gerichtsstand des dauernden Aufenthalts (§ 21 C.P.O.) alle vermögensrechtlichen Ansprüche umfaßt. —

5. Wenn die entscheidenden Worte in Abs. 1 und Abs. 2 des Art. 17 der Württ. C.P.O. von 1868 lediglich dazu dienen, die örtliche Beziehung beider Teile zur Gemeinde zu bestimmen, — so bezweckt dies noch deutlicher die „Maßgabe" in § 14 Z. 8 G.V.G.: sie will nur den Antrag Blum, daß vor dem Gemeindegericht beide Parteien Gemeindeeinwohner sein müssen, — verwirklichen und näher formulieren und hiezu braucht und gebraucht sie Begriff und Wort „Gerichtsstand" nicht. —

der Abgeordneten annimmt, Neue Just.Ges. VI. S. 299/300
bis — freie Hand halte (ob „Wohnsitz" in § 14 Ziff. 3 G.B.G.
den Sitz mitumfaßt oder nicht). — Jn Streil steht lediglich, ob b i e Handelsgesellschaften,
welche in der Gemeinde eine Niederlassung haben, von der
Gemeindegerichtsbarkeit ausgenommen oder derselben unterworfen sind. — Letzifalls können nach dem hier Ausgeführten
b i e s e Handelsgesellschaften wegen a l l e r vermögensrechtlicher
Ansprüche bis zu 50 Mk. vor dem Gemeindegericht k l a g e n
u n d v e r k l a g t w e r d e n , — während bie in der Gemeinde
s i t z e u d e n Handelsgesellschaften mit dem Gemeindegericht
nichts zu thun haben. — Diese Verschiedenheit in der Behandlung der Handelsgesellschaften, je nachdem bieselben in
der Gemeinde ben Sitz oder bloß eine Niederlassung haben, —
bezeichnet eines der von dem Aufsatz angezogenen neueren Urteile bes Landgerichts Stuttgart als eine Divergenz, welche
der württembergische Gesetzgeber nun einmal positiv bestimmt
habe, der Aufsatz S. 241 nennt sie ein ganz widersinniges
Ergebnis. — Der Widersinn dürfte doch nicht so auf
der Hand liegen, — eine solche Bestimmung dürfte nicht so
sonderbar sein, daß sich kein vernünftiger Grund für bie-
selbe denken liesse, S. 241/242. Es ist z w e c k m ä ß i g , —
und auf Zweckmäßigkeitsgründen beruht bas ganze Institut
der Gemeindegerichtsbarkeit, — die Handelsgesellschaften von
der Gemeindegerichtsbarkeit auszunehmen, weil beren Rechtsverhältnisse der Regel nach komplizierter sind, als bie eines
Einzelkaufmanns, und sich beshalb für die Verhandlung und
Entscheidung von Seiten der Ortsgerichte der Regel nach
weniger eignen, vgl. württ. Archiv Bd. XI S. 333/334; —
bei dieser Würdigung kann sehr wohl ein Gradunter-
schied gemacht werden, — es kann erwogen werden, daß
der Betrieb einer einzelnen abgezweigten Niederlassung in
der Mehrzahl der Fälle um vieles einfacher ist als der Betrieb und der Rechtsverkehr der Hauptniederlassung; und so
ist es zum M i n d e s t e n v e r s t ä n d l i c h , wenn der Gesetzgeber bestimmt:

das Hauptgeschäft der Handelsgesellschaften sei der Gemeindegerichtsbarkeit entzogen, während für die Rechts- streitigkeiten, welche sich zwischen nur einer Niederlassung und den Gemeindeinsassen thatsächlich entspinnen, die Ge- meindegerichtsbarkeit immer noch, dem Durchschnitt und der Regel nach, geeignet erscheine, — gerade so geeignet, wie für den in der Gemeinde wohnenden oder in ihr eine Nieder- lassung betreibenden Einzelkaufmann.

In dem Urteil des Landgerichts Stuttgart vom 11. Juli 1884, welches den Plenarbeschluß beider Civilkammern vom 4. Juli 1884 S. 234 in Bezug nimmt und zweifelsohne die Gründe dieses Beschlusses wiedergiebt, heißt es:

„Zur Verneinung dieser Frage — der vorwürfigen — zwingt die Erwägung, daß nach den Gesetzen der Logik überall da, wo prinzipiell der Gerichtsstand des Domizils — sei's des wirklichen (C.P.O. §§ 13, 14. 17) oder eines fingierten (C.P.O. §§ 15, 16) oder des Quasi- domizils (C.P.O. §§ 19, 20) ausgeschlossen ist, — selbst redend auch für einen dem ausgeschlossenen Gerichtsstand nachgebildeten Gerichtsstand kein Raum sein kann"; und entsprechend sagt Seite 243: „wenn und soweit der Sitz einer Gesellschaft keine Zuständigkeit für Klagen gegen sie begründet, kann dies auch die Niederlassung nicht."

Diese Sätze treffen völlig zu für die Anwendung des Civilprozeßgesetzes (der C.P.O.), in welchem der Gerichtsstand des Wohnsitzes und der Gerichtsstand der Niederlassung bestimmt gegebene, in einem gewissen Ver- hältnis zu einander stehende Größen sind, — sie versagen für die Erforschung des Willens des Gesetzgebers auf einem Gebiet außerhalb der C.P.O., auf welchem die an Wohnsitz, Sitz, Niederlassung, Aufenthalt zu knüpfende Zuständigkeitsnorm gerade erst zu bestimmen war; — und es handelte sich weder um die Ausschließung eines Ge- richtsstandes noch um eine prinzipielle Aus- schließung, sondern um die vom Gesetzgeber frei zu lösende, von dem historischen und logischen Verhältnis zwischen forum

domicilii und forum der Niederlassung abseits liegende Zweck-
mäßigkeitsfrage: welche örtliche Beziehung der Handelsgesellschaft zur Gemeinde soll genügend und erforderlich sein, um
die Handelsgesellschaft der Gemeindegerichtsbarkeit zu unterwerfen? —

Wenn also der württembergische Gesetzgeber vernünftiger
Weise sehr wohl so, wie vorstehend ausgeführt, bestimmen
konnte, so fragt sich weiter, ob er so bestimmt hat:
Dafür spricht einmal der Wortlaut, — der ausnahms-
lose und klare Satz „wofern der Kläger und der Beklagte
in der Gemeinde eine Niederlassung (§ 22) haben"; weiter
hat der Bericht der Kommission der Kammer der Abgeordneten
den Entwurf gerade so verstanden, er hat in demselben gerade dieses, angeblich ganz widersinnige Ergebniß gefunden:
nicht einmal, sondern zweimal macht der Bericht je
in Klammern den Vorbehalt bezüglich der Niederlassung,
vgl. S. 236 u. 237, — zuerst zu den §§ 15, 16, 19, 20
C.P.O. „soweit nicht etwa das Forum der Niederlassung
Platz greift", — und später zu den §§ 19, 20 G.P.O., also
eben zu den Handelsgesellschaften und zum Fiskus
allein „abgesehen von dem Gerichtsstand der Niederlassung",
und der Bericht weist weiter darauf hin, daß der badische
Entwurf — nur Württemberg und Baden haben von der
Einräumung des § 14 Ziff. 3 G.V.G. Gebrauch gemacht, — eine
ähnliche Limitation nicht kenne, Neue Just.Gesetzg. VI
S. 300; und diesem so lautenden Bericht ist von keiner
Seite auch nur mit einem Worte widersprochen worden;
Dieses Schweigen kann nur bedeuten, daß alle Gesetzgebungs-
faktoren die Auffassung des Kommissionsberichts gebilligt
haben; war sie nach der Meinung des Entwurfs trotz des
dafürsprechenden Wortlauts unrichtig, so mußte dies geäußert werden, und dies konnte geäußert werden mit dem ein-
fachen, jeden Zweifel hebenden, sich aber weder in den Motiven
noch sonst findenden Satze: — es sei beabsichtigt, die Handelsgesellschaften u. s. w. überhaupt, sowohl quoad Sitz als

_____
1) Anlaß zur Verlautbarung einer solchen Absicht war um so mehr

quoad Niederlassung, von der Gemeindegerichtsbarkeit aus=
zunehmen —[1]).

Und freilich wäre eine dahin gehende, gesetzliche Rege=
lung das Einfache, Klare und Zweckmäßige gewesen.

V. Diese Zeilen beabsichtigen nicht, die Frage zu erschöpfen,
— um so weniger als das Gemeindegericht Stuttgart um
oberstrichterliche Bescheidung gebeten hat und eine zukünftige
Erledigung dieser Bitte in der einen oder andern Form
immerhin möglich scheint. —

Es wollte nur dargelegt werden, daß durch den Aufsatz
S. 234 ff. eine abschließende Beweisführung noch nicht ge=
geben sein dürfte.

gegeben, als der Kommissionsbericht ausgesprochen hatte, nach bis=
herigem Prozeßrecht scheine ein Unterschied zwischen Gemeinden, Kor=
porationen, Gesellschaften u. s. w. einerseits und physischen Personen
andrerseits nicht gemacht worden zu sein: „ein Zweifel — ob der
Begriff des Wohnsitzes den Sitz mitumfaßt) —, der allerdings bisher
(vgl. Art. 17 Abs. 1 der Württ. C.P.O.) nicht bestanden zu haben
scheint", Neue Justizgesetzgb. VI. S. 800.

IV.
Bemerkungen zu vorstehender Abhandlung.
Von O.L.G.R. Pfizer.

Die vorstehende Abhandlung geht mit den Ausführungen oben
S. 234 ff. darin einig, daß Handelsgesellschaften u. f. w., die in einer
Gemeinde ihren Sitz haben, vor dem Gemeindegericht nicht klagen
und verklagt werden können. Wenn die Abhandlung trotzdem die
Ansicht vertritt, daß Handelsgesellschaften, die in einer Gemeinde eine
Niederlassung haben, vor dem Gemeindegericht klagen oder
verklagt werden können, so ist das m. E. unhaltbar und ich muß
nach wie vor die mit dem Plenarbeschluß der Stuttgarter Zivilkammern
von 1881 und den in vorstehender Abhandlung angeführten durchaus
zutreffenden Gründen des Urteils vom 4. Juli 1884 übereinstimmende gegenteilige Ansicht (oben S. 242—49) für die unzweifelhaft
richtige ansehen. Ob die Erwägungen stichhaltig sind, die dafür
angeführt sind, daß das Gesetz wohl habe dazu kommen können,
Handelsgesellschaften der Gemeindegerichtsbarkeit zu unterwerfen, die
eine Niederlassung in der Gemeinde haben, obgleich es diese
Gerichtsbarkeit ausschloß für Handelsgesellschaften, die ihren Sitz in
der Gemeinde haben, kann dahingestellt bleiben; denn jedenfalls ist
in keiner Weise ersichtlich, daß der Gesetzgeber derartige — keineswegs
naheliegende — Erwägungen angestellt hat. Daß der Wortlaut des
Gesetzes zu einer Auslegung, wie sie die vorstehende Abhandlung
vertritt, nicht nötigt, steht m. E. außer Frage; daß aber dem das
Gesetz in dieser Weise auffassenden Kommissionsbericht nicht widersprochen worden ist, beweist natürlich gar nichts; Theorie und Praxis
sind derzeit einig darüber, daß derartigen Aeußerungen eines Bruchteils eines Gesetzgebungsfaktors, zumal wenn sie nicht zu einer Abänderung des Texts des Gesetzentwurfs geführt haben, nur eine sehr
geringe Bedeutung zukommt; vgl. R.G. 16. nr. 18 S. 102; 33 nr. 92
S. 168 ff.; 118 nr. 85 S. 149; Gierke: Deutsches Priv. Recht Bd. 1
§ 18 S. 140 insbesondere bei Note 69; Regelsberger: Pand.
Bd. 1 § 36 S. 150—151 („dem Mißbrauch, nach einer Aeußerung —
in einem Kommissionsbericht — den Sinn eines Gesetzes zu bestimmen,
muß mit aller Entschiedenheit entgegengetreten werden"); Cosack:
Lehrb. des deutschen bürgerl. Rechts Bd. 1 § 11 Ziff. 2 S. 42. Daß
das Schweigen der Regierungsvertreter und Abgeordneten zu solchen
unmaßgeblichen Meinungsäußerungen eines Kommissionsberichts nicht
notwendig Zustimmung bedeutet, sondern meist andere Gründe hat

versteht sich von selbst. Uebrigens hindert die unverdiente Hochach-
tung, die der Herr Verfasser vorstehender Abhandlung in diesem
Punkt vor der Meinungsäußerung der Kommission beweist, ihn selbst
nicht, die Ansicht für durchaus irrig zu erklären, daß mit dem Hinweis des Gesetzes auf die N i e d e r l a s s u n g nur d e r G e r i c h t s -
s t a n d d e r N i e d e r l a s s u n g habe zugelassen werden wollen, obwohl der Kommissionsbericht mit dürren Worten sich in diesem Sinn
ausspricht („soweit nicht etwa d a s F o r u m d e r N i e d e r l a s s u n g
Platz greift", „abgesehen von dem G e r i c h t s s t a n d d e r N i e d e r -
l a s s u n g") und auch h i e g e g e n von keiner Seite Widerspruch erhoben worden ist.

Das Ergebnis, daß Handelsgesellschaften, die in einer Gemeinde
eine N i e d e r l a s s u n g haben, vor dem Gemeindegericht so wenig
klagen und verklagt werden können, als solche, die in der Gemeinde
ihren S i t z haben, steht also m. E. durchaus fest, ganz unabhängig
von der Frage, ob physische Personen, die in der Gemeinde eine
Niederlassung (§ 22) oder den Aufenthalt i. S. des § 21 C.P.O.
haben, in gleicher Weise wie Personen die in der Gemeinde ihren
Wohnsitz oder den Aufenthalt i. S. des § 18 C.P.O. haben, vor dem
Gemeindegericht klagen und verklagt werden können, oder ob bezüglich
ihrer nur der Gerichtsstand der § 21 und 22 C.P.O. zugelassen werden
wollte. Was diese letztere Frage anlangt, so ist dem Herrn Verfasser
vorstehender Abhandlung unbedingt zuzugeben, daß seiner Ansicht
der Wortlaut des Gesetzes zur Seite steht (vgl. schon oben S. 238).
Ich räume auch weiter ein, daß in dieser Beziehung die Richtigkeit
der von mir oben S. 238 ff. vertretenen Ansicht keineswegs so zweifellos ist, wie sie mir bezüglich des ersten Streitpunkts zu sein scheint,
daß diese Ansicht vielmehr einer Modifikation bedarf. Ich möchte
aber gegen die Ausführungen vorstehender Abhandlung doch Folgendes
bemerken. Es scheint mir nach dem Wortlaut wie nach der S. 357—59
angeführten Entstehungsgeschichte des Art. 17 der württ. C.P.O. außer
Zweifel zu sein, daß nach dieser Gesetzesbestimmung Klagen gegen
einen Beklagten, der nur eine N i e d e r l a s s u n g am Ort hatte,
beim Gemeinderat nur zulässig waren, soweit der G e r i c h t s s t a n d
d e r N i e d e r l a s s u n g reichte; das war nach dem Wortlaut des
Gesetzesentwurfs ganz unzweifelhaft[1]), die Kommission wollte auch
durch die von ihr beantragte und Gesetz gewordene Fassung hieran
nichts ändern, sondern nur zum Ausdruck bringen, daß die Gerichtsbarkeit des Gemeinderats nicht mit Berufung darauf umgangen werden

---

1) Vgl. Motive, Neue Justizgesetzgebung Bd. 2 Abt. 8 S. 13:
„Man hat deshalb die Kompetenz im Wesentlichen auf die G e r i c h t s -
s t ä n d e des W o h n s i t z e s , des A u f e n t h a l t s und der

könne, daß einer der in Art. 17 nicht genannten Gerichtsstände, wie der des Aufenthalts i. S. des Art. 41 und des Vertrags
(Art. 42), gegeben sei; der oben angeführte Kommissionsbericht spricht
dies m. E. ganz klar aus¹). Ist dies richtig, so hätte der Art. 3 des
A.G. zur C.P.O. nach der von mir bekämpften Auslegung eine Erweiterung der Gemeindegerichtszuständigkeit gegenüber Art. 17
der württ. C.P.O. geschaffen, sofern früher gegen einen Beklagten,
der lediglich eine Niederlassung am Ort hatte, nur Klagen zulässig
gewesen wären, welche Ansprüche an die Niederlassung betrafen, jetzt
aber Klagen aller Art. Daß eine solche Ausdehnung der Gemeindegerichtsbarkeit beabsichtigt gewesen wäre, ist nicht ersichtlich und angesichts der Tendenz des § 14 Ziff. 3 G.V.G. und des Art. 11 des A.G.
zur C.P.O. nicht anzunehmen. Ich bin ferner der Ansicht, daß, wenn
das Gesetz lauten würde: das Gemeindegericht entscheide über vermögensrechtliche Ansprüche „wofern der Beklagte in der Gemeinde den
Wohnsitz oder eine Niederlassung oder den Aufenthalt (i. S. der §§ 18,
21 C.P.O.) hat", bei unbefangener Auslegung darin der Sinn zu
finden wäre, daß die gemeindegerichtliche Zuständigkeit begründet sein
solle, soweit der Gerichtsstand des Wohnsitzes, der Niederlassung oder des Aufenthalts begründet sei; so hat die Kommission
der württ. Abgeordnetenkammer den Entwurf ohne weiteres ausgelegt und nach der dem Antrag Blum (oben S. 296) zu Grund liegenden
Absicht möglichster Einschränkung der Gemeindegerichtsbarkeit halte
ich es nach wie vor für ausgeschlossen, daß der Gemeindegerichtsbarkeit ein Beklagter unterworfen werden sollte, der der Gerichtsbarkeit des der betreffenden Gemeinde vorgesetzten Amtsgerichts nicht
unterworfen wäre; es ist m. E. ein unerträgliches Ergebnis, daß ein
Beklagter, der seinen Wohnsitz in Stuttgart, Köln oder München, aber
eine Niederlassung in Mochenwangen hat, gezwungen sein soll, betreffs einer gegen ihn gerichteten — nicht den Geschäftsbetrieb der
Niederlassung betreffenden — Klage eines Klägers der in Mochenwangen wohnt, oder eine Niederlassung oder seinen Aufenthalt i. S.
des § 21 C.P.O. hat, beim Gemeindegericht Mochenwangen und wenn
er sich bei dessen Entscheidung nicht beruhigen will, beim Amtsgericht
und Landgericht Ravensburg soll Recht nehmen müssen. Solang eine

Niederlassung beschränkt".

1) Nach dem Wortlaut des Entwurfs des Art. 17 hätte vielleicht
ein Kl. eine Klage auf Bezahlung von 10 fl. gegen den in Hebel-
singen wohnenden Bekl. beim O.Amtsgericht Cannstatt erheben können,
weil in Cannstatt der Vertrag, auf den sich der Anspruch stütze, zu
erfüllen sei (Art. 42 C.P.O.). Das sollte die von der Kommission
beantragte Fassung ausschließen.

Auslegung möglich ist, die ein solches Ergebniß vermeidet, scheint sie mir vorgezogen werden zu müssen. Sie wäre nun wie bemerkt, sicherlich möglich und sehr nahe liegend, wenn nach dem Gesetz die Gemeindegerichte zu entscheiden hätten, „wofern der Beklagte in der Gemeinde den Wohnsitz oder eine Niederlassung § 22 oder den Aufenthalt (§§ 16, 21) hat". Nun verlangt freilich das Gesetz, daß „der Kläger und der Beklagte", in der Gemeinde Wohnsitz, Niederlassung oder Aufenthalt haben sollen, und man schließt: auf den Kläger kann der Gerichtsstand der Niederlassung und des Aufenthaltsorts keine Anwendung finden, also kann (und muß: vgl. Abs. 8 Satz 1 des Art. 3 des württ. Ausführungsgesetzes) ein Kläger, der in der Gemeinde eine Niederlassung hat, Klagen aller Art beim Gemeindegericht (falls der Beklagte in der Gemeinde wohnt rc.) erheben, folglich müssen auch gegen einen Beklagten, der in der Gemeinde eine Niederlassung hat, Klagen aller Art zulässig sein. So folgerichtig dieser Schluß scheint, so ist er doch m. E. zu beanstanden: die Gemeindegerichtsbarkeit sollte nach dem Zweck des Blum'schen Antrags dadurch eine besondere Einschränkung erfahren, daß entgegen den Bestimmungen der C.P.O. für die Zuständigkeit der Gemeindegerichte nicht nur der Gerichtsstand des Beklagten in Betracht kommen sollte, sondern auch die Ortsangehörigkeit des Klägers (vgl. oben S. 230 die Aeußerungen der Abg. Lasker und Gaupp und die Motive zum württ. A.G. zur C.P.C.); der Sinn des Gesetzes ist also der: es genügt nicht, daß für die betr. Klage beim Beklagten der allgemeine Gerichtsstand oder der der Niederlassung oder des Aufenthalts i. S. des § 21 C.P.O. zutrifft, sondern das Gleiche muß auch beim Kläger der Fall sein", das bedeutet aber in Beziehung auf den Kläger, bezüglich dessen von einem „Gerichtsstand" des Wohnsitzes, der Niederlassung oder des Aufenthalts nicht gesprochen werden kann, daß er in der Gemeinde den Wohnsitz oder eine Niederlassung oder den Aufenthalt i. S. des § 21 C.P.O. haben muß. Dem Herrn Verfasser der vorstehenden Abhandlung dürfte somit darin beizupflichten sein, daß vor dem Gemeindegericht klagen kann nicht nur wer in der Gemeinde den Wohnsitz hat, sondern auch wer daselbst eine Niederlassung oder den Aufenthalt i. S. des § 21 C.P.O. hat; andererseits dürfte daran festzuhalten sein, daß — in Uebereinstimmung mit Art. 17 der württ. C.P.O. — Klagen beim Gemeindegericht nur möglich sind, soweit hier der Gerichtsstand des Wohnsitzes, der Niederlassung oder des Aufenthalts begründet ist und daß Rechtssubjekte der in § 19 C.P.O. bezeichneten Art vor dem Gemeindegericht überhaupt nicht klagen und verklagt werden können.

VI.

Litterarische Anzeigen.

Klumpp: Das deutsche Grundbuchrecht, 3 Teil, (vgl. Jahrb. Bd. 10 S. 883; Bd. 11 S. 137). Der dritte Teil dieses schon früher angezeigten Werks enthält „Mustereinträge" und zwar im ersten Abschnitt „Eintragungsbewilligungen und Eintragungsanträge", im zweiten Abschnitt Beispiele für Einträge in den Grundakten, außerdem ein ausführliches Register und Berichtigungen. Ein Beilagenheft enthält Mustereinträge im Grundbuch. Die Beispiele sind für alle Grundbuchführer und überhaupt für jeden, der mit dem Grundbuch zu thun hat, von hohem Wert und die theoretische Darstellung zu ergänzen und zu verdeutlichen sehr geeignet; sie werden wesentlich das Einleben in die Formen des neuen Grundbuchrechts erleichtern und sind daher höchst verdienstlich, selbst wenn — was Einsender sich nicht zu beurteilen getraut — in einzelnen Punkten sich Bedenken sollten erheben lassen. In den „Berichtigungen" ist gegenüber den Jahrb. 11 S. 137—38 mit Recht hervorgehoben, daß der Inhalt des § 1155 B.G.B. auf S. 312 des Werks zutreffend wiedergegeben ist.

Von dem württ. „Ausführungsgesetz zum B.G.B. und zu dessen Nebengesetzen nebst Gesindeordnung" ist eine handliche Textausgabe mit Inhaltsübersicht und Sachregister in gutem Druck im Verlag von W. Kohlhammer in Stuttgart zum Preis von 1 M. 50 Pf. erschienen.

Im gleichen Verlag ferner (zum Preis von 60 Pfg.) eine handliche, leicht verständliche systematische Darstellung des neuen Gesindrechts von G. Ströhmfeld, bearbeitet auf Grund der Gesindeordnung vom 28. Juli 1899, ihrer Begründung und des zu ihr erstatteten Berichts der Kommission der Abgeordnetenkammer; auch die einschlägigen Bestimmungen des B.G.B. sind berücksichtigt.

„Die allgemeine Gütergemeinschaft des B.G.B." behandelt eine Schrift von R. A. Schelold (Verlag von J. Ebner, Ulm, kartou. 1 M. 80 Pfg.), von der im Wesentlichen das Gleiche gilt wie von desselben Verfassers Darstellung der Errungenschaftsgemeinschaft (f. oben S. 136). An die gedrängte systematische Darstellung schließen sich praktische Beispiele betr. Nachlaßinventar, Auseinandersetzung eines Nachlasses, der fortgesetzten Gütergemeinschaft u. s. w. die ein erwünschtes Bild geben, wie sich die praktische Anwendung der gesetzlichen Bestimmungen gestalten wird.

In fünfter Auflage ist in vollständig neuer Bearbeitung das „Württ. Rechtsbuch" von H. Bierer, Rechtsanwalt (Ebner, Ulm, Preis geb. 7 M.) erschienen: vgl. über dieses Werk Württ. Archiv Bd. 21 S. 418 ff. Das Buch will „eine vollständige Darstellung des Inhalts des B.G.B. geben, mit erläuternden Vorbemerkungen, wo sie

für das Verständnis unentbehrlich find, mit Anmerkungen und For=
mularen zur Besorgung besonders häufig vorkommender wichtiger Rechts=
geschäfte, Verträge, Wechsel, Vermögensverzeichnisse"; es enthält ferner
— je im Anschluß an die betreffenden Materien des B.G.B. — die
Bestimmungen des neuen H.G.B., eine gemeinfaßliche Darstellung des
Wechselrechts, die Grundbuchordnung, die Reichsgesetze betr. die An=
gelegenheiten der freiw. Gerichtsbarkeit, über die Zwangsversteigerung,
zur Bekämpfung des unlauteren Wettbewerbs, Teile der Gewerbeord=
nung, das württ. Ausführungsgesetz zum B.G.B., das württ. Berg=
gesetz und andere württ. Gesetze und Verordnungen. In erster Linie
für Nichtjuristen bestimmt und geeignet, mag das inhaltreiche Buch,
zumal da ein ausführliches Register das Nachschlagen erleichtert, nicht
selten auch dem Juristen zu rascher Orientierung behülflich und will=
kommen sein.

Das bisher in drei Auflagen erschienene „Neue landwirtschaftliche
Nachbarrecht" von L.G.R. Tr. H a i d l e n erscheint nunmehr in vierter
Auflage unter dem Titel „Das württ. Nachbarrecht" (Stuttgart, Kohl=
hammer, Preis 1 M. 20 Pfg.), im Hinblick auf die durch das B.G.B.
veranlaßten Aenderungen umgearbeitet und durch Einbeziehung sämt=
licher auf das Nachbarrecht sich beziehenden Vorschriften (mit Aus=
nahme der dem Wasserrecht angehörenden) erweitert, somit in er=
höhtem Grade praktisch brauchbar.   Pf.

Das Geständnisrecht. Ein Beitrag zur Allgemeinen Theorie der Rechts=
     handlungen von O s k a r B ü l o w. (Mohr, Freiburg=Tübingen
     1899 Preis 6 Mk.)

Bülow erscheint mit einem neuen, übrigens im Archiv für civi=
listische Praxis Bd. 88 schon angekündigten Werk über das Geständ=
nisrecht. Das Werk hat die alten Vorzüge der Bülow'schen Schreib=
weise womöglich noch in erhöhtem Grad: knappe Sprache, Vermeidung
aller unnützen Breite und doch große, gerade auf dem Gebiete der
Zivilprozeßtheorie bekanntlich ja nicht die Regel bildende Klarheit.
Das Werk macht den Eindruck, als sei eigentlich jetzt über das Ge=
ständnisrecht das abschließende Wort gesprochen. Begreiflicherweise
ist es hauptsächlich die Planck'sche Begriffsbestimmung des gerichtlichen
Geständnisses, mit der sich Bülow auseinanderzusetzen hat. Das Buch
richtet sich demgemäß dagegen, daß das gerichtliche Geständnis im
N i c h t b e s t r e i t e n w o l l e n, i n e i n e r V e r z i c h t s e r k l ä r u n g
und überhaupt in einer Willenserklärung in einem dispositiven Akt
bestehe. Das Wesen des Geständnisses wird vielmehr in der W a h r =
h e i t s b e h a u p t u n g gefunden und die Begriffsbestimmung dahin
gefaßt: „Das gerichtliche Geständnis ist die von der Partei vor dem
Prozeßgericht abgegebene Erklärung, daß eine der Partei zum Rechts=
nachteil gereichende, vom Gegner behauptete Thatsache wahr sei". Es
ist interessant, dem Verfasser zu folgen, wie er durch Erörterungen über
die Bedeutung des Parteiwillens für das Geständnisrecht, überhaupt
durch Untersuchungen über das Willensmoment im Rechtsgeschäfte und
durch den Nachweis der Undurchführbarkeit der Geständniswillenstheorie
in der Rechtsprechung zu seinem Ergebnis gelangt. Ueberzeugt hat
den Berichterstatter hauptsächlich die Ausführung über den § 290 der
neuen Zivilprozeßordnung und die Darlegung, daß nach den Bestim=
mungen der Zivilprozeßordnung über die Widerruflichkeit der Geständ=
nisse gerade alle der Willenstheorie entsprechenden Geständnisse als
unwiderruflich gelten müßten, da sie sämtlich mit dem Willen, die That=

fache, unangesehen ihrer Wahrheit, als wahr gelten
zu laffen, abgelegt feien. Der Praktiker mag ja geneigt fein,
folchen fystematischen Unterfuchungen leicht nur „einen akademischen
Wert" beizumeffen. Gewiß mit Unrecht. Denn gerade auf dem Gebiet des Zivilprozeßrechts ift für den Studierenden an Stelle der
vielfach scholaftischen und künftlichen Konftruktionen eine klare und
wahre Theorie von der größten Bedeutung. Uebrigens beruht die
Bedeutung des Werks hauptfächlich auch in der Anwendung des gefun-
denen Ergebniffes auf die Rechtsfprechung. Es wird hier ein von der
Theorie wenig und von der Praxis nur fchüchtern und unficher be-
tretenes Gebiet gründlich durchleuchtet. Wir verweifen namentlich
auf die Ausführungen über das negativ lautende gerichtliche Geftändnis, über bedingte Geftändniffe mit zeitlicher Einschränkung (z. B.
für die erfte Inftanz) und vor allem auf die Erörterung deffen, was
Bülow die „zuvorkommenden Geftändniffe" nennt, (anticipiertes Geftändnis) nämlich thatfächliche Behauptungen, welchen die Behauptung
des Gegners, dem fie zum Vorteil gereicht, zeitlich erft nachfolgt. Hier
vertritt Bülow namentlich gegen Gaupp mit fieghaften Gründen den
Satz, daß die zeitliche Reihenfolge der Parteibehauptungen für das
gerichtliche Geftändnis nicht wefentlich fei, daß alfo, wenn der Kläger
eine dem Gegner vorteilhafte Behauptung auffteilt und der Beklagte diefe
Behauptung fich zu eigen macht, damit das Geftändnis, ohne daß der
Kläger nochmals nötig hätte, es zu wiederholen, vollendet fei. Intereff-
fant find namentlich die Ausführungen über folche zuvorkommende Geftändniffe die vom Gegner, der vielleicht gar nicht erfchienen oder vertreten
ift, nicht acceptiert werden; ihre Erheblichkeit und Beachtbarkeit findet
Bülow im Gegenfatz zu einer Entscheidung des Reichsgerichts Bd. 1
S. 443 in geiftreicher Polemik nicht darin, „daß der Kläger keinen
Grund zur Beschwerde habe, wenn der Richter feine Behauptungen
zunächft als wahr annehme", wie das Reichsgericht a. a. O. fagt,
fondern in ihrer Eigenschaft als Thatfachenanführungen einer Partei,
alfo nicht in ihrem Geftändniswert.

Diefe Ausführungen machen nicht den Anfpruch, den Inhalt des
intereffanten Buchs zu erschöpfen, fie möchten nur, zumal in einer
Zeit, in der das Bürgerliche Gesetzbuch fo viel unerquickliche Lektüre
für den Praktiker gezeitigt hat, den praktischen Juriften zur genuß-
reichen Lektüre des Bülow'schen Werks veranlaffen. Wer es bedauert
hat wie der Berichterftatter, daß Bülow relativ früh den akademischen
Lehrftuhl verlaffen hat, findet fich reichlich zufrieden geftellt durch die
Erwägung, daß nur die von Bülow dadurch gewonnene Muße fo
abgeklärte Schöpfungen wie das neue Werk zutage fördern konnte.
                                                    M. A. Dr. Rapp.

Die Redaktion der Jahrbücher möchte ihrerfeits die Bülow'fche
Schrift, die auch verfchiedene intereffante Materien des Zivilrechts
(Willensmoment der Rechtsgefchäfte, Quittung, Beweisvertrag) in
fehr anregender Weife behandelt, ebenfalls dem Studium der Praktiker
angelegentlichft empfehlen.   Pf.

Alphabetisches Sachregister.

Antrag des verurteilten Angeklagten auf W. d. V. nach dem
Tode des Privatklägers zulässig?
195.

Z.

Zeugenbeweis als Dispositiv-Akt
191.

Zeugengebühren. Nach welchen Vorschriften erhalten die evangel.
Volksschullehrer Z. in Fällen der
Ziff. 1 § 14 der Gebührenordnung für Zeugen und Sachverständige? 198.

Zusage eines Vaters gegenüber dem
zukünftigen Bräutigam seiner
Tochter, einen monatlichen Zuschuß in die Ehe zu geben. Rechtsverbindlichkeit? 81.

Zwangsvollstreckungsverfahren. Ist
ein Anspruch auf Teilung einer
Liegenschaft durch Verkauf aus
freier Hand zulässig, wenn das
Z. in den Anteil des Klägers
eingeleitet ist? 21.

Zwischenurteil nach C.P.O. § 278,
neue Fassung § 304.

www.ingramcontent.com/pod-product-compliance
Lightning Source LLC
Chambersburg PA
CBHW021939220326
41599CB00011BA/894